本书受重庆大学中央高校基本科研业务费重点项目“司法与传媒良性互动机制研究”（编号：CDJSK11013）、重庆大学中央高校基本科研业务费面上项目“新媒体时代媒介规制与司法回应创新研究”（编号：106112016CDJSK080008）资助。

重大法学文库

民事诉讼法专题研究

Special Topics on Civil Procedure Law

吴如巧　著

中国社会科学出版社

图书在版编目(CIP)数据

民事诉讼法专题研究 / 吴如巧著．—北京：中国社会科学出版社，2017.6
(重大法学文库)
ISBN 978-7-5203-0784-0

Ⅰ.①民… Ⅱ.①吴… Ⅲ.①民事诉讼法-研究-中国 Ⅳ.①D925.104

中国版本图书馆 CIP 数据核字(2017)第 181654 号

出 版 人 赵剑英
责任编辑 梁剑琴
责任校对 刘 娟
责任印制 李寡寡

出 版 中国社会科学出版社
社 址 北京鼓楼西大街甲 158 号
邮 编 100720
网 址 http://www.csspw.cn
发 行 部 010-84083685
门 市 部 010-84029450
经 销 新华书店及其他书店

印刷装订 北京君升印刷有限公司
版 次 2017 年 6 月第 1 版
印 次 2017 年 6 月第 1 次印刷

开 本 710×1000 1/16
印 张 19.5
插 页 2
字 数 320 千字
定 价 80.00 元

《重大法学文库》编委会

出版寄语

《重大法学文库》是在重庆大学法学院恢复成立十周年之际隆重面世的，首批于 2012 年 6 月推出了 10 部著作，约请重庆大学出版社编辑发行。2015 年 6 月在追思纪念重庆大学法学院创建七十年时推出了第二批 12 部著作，约请法律出版社编辑发行。本次为第三批，推出了 20 本著作，约请中国社会科学出版社编辑发行。作为改革开放以来重庆大学法学教学及学科建设的亲历者，我应邀结合本丛书一、二批的作序感言，在此寄语表达对第三批丛书出版的祝贺和期许之意。

随着本套丛书的逐本翻开，蕴于文字中的法学研究思想花蕾徐徐展现在我们面前。它是近年来重庆大学法学学者治学的心血与奉献的累累成果之一。或许学界的评价会智者见智，但对我们而言，仍是辛勤劳作、潜心探求的学术结晶，依然值得珍视。

掩卷回眸，再次审视重大法学学科发展与水平提升的历程，油然而生的依然是"映日荷花别样红"的浓浓感怀。

1945 年抗日战争刚胜利之际，当时的国立重庆大学即成立了法学院。新中国成立之后的 1952 年院系调整期间，重庆大学法学院教师服从调配，成为创建西南政法学院的骨干师资力量。其后的 40 余年时间内，重庆大学法学专业和师资几乎为空白。

在 1976 年结束"文化大革命"并经过拨乱反正，国家进入了以经济建设为中心的改革开放新时期，我校于 1983 年在经济管理学科中首先开设了"经济法"课程，这成为我校法学学科的新发端。

1995 年，经学校筹备申请并获得教育部批准，重庆大学正式开设了经济法学本科专业并开始招生；1998 年教育部新颁布的专业目录将多个部门法学专业统一为“法学”本科专业名称至今。

1999 年我校即申报“环境与资源保护法学”硕士点，并于 2001 年获准设立并招生；这是我校历史上第一个可以培养硕士的法学学科。

值得特别强调的是，在校领导班子正确决策和法学界同仁大力支持下，经过校内法学专业教师们近三年的筹备，重庆大学于 2002 年 6 月 16 日恢复成立了法学院，并提出了立足校情求实开拓的近中期办院目标和发展规划。这为重庆大学法学学科奠定了坚实根基和发展土壤，具有我校法学学科建设的里程碑意义。

2005 年，我校适应国家经济社会发展与生态文明建设的需求，积极申报“环境资源与保护法学”博士学位授权点，成功获得国务院学位委员会批准。为此成就了如下第一：西部十二个省区市中当批次唯一申报成功的法学博士点；西部十二个省区市中第一个环境资源法博士学科；重庆大学博士学科中首次有了法学门类。

正是有以上的学术积淀和基础，随着重庆大学“985 工程”建设的推进，2010 年我校获准设立法学一级学科博士点，除已设立的环境与资源保护法学二级学科外，随即逐步开始在法学理论、宪法与行政法学、刑法学、民商法学、经济法学、国际法学、刑事诉讼法学、知识产权法学、法律史学等二级学科领域持续培养博士研究生。

抚今追昔，近二十年来，重庆大学法学学者心无旁骛地潜心教书育人，脚踏实地地钻研探索、团结互助、艰辛创业的桩桩场景和教学科研的累累硕果，仍然历历在目。它正孕育形成重大法学人的治学精神与求学风气，鼓舞和感召着一代又一代莘莘学子坚定地向前跋涉，去创造更多的闪光业绩。

眺望未来，重庆大学法学学者正在中国全面推进依法治国的时代使命召唤下，投身其中，锐意改革，持续创新，用智慧和汗水谱写努力创建一流法学学科、一流法学院的辉煌乐章，为培养高素质法律法学人才，建设社会主义法治国家继续踏实奋斗和奉献。

随着岁月流逝，本套丛书的幽幽书香会逐渐淡去，但是它承载的重庆大学法学学者的思想结晶会持续发光、完善和拓展开去，化作中国法学前进路上又一轮坚固的铺路石。

陈德敏

2017 年 4 月

目　　录

专题一

民事诉讼模式研究

我国民事诉讼的模式选择与制度重构
——以民诉法修改为视角的分析

2008年4月1日起施行的新民诉法典（即2007年修改后的《民事诉讼法》——笔者注）被视为继1982年的《民事诉讼法（试行）》（以下简称《试行法》）和1991年的《民事诉讼法》（以下简称1991年民诉法）之后的第3部民诉法典。虽然新民诉法典重点针对我国司法实践中存在诸多弊端的再审程序和执行程序予以了修改和完善，但对民诉法典的此种局部修订并不能真正解决实践中的问题，并且由于对某一制度的修改会同时涉及相关制度的运作，因此，民诉法的此次局部修订有可能会引起制度间的冲突与龃龉。[①] 不仅如此，经过将近20年的社会发展，1991年民诉法的很多制度规定已经不能适应当前司法实践的需要了，甚至与当前司法改革的发展方向相背离。所有这些都导致了1991年民诉法在实际适用

---

① 如陈桂明：《再审事由应当如何确定——兼评2007年民事诉讼法修改之得失》，《法学家》2007年第6期；李浩：《民事再审程序的修订：问题与探索——兼评〈修正案（草案）〉对再审程序的修订》，《法律科学》2007年第6期；王亚新：《民事审判监督制度整体的程序设计——以〈民事诉讼法修正案〉为出发点》，《中国法学》2007年第5期等，上述文章都对此次修订作出了恰切的批评。另外，陈桂明、吴如巧：《再审案件审理权的配置》，《甘肃政法学院学报》2009年第4期，该文对于此次在再审制度方面的修订所可能导致的与审级制度的冲突，有较为深入的探讨。

中所出现的尴尬现象：不是被弃置不用，就是被最高人民法院所制定的众多司法解释所取代，沦为有名无实的“空头”法典。有鉴于此，对1991年民诉法进行全面修订就成为人们对立法者的迫切期待。在笔者看来，民诉法典的全面修订，应着重明确对诉讼模式的选择取向，厘清修订之后的民诉法在新的社会条件下所欲发挥的功能，并在此基础上对民事诉讼基本原则与制度予以重新审视。因此，本文的分析将围绕我国民事诉讼的模式选择以及基本原则与制度的重新建构展开。

一　我国民事诉讼模式的变迁与未来的选择

民诉法典的制定抑或重新修改，面临的首要问题便是对诉讼模式的选择。当今世界存在两种民事诉讼模式，即当事人主义模式和职权主义模式。虽然学者们对两大诉讼模式所对应的法系持不同观点，[①] 但学界大部分学者认为，英美法系国家实行当事人主义诉讼模式，而大陆法系国家实行的则是职权主义诉讼模式。笔者亦赞同这种对诉讼模式的划分。两大诉讼模式区别的根本标志，无疑表现在对法院与当事人在诉讼中地位的不同强调上。当事人主义诉讼模式充分体现了对当事人诉讼主体地位的尊重，诉讼的发生、推进及终结，其主动权都主要掌握在当事人的手里，当事人在诉讼中扮演的绝对是主要角色。与之相对应，职权主义诉讼模式虽然也强调对当事人诉讼权利的保护，注重当事人权利的实现，但是在诉讼中法官却占据着举足轻重的地位。诉讼程序并非仅因当事人的起诉而当然发生，其尚须法官的职权审查；诉讼程序的推进与终结，其主动权也不再掌握在当事人手里，而最终由法官依职权决定。可见，对当事人与法官在诉讼中地位的不同强调，构成了当事人主义模式与职权主义模式鲜明的区别标志。有人认为尚存在混合主义诉讼模式，有学者亦将其称为“协同式诉讼模式”。[②] 依笔者看来，此种诉讼模式无非是上述两种诉讼模式的综合与相互妥协，尚难作为一种独立的诉讼模式而存在。

我国民事诉讼程序的规范化肇始于《试行法》的颁布施行，至此才初步形成了具有我国特色的民事诉讼体制。于法院和当事人的基本关系方

---

① 详细观点可参见张卫平《程序公正实现中的冲突与衡平》，四川人民出版社1993年版，第82—83页。

② 田平安、刘春梅：《试论协同型民事诉讼模式的建立》，《现代法学》2003年第1期。

面，《试行法》仍然坚持了我国传统的法院的主导地位，主要表现在以下三方面。

首先，在对待裁判争议的事实根据上，法院对民事争议的裁判可以以当事人的陈述和提出的证据为根据。法院可以，甚至完全以自己独立收集的证据为依据对案件进行裁判。法院在诉讼中可以不受当事人双方陈述的约束。

其次，在证据收集和提出方面，法院可以在当事人主张的证据范围以外，依职权独立收集证据，而不受当事人主张的证据范围的限制。《试行法》第 65 条第 2 款规定，法院有权“全面地、客观地收集和调查证据”。

最后，在各种具体程序的启动和终结方面，法院具有主动性和决定性。如执行、保全程序的启动等，《试行法》都规定法院可依职权主动开始，且明确规定执行开始的方式之一是以职权移送为主，当事人申请为辅。诉讼保全和先行给付也都可以依法院的职权而开始。

不难看出《试行法》所建构的民事诉讼体制在基本模式上属于典型的职权主义诉讼模式。当然《试行法》在诉讼模式方面选择职权主义诉讼模式，是与我国此前实行多年的计划经济体制分不开的，计划经济体制是民事诉讼中奉行职权主义的土壤。除此之外，苏联民诉法典所采行的职权主义诉讼模式亦对我国民事诉讼模式的选择产生了深刻影响，因为《试行法》的制定主要效法苏联的民事诉讼法典。可以说《试行法》在制定之时选择职权主义诉讼模式是历史的必然，在当时的社会条件下，《试行法》的此种选择无可厚非。

随着我国市场经济的发展，原本运行良好的《试行法》已越来越不能适应现实的需要，于是，一部新的民事诉讼法便应运而生，这便是 1991 年制定的《民事诉讼法》。1991 年民诉法与《试行法》相比有一个显著的特点，即民事诉讼程序中法院职权干预的弱化以及相应的当事人处分权的强化。最明显的变化表现在二审的审理范围方面。《试行法》规定，二审案件的审理范围是全案审理，也就是说二审法院的审查范围是一审案件的全部内容，并不受当事人上诉请求范围的约束。这显然是对当事人诉讼主体地位的漠视和否定。1991 年民诉法对此进行了修正，明确规定二审审查的范围是在当事人上诉的范围之内，这就归还了当事人作为诉讼主体所应享有的诉讼权利。不仅如此，在再审程序方面，1991 年民诉法赋予了当事人申请再审权。对于再审程序的启动，《试行法》只规定了法院决定再审和检察院抗诉再审两种方式，当事人并不享有申请再审的权利，而只享有申诉权。作为公民的宪法权利，申诉并不必然引发再审。而1991年民诉法则明确规定当事人有权申请再审，而且是引起再审的最主要方式。虽然保留了法院决定再审以及检察院抗诉再审，但我们应注意这里已经将申请再审作为引发再审的最重要的原因和最重要的途径。除此之外，实际上1991年民诉法的一系列其他规定都体现了把权利归还给当事人的原则，比如对于先予保全和先予执行，《试行法》强调的是法院依职权进行，但1991年民诉法却规定，法院在采取此种措施时，应当根据当事人的申请。不难看出，与《试行法》相比，1991年民诉法在弱化法院职权干预、强化当事人处分权方面有了显著的进步。但需要指出的是，1991年民诉法对法院职权干预的弱化只是一种量的变化，并不意味着我国民事诉讼法体制发生了结构性的转变。之所以这样说，是因为1991年民诉法在最能体现民事诉讼中的当事人主导性方面并没有根本的转变，即作为法院裁判根据的事实仍然不受当事人主张的限制，法院仍然可以在当事人的主张以外依职权主动独立收集和提出证据，并以此作为定案依据。因此，从民事诉讼基本模式的角度看，1991年民诉法所构筑的民事诉讼体制依然属于职权主义类型，但其已经向当事人主义诉讼模式迈出了重要一步，在一定程度上导致了民事诉讼机制的转换。

20世纪90年代中期以后，最高人民法院围绕1991年民诉法作了大量的司法解释，其中较为重要者如《关于民事经济审判方式改革问题的若干规定》（以下简称《审改规定》）以及《关于民事诉讼证据的若干规定》（以下简称《证据规定》）等。这些司法解释进一步削弱了法院的职权，主要表现在：进一步缩小了法院依职权收集、调查证据的范围，强化了当事人申请的作用。《审改规定》第3条第1款规定："当事人及其诉讼代理人因客观原因不能自行收集并已提出调取证据的申请和证据线索的"，证据由人民法院调查收集。《证据规定》第3条第2款规定："当事人因客观原因不能自行收集的证据，可申请人民法院调查收集。"第16条规定："……人民法院调查收集证据，应当以当事人的申请进行。"不难看出，与1991年民诉法相比，上述司法解释对于法院依职权收集、调查证据的态度发生了明显的变化，显著地缩小了法院在调查取证方面的职权范围。相应的，当事人在取证方面的权利却得到了很大程度的扩张。上述司法解释对民诉法典此种变通规定，虽然不无越权之嫌，但我们可以从中窥探出我国民事诉讼立法的发展趋向，即不断限制法院在诉讼中的职权，同时不断扩张当事人的诉讼权利。

2008 年生效的新民诉法典虽然对再审程序和执行程序作了不小的变动，但法典的此次修改对于法院与当事人在诉讼中的关系、地位方面的安排却基本上没有改变，亦即新民诉法典在诉讼模式的选择上仍然延续了 1991 年民诉法的做法。从这个意义上来说，修订之后的新民诉法典并不是一部真正意义的"新法典"，而只是 1991 年民诉法的修订版。

通过前述对我国民事诉讼模式变迁的简要回顾不难发现，我国民诉立法在诉讼模式选择方面基本上遵循的是一条持续限制法院职权、不断扩大当事人诉讼权利的道路，换句话说，是一个从职权主义诉讼模式不断接近当事人主义诉讼模式的过程。民诉法典模式选择的此种变迁从一个侧面反映了我国从计划经济向市场经济转变和发展的历史轨迹。市场经济的确立和发展，使得国家尊重商品生产者的经济主体地位成为必需，体现在民事诉讼模式中，就要求法院必须充分尊重当事人的意志，使当事人能够按照自己的利益要求决定自己的诉讼行为。裁判案件的事实根据只能来自当事人，同时要求当事人对自己的主张进行充分举证，并对自己的诉讼行为负责。从这个意义上来说，未来修改之后的"第四部"民诉法典应当充分反映市场经济的要求，在诉讼模式的选择上延续不断靠近当事人主义的这一发展趋向。需要指出的是，此处所说的向当事人主义的靠近只是说要更多地赋予和保障当事人的诉讼权利，使当事人真正地成为诉讼的主体，积极、主动地参与诉讼活动，而法官则要始终保持中立裁判者的地位，而绝不是照搬英美法系的当事人主义。这不仅是因为我国法律传统、司法体制、诉讼目的与英美法系国家存在诸多差异，更多的是因为英美法系的当事人主义具有其自身不可克服的缺陷，比如诉讼成本过高、诉讼周期较长而缺乏效率等。因此，笔者认为，期待中的"第四部"民诉法典应采取以当事人主义为主、职权主义为辅的诉讼模式，亦即在诉讼过程中，要充分发挥当事人的作用，但也不能完全否认法官的作用，为了使诉讼活动更有效率，或防止当事人滥用程序权利，也应当赋予法官指挥诉讼和控制庭审进程的职权，在必要时法官也可以根据当事人的请求而独立地调查取证。

二 功能视野下基本原则和基本制度的重构

（一）修订之后民诉法典的功能设定

为了应对新的时代背景下民事司法实践中所出现的诸多新的问题，修订之后的民诉法典应当具备如下功能：第一，能够实现解纷机制的多元化。民事纠纷的解决并非只有诉讼一种方式，其解决机制是多元的。人民调解、仲裁等多种诉讼外纠纷解决机制对于民事纠纷的妥善解决有时可以发挥比诉讼更好的作用。但在我国，由于司法人员“诉讼至上”的观念根深蒂固，各种诉讼外纠纷解决机制并没有受到重视，这直接限制了其功能的发挥和在实践中的发展。因此，修订之后的民诉法典应当对当事人之间所达成的诉讼外纠纷解决协议的效力予以确认，保障各种纠纷解决机制功能的有效发挥。① 不仅如此，对于当事人在诉讼中所达成的和解协议，法典也应当给予尊重。之所以作如此规定，既是对当事人选择解决纠纷方式意愿的尊重，也是对当事人诉讼主体地位的承认。第二，能够实现当事人起诉的便捷化。1991 年民诉法对于当事人的起诉规定了较为苛刻的条件，这一规定受到了人们的广泛批评。也许在立法者看来，严格规定起诉条件可以避免当事人对诉讼程序的滥用，但忽视了由此所造成的对当事人行使起诉权利的妨碍。司法实践中立案的“形式审查”变异为对案件的“实质审判”的现象并不鲜见。为避免这一现象的发生，最根本的方法就是降低起诉条件，简化立案手续，对起诉仅规定程序意义上的审查，而不再进行实质审查。第三，能够实现诉讼程序的分流化。这一点指的是根据案件的繁简程度来设计不同类型的诉讼程序。虽然我国民诉法中已经设立了简易程序来处理那些事实清楚、权利义务关系明确、争议不大的简单民事案件，但对于实践中大量存在的案情简单、数额较小的案件，简易程序的适用并不能在程序的效率方面取得很好的效果，需要设计一种比简易程序更为简单的程序，以此来弥补简易程序功能的不足，促进简单案件更加快速高效地解决，提高诉讼效率。第四，能够实现证据制度的完善化。证据制度是民事诉讼的核心，这一点毋庸置疑。但是，1991 年民诉法对证据制度的规定却十分粗疏，并且不具有操作性。《证据规定》在很大程度

① 纠纷的诉讼解决与非诉讼解决的关系与并行可参见相庆梅《交错语境中的成长——我国民事诉讼制度改革的路径选择》，《理论探索》2009 年第 5 期。

上完善了我国的民事证据制度，但该规定毕竟只是司法解释，并不能取代法典。因此，在新民诉法典中应将《证据规定》的合理内容加以借鉴和吸收，以改变司法实践中知《证据规定》而不知民诉法典的现象。第五，能够实现对公共利益的保护。随着我国社会结构的变化和各种利益阶层的出现，涉及公众利益的案件不断涌现，如消费者案件、环境污染案件、国有资产流失案件等。这使得民事诉讼的公益性问题在现代社会日益突出。因此，修订之后的民诉法典在注重保护公民“私益”的同时，亦应将对“公益”的维护作为自身应有的职责。第六，能够实现裁判效力的稳定化。稳定性对于生效裁判而言无疑具有重要意义。然而在我国，由于法院、检察院等众多主体享有再审启动权，使得法院的生效裁判时常因被提起再审而变得效力不定，这显然严重侵害了生效裁判的稳定性和既判力。因此，修订之后的民诉法典应当严格限制再审程序启动的条件，缩小启动再审程序的主体范围。只有这样，生效裁判效力的稳定化才能获得保障，再审程序也才能成为真正的事后救济程序。需要指出的是，2008 年修订的新民诉法虽然试图通过对启动再审的事由进行细化，来限制再审程序的启动，但事实证明，立法者的此种努力并没有取得预期效果。另外，法院对于再审程序的启动仍然享有不受限制的权力。所有这些都应成为此次民诉法修改需要予以关注的地方。

（二）基本原则与基本制度的重构

要有效发挥修订之后的民诉法所肩负的前述功能，使这些功能的发挥真正取得预期效果，需要对现行民诉法中的基本原则与基本制度加以认真审视，重新构筑一套有利于发挥前述功能的基本原则与基本制度体系。这一体系的重新构筑，既包括对若干基本原则与制度的删减，也包括对其中一些空白的填补，还包括对现有基本原则与制度的改革。

1. 关于基本原则的重构

我国现行民诉法规定的原则有十几个，但是这些原则是否都应被视为民事诉讼法的基本原则值得探讨。一般认为，基本原则具有宏观、根本的指导性，具有一以贯之的统率性。① 因此，在重塑民诉法的基本原则时，对那些不具有基本原则特质的原则不应再视为基本原则。此外，凡是已经由宪法规定的原则，民诉法亦不应再予重复规定，因为这些原则完全可由

① 江伟：《中国民事诉讼法专论》，中国政法大学出版社 1998 年版，第 218 页。

民事诉讼法“根据宪法制定本法”的立法宗旨所涵括。据此，民诉法的基本原则可遵循以下方案予以重新构筑。

首先，保留平等原则、处分原则、辩论原则、调解原则，并对之予以充实和具体化，避免其内容的空洞化。其中应特别注意对辩论原则和处分原则的改造。现代辩论原则的核心是当事人的辩论内容对法院或法官的裁判的制约，法院或法官判断的依据应限制在言辞辩论中当事人主张的范围内。① 因此，现代辩论原则又被称为“约束性辩论原则”。而我国当今实行的辩论原则与此迥异，我国的辩论原则虽然强调当事人有权进行辩论，并要求人民法院在诉讼过程中保障当事人充分行使辩论权，但没有规定相应的法律后果，也没有规定法院的审理对象须以当事人辩论中提出的事实和证据为限，因此，没有使当事人的辩论结果对法官裁判构成约束，使辩论权的规定成为一种形式上的东西，在实践中并不具有多少实际意义。可见，依循现代诉讼理念重构辩论原则实有必要。而重塑处分原则的关键则在于确定当事人处分对象的范围，厘清当事人的处分权与国家干预的相互关系。在不涉及公益的纯粹私人领域范围内的诉讼，应充分保障当事人处分权的享有与行使，尽量减少国家干预；而在涉及公益的诉讼中则应排斥当事人的处分权，强调国家的合法干预，允许代表公益的机关甚至任意的第三人提起诉讼。

其次，增加规定程序本位原则、程序选择权原则和诚实信用原则。将程序本位作为民事诉讼法的基本原则，实际上是对轻视程序的传统的矫正，对于改变我国“重实体、轻程序”的观念具有根本的理念性意义。程序本位原则注重程序的自治和程序的安定，强调只要程序本身被遵循，其结果就应当被视为公正的；程序应当具有程序的强硬性，某一主体若违反法律关于诉讼规程的强制性规定，就会导致对其不利的后果发生。程序选择权是当事人在多元化的程序之间进行选择的权利，其价值主要在于彰显当事人的程序主体地位。民事诉讼主要涉及民事权利义务关系，在实体法领域与程序法领域当事人都存在较大范围的自治。自治便意味着选择，在程序法内的自治表现为程序选择，这样更有利于节约诉讼资源，提升当事人对法院裁判的信赖度，从而提升法院裁判的权威性。随着现代民事诉讼法的发展，程序选择权的范围呈现出扩展化的趋势。当事人合意选择鉴

---

① 张卫平：《程序公正实现中的冲突与衡平》，四川人民出版社 1993 年版，第 2 页。

定人、非普通程序案件合意选择适用普通程序，在普通程序中选择适用独任制法官以及当事人合意选定合议庭成员及独任制法官等。但是应当注意的是，程序选择权并不能被处分权所容纳，因为处分权的本质含义在于处分，而程序选择权则允许当事人在多种程序之间做出选择，其本质在于选择。诚实信用原则是私法领域内的一项基本原则，这一点毋庸置疑。但该原则并不仅适用于私法领域，在诸多其他领域如民事诉讼领域仍然有其广泛发挥作用的空间。作为民事诉讼的一项基本原则，诚实信用原则有助于引导民事诉讼法律关系主体进行诉讼行为时遵循诚信、善意，进而实现民事纠纷的最终完满解决。从定纷止争、推动社会稳定这一点来说，将诚实信用原则规定为民事诉讼的基本原则，是毫不为过的。

2. 关于基本制度的重构

一般认为，民事诉讼的基本制度包括两审终审制度、公开审判制度、合议制度和回避制度。[①] 但是民事诉讼法的这种规定并不完善，从目前来看，尚须增加规定若干基本制度；而现有的制度，亦亟待改革。

（1）民事诉讼法应当增加的制度

现行民事诉讼法中存在一些制度空白，需要通过制度设计来加以填补。笔者认为至少应包括审前准备程序制度、举证时限制度、强制答辩制度、小额诉讼制度和公益诉讼制度。

第一，关于审前准备程序制度。审前准备程序是开庭审理前的一个诉讼环节，是民事诉讼中的一个非常重要的阶段，其内容和功能主要包括两点：一是整理和确定诉讼争点，二是获取和固定证据。这两项内容对于开庭审理而言是必不可少的，因为开庭审理需要首先明确审理的范围和对象。任何案件的发生都意味着当事人之间存在争议，原被告双方会通过起诉状和答辩状来表述此种争议，但这种表述常常是模糊的，无法相互对应，难以形成明确的焦点，亦即案件的争点。由于形成争点的过程比较复杂，加之当事人对所涉及问题的理解和思路不同，因此需要通过一个专门的程序来整理和确定争点。争点是开庭审理和认定的对象，而审理和认定的方法主要是证据，证据也需要在开庭审理前由当事人提交，并加以固定。我国民诉法上没有专门规定审前准备程序制度，在笔者看来显然是一种缺失。

---

① 江伟、吴泽勇：《现代诉讼理念与中国民事诉讼制度的重塑》，《中国法学》2003 年第 1 期。

当然，笔者在这里并不想就审前准备程序做出具体的制度安排，因为这是一个非常复杂的工程。这里只想强调的是，审前准备程序制度的建立应特别注意与其他制度的配套与衔接，特别是与强制答辩制度和举证时效制度的配套与衔接。因此，要建立审前准备程序制度，并使其良好运转，就必须建立举证时效制度和强制答辩制度。

第二，关于举证时限制度。举证是当事人的义务，而且该义务具有时限性，逾期举证会失去证据效力，此即举证时限制度。法院审理案件的首要任务就是认定当事人存在争议的事实，而认定事实的手段则主要在于证据。若证据不预先固定，一审、二审过程中乃至二审后随时举证，必然导致开庭审理中无法认定事实，出现反复质证，反复开庭。这种诉讼流程有失效率，亦有失公正。因此民诉法应当在整理和确定争点的基础上限定举证的期限。实践中通常要求当事人在开庭审理前进行举证，从而为开庭审理过程中的全面质证做好准备，保证庭审功能的正常发挥。我国民诉法典中缺乏关于举证时限制度的规定，该制度规定在最高人民法院《证据规定》等司法解释中，但由于司法解释效力有限，与民诉法典的相关规定不协调，适用效果并不理想，因此有必要通过修改民诉法典而真正确立这一制度，并使其功能真正得以发挥。

第三，关于强制答辩制度。我国民事诉讼中的答辩制度被学界诟病已久。其原因在于我国的答辩制度并不具有强制性，使得该制度在实践中成为一纸具文。《民事诉讼法》第 113 条第 2 款规定：“人民法院应当在立案之日起五日内将起诉状副本发给被告，被告在收到之日起十五日内提出答辩。被告不提出答辩的，不影响人民法院审理。”此条明确规定了被告的答辩义务，但因未规定被告不答辩的法律后果，因此形同虚设。民事诉讼法设立答辩制度的目的在于通过被告的答辩使原告充分了解对方的主张和证据，保证双方当事人平等地进行攻击和防御，从而减少“诉讼突袭”。但就目前情形而言，要使该制度真正发挥它所应有的作用，赋予其强制性方为正确的选择。

第四，关于小额诉讼制度。小额诉讼指的是处理小额金钱财产争议的诉讼，为小额诉讼设置的专门的、简单快捷的诉讼程序，称为小额诉讼程序。小额诉讼程序不同于简易程序，后者适用的对象是简单案件，而不一定是小额诉讼案件。简单案件之所以适用简易程序审理，是由于案件本身简单，认定事实和适用法律比较容易，无须通过较为复杂的程序即可保障其诉讼结果公正。而小额诉讼制度的设计理念与此不同，法律上设计该程序的根据在于价值权衡——既然争议数额很少，就应当考虑投入产出上的平衡。日本及我国台湾地区都专门规定了小额诉讼程序制度。以日本为例，小额诉讼程序适用于30万日元以下的争议，允许当事人合议选择该程序，实行一次开庭原则，禁止反诉和上诉，简化判决。如此极大地节省了司法资源，同时充分保证了诉讼效率。因此，建议在我国建立小额诉讼与简易诉讼并行的双轨制。

第五，关于公益诉讼制度。公益诉讼制度首先产生于西方国家。20世纪中后期西方各国社会迅速发展，社会关系越来越复杂，个人的民事权利争议日益呈现团体化、分散化、边缘化的特征，传统的民事诉讼方式已不能适应解决此类案件的需求，公益诉讼作为新型的诉讼形式应运而生。公益诉讼针对的是权益侵害对象为不特定的人乃至社会公众的案件，受害者多为社会弱势群体，如消费者、环境污染受害者、妇女、囚犯等，此类案件侵害行为涉及面广（团体化），每个受害者损失的利益较小（分散化），案件与每个受害者的关系似乎不很直接（边缘化）。公益诉讼正是为这样的案件提供司法救济，救济社会弱势群体分散化的、团体性的、边缘性的权利。

公益诉讼案件在我国也切实存在着，如环境污染侵权案件、众多消费者基本权利受侵害的案件、证券公司虚假陈述引发的侵权案件、保护食品和药品安全的案件、社会保障案件、群发性劳动争议案件等。[①] 此外，国有资产流失案件在我国大量发生，是我国的特殊问题，此类案件中的不法者不仅侵犯了国家的利益，也侵犯了全体人民的利益，亦应作为特殊的公益案件对待。以上案件的特殊性在于，难以找出某一个或某几个与案件有直接利害关系的公民、法人或其他组织，因此需要确立公益诉讼制度，赋予无直接利害关系的人员或特定机构以诉讼主体资格，允许消费者协会之类的利益代表机构乃至人民检察院这样的公权力机构提起公益诉讼。公益诉讼适用不同于传统诉讼的某些规则，如限制当事人处分权，原告不得撤诉，不得与被告和解，减免诉讼费，裁判效力扩张等。修改之后的民诉法典应当增加公益诉讼制度，为公益诉讼案件的解决提供程序保障。

（2）民事诉讼法中应当改革的制度

第一，两审终审制度。我国目前实行的两审终审制度存在诸多弊端，其

① 田平安：《民事诉讼法学》，中国检察出版社2002年版，第5页。

最为人所诟病之处，在于该制度有“一刀切”之嫌，即不论案件标的额大小、难易程度，一律实行两审终审制。这种设计有明显缺陷：首先，有些案件十分复杂，两审终审无法保证案件质量。实践中一些法院为了保证审判质量，往往在判决前向上级法院请示。这种做法严重违反了审级独立的基本原则，损害了当事人的上诉权和申请再审权。其次，对于争议标的额很小或案情很简单的案件，也一概实行两审终审，不仅无助于保证案件质量，反而会增加诉讼成本，降低诉讼效率，浪费司法资源。有鉴于此，笔者认为“多元制”的审级制度也许更为可取，即争议标的额很小、案情简单或争议不大的案件，适用一审终审制；一般案件适用两审终审制；少数争议标的额特别大且特别疑难的案件适用三审终审制，但第三审仅限于法律审。同时，为了尽可能提高效率，降低诉讼成本，适用三审终审制的案件还可实行“飞跃上诉”即一审判决后当事人对案件事实无争议，仅对适用法律有异议的案件，经双方当事人同意，可选择越过二审法院直接上诉到三审法院。这样将一部分适用三审终审制的案件实际上又改为了二审终审制，最大限度地节省了司法资源，同时又有利于当事人行使诉讼权利。

第二，再审制度。现行再审制度的弊端在法学界已经达成共识，其改革目标在于压缩再审案件数量，改变目前“终审不终”的现象，以实现裁判效力的稳定化。而改革的路径则主要在于严格限制再审程序启动的条件，缩小启动再审程序的主体范围，应规定一般情况下只有当事人有权申请再审，检察院在特定情形下可以提出抗诉引发再审，而人民法院则不得自行发动再审或指令下级法院再审，以保持法院的中立地位。

第三，合议制度。合议制度在司法实践中存在形式化的倾向。“合而不审，合而不议”等现象大量存在，在很多案件中合议制已经变异为实际上的独任制，而独任制无论在形式上还是实际上都在广泛地运用。因此，民诉法似应考虑扩展独任制的适用范围。虽然从理论上而言，合议制具有发挥集体智慧、促使法官之间相互监督的优点，对于重大疑难的案件相比独任制确有其优势。但若司法资源短缺，法官人手紧张，积案较多，则合议制就不仅无利反而有弊。独任制则能较好地解决这些问题。独任制具有节约诉讼资源的优点，一般案件适用独任制亦不会对公正构成太大威胁。因此，民诉法的改革方向应是扩展独任制的适用范围，对于一审案件宜以实行独任制为主，除非是重大疑难的案件才实行合议制。

三　余论：关于民诉法立法理念的评论

很显然，民诉法的立法理念问题是民诉法内容中最为抽象的部分，对民诉法的局部修改并不会导致其固有的理念发生变化；但若从大的层面入手，对民诉法予以整体和全面的修改，则必然会导致其理念发生整体变迁。通过前述分析不难发现，较之1982年《试行法》而言，1991年民诉法在理念上基本与其保持一致，虽然稍有变动，比如增加了当事人的诉讼权利，限缩了法官的职权领域，但民诉法根本的理念并未发生变化，尤其是作为型塑民事诉讼新体制的理念体系，并未发生变动。正是在这一意义上，有学者认为我国现行民事诉讼法依然是传统民事诉讼法的延伸或沿袭，并没有根本性的突破。未来对民诉法的全面修订，相较之前的民诉法来说，主要的或者说是首要的变化，乃是集中在赖以指导民诉法修改、贯彻于民诉法全部领域的精神层面的变化，也就是民诉法的理念的变化。正确、科学的立法理念是确保民事诉讼立法科学性的前提。现行民诉法的根本性缺陷就在于其未能反映现代民事诉讼的基本理念。关于现代民事诉讼的基本价值理念，学界已经达成许多共识，如接近正义或者保障诉权的理念、程序公正的理念、程序本位的理念、程序的主体自治理念、程序的契约化理念等一些基本的理念或者基本的诉讼规律。这些基本理念已为实行市场经济的国家所验证并践行，是任何一部调整市场经济的民事诉讼法所必不可少的基本理念或者基本指导准则。如果说具体程序制度或者具体规则不能蕴含这些基本理念或者说与这些基本理念不相吻合，那么这一条文肯定是与现代民事诉讼的要求相背离的。

民事诉讼法的崭新理念的体系化出现，从一个侧面印证了我国民事诉讼法全面修改的急迫性和必要性，同时也蕴含了我国民事诉讼修改所可能展开的全部新型内涵，民事诉讼法修改后所出现的全部新型内容，均可以在逻辑上回溯至民事诉讼法全新的理念预设。

民事诉讼主体结构模型观

——以诉讼模式为视角的分析

一　从模式到民事诉讼模式

日常生活中我们经常会听到以“模式”为中心语的偏正结构的名词，

如“管理模式”“经济模式”“教育模式”“增长模式”“思维模式”等，并且这些名词在各学科、各领域被广泛运用。就是在诉讼理论的阐述中，我们也会听到“审理模式”“庭审模式”这样的说法。很显然“模式”这一概念具有定义上的多样性，也正因如此，人们在试图给“模式”这一概念作一个准确界定时，往往会出现差异。我国权威的工具书《辞海》在提到“模式”这一概念时认为：“（在社会学中）是研究自然现象或社会现象的理论图式或解释方案，同时也是一种思想体系和思维方式。”① 陈瑞华教授提出，模式的基本含义是某一系统结构状态或过程状态经过简化、抽象所形成的样式。② 张卫平教授认为，虽然“模式”的含义具有分歧性，但其基本含义较为明确，即是对某类事物或行为特征的概括。“模式”是通过揭示该事物与他事物的本质属性来说明或表明此事物与彼事物的差异的。③ 而英国学者戴维·郝尔德（David Held）在论述民主时使用的模式概念，是用来专指某种理论架构，并指出，这一架构旨在展现和解释民主形式的基本要素及其关系的基本结构。④ 综合上述各学者的观点与“模式”相关的解释，以及各学科、各领域对“模式”这一概念运用的习惯，我们可以大致总结出模式的两层含义：其一，模式来源于现实，是对现实的抽象和概括；其二，模式又是一种模型，是人们赖以塑造事物未来形态的范本或参照物。无论从哪一层含义上讲，模式都是一种高度抽象的理论研究工具。

最早将“模式”理论引入我国民事诉讼法学研究当中的是著名的民事诉讼法学家张卫平教授。在其发表的一系列关于民事诉讼模式的论文及专著中，始终坚持这样一种观点，即认为民事诉讼模式“是对特定或某一类民事诉讼体制基本特征的揭示”⑤。而民事诉讼体制则是指一国民事诉讼运行的一整套规范化、制度化的系统，并且是一个相对稳定化的系统。⑥ 按照民事诉讼法律关系的理论，民事诉讼是由若干法律关系构成的。在民事诉讼法律关系群中，最基本和最主要的诉讼法律关系当数法院

---

① 《辞海》（缩印本），上海辞书出版社 1999 年版，第 1596 页。

② 陈瑞华：《刑事审判原理论》，北京大学出版社 1997 年版，第 298 页。

③ 张卫平：《诉讼构架与程式》，清华大学出版社 2000 年版，第 5 页。

④ ［英］戴维·郝尔德：《民主的模式》，燕继荣等译，中央编译出版社 1998 年版，第 8 页。

⑤ 张卫平：《诉讼构架与程式》，清华大学出版社 2000 年版，第 6 页。

⑥ 同上书，第 3 页。

或法官与当事人之间的法律关系。民事诉讼基本模式理论不仅是对民事诉讼基本模式的宏观思考，也是对民事诉讼最基本关系的分析和探究。这种分析和探究的实质是认识和把握特定民事诉讼体制形态中国家权力与当事人权利义务的关系。[①] 解读这些表述可以看出，民事诉讼模式理论所要考察研究的基本对象有三个：一是特定的民事诉讼体制；二是这一特定民事诉讼体制相对稳定的、系统化的民事诉讼法律规范与制度、法律理论与实践经验；三是这一特定制度所蕴含的各种要素之间的权利义务关系。民事诉讼模式就是对考察研究的对象进行深入的分析、探究、抽象和概括而形成的，能够反映民事诉讼本质特征，能够描述民事诉讼各要素之间的相互关系，能够体现社会现实和制度追求的理论架构。

二 对当前民事诉讼模式划分标准的反思

按照我国民事诉讼法学界的一般观点，当今世界存在两种民事诉讼模式，即英美法系的当事人主义诉讼模式和大陆法系的职权主义诉讼模式。日本由于其特殊性，该国的诉讼模式介于当事人主义模式与职权主义模式之间。[②] 而以张卫平教授为代表的一部分学者则认为，不管是大陆法系还是英美法系，其民事诉讼体制的基本模式都是当事人主义。而苏联东欧各国都可以纳入职权主义模式。[③]

上述两种观点的分歧由来已久。而两种观点之所以存在如此大的差异与分歧，李祖军教授的一段论述也许为此提供了充分的解释。他提出："（二者存在差异与分歧）最根本的原因在于争论的学者之间没有正确的、统一的划分民事诉讼模式的标准，各自以不同的角度、不同的出发点给民事诉讼模式定性、归意，这必然使得学者们所指的当事人主义与职权主义概念本身存在交叉与混乱，从而在客观上阻却了我国民事诉讼模式的研究及新的符合民事诉讼目的的构造的确立。"[④] 李祖军教授认为，在第一种观点中，有的以法庭询问的方式作为划分民事诉讼模式的依据。[⑤] 有的以当事人和法院在民事诉讼程序进行中的地位和作用作为划分依据，并且认

① 张卫平：《诉讼构架与程式》，清华大学出版社 2000 年版，第 6 页。

② 田平安：《我国民事诉讼模式构筑探析》，《中外法学》1994 年第 5 期。

③ 张卫平：《诉讼构架与程式》，清华大学出版社 2000 年版，第 9 页。

④ 李祖军：《民事诉讼目的论》，法律出版社 2001 年版，第 291 页。

⑤ 沈达明：《比较法总论》，北京大学出版社 1987 年版，第 131—132 页。

为这种主导作用体现在程序的开始、终止、继续、法庭审理的次数以及庭前审理的特色等方面。[①] 而第二种观点则以是否采取辩论主义原则作为划分民事诉讼模式的标准。并且这种观点认为，是否采用辩论主义在划分民事诉讼模式方面具有质的意义，能够抓住民事诉讼模式的基本特征，而其他方面诸如处分权、程序启动与终止的决定权的归属等在划分民事诉讼模式方面具有量的意义和微观价值。[②]

应当说上述两种观点都是有道理的，并且理由还挺充分，这从持两种不同观点的学者们所发表的大量关于民事诉讼模式划分标准的论文中可以得到确认。但就两种观点都不能说服对方，以至相持不下这一事实来说，我们就有权利说这两种观点都有理论上的不周延之处。因此，另辟蹊径，重新定位民事诉讼模式划分标准，就成为我们研究该问题的当务之急。

众所周知，在所有民事诉讼法律关系中，最基本和重要的法律关系当数法院与当事人之间的法律关系。这种法律关系构成了整个民事诉讼的基本主线，在确定民事诉讼模式划分标准就不能不对法院和当事人这一基本法律关系进行分析。而民事诉讼作为当事人诉权与法官审判权相互作用的“场”，法官与当事人之间法律关系的最直接的表现就是审判权与诉权之间的相互关系。更具体地讲，审判权与诉权的相互作用集中体现在程序的进行以及对事实的探求当中。事实上，职权主义模式与当事人主义模式——不管是何种意义上——的区别也集中体现在这两部分当中：在推动程序的问题上，两种诉讼模式分别以法官主导程序与当事人主导程序为特征，分别称为“职权进行主义”与“处分权主义”；在探求事实的问题上，两种诉讼模式分别以法官主动发掘证据与法官消极判断证据为特征，分别称为“职权探知主义”与“辩论主义”。[③] 通过运用审判权与诉权的关系来分析诉讼模式论，我们可以发现，所谓的当事人主义的诉讼模式实际上就是诉权作用优于审判权作用的诉讼制度；职权主义诉讼模式实际上就是审判权作用优于诉权作用的诉讼制度；而下文将要述及的协同主义诉讼模式实际上则是审判权与诉权平衡作用的诉讼制度，在其中并不存在审

① 何文燕：《论民事诉讼模式选择与审判方式改革》，载陈光中主编《诉讼法理论与实践》，中国法制出版社 1996 年版，第 36 页。

② 李祖军：《民事诉讼目的论》，法律出版社 2001 年版，第 288—290 页。

③ 张卫平：《诉讼构架与程式》，清华大学出版社 2000 年版，第 19—23 页。

判权与诉权一方对另一方的优越性。总而言之，笔者认为作为民事诉讼模式的划分标准，其应能反映诉讼模式的本质，而审判权与诉权的关系无疑具备这种功能。

三　民事诉讼主体结构：类型与评价

如上所述，诉讼模式是建立在对诉讼结构（或构造）①进行分析的基础之上的。某种诉讼模式的建立，始终要以某种诉讼构造来展现其具体内容，而且诉讼模式所要反映的诉讼程序本身的特征，首先要从诉讼构架中寻找。② 民事诉讼法学界对民事诉讼结构（构造）主要有以下几种界定。

1. 诉讼角色分配说：认为民事诉讼结构，是由一定的诉讼目的决定的，由民事诉讼程序的角色安排所体现的原告、被告（包括其代理律师）、法院三方的法律地位和相互关系的总称。③

2. 系统构造说：认为结构是按照系统论的观点阐释出的结构或构造，是指事物内部构成要素之间的相互关系，那么民事诉讼构造就是关于民事诉讼程序的基本要素及民事诉讼主体在民事诉讼过程中的地位、作用和相互关系的基本概括，是对民事诉讼法体制及其运行特征的综合表述。④

3. 民事诉讼法律关系中介说：认为民事诉讼构造的基本内容，主要是民事诉讼主体在民事诉讼活动中的地位和相互关系的格局，以及体现并保障这一格局的民事诉讼的原则、制度和程序设置。其中民事诉讼法律关系的性质和特点不仅是认识民事诉讼构造的基本中介，而且是民事诉讼构造的基本组成部分。⑤

以上界定虽然以不同的角度考察民事诉讼结构问题，都有合理成分，但都集中到法院和当事人之间、当事人和当事人之间两类诉讼主体的诉讼地位和诉讼关系的确定这一问题上，更准确地说是“民事诉讼主体结构（抑或构造）”。涉及民事诉讼主体结构的两类最基本的结构关系，一类

---

① 学界虽有学者认为“结构”与“构造”在定义上严格说来是有区别的，但笔者仍然赞同大部分学者的观点，即认为“结构”与“构造”这两个概念应该是可以互换的，对其作严格的区分并无多大的意义。因此，本书在提到结构或构造时是将其作为同一概念来使用的。

② 江伟：《民事诉讼法》，高等教育出版社 2001 年版，第 9 页。

③ 王福华：《民事诉讼基本结构》，中国检察出版社 2002 年版，第 5 页。

④ 同上。

⑤ 李祖军：《民事诉讼目的论》，法律出版社 2001 年版，第 280 页。

是审判权与诉权的关系结构，另一类是诉权之间的关系结构。民事诉讼构造的实质是民事诉讼中最基本的法律关系——当事人与法院关系问题。从实质上看，民事诉讼构造表明的是诉权与审判权的配置关系，即诉权与审判权的冲突与制衡关系；从形式上看，民事诉讼构造反映的是作为诉讼的主体法院与当事人之间的地位和相互关系。前一种构造形式由于强调权力与权利的制衡关系，故称为权能构造；后一种形式由于法院、原告和被告分处一极，成三足鼎立状，各自相互构成一种线性关系，故称为三角构造。① 将民事诉讼主体结构的文本表述转换为图形符号，可以描绘出民事诉讼主体结构的权能结构（构造）模型（图1）和三角结构模型（图2）。

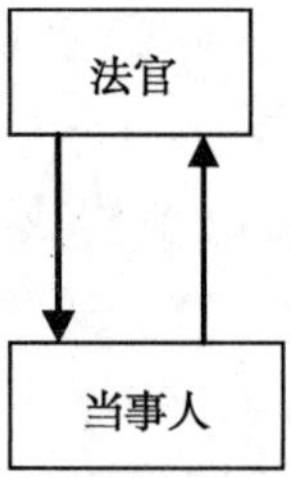

图 1

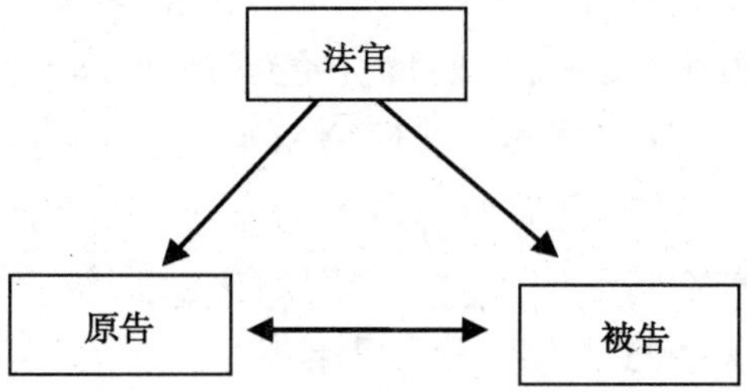

图 2

民事诉讼主体结构模型的权能结构，体现出诉权和审判权的平行互动关系，强调诉权与审判权的并重。这一点从对当事人诉权的尊重与强调来看，具有重要意义。如上所述，民事诉讼是审判权与诉权相互作用的“场”，离开了两者的任何一方，诉讼都将不能成立。也还因如此，学者们将民事诉讼程序的运行看作审判权与诉权相互制约与平衡的过程——二者相互制约、相互促进，共同推动诉讼程序向前发展。而这也正符合分权或权利结构的分化理论。所以，我们没有理由重视二者中的一个面而对另一个面加以轻视。但是，由于我国传统上将审判权视为国家统治权在司法领域的表现，认为民事诉讼是审判权实现国家统治权的法定程序，离开审判权，民事诉讼就没有存在的基础，诉权也失去了存在的前提。所以，我们对这种观点的出现就丝毫不会感到惊讶：“……诉权和审判权在诉讼上的地位和作用，则有主次之分，有统治与服从之别。就整个诉讼程序来说，除起诉阶段外，审判权居主导地位，对诉讼程序的进行、发展和终

① 彭世忠：《民事诉讼构造的理性认识》，《现代法学》1999 年第 3 期。

结，起着决定性的作用，诉权则居次要地位，起次要作用。”① 因此才会导致大量当事人诉权主体地位客体化的现象出现。而民事诉讼主体结构的权能结构的出现，无疑有助于纠正理论与实务中所出现的这种错误认识与做法。

但这种结构的局限性无疑也是很明显的。由于将原告、被告双方当事人视为一个整体，而没有作具体区分，因此该结构遮蔽了原告、被告双方当事人这一具有冲突关系的诉讼主体在诉讼中的具体地位与作用，从而使该结构显得过于概括而不具有充分的说服力。反观三角结构，其不仅体现了诉权与审判权的制衡互动关系，更重要的是其将原告、被告双方当事人之间的诉讼关系亦纳入了考察的范围，较全面地展现了诉讼运作过程中法官、原告和被告三者之间诉权与审判权以及诉权与诉权之间的对抗与协作的图景。因此，较之民事诉讼模型的权能结构，三角结构无疑具有较大的说服力与优越性。所以，本书以下部分将主要在“三角结构”的基础上展开论述与分析，而不在权能结构上作过多阐述。

四　民事诉讼模式与主体结构的整合：三种模型

上文已经指出，民事诉讼模式理论所要考察研究的基本对象有三个：一是特定的民事诉讼体制；二是这一特定民事诉讼体制相对稳定的、系统化的民事诉讼法律规范与制度、法律理论与实践经验；三是这一制度所蕴含的各种要素之间的权利、义务关系。而其中最为重要的，在笔者看来，应当是对法院与当事人在民事诉讼中的地位与作用的研究，换句话说，笔者认为民事诉讼模式理论最核心的内容应当是诉权与审判权的相互关系，并因此将其作为我们划分民事诉讼模式的新标准。上文同时指出，作为对民事诉讼法律关系中最基本和最重要的诉讼法律关系——法院与当事人之间的法律关系的模型表述，“三角结构”比权能模式更具有说服力与优越性。

笔者不厌其烦地对前文予以复述，目的在于通过对民事诉讼模式与民事诉讼主体结构的比较分析，探索二者之间的内在联系。笔者发现，在以往对民事诉讼模式和民事诉讼主体构造的研究中，学者们都是将二者分开来进行研究的，很少有学者对二者之间的内在关系进行深入探讨。在学者

① 王锡三：《民事诉讼法研究》，重庆大学出版社 1996 年版，第 2 页。

们看来，虽然民事诉讼模式理论与诉讼主体构造理论具有十分密切的关系，但仍然属于民事诉讼的两个不同领域，不可混为一谈。但笔者认为，二者其实并没有质的不可调和性，完全可以达到理论上的统一。那种将二者视为不同领域的观点只会造成两种理论的断裂，而无助于两种理论的融通。因此，笔者在下文将致力于通过民事诉讼模式的划分标准与民事诉讼主体构造之间的关系，以期达到民事诉讼模式与诉讼主体构造在理论上的统一与融通。

（一）协同主义：一种新模式的兴起

当前民事诉讼法学界比较认同的民事诉讼基本模式是当事人主义和职权主义两种类型。虽然学者们对这两种模式的划分标准不能达成一致，却在下列方面并无分歧，即在当事人主义诉讼模式下，当事人的诉权对诉讼的进行起主导作用；而在职权主义模式下，法官的职权（抑或审判权）对诉讼的推进起主要作用。也正是因为两大模式各自所具有的这种特点，二者在发展中出现了众多各自难以克服的难题：当事人主义模式由于过于强调双方当事人之间的对抗，常导致诉讼拖延，从而降低了诉讼效率；而职权主义模式由于对法官审判权的过分倾斜，致使当事人具有沦为诉讼客体的危险，并且在此种模式下，当事人亦很难获得对诉讼具有实效性的参与，缺乏对法官判决的认同感。正是在这样一种背景下，近年来出现了两大诉讼模式渐趋融合的现象，一种被学者称为“协同主义”的诉讼模式逐渐兴起。[①]

“协同主义”这一概念最早由德国学者贝特曼提出。之后，德国学者巴沙曼在其所著的《社会的民事诉讼：社会法治国家中的民事诉讼理论与实践》中对该概念作了进一步阐释，他认为：民事诉讼应当主张当事人主义与职权主义的结合，即诉讼由以当事人双方和法院构成的共同体来协作运作，在法院和双方当事人之间设立对话桥梁，通过对话促进纠纷的早期解决。[②] 上述观点实际上主张以当事人与法院合理的权限配置为基础，大力促进当事人与法院相互合作、共同促进诉讼进行的“协同型”诉讼构造的建立。

关于协同主义的内容，理论界对此尚没有一个清晰的界定。有学者认

① 田平安、刘春梅：《试论协同型民事诉讼构造的建立》，《现代法学》2003 年第 1 期。

② 刘荣军：《程序保障的理论视角》，法律出版社 1999 年版，第 186 页。

为，“当事人的真实义务与法官的释明义务和讨论义务，共同构成了协同主义的核心内容。法官的释明义务和讨论义务，调和了法官与当事人在案件解明和法律适用领域的作用分担，是构成协同主义的前提和基础；当事人真实义务的确立，实际上是对辩论主义的第二规则进行了修正，即法官对于双方当事人表示一致的事实主张的真实性持有怀疑的场合下，应当依职权进行调查，这便是协同主义与辩论主义内在精神的不同之处，也是两者在自认问题上的差异。另一方面，当事人承担真实而且完全的事实解明义务，还构成了当事人之间协同的一面，也就是说，在案件事实解明方面当事人双方应当协同诉讼，向着正确判决的共同目标努力。当事人若违反这一义务，法官可以认为该主张未提出（视其不存在）、承担诉讼费用以及产生失权等效果”[①]。换用学者的另一句话来说，“协同主义所讨论的中心课题是，关于真实以及完全的事实关系的解明问题上，法院与当事人的协同关系”[②]。笔者并不赞同该学者的这种观点。在笔者看来，对协同型诉讼模式中心内容的把握，仍然应该立足于当事人诉权与法官审判权的相互关系上。但若将诉权与审判权的关系仅仅定位在“真实以及完全的事实关系的解明问题”，则未免失之过窄。众所周知，对案件事实[③]的查明并非民事诉讼程序的唯一目的，有时甚至连主要目的都不是。在那些事实无法查清或无须查清的案件中，事实显然不能成为诉讼程序所追求的主要目标，更重要的应当是那些程序性事项。在这种情况下，“协同主义”就主要指的是法官审判权与当事人诉权相互制约、相互推动并最终达至平衡，以此来促进诉讼程序平稳向前发展的这样一种状态。正是基于这样的考虑，笔者才主张对“协同主义”中心内容的定位，应从诉权与审判权相互关系这一角度出发；而这也正是“协同主义”这一概念的本来含义。况且，这样来理解“协同主义”也就在诉讼模式的划分标准上与当事人主义模式和职权主义模式取得了一致，即三者都是以诉权与审判权在诉讼过程中的关系作为标准。

（二）诉讼主体结构的模型观

通过上文不难看出，诉权与审判权的相互关系是诉讼模式理论与诉讼

---

① 唐力：《辩论主义的嬗变与协同主义的兴起》，《现代法学》2005 年第 6 期。

② 同上。

③ 按照笔者的理解，该学者此处所指的“真实”“事实”指的是案件的客观真实、客观事实，因此，笔者下文的“事实”一词也将在这一意义上使用。

主体构造理论共同关注的话题，并且构成了这两种理论的主要内容。这就给我们一种启示：诉讼模式理论与诉讼主体构造理论能够在理论上予以整合吗？二者是否有理论上的相通之处？笔者尝试从诉讼主体构造模型的角度来完成这一整合。

首先需要说明的是，笔者下面的分析是建立在诉讼主体构造“三角结构”基础之上的，但对该“三角结构”又有所变动，不同于传统的“三角结构”理论。如图 3 所示，在该三角模型中，基本构成要素为法官 J（Judge）、原告 P（Plaintiff）和被告 D（Defendant）。[①] JP、JD 分别表示法官对原告和被告的审判权；而 PD（或 DP）则表示双方当事人对法官（法院）所享有的诉权（这一点不同于传统的“三角结构”理论）。由于在民事诉讼当中，原、被告双方当事人相互平等，法官作为裁判的第三方居于其中，公正裁判案件，因此，该“三角结构”呈等腰三角形状，即：JP = JD。笔者将通过讨论该等腰三角形中腰与底边的关系，即 JP（或 JD）与 PD（或 DP）之间的关系，来构建诉讼主体构造的模型。

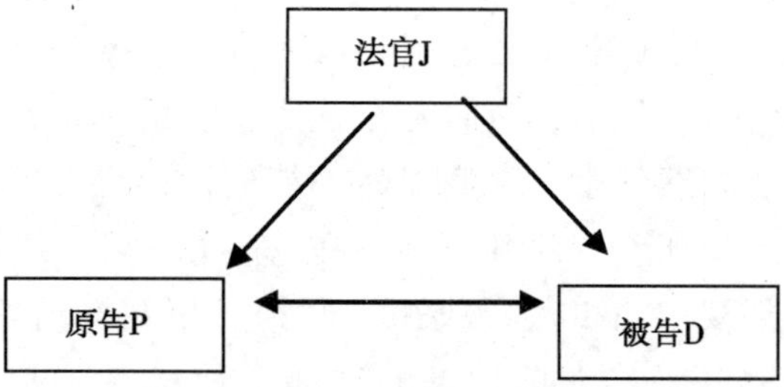

图 3

1. 腰长于底边，即 JP（或 JD）>PD（或 DP）。通过图 4 可以看出，在这种情况下，法官的审判权大于当事人的诉权。也就是说，在这种情况下，法官在诉讼中的地位优越于当事人。很明显，这种诉讼主体构造显示出了强烈的职权主义色彩。因此，我们可以将其称为职权主义诉讼模式下的诉讼主体构造。

2. 腰短于底边，即 JP（或 JD）<PD（或 DP）。通过图 5 可以看出，

① 参与民事诉讼的主体不仅仅局限于法官与当事人，还包括证人、鉴定人等其他诉讼参与人，但是对诉讼结构起决定作用的只有法官与当事人，其他主体对民事诉讼结构性质不产生实质影响。因此，本书将只考察法官与双方当事人这三个诉讼主体。

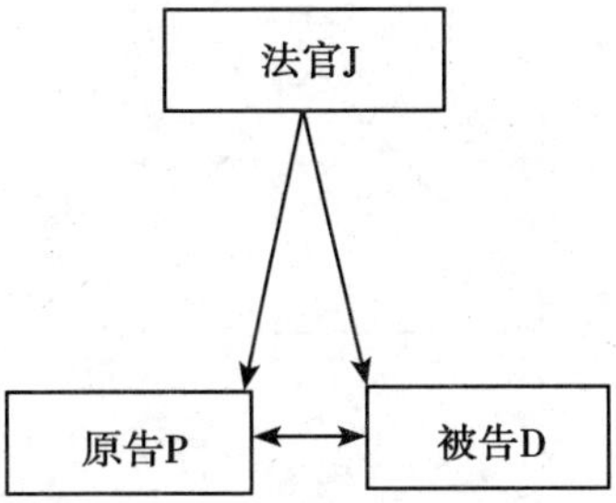

图 4

在这种情形下，法官的审判权要小于当事人的诉权。也就是说，在这种情形下，当事人在诉讼中的地位优越于法官。很明显，这种诉讼主体构造显示出了强烈的当事人主义色彩。因此，我们可以将其称为当事人主义诉讼模式下的诉讼主体构造。

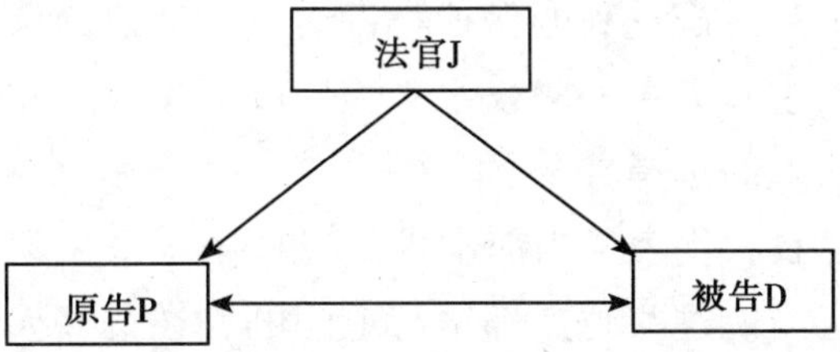

图 5

3. 腰等于底边，即 JP（或 JD）= PD（或 DP）。图 6 显示，在这种情形下，法官的审判权等于当事人的诉权。即是说，在此情形下，当事人与法官在诉讼中的地位没有优劣之分，诉权与审判权在诉讼中相互制约、相互推动并最终达至平衡，共同促进诉讼程序平稳向前发展。显然，这种诉讼主体构造显示的是“协同主义”色彩。因此，我们可以将其称为“协同主义”模式下的诉讼主体构造。

五 对我国当前民事诉讼立法的启示

在笔者看来，上述三种诉讼主体构造的模型很直观地显示出了诉讼模式理论与诉讼主体构造理论之间的相互关系，使二者从以前的相互隔绝走向了理论上的融合。这也许不失为笔者作此番理论研究的主要意义

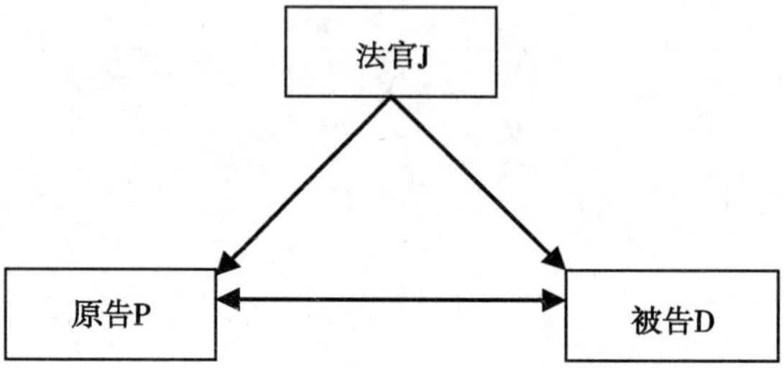

图 6

所在。

民事诉讼法典的修改无疑是当前民事诉讼法学界关注的焦点之一。修改后的民事诉讼法应当选择一种什么样的诉讼模式，学者们对此却见仁见智，莫衷一是。有学者认为，我们应摒弃现行民事诉讼法所采用的（超）职权主义诉讼模式，而采用当事人主义模式；亦有学者主张，我们不应轻易放弃现行法典所实行的职权主义模式，但是应该在修改后的民事诉讼法中更加注意对当事人诉讼权利的保护与诉讼主体地位的保障。还有一部分学者建议以当事人主义为主、职权主义为辅的诉讼模式作为我国民事诉讼法修改后诉讼模式上的选择。

学者们的上述看法代表了当前学术界对中国未来民事诉讼模式选择的几种主要观点。应当说这些观点都是有道理的，在一些人看来甚至是很有说服力的。但若对这几种代表性观点作深入考察，则会发现它们都分别有自身难以克服的理论缺陷。主张摒弃现行民事诉讼模式，采用当事人主义模式的观点无疑过于极端。一国的民事诉讼模式与该国的政治、经济和文化有着密切的联系，其能够得以较顺畅地运行，说明其尚存在较为坚实的社会基础。就我国现行民事诉讼模式来说，其之所以形成，是由于有适于其生存的土壤。有学者从历史文化因素、政治因素、经济因素等方面分析了我国当前诉讼模式形成的原因，[①] 是颇为准确的。因此，不考虑我国现行民事诉讼模式的诸多影响因素，而贸然采用一种截然不同的当事人主义诉讼模式，势必导致新模式下的民事诉讼由于与社会诸多因素不协调而难

① 由于学者们对中国现行民事诉讼模式的形成原因已有较多阐述，故笔者此处并不打算对其再予过多论述，详细内容可参见张卫平《诉讼构架与程式》，清华大学出版社 2000 年版，第 88—100 页。

以进行。同样，主张采用以当事人主义为主、职权主义为辅的诉讼模式亦很难避免上述问题的出现。主张继续采用现行诉讼模式，但在修改后的民事诉讼法中更加关注对当事人诉讼权利的保护与诉讼主体地位的保障的观点，似乎具有较大的合理性。诚然，这种观点注意到了社会因素对诉讼模式转变的影响，不主张诉讼模式的激烈变革，而采取了一种较为温和的演进方式，因此更容易被人接受。可是这种观点显然没有注意到这样一种事实，即不管我们多么注意对当事人诉讼权利的保护，不管我们将当事人诉讼主体地位的保障放到多么高的程度来予以强调，只要诉讼模式的职权性没有改变，则当事人在诉讼中的诉讼权利就很难得到实际的保护，而当事人也很难摆脱诉讼地位客体化的命运。

笔者认为，中国未来的民事诉讼模式应该既有利于法官审判权的行使和当事人的保护，又有利于案情真相的发现和诉讼程序的推进。而这些目标的实现，则要求新的诉讼模式不能仅将注意力放在对法官审判权行使的保障上，还应当关注对当事人诉权实现的保护。以当事人的诉权来防止法官审判权的滥用；以法官的审判权来预防当事人诉权的膨胀，二者相互制约，但又相互推动，最终达至一种平衡状态，推动诉讼程序平稳向前发展。通过前文的分析不难看出，"协同主义"模式正好符合将来诉讼模式的这种要求。同时，由于"当事人的真实义务与法官的释明义务和讨论义务"亦是"协同主义"的重要内容之一，因此，就发现案件事实真相这一方面来说，"协同主义"模式也能发挥其他模式所不能替代的功能。所以，综上所述，"协同主义"诉讼模式理当成为我国未来诉讼模式的理想选择。

第二审上诉模式的演变及对我国的启示

大陆法系学者一般将二审上诉模式划分为复审制、事后审制和续审制。这一划分方式为我国学者所接受和认可。[①] 虽然有英美法系学者对于

① 参见张家慧《改革与完善我国现代民事上诉制度探析》，《现代法学》2000 年第 1 期；刘敏《论我国民事诉讼二审程序的完善》，《法商研究》2001 年第 6 期。

上诉模式的划分提出了相异的划分方法,[①] 但正如学者们所指出的，英美法系学者的分类方法在表述上不为我们所熟悉，容易引起歧义。[②] 因此，本书的分析将立基于大陆法系学者对上诉模式的划分。通过对两大法系国家在二审上诉制度方面所作改革的探讨，试图发现由此所反映出的两大法系在上诉模式方面的若干发展趋势，以期为我国二审上诉制度在未来的改革与完善提供借鉴。

一 二审上诉的三种模式

（一）复审制上诉模式

复审制上诉模式，指的是在第二审中法官全面地重新收集一切诉讼资料，当事人可以无限制地提出新事实和新证据，再度从头进行重新审理的模式。简言之，第二审是第一审审理活动的重复，因此被称为“第二次的初审”（the second first instance）是颇为形象的。在这种模式之下，上诉审可以不受当事人所提出的事实和法律根据的约束，上诉法庭可以提出当事人在一审中没有提及的事实和证据。上诉法庭既需对案件的法律和事实问题予以全面审查，在必要时又可以越出当事人的上诉范围进行审查，所有这些都使二审审理方式以开庭审理为原则成为必要。之所以如此，是因为必须就当事人在一审时没有提交甚至上诉时也没有提交，而是通过法院的职权调查所取得的新的事实和证据给予当事人一次听审和争辩的机会。需要指出的是，前述情形即便在最高审判机构也同样如此。在实行复审制的国家，作为二审法院的最高法院与其他二审法院就职能而言并无不同。在第二审程序中，最高法院通过对事实和法律问题的全面审查，从而达到对下级法院审判工作予以具体指导的目的。

采行复审制上诉模式的国家基本上是以苏联为代表的社会主义国家。就美国而言，对治安法官之判决所提起的第二审上诉，采行复审制模

① 英美比较法学者将上诉模式划分为四类，即仅仅根据记录审查；根据记录审查，以上诉中采纳证据为补充，并以上诉法院就实质问题作出新判决为结果；根据记录上诉审查，以在上诉中有限地采纳证据为补充，并以一审法院或上诉法院进行重新审判为结果；全面审理或重新审理。参见 Peter E. Herzog & Delmar Karlen，“Attack on Judicial Decisions”，转引自傅郁林《论民事上诉程序的功能与结构》，《法学评论》2005 年第 5 期。

② 傅郁林：《论民事上诉程序的功能与结构》，《法学评论》2005 年第 5 期。

式。[1] 这一点不免有点出人意料。其实，对治安法官所作判决采行复审制，主要是因为治安法官具有身份上不同于其他法官的特殊性。众所周知，美国所有的联邦地区法院法官、上诉法院法官，包括联邦最高法院大法官，其任命均为终身制。而治安法官的任期是固定的并且是可继任的。因此，治安法官尽管具有法官的名称，但从性质上看，他们更接近行政官员，并且他们原本也被认为是终身制法官的辅助者。[2] 另外，治安法官所处理的案件大都是轻微案件，正如有学者所指出的，大量处理日常的事实争议与法律争议的治安法官根本无法得到其他法官的认同。[3] 上述原因的存在，使得法律对治安法官与终身制法官所作判决的审查采取了区别对待的措施：对治安法官的判决采行复审制上诉模式，而对终身制法官的判决则采行事后审制上诉模式。也许有人会认为法律上的这种区别对待表现了法律对治安法官的不信任，甚至歧视。其实这是对这一制度的严重误解。不可否认，在普通程序的情形下，第二审采行复审制不符合诉讼经济的要求。但需要注意的是这仅是对普通程序而言的，对于简易程序来说，在第二审中采行复审制却有相当程度的合理性。在英美法中，上诉审不受下级法院判决或行政机关决定的约束。这种上诉审一般只能审查法律问题，但它有时也给当事人提供了一次提出新事实和证据的机会。如果一审的审判法庭是一个完全非正式的法庭，不具有一个程序完备的法庭所能提供的程序保护，这时就可以进行此类的上诉审。因此，对于治安法官通过简易程序、小额程序以及准司法程序所作出的判决，在第二审中采行复审制，实际上是以“慎重的第二审”来救济“简易的第一审”，从而兼顾效率与公平。从程序内容而言，复审制下的第二审与其说是上诉审，不如说是第二审法院进行重新审理，以新的一审代替原一审。[4]

（二）事后审制上诉模式

事后审制上诉模式指的是以第一审判决所认定的判断为前提，上诉审法院认为事实判断和原判决的理由大体合理，而且推测自己亲自审理也会

---

① 王甲乙、杨建华、郑健才：《民事诉讼法新论》，台湾三民书局 1998 年版，第 521 页。

② ［美］史蒂文·苏本、玛格丽特（绮剑）·伍：《美国民事诉讼的真谛——从历史、文化、实务的视角》，蔡彦敏、徐卉译，法律出版社 2002 年版，第 38 页。

③ 苏力：《送法下乡——中国基层司法制度研究》，中国政法大学出版社 2000 年版，第 157 页。

④ 齐树洁：《民事上诉制度研究》，法律出版社 2006 年版，第 48 页。

得出同一结果时，法院就不直接接触案件进行调查纠正的原则。[①] 此种模式的审判重点放在第一审，第二审专门就第一审判决是否错误进行事后审查。诉讼资料原则上以在第一审中提出者为限，不允许当事人在第二审中提出新的事实和证据。第二审认为原判决妥当者即驳回上诉，不当者则撤销原判或发回重审。事后审制上诉模式为英美法系国家和奥地利等部分大陆法系国家所采行。

就美国联邦法院而言，其上诉审的审理范围取决于上诉中所主张的错误的性质：其一是对上诉问题属于法律问题还是事实问题的确认；其二是对一审审判组织的判定——陪审团审理或法官单独审理。“复审最为充分的范围是对法律错误的复查。”[②] 上诉法院一般都要对法律问题作出重新认定。对法律问题进行裁决是上诉法院对下级法院指导职责的重要内容之一。但上诉法院对于事实错误的复审则要受到十分严格的限制。依据《美国联邦民事诉讼规则》第 52 条第（a）款的规定，法官只有在裁决存在“明显错误”的情况下才能将其推翻。“明显错误”的判断标准，指的是“即便有足够的证据支持，但上诉法院在对全案证据进行复审之后仍然形成犯错的内心确信，那么判决就有‘明显错误’”[③]。换句话说，“或者审理法官的事实认定是在对法律理解错误的基础上作出，或者这样的事实认定完全没有证据支持”[④]。“明显错误”标准有效地防止了判决被任意推翻，初审法院判决的权威性获得了有力保障，也体现了遵循初审法官判决这一前提。特别是当初审判决是由陪审团作出的时候，更是如此。对事实问题适用这一标准的理由在于，初审法官相对于上诉法官而言，其对案情的了解更为直观和全面。初审法官基于对案件的全面了解，其所作判决与上诉审法官基于对案件的有限审查所作判决相比，无疑更具有说服力。除此之外，对于司法实践中广泛存在的事实与法律相混合的问题，同样需要进行全面的复审。这是因为依据联邦最高法院的观点，事实与法律相混合的问题，依然被视为纯粹的法律问题，因此可以将其纳入上诉审理的范围中，进行充分的审查。

---

① ［日］兼子一、竹下守夫：《日本民事诉讼法》，白绿铉译，法律出版社 1995 年版，第 230—231 页。

② 汤维建：《美国民事司法制度与民事诉讼程序》，中国法制出版社 2001 年版，第 539 页。

③ Jack H. Friedenthal，et al.，*Civil Procedure*，West Publishing Co.，1993，p. 605.

④ 汤维建：《美国民事司法制度与民事诉讼程序》，中国法制出版社 2001 年版，第 539 页。

（三）续审制上诉模式

续审制上诉模式指的是第二审以第一审的审理为基础，并允许当事人补充新的诉讼资料的审理结构。在该种模式下，“一审诉讼内容全部保留之（不得重新获取）而仅仅是予以重新辩论也即重新判断，但判断的依据得予以保留。也就是说诉讼（尤其是事实之查明）并不重新开始。控诉审中可再提出新的攻击及防御方法”①。就功能而言，该种上诉模式目的在于尽可能保障正确认定事实，并在此基础上作出正确判决。作为第一审程序的继续进行，第二审程序的职能定位在于对实质问题作出新的正确判决。在续审制上诉模式下，第二审程序与第一审程序基本相同，程序规则也相差不大，其中颇为显著的如均可采纳新证据等。续审制上诉模式主要为大陆法系国家和地区，如德国、日本、我国台湾地区等所采行。

需要强调的是，续审制下的二审只是对一审的延续和补充，而不是对一审的重复。实际上，续审制模式一直被视为复审制模式和事后审制模式的折中。② 德国等大陆法系国家和地区之所以在二审程序中采行续审制上诉模式，其根本原因在于这些国家和地区的第一审诉讼程序的审理方式的特点，与英美法系国家实行集中审理方式不同，大陆法系国家和地区的第一审程序普遍实行阶段性审理方式。在集中审理方式之下，于一次连续而不间断的开庭中对争点和证据进行调查与辩论成为必需，借此达到纷争一次性解决的目的。这无疑需要充分而完备的审前准备程序加以保障，而英美法系国家的证据开示制度则在很大程度上保证了这一要求的实现。阶段性审理方式则并不要求对争点和证据的集中调查和辩论，因为当事人可以在多次开庭中陆续补充新的证据并形成新的争点，这一较为宽松的要求使得当事人并没有足够的动力在审前收集充分的证据并形成明确的争点。因此，德国等大陆法系国家和地区的审前准备程序无法同英美法系国家一样，得到充分而完善的发展。审前准备程序的不完善，使一审程序对事实问题不能一次性获得全面而详尽的证据，其遗漏事实和证据的可能性与英美法系国家相比要大得多，因此，需要由二审程序承担一部分一审程序没有完成的事实调查职能。德国经过长期而广泛的讨论后认为，为在上诉过

---

① ［德］狄特·克罗林庚：《德国民事诉讼法律与实务》，刘汉富译，法律出版社 2000 年版，第 427 页。

② 齐树洁：《民事上诉制度研究》，法律出版社 2006 年版，第 51 页。

程中审查新证据保留适当的可能性，为案件在系属过程中发生的新情况提供一次性解决纠纷的机会，从总体和长远利益来看，更符合诉讼经济的原理。① 但为了防止当事人滥用这一机会，并且为了预防因一方当事人出示新证据而给对方当事人造成不公平，采行续审制上诉模式的国家都利用诉讼费用制度对此项权利加以制约。

二　二审上诉模式的变革与发展

世界各国所采行的二审上诉模式并不是固定不变的，而是一直处于动态发展的状态。就复审制上诉模式而言，由于其本身所具有的浪费诉讼资源、诉讼效率低下等弊端，与现代司法所强调的节省诉讼资源、提升诉讼效率，以促进纠纷快速解决的理念已经格格不入。因此，虽然该模式至今仍然为美国治安法官之判决所提起，以及俄罗斯二审上诉所采行，但不难发现该模式已经被很多国家所抛弃。而以前追随苏联上诉审模式的其他社会主义国家，也纷纷对复审制上诉模式弃之如敝屣，而改采其他模式。

在各国普遍进行司法改革的整体背景下，上诉审制度也有了进一步的发展和完善。一系列与上诉审程序相关，以降低诉讼成本、提高诉讼效率为目标的措施在相关国家新近修订的民事诉讼立法中得以体现。作为大陆法系国家的代表，德国近年来上诉制度的结构性缺陷日益明显：上诉程序透明度不够；上诉案件量的快速攀升导致了一定程度的诉讼迟延；案件的上诉率过高；国家现有的司法资源无法满足日益增长的诉讼要求，等等。鉴于德国司法实践中所显露的上述诸多问题，联邦政府于 2000 年 9 月 6 日提出了《民事诉讼改革法案》，并于 2002 年 1 月 1 日起正式施行。弊端丛生的民事上诉制度成为这场变革的核心内容。改革法案的起草者为民事上诉制度的改革确立了如下的基本原则。②

1. 控诉程序的进程应当加快。耗费在那些无益（futile）上诉上的时间与努力应当尽可能减少，以维护那些已为一审程序所确认的当事人的合

---

① Harald Koch, "Germany", in J. A. Jolowicz & C. H. van Rhee (eds.), p. 160; Burkhard Hess:《德国民事诉讼法的改革——回顾与展望》; Peter Gottwald:《德国民事诉讼法中的法律救济》，中国人民大学法学院江伟教授主持"比较民事诉讼法国际研讨会"，2002 年。转引自傅郁林《论民事上诉程序的功能与结构》，《法学评论》2005 年第 5 期。

② 齐树洁、黄斌：《德国民事上诉制度的改革》，《河南省政法管理干部学院学报》2003 年第 2 期。

法利益。

2. 上诉救济的许可不应当与案件的标的价额相挂钩。排除小额案件获得上诉救济的金钱价值标准应当被降到足以保证司法效率的最小限额之内。上诉程序中的价值限制应当更趋灵活性，以保证那些具有重大法律意义的案件能够进入联邦最高法院。

3. 二审程序的重构应该与一审程序的强化结合起来。作为一般规则，控诉法院的审理应当依赖由一审法院最先获得的事实，并将其真正的任务集中于发现与纠正一审裁判在事实认定与法律适用上的错误。应当使当事人形成这样一种观念：在一审程序中已被正确认定的事实不会被上级法院所变更。

改革后的德国上诉程序对于在第二审中提出新证据的限制更加严格，只要当事人因过失而没有在第一审中提出证据即被视为失权，不必考虑是否有延滞诉讼的可能性。并且，控诉审法院在审查了证据之后，如果认为适当，原则上应直接作出判决，避免将案件发回原审法院，以利于及时终结诉讼。与此同时，在上告程序中，改革法案也规定以单一的许可制来取代原有的“价额+许可”的混合标准，即只要案件涉及法律适用的统一性，均可提起上告，而不再考虑案件的价额是否达到6万马克。

我国台湾地区对于上诉程序的规定也进行了重大修改。台湾地区原“民事诉讼法”第447条规定：“当事人得提出新攻击或防御方法。但有下列各款情形之一者，第二审法院得驳回之：一、在第一审整理并协议简化后已不得主张之争点。二、经第一审法院依第196条第2项裁定驳回者。三、经第一审法院依第268条规定期间命提出而未提出者。四、因当事人故意或重大过失未予第一审程序提出者。”可以看出，该条原则上允许当事人提出新攻击或防御方法，但为强化第一审事实审之功能，并达到审理集中化之目标，以但书方式予以一定限制。修订之后的“民事诉讼法”[①] 第447条第1项规定：第二审程序中“当事人不得提出新攻击或防御方法。但有下列情形之一者，不在此限：一、因第一审法院违背法令致未能提出者。二、事实发生于第一审法院言词辩论终结后者。三、对于在第一审已提出之攻击或防御方法为补充者。四、事实于法院已显著或为职务上所已知或应依职权调查证据者。五、其他非可归责于当事人之事由，

① 台湾地区“民事诉讼法”于2003年1月14日修订，并于2月7日公布。

致未能于第一审提出者。六、如不许其提出显失公平者”。不难发现，修订之后的台湾地区“民事诉讼法”在二审程序中的新攻击或防御方法上的规定发生了转折性的变化。有学者认为上述变化的目的在于合理分配司法资源、健全审级机能，这种观点是颇有道理的。

除了德国和我国台湾地区之外，其他国家和地区也相继对续审制模式进行改造，通过完善准备程序，重视当事人的参与和当事人的陈述，强调法官的阐明权和诉讼指挥权，限制随时提出主义或采用适时提出主义等措施，改善一审的审理方式，把事实审的重心由二审转移到一审。[①] 在欧洲这种动向表现为“防止二审进行广泛的事实审”的改革运动。[②] 西班牙在20世纪90年代的新民事诉讼法中已不允许在控诉审提起任何新的抗辩和防御。而奥地利式的审查方法是以缺乏失权制度为背景的，在司法实践中上诉审实际上是以书面审查和程序审查为原则，极少开庭，一案可反复发回重审，因而从整体效果上看，诉讼持续的时间相当长。因此，率先改革并且最为彻底的奥地利在20世纪90年代初就几乎完全归化于英国上诉模式。意大利20世纪90年代的改革也是集中于加速审判、增加一审的价值、抑制上诉案件。[③] 从上述各国及地区的改革状况来看，尽管深度和广度不尽相同，但总的趋势是越来越向普通法系国家所采行的事后审制上诉模式靠近，即强化一审功能，抑制纠纷向司法结构的上层转移。同时，上诉对于法律问题的关注程度日益增强，对于事实问题的关注范围和审查方式相应发生变化，对于新请求、新主张和新证据的限制也越来越严苛。这一改革趋势对于审级制度的进一步完善无疑具有积极意义：第二审程序和第三审程序的功能将进一步臻于纯粹，分别成为真正意义上的事实终审和法律终审，而第一审程序也将因之强化事实审功能，得以彰显其独立的程序价值，避免继续沦为第二审程序的“过路”程序。而第二审在承担事实审终审功能时，也将有能力作为法律审的过滤装置，以承担部分法律审终审功能，对可能上诉到第三审程序的案件的法律问题进行梳理和分

---

① 肖建国：《民事诉讼程序价值论》，中国人民大学出版社2000年版，第286页。

② Peter Gottwald, *Civil Justice Reform*: *Access*, *Cost*, *and Expedition*, The German Perspective, 2000, pp. 211-214. 转引自傅郁林《论民事上诉程序的功能与结构》，《法学评论》2005年第5期。

③ 傅郁林：《论民事上诉程序的功能与结构》，《法学评论》2005年第5期。

流。[①] 而在复审制和续审制模式下，第二审法院或多或少地承担部分事实审初审功能，负荷较大，难以充分发挥其事实审终审功能，进而影响第三审法律审功能的发挥。

三　我国二审上诉模式的转变

对我国目前所采行的上诉模式是否为复审制模式，学者间意见并不一致。[②] 在笔者看来，将我国目前的二审上诉模式仍归为复审制模式之列，较为勉强。我国二审上诉曾长期施行全面审查的复审制模式。但这一模式在实践中产生了诸多弊端，如浪费诉讼资源、拖延诉讼时间致使诉讼效率极为低下等尤为人们所诟病。正是认识到复审制模式所产生的上述弊端，最高人民法院在 1998 年所颁布的《关于民事经济审判方式改革问题的若干规定》中，对上诉审超越上诉请求范围行使审查权的具体条件作出了明确限制，其第 35 条规定，“第二审案件的审理应当围绕当事人上诉请求的范围进行，当事人没有提出请求的，不予审查。但判决违反法律禁止性规定、侵害社会公共利益或者他人利益的除外”。第 36 条规定，“被上诉人在答辩中要求变更或者补充第一审判决内容的，第二审人民法院可以不予审查”。不仅如此，最高人民法院在 2001 年颁布的《证据规定》中，对于《民事诉讼法》（此为 2007 年修改之前的《民事诉讼法》——笔者注）第 125 条第 1 款关于一审程序“新证据”的规定进行了具体定义，而对于原来并不明确的二审能否提交新证据的问题加以明确规定。其第 41 条规定：“二审程序中的新的证据包括：一审庭审结束后新发现的证据；当事人在一审举证期限届满前申请人民法院调查取证未获准许，二审法院经审查认为应当准许并依当事人申请调取的证据。”另外，当事人举证期限届满后提供的证据如果经法院准许延期举证，但因客观原因未能在准许的期限内提供，且不审查该证据可能导致裁判明显不公的，其提供的证据可以视为新证据。不难看出，我国的上诉模式正在努力摆脱长期以来所采行的全面复审制模式，而逐渐向续审制模式靠拢。因此，虽然不能肯定地说我

---

① 齐树洁：《民事上诉制度研究》，法律出版社 2006 年版，第 53 页。

② 如有学者认为，我国二审上诉模式为复审制模式；而其他一些学者则认为我国二审上诉模式应为续审制模式。参见傅郁林《论民事上诉程序的功能与结构》，《法学评论》2005 年第 5 期；田平安主编《民事诉讼法学》，中国检察出版社 2002 年版，第 259 页。

国目前已经实现了从复审制向续审制上诉模式的转变，但若仍将我国上诉模式归于复审制模式之列，实难令人信服。

与世界上其他大多数国家一样，我国亦将上诉作为当事人的一项权利来加以规定。因此，我国《民事诉讼法》并未对当事人的上诉设置过多障碍。《民事诉讼法》（此为2007年修改之后的《民事诉讼法》——笔者注）第147—149条对当事人的上诉条件进行了规定，但从该规定中不难发现，民诉法只是从形式要件方面对上诉条件作出了规定，并未就上诉的实质要件进行规定，因此，我国对当事人提起上诉所设定的条件是非常宽泛的。另外，司法实践中有时即使上诉条件有所欠缺，法院从保障当事人上诉权利的角度出发，也一般会允许其提起上诉。因此这些年来，无论是民事案件还是经济案件的上诉率一直都居于很高的水平。特别是近年来，民事案件的上诉率逐年上升，这使得二审法院面临着越来越重的审判压力。为了缓解这一压力，也为了进一步加强一审法院的作用，使其不至于形同虚设，笔者认为有必要对我国目前的二审上诉模式予以重新定位。亦即，我国二审程序结构应明确以续审制为原则，以事后审制为特殊情形下的例外，而对复审制则不得采行。具体来说，对于《民事诉讼法》（此为2007年修改之后的《民事诉讼法》——笔者注）第152条中所规定的应予开庭审理的二审案件，应一律采行续审制。而对于该条中规定的可径行判决和裁定的二审案件，则可采行事后审制模式。可径行判决、裁定的案件，即为可以不开庭审理的案件，根据最高人民法院《关于适用〈民事诉讼法〉若干问题的意见》第188条的规定，这些案件包括：（1）一审就不予受理、驳回起诉和管辖权异议作出裁定的案件；（2）当事人提出的上诉请求明显不能成立的案件；（3）原审裁判认定事实清楚，但适用法律错误的案件；（4）原判决违反法定程序，可能影响案件正确判决，需要发回重审的案件。

需要指出的是，前述对我国二审上诉模式的重新定位，是在我国目前“两审终审制”的现实语境下进行的，在未来的“三审终审制”改革中，此种定位将不再适合。在“三审终审制”这一审级制度之下，一审法院的事实审功能将进一步得到强化，第二审程序和第三审程序的功能将进一步趋于纯粹，分别成为真正意义上的事实终审和法律终审。这也是前述大陆法系国家普遍的发展趋势。因此，笔者认为，“三审终审制”下的我国二审上诉应采行事后审制模式，其对于新请求、新主张和新证据的限制应趋于严苛。不仅如此，第二审程序在承担事实审终审功能的同时，亦可扮演法律审的过滤装置，以承担部分法律审终审功能，对可能上诉到第三审程序的案件的法律问题进行梳理和分流，借此减轻第三审法院的审判负担。

专题二

民事诉讼证据收集制度研究

摸索证明与民事诉讼证据收集开示的协作

在民事诉讼中，双方当事人就事实、证据享有在程序上提出与否的决定权，但同时也负担着可能因无法掌握、提出有关事实、证据而败诉的不利后果。如何使当事人能够平等且经济地接近、取得裁判所需要的事实、证据，避免因一方当事人对事实、证据的独占而决定诉讼的成败，以实现程序正义与实体正义，向来都是民事诉讼制度上的重要课题。在我国台湾地区，其“民事诉讼法”基于公平、诚信原则及“当事人诉讼资料平等使用原则”[①]，已经对其证据法进行了充实。[②] 举证的必要性及证据调查的前提通常在于，双方当事人就某一“事实”真正有所争执。主张权利的当事人原则上应当先就认定权利存在的事实予以提出，在对方当事人就该事实有所争执时，才有证据调查的必要。但在事实与证据偏在于一方当事人的情形下，负主张及举证责任的当事人不仅在证据提出上有困难，也常常无法就纷争的发生经过等事实具体地进行陈述，以致其在进行证据声明时，难以具体表明“应证事实”甚至不得不期待经由他方当事人提出、

---

① 台湾“司法院”：《“司法院”民事诉讼法部分条文对照表暨总说明》，2000 年，第 14 页。

② 证据章节中较重要的变革，例如：第 277 条但书、第 282 条之一、第 285 条、第 288 条、第 305 条、第 342 条第 3 项、第 344 条、第 345 条、第 347 条、第 348 条、第 349 条、第 367 条、第 367 条之一以下、第 368 条以下等。

开示证据后，能从证据调查过程中进一步知悉或掌握裁判所必要的事实或可能的其他证据。这种证据调查的申请，涉及“摸索证明”或者摸索式的证明活动，亦即一边调查证据，一边收集事实，此种做法是否被准许，存在争议。

在我国台湾地区，有学者认为，基于辩论主义、具体化义务、真实义务、诚信原则、权利滥用以及诉讼经济等程序法原理或要求，原则上仍应禁止在诉讼程序及证据保全程序上进行“摸索证明”。① 然而，基于我国台湾地区“民事诉讼法”所采认的“当事人诉讼资料平等使用原则”，是否仍有必要遵循德国式的禁止“摸索证明”原则？有学者担心，在我国台湾地区实体法上资讯开示请求权的采认及主张情形与德国法尚有明显差距的情形下，如果仍一味地否定“摸索证明”，恐怕将会使未能掌握事证且不具有可归责性及可期待性的当事人，无法通过诉讼途径主张权利。这亦不符合诉讼权保障、公正程序、武器平等、程序利益保护等诸项基本原则。在这一情形下，法院是否且应当如何协同双方当事人整理争点，以特定应证事实？是否可以认为在一定条件下，不负举证责任的当事人就事件的发生经过也负有予以解明的协作义务？并且基于这一协作义务，该当事人应当容忍举证人的“摸索证明”？此外，在双方当事人对于事物的现实情况均不了解的情形下，是否可以放宽对应证事实特定化的要求，并容许当事人自证据调查中取得、知悉裁判所需要的事实或者其他证据？

为回应上述问题，下文首先说明“摸索证明”的意义及其形态，其次则就应否许可“摸索证明”这一问题，基于我国台湾地区民事诉讼中争点整理程序的架构，就有关辩论主义、法院及当事人的协作义务、真实义务、程序法上的诚信原则等规定加以分析。

一　“摸索证明”的形态及其意义

所谓“摸索证明”或者摸索式的证明活动，指的是当事人就其主张或抗辩所必要的事实、证据未能充分掌握、知悉时，通过申请证据调查，企图从证据调查中获得新事实或新证据，并以该事实或证据作为支撑其请求或声明为有理由的依据。一般而言，“摸索证明”的形态主要有以下几种。

---

①　姜世明：《论民事程序中之摸索证明》，《成大法学》2004 年第 8 期。

1. 当事人在证据声明中仅特定了证据方法，但就应证事实并未特定，而仅进行了概括性地大略陈述。例如，在交通事故损害赔偿案件中，原告声明以游览车上的某乘客甲为人证，待证事实仅泛称被告游览车司机有过失，却未陈述过失的具体事实（如：在开车行进中使用移动电话、与乘客聊天、忽视交通信号与标志、车速过快、没有领取驾照等）是什么。

2. 当事人就应证事实虽已具体陈述，但没有特定具体的证据。例如，关于证人，仅声明“双方发生争执时对方当事人公司内的任一职员”，而没有特定为何人，也没有陈述证人的姓名和住所；或者仅声明“与发生争议的合伙组织有关的所有账册”而并没有特定文书的名称、内容。

3. 就应证事实及证据方法均未具体特定。例如，在产品责任案件中，仅陈述被告所制造的汽车有瑕疵，而声明以“与系争车辆的结构设计有关的文件”为证据，却未就具体的瑕疵予以陈述，亦未就具体的文件予以特定。

4. 当事人的证据声明中虽然表明了具体事实，但对该事实的存在并不确定，而是基于一定的依据而推测该事实应该存在。例如，因喝被告所制造的奶粉后偶有腹泻，就认定被告公司的奶粉制造程序有所不洁而遭某种细菌污染，请求法院对被告的制造工厂进行勘验，并且命被告提出奶粉制造配方的有关文件。

5. 当事人所陈述的事实乃凭空臆测，并没有一定依据。

6. 在向证人或对方当事人行使发问权时，对于应证事实以外，且尚未在程序中提出的事实予以提问。

上述“摸索证明”的形态有所不同，但其共同之处在于，当事人借由证据调查的申请以及证据调查程序，获悉有利于自己的新证据，再将这些新证据向法院提出，以获得有利判决。如果认为民事诉讼程序不能容忍这种证明活动，法院即应将当事人的证据声明或者发问视为不合法，使其无从进行此种证明活动。因此“摸索证明”是否合法的问题，不如从“当事人的证据声明是否合法”这一角度加以理解。

我国台湾地区的“民事诉讼法”并未直接就“摸索证明”应否被许可有所规定，实务上也很少有人使用这一概念。“摸索证明”之所以被认为不合法，主要的论据有以下几点：其一，违背辩论主义，对方当事人不负有开示对己不利之事实、证据的义务，而法院亦不能被要求为举证人收集取得证据;[①] 其二，当事人违背证据声明应当加以特定的要求，未就应证事实或证据对象加以具体特定;[②] 其三，则为举证人违背真实义务。然而，上述理由就我国台湾地区“民事诉讼法”而言，未必可以采纳。况且“摸索证明”是否容许，其实是涉及下述相互冲突的利益之间如何平衡保护的问题：(1) 负举证责任的当事人能够以最节省劳力、时间、费用的方式接近、收集证据的利益以及发生争议的实体权利实现的利益；(2) 对方当事人或者持有证据的第三人的秘密保护利益，免于因秘密被不当窥探所生的不利益；(3) 诉讼程序能够公正、迅速地进行，不至于因容忍“摸索证明”而使程序受到不当拖延。因此，似乎不宜将“摸索证明”一概地视为不合法。

二　协作义务与“摸索证明”

(一) 案件解明的协作

以辩论主义作为否定“摸索证明”的理由并不适当。因为从辩论主义的三项命题[③]来看，其主要是分配诉讼中法院与当事人之间关于事实证据的提出、收集的权责。换言之，由当事人自己决定裁判所依据的事实和证据，当事人如不提出对自己有利的事实、证据，就不能获得有利的裁判，法院不用为当事人收集裁判所需要的事实证据。但是，从当事人与法院间垂直面的关于事实、证据提出的权责分配，并不能直接推论出在当事人相互间水平面的事实、证据提出责任或义务是什么。因此，并不能径直得出如下结论：首先，在仅有当事人一方掌握事实、证据的情形中，其可以片面地仅就自己有利的事证予以提出，而隐匿或不提出对对方当事人有利的事实、证据。其次，即使在古典的或德国的辩论主义之下，当事人也未必有不主张、不开示不利于己的事实或证据的自由，因为当事人在程序上应就事实进行真实及完全的陈述。因此，当事人就其所知的事实，不论对自己有利抑或不利，均负有陈述义务，从而使得当事人关于事实提出的决定、处分权限，受到了一定程度的限制。最后，辩论主义本身并非自我

① Stein, Jonas, Leipold. ZPO, Bd. 21 Aufl, 1996, § 284 IV Rn. 43.

② See Peters, Ausforschungsbeweis im Zivilprozess, 1966, S. 38. 中文介绍，参见姜世明《论民事程序中之摸索证明》,《成大法学》2004 年第 8 期。

③ 邱联恭：《程序选择权论》，三民书局 2000 年版，第 99 页。

目的，在德国《民事诉讼法》于1877年制定时，本来是以当事人双方均能充分掌握事实、证据作为前提，因此，当事人基于理性的考量，决定某项事实、证据应否提出，以能最迅速地获得正确裁判，而无须由法院介入协助收集。不过，如果仅有一方当事人独占事实、证据时，上述辩论主义所预设的前提就不存在了，而有修正其内容的必要。

从我国台湾地区“民事诉讼法”的下述规定来看，其辩论主义的内容与德国未必完全相同，而是已经有所修正：我国台湾地区“民事诉讼法”赋予了当事人协力迅速进行诉讼的义务，这一方面是基于诚实信用原则而对对方当事人负有义务，另一方面也对法院负有公法上的义务；相对地，法院亦负有协同当事人整理、阐明争点，并在适当时期内作成裁判的义务。[①] 程序的迅速化，并非仅仅单纯求快，而更多的是指有效率的程序，亦即在最短的时间内获得最正确的裁判。换言之，有效率的程序指的是处在迅速裁判与正确裁判这一平衡点上的程序。为此，应当就言词辩论进行充分的准备，为达到这一目的，法院可依照职权命令当事人本人到场陈述（第203条、第269条）；当事人对于其所主张的事实及证据，应该进行确认或否认的具体陈述（第195条第2款、第266条第1款第3项及第2款第2项、第266条第3款），当事人若未能进行陈述，或者陈述未达到具体的程度，则法院应当命令当事人将其所掌握的事实、证据以及相关的诉讼资料，尽可能在诉讼程序的前阶段提出，以便于法官及双方当事人能够在前阶段了解案情并整理、确定及简化争点，进而试行和解。[②] 当事人应当依照法院的命令表明特定事实、声明所依据的证据（第268条）；应依照命令说明未记载的必要事实、证据的理由（第268条之二）。在为了维持公平的必要情形下，法院也可以命令当事人针对不利于自己的事实，提出有关该事实并非由自己行为所造成的事实或证据（第277条但书），且不得以不正当手段妨碍对方当事人使用证据（第282条之一）。当事人自己持有文书证据的时候，对于对方当事人所进行的文书提出命令的申请，应该做出必要的协助（第342条第2款），当事人在诉讼中所引

---

① 参见沈冠伶《论民事诉讼程序中当事人之不知陈述——兼评析民事诉讼法中当事人的陈述义务与诉讼促进义务》，《政大法学评论》2000年第63期；沈冠伶《论民事诉讼法修正条文中法官之阐明义务与当事人之事案解明义务》，《万国法律》2000年第6期。

② 邱联恭：《程序利益保护论》，三民书局2005年版，第214页。

用或与诉讼有关的文书应被提出（第 342 条第 3 款）。如为了发现真实并在其认为必要的时候，法院可依照职权调查证据（第 288 条）或讯问当事人本人（第 367 条之一），而从证据调查中所得到的事实，如果是当事人原本就未提出的事实，可以认为是法院依照职权所得知的事实，法院对其可予以斟酌（第 278 条第 2 款）。

由上述规定及其立法理由可知，我国台湾地区民事诉讼中当事人关于事实证据的处分自由在一定范围内是受到限制的，对于裁判所需要的事实证据的收集应当给予协作解明，并且法院也应当协同当事人解明案件事实，且在一定情形下，可依照职权调查证据。一方当事人如果处于案件发生经过之外，则不能期待其能知悉、掌握具体事实及证据，因此，其无法提出相关事实证据并不具有可归责性。反之，另一方当事人若知悉案件发生经过，并且可期待其陈述事实、提出证据且符合程序的公平和效率时，对方当事人即使是不负举证责任的当事人，其对案件的解明（包括事实的陈述或证据的提出）仍负有协力义务。该方当事人若没有正当理由不予协助，则视其依照法院命令而应该做出的协助行为，可能被处以不同的制裁。比如，不对事实作出具体陈述，则有可能被拟制自认；不提出有关证据，则可以认定负举证责任的当事人关于该证据的主张或依据该证据所证明的事实为真实。在前述范围内的摸索证明，应被视为合法。当然，不属于裁判上重要的事实，亦即与诉讼标的无关的事实，或者与应证明的事实无关的证据，自然不允许一方当事人毫无限制地向对方当事人或第三人探求、收集。

（二）证据声明的具体特定与争点的整理

摸索证明的问题，与证据声明的特定，有着密切的关系。详言之，由于我国台湾地区“民事诉讼法”中并未采取英美法国家的广泛承认当事人可直接要求对方提出有关证据的“证据开示”（discovery）制度，且未特别区别证据的收集与证据的调查程序，因此一方当事人未能掌握对其有利的事实或证据时，通常仅能以向法院提出证据调查申请的方式，以期从证据调查中收集其他进一步的相关事实和证据。也正是因为当事人就具体事实和证据在证据声明时尚未获知，因此其证据声明仅能以较抽象或者空泛的事实作为应证事实，如“被告的行为有过失”“产品设计上有瑕疵”等；证据对象亦不够具体，如“所有与产品设计有关的资料”等。有学者认为，摸索证明违背了当事人就证据声明应当具体特定的规定，因此是不合法的[①]。

我国台湾地区“民事诉讼法”中与证据声明之特定有关的规定包括，当事人作出证据声明时，应表明应证事实及证明应证事实所用的证据（第266条第1款及第2款、第285条），并且应具体记载（第266条第3款）；证据保全的申请亦应表明应保全的证据及依照该证据应证明的事实（第370条）；关于个别的证据方法，声明人证，应表明证人及询问的事项（第298条）；申请鉴定，应表明鉴定的事项（第325条）；所声明的书证若系对方所持有的文书，则应申请法院命对方提出，申请人应表明特定的文书、文书所证明的事实、文书的内容、对方当事人持有文书的事实理由及对方当事人负有提出文书义务的原因（第342条）；申请勘验，应表明勘验物及应勘验的事项（第364条）。细究上述规定的立法目的，主要在于以下方面：一是为保障对方当事人的防御权，若应证明的事实过于空泛，证据客体未能具体化，则对方当事人既无法适当地予以防御，也难以期待对方当事人尽陈述义务（第195条第2款）；二是为了使证人、文书或勘验物的持有人或当事人可以就证据及应证明之事实加以判断，其有无拒绝陈述、提出特定文书或勘验物的正当理由；三是为了使法院可以迅速做出正确判断，以确定当事人所声明的应证事实是否重要、证据与应证事实之间的关联性、该证据的重要性以及有无针对该证据进行调查的必要性，以避免从事不必要的调查，节约诉讼资源。[②] 然而，由于法律并没有明确规定证据声明究竟应特定到何种程度方为合法，因此，法院可以结合前述规定的立法目的，以及举证人特定声明的可期待性，并对各种利益加以衡量，从而在个案中做出适当判断。另外，法院在裁判应就其判断结果向当事人阐明，使其有表示意见的机会。

法院在进行证据调查之前，应当先进行争点整理，而应证事实是什么以及应由何人提出何项证据，这是由法院协同双方当事人共同整理并确定的。因此，在一方当事人的证据声明未就应证事实及证据加以特定时，法院应先进行阐明，使当事人有补正的机会，并根据事实证据有无由对方当事人所掌握、独占的情形，赋予对方当事人协助解明案件事实的义务，以促使对方当事人就举证人证据声明的特定做出必要的协助，而不宜直接以

① 姜世明：《论民事程序中之摸索证明》，《成大法学》2004年第8期。

② 邱联恭：《口述民事诉讼法讲义（三）》，邱联恭2003年自版，第136页。

声明未加以特定为由予以驳回。以下将分别就应证事实及证据方法的特定加以说明。

1. 应证事实的特定

当事人原则上应当将事实陈述尽可能具体化，亦即，当事人为了使其诉讼请求具有充分理由，必须陈述导致发生特定法律效果的要件事实、有助于推定该要件事实所必要的间接事实，以及证明二者所必要的证据。在起诉阶段，当事人所提出的事实，仅需要满足使诉讼标的得以特定化的要求即可。在传统的诉讼案件中，要件事实通常较为明确，如在价金给付请求案件中，要件事实之一即为双方当事人就特定标的物及价金互相同意的事实，若对方当事人就互相同意的事实予以否认，则主张权利的当事人才有必要进一步陈述与互相同意一事有关的具体事实（如在何种情形下成立合意、合意成立的时间、地点等）。在现代型纷争或者要件事实较为抽象而不确定时，为使被告能充分防御，原告的事实陈述应具体化到被告能借以对其表明是否接纳该事实的程度，比如，原告若仅主张“被告有过失”或“被告违反诚信原则”则被告将无从了解就该事实如何进行承认或否认的陈述。与之相对，若原告主张了具体事实，则被告的否认亦须达到具体化的程度。[①] 主张权利者原则上需先主张要件事实，并且不仅应概括描述事实要件，通常还需就间接事实进行具体陈述，若其未先做具体化陈述，则对方当事人并无义务进行具体化的反驳，而让原告的主张得到补充。

不过，就要件事实负主张责任而应对其具体陈述的原告，若处于该事实发生的过程之外，并且对该事实缺乏了解，亦没有进一步了解的可能性时，若仍然要求其必须做具体陈述，则显然过于苛刻。此时，法院可注意被告有无解明案件事实的期待可能性，换句话说，若被告就该事实显然已有所了解，或者可以期待其了解有关事实进而补充原告的陈述时，则基于诉讼法上的诚信原则，以及当事人对于法院所负的诉讼促进义务，即使被告本来不负主张责任及举证责任，法院也可要求其就特定事项详尽表明（我国台湾地区“民事诉讼法”第268条），进而促使其就与原告所主张的权利构成要件相关或相反的事实进行具体陈述。在我国台湾地区民事诉

① 沈冠伶：《论民事诉讼程序中当事人不知陈述——兼评析民事诉讼法中当事人的陈述义务与诉讼促进义务》，《政大法学评论》2000年第63期。

讼的争点整理程序架构下，法院在进行证据调查之前，为促进诉讼，使审理集中化，应行使诉讼指挥权及践行阐明义务（我国台湾地区“民事诉讼法”第199条），促使当事人的主张及否认得以具体化，以此来整理事实上的争点。因此，应证事实是什么，未必应由举证人一方单独承受特定责任，而是由双方当事人协同法院使事实上的争点得以具体明确化，进而特定有待证明的事实或主题。

另外，经过争点整理程序后，在下面两种情形下，法院可放宽应证事实的具体化程度：一是举证人因对方当事人未能完全、真实地陈述案件的具体细节事实（间接事实），法院尚很难判断应否作出对其不利的制裁（如拟制自认、认定举证人所主张的事实为真实而毋庸举证），而仍有进行证据调查的必要；二是双方当事人均就案件发生经过没有充分的了解，以致举证人仍然仅能以较为抽象的主要事实作为应证事实。在前述两种情形下，法院可针对个案的具体情况，在不可期待举证人做出更加具体的陈述时，放宽应证事实的具体化程度，亦即，即使举证人仅能以主要事实为应证事实，也可认为其已经满足了声明特定的要求。在现代型诉讼中，这一点表现得尤为明显，比如，证据声明中应证事实可表述为“被告的医疗行为有过失”或“被告的产品在某些方面存在设计瑕疵”等。至于进一步的具体事实，则可以留在证据调查的结果里呈现，尤其是鉴定后的报告。①

2. 证据对象的特定

应证事实如果认为已经特定，但相关证据仅为对方当事人或第三人知悉或持有，以至于举证人不能就证据方法进行具体特定时，在美国法上的“证据开示”制度（discovery）中，承认当事人可以进行“摸索证明”。就我国台湾地区“民事诉讼法”而言，当事人进行证据声明时应对证据对象予以特定，不过，对于文书证据而言，若其为对方当事人或第三人所持有，当事人在特定时存在困难，且不可期待他能自行予以特定时，法院也可以命令对方当事人做出必要的协助。之所以如此规定，是因为在公害、产品制造人责任、消费者保护等现代型诉讼中，文书资料通常仅存于当事人的一方，对方当事人几乎不可能获取该文书资料。因此，一方当事人申请法院命持有文书的对方当事人提出文书时，如果一律让其表明对方

① Stein，Jonas，Leipold. ZPO，Bd. 21. Aufl，§285 Rdnr，1996，pp. 47-48.

当事人应提出的文书及内容，有时的确存在困难。为贯彻当事人诉讼资料平等使用原则，以及便于发现真实并整理争点，以达到审理集中化的目标，法律特别明确规定申请发布文书提出命令的申请人，就申请提出的文书及其内容表明有明显的困难时，法院可以在衡量实际情形并认为适当时，命对方当事人进行必要的协助。就协助方式而言，法院可以命对方当事人就举证人关于应证事实有关文书及其内容的查询在一定期间内答复；若知悉特定文书及内容之人是受对方当事人雇用的人，或者是对于对方当事人有保守秘密义务的人（如银行、医生等），则对方当事人应免除该人的守密义务，而使该人可以向举证人做出说明。法院不宜以文书未特定为理由而直接驳回文书命令的申请，而应视情形放宽标准，承认当事人的证据申请为合法。但若法院认为文书的广泛大量提出反而不利于程序的迅速进行，不利于程序利益的保护，则法院也可依照证明妨碍的法理，将举证人关于该证据的主张或依该证据应证的事实视为真实（我国台湾地区“民事诉讼法”第 282 条之一、第 345 条）。

至于其他的证据方法，例如关于证人的特定，虽无明文规定，但举证人就特定证人的姓名、住所是因为不可归责于自己的事由而不知道，并且可期待对方当事人予以提供时，基于当事人“诉讼资料平等使用原则”，也应承认法院可以命对方当事人进行必要的协助，而提供证人的姓名、住所，以供法院传唤。法院可借由当事人听取（我国台湾地区“民事诉讼法”第 203 条、第 269 条）或以书面就特定事项进行“询答”的方式予以进行，对方当事人若没有正当理由而拒绝，法院可在判决时对其拒绝行为加以考虑，或者认定该行为属于证明妨碍（我国台湾地区“民事诉讼法”第 282 条之一）。但是，若不能期待对方当事人予以协助时，例如，关于超速行驶的事实，当事人以“搭乘同一辆公交车的其他乘客”为证人，但由于其他乘客是何人及其住所等不能期待为对方当事人知悉，因此尚难以认定协助义务的要件均已具备，不能认为对方当事人负有协助义务。此时，举证人的证据声明仍应认为不合法，因无法举证所导致的不利益仍然由举证人负担。

（三）事实、证据收集开示手段的活用与充实

在法院促使当事人协作解明案件事实时，应当善用阐明这一处置方式，并可在适当情形下，将阐明与证据调查程序相衔接，例如，法院可以利用当事人听取（我国台湾地区“民事诉讼法”第 203 条、第 269 条）

及当事人讯问（我国台湾地区“民事诉讼法”第 367 条之一以下）的相关规定，使知悉案情的当事人做完整供述，以掌握与案情有关的事实或证据，并有助于发现真实；[①] 命当事人或第三人提出文书、物件或准备作为证据声明的文书、证人或勘验物目录（我国台湾地区“民事诉讼法”第 268 条、第 269 条）[②]。

我国台湾地区民事诉讼中的当事人听取制度继受于德国法，其与英美法中的“质问书”（interrogatories）制度，均起源于中世纪欧洲寺庙法中的 interrogatio ad clarificandum。[③] 但在当今的规定上，我国台湾地区与其他国家之间存在如下差异。

其一，发动主体不同。我国台湾地区及德国的当事人听取制度，由法院依职权进行，而英美国家的“质问书”制度则承认当事人可以直接向对方查询、发问。其二，方式不同。当事人听取的方式是，当事人应法院之命于期日到场，回应法院的相关讯问并进行陈述；当事人“质问书”制度则由当事人相互在法庭外以书状进行查询、问答。其三，范围不同。美国法上证据开示程序中的交换质问书，只要与当事人的请求或抗辩相关，且不涉及有权拒绝提出的事项，均可向对方予以质问，进而有机会获得其他关于事实或证据方法的资讯。而在辩论主义下，德国的当事人听取制度被视为法院阐明权的补充性规定，换言之，主张权利的原告所陈述的事实如不具体、不完整并且欠缺一贯性时，法院应先行使阐明权，促使原告补充其陈述的事实，在原告就事实进行具体化陈述之后，才有命被告到场，听取其陈述的必要。原告若经过阐明后仍未补充其陈述，法院则应以诉无理由予以驳回，此时不存在命被告当事人到庭陈述的必要。因此，在当事人听取制度中，原告难以通过法院对对方当事人的听取，从中获得有利事实或证据的线索，以补充其事实陈述或证据声明。[④] 但在我国台湾地

---

① 有关当事人本人供述的功能，参见邱联恭《民事诉讼法之研讨（三）》，三民书局 1995 年版，第 616—639 页。

② 邱联恭：《程序利益保护论》，三民书局 2005 年版，第 229—230 页。

③ Coester-Waltjen, *Parteiaussagen und Parteivernehmung am Ende des 20. Jahrhunderts*, ZZP, 2000（113）, S. 284.

④ 但为缓和当事人间武器不平等的情形，近来德国在实务上，亦发展出了赋予不负举证责任的当事人第二主张责任的做法，以缓和严格适用辩论主义所可能产生的不公平。参见沈冠伶《论民事诉讼法修正条文中法官之阐明义务与当事人之事案解明义务》，《万国法律》2000 年第 6 期。

区相关立法中，基于辩论主义的修正及当事人就案件解明的协作义务、真实陈述义务、具体化义务，当事人一方未能就其主张所必要的具体事实进行陈述，是因为其处于事件发生经过以外，而不可期待其具体陈述时，法院似乎不宜直接驳回起诉，而应对于掌握案情资讯的当事人，进行较为广泛的听取，促使其供述所有与案情有关的有利或不利于自己的事实或有关证据的线索，进而使负举证责任的当事人能借此知悉有关其主张或举证所必要的证据资讯，并衡量其实体利益或程序利益，以此决定是否进行证据声明。其四，制裁效果不同。在德国，当事人不到场，可以处以与未在期日到场的证人相同的罚金；在美国，对于拒绝回答的当事人亦设有制裁规定。但在我国台湾地区，除了人事诉讼程序（我国台湾地区“民事诉讼法”第576条），对于未到场陈述的当事人尚缺乏直接的制裁规定。

当事人听取与当事人讯问制度，虽然前者是为了阐明案情、整理争点，后者是为了证据调查、认定事实之用，但二者之间有一定的衔接关系。我国台湾地区相关立法上关于当事人讯问，并非仅作为补充性的证据方法，法院在认为有必要时，可依职权对当事人进行讯问。当事人本人通常是最知悉纷争事实的人，最有可能提供案情全貌，以协助法官发现真实及促进诉讼。若仅作为补充性证据方法，在程序的靠后阶段才开始针对特定争点进行讯问，则对案情的厘清或争点的整理，所发挥的功能较为有限。因此，法院也可能在程序的靠前阶段，在必要且适当的时候，依职权命令当事人到场接受讯问，若其无正当理由而不到场，则视为拒绝陈述，法院可衡量具体情形，判断应证事实的真伪（我国台湾地区“民事诉讼法”第367条之一第3、4项）。①

就文书、物件提出的阐明处置而言，在当事人及第三人的文书提出义务、勘验协助义务经新法扩充以后，② 法院在言词辩论之前，为阐明案情、整理争点而可以命当事人或第三人提出文书、物件的阐明处置，其范围亦应随之而扩大。在德国2002年《民事诉讼法》中，为充实第一审的事实审理，在未修正当事人及第三人的文书提出义务的情形下，增订了法

① 在不将当事人当作补充性的证据方法时，当事人讯问与当事人听取的界限，较为模糊而具有流动性。在德国，有鉴于当事人讯问的补充性规定所生的缺点，近来德国实务减少适用当事人询问制度，而多采当事人听取方式。

② 关于文书提出义务的一般化，参见许士官《证据收集与纷争解决》，新学林出版股份有限公司2005年版，第338页。

院可依职权命当事人或第三人提出诉讼中任意一方当事人所引用的文书，而不限于实体法上负有提出义务或仅由该方当事人所引用的文书，以至于法院依职权可命提出文书的范围可能较当事人可申请法院命对方提出者更为广泛，因而具有一定程度的不协调，以致引发争议。不过，此种不协调性在我国台湾地区相关立法上并不存在。只要文书是就与本案有关事项所作的，不论何方当事人在诉讼中引用，如有助于阐明案情，法院认为必要时，都可命当事人或第三人提出，且不限于引用的当事人所持有的文书，也包括对方所持有的文书。① 然而，为避免法院职权介入过当，且造成突袭，法院仍然宜于在作出阐明处置的裁定以前，使当事人知悉，并有表示意见的机会。在言词辩论之前命当事人或第三人提出文书的目的，并非证据调查，而是尽早确定争点，整理出应证事实及重要的证据方法是什么，就不存在争执的事实、不重要的证据即无须进行证据调查，同时促使当事人成立和解或其他争点简化协议。因此，法院命提出的文书，当事人应有阅览权，并且可以申请阅览。但文书中若涉及对方当事人或第三人隐私时，法院可依申请或依职权限制阅览（我国台湾地区“民事诉讼法”第242条第3项）。之后，当事人若认为该文书有助于证明某一应证事实时，则可将其作为证据方法予以声明，或者法院为发现真实认为有必要时（我国台湾地区“民事诉讼法”第288条），才开始进行证据调查程序。

上述阐明处置若能妥善运用，亦可发挥英美法上证据开示制度的阐明案情及整理争点的功能，并可在诉讼靠前阶段，尽早掌握案情全貌，确定争点及证据调查的对象、范围。不过，阐明处置是由法院依职权进行的，当事人的主体性地位较不明显。为使当事人能有机会就特定事项衡量其实体利益与程序利益，且加速程序的进行，减轻法院的负担，似乎可考虑明文肯定一方当事人可直接向对方查询，允许当事人在诉讼系属中，为准备其主张或举证，在具备一定要件下，可以书面确定相当期间，直接向对方查询相关的必要事项。但如果涉及隐私、业务秘密或其他特定事项的不当查询，他方可以拒绝。② 如此一来，当事人即无须等到举证阶段再迂回地

---

① 但有人认为，此等文书、物件必须是经当事人于书状中引用，并为当事人所执有。若为对方当事人所执有的文书，必须先经声明证据的当事人向法院命对方提出。参见陈计男《民事诉讼法论》（上），三民书局2004年版，第400页；亦有人认为，不包括供证据用的文书物件在内，参见王甲乙、杨建华、郑建才《民事诉讼法新论》，三民书局2004年版，第220页。

② 邱联恭：《程序利益保护论》，三民书局2005年版，第230—232页。

通过证据声明进行摸索式的证明活动。

三　真实义务、诚信原则与摸索证明

（一）推测事实的陈述

另有人认为，摸索证明违背了真实义务，因此不应允许。这一点在如下情形表现得更为明显，即当事人就应证事实虽然有所表明其特征，但对该事实的存在却并不确定，而只是出于推测，特别是在欠缺一定论据的情形，证据调查的目的是“碰运气”，也许刚好就能证明该事实为真实的。德国实务上早期多认为，当事人所提出的应证事实如属“凭空臆测”或“纯粹猜测”，而未一并提出与该事实有关的依据，即属摸索证明，而不应允许。早期案例多涉及抚养费请求案件、亲子关系确认案件或离婚案件。然而，随着实体法及诉讼法的部分修正，在上述案件中，由于职权探知主义的强化，当事人的证据声明已很少被认为属于摸索证明。

再者，德国联邦最高法院近年来对于摸索证明的认定，采取了严格态度，多将第二审法院的判决予以废弃，亦即，除非当事人是显然意图滥用其权利，否则均不认为属摸索证明。在联邦最高法院看来，由于当事人在诉讼上常不免必须提出其没有确切的认识却有可能存在的事实，因此在个案中，在判断当事人的证据声明是否属权利滥用时应当审慎。仅在完全欠缺任何事实依据的情形，才可认为属于“凭空捏造”。此外，如果当事人欠缺特别的专门知识，不知道且不能陈述具体细节事实，而以推测的大略事实作为应证事实的证据声明，亦不属于摸索证明，法院仍应进行证据调查。

笔者认为，推测事实的陈述，并不违背真实义务。因为真实义务所要求的并非客观的真实，而是当事人主观认知的真实。真实义务仅禁止当事人陈述与其确信为真实所相反的事实，并不禁止当事人陈述其认为可能为真的事实。再者，要求当事人必须就推测事实提出一定根据以说明该事实的存在为可能，推测事实作为应证事实的证据声明才视为合法的见解，有限制当事人证明权之虞。因为在推测事实具有一定根据的前提下，法院才就该事实进行证据调查，其实无异于在证据调查之前，即就该事实预先判断其存在的可能性。而当事人为了满足必须提出根据的要求，也可能就“根据”进行编造，反而增加了诉讼资料，若对方当事人就推测事实所凭“根据”有所争执，则将使争点增多，反而可能造成程序的迟延。另外，若依案件的性质，当事人不可能知道其细节，如果认为当事人此时不得提出推测的事实，则无异于拒绝当事人的权利主张。当事人的事实陈述即使空泛，但只要其主观上认为有存在的可能，就很难说违反了真实义务，充其量仅与上述具体化陈述义务是否违背有关。因此，仅在法院能认识到当事人在主观上明知其所陈述的事实不真实，而仍就该事实声明证据，期待从证据调查中获得新事实或新证据时，才能基于真实义务的违反，驳回当事人的证据声明。

（二）诚信原则

其实，真实义务的根据在于程序法上的诚信原则，违反真实义务的摸索证明亦可说是以违背诚信原则的方式进行诉讼，应予以禁止。而除了真实义务的违背之外，其他违反诚信原则所进行的摸索证明，亦不合法。因为如前所述，我国台湾地区“民事诉讼法”是基于程序法上的诚信原则，要求不负举证责任的当事人，在一定范围内负有解明事案的协力义务。若其在争点整理阶段不予以协力，以至于举证人不能就具体的事实或证据进行特定，而不得不进行摸索证明时，应认定该证明活动合法。换言之，在此情形下，基于诚信原则，对方应容忍举证人在一定范围内的摸索证明。相对于此，负举证责任的一方当事人亦不能以违背诚信原则的方式进行证明活动。当事人若违背诚信原则而进行摸索证明，其所为的证据声明，或者对于对方当事人、证人的发问，应当予以禁止。

至于当事人是否违背程序法上诚信原则的判断，必须考量双方当事人的实体利益与程序利益综合进行，例如：考量受争议权利受到保护对于权利人的意义；举证人就事实、证据欠缺认识有无可归责的事由；是否可期待举证人自行收集、取得证据，及其所需付出的成本是多少；由法院进行证据调查程序是否能较有效率地收集证据而有助于真实发现；对方或第三人因摸索式的证明活动所可能忍受的负担或遭受的不利益；举证人是否借证据调查而意图拖延诉讼；窥探他人隐私或营业秘密；使对方或第三人在证据调查程序上因证据开示而遭受难堪痛苦，或有其他滥用证明权的情形等。

四　代结语：对大陆立法与实践的启示

综上所述，基于我国台湾地区相关立法上所采认的当事人协作义务，其新“民事诉讼法”承认一定范围内的摸索证明为合法，而未采取德国法的摸索证明禁止原则。不负举证责任的当事人既然基于诚信原则就案件事实的解明负有一定的协力义务，相对于此，举证人亦不能违背诚信原则而滥用其证明权，有违诚信原则的摸索证明仍应予以禁止。在这里，法院应先通过争点整理方式，善用阐明处置，协同双方当事人就应证事实及证据方法尽可能具体特定，若举证人不能特定应证事实及证据方法，则促使对方进行必要的协助，且综合考量双方当事人的实体利益与程序利益，例如：举证人是否处于案件发生经过之外；是否可期待其能就具体的事实、证据予以特定；是否较可期待对方当事人协助解明事件发生经过或特定具体的证据；摸索证明所可能花费的程序上的劳力、时间、费用；对方当事人或第三人因摸索证明所必须忍受的精神上的痛苦等，以判断证据声明是否合法。不宜因证据声明在应证事实或证据方法上未具体特定，或应证事实属推测性事实，即径直驳回当事人的证据声明。如举证人就证据声明的未具体特定有不可归责的事由，且不可期待其具体特定时，则应放宽证据声明的具体特定性。

同我国台湾地区一样，大陆的民事诉讼立法中也没有关于“摸索证明”的直接规定，“摸索证明”这一舶来的术语至今仍只存在于学术探讨中。然而，大陆的民事诉讼立法与司法实务在今后的发展中，似可从台湾地区民事诉讼对“摸索证明”的态度与做法中获得借鉴。大陆民事诉讼中律师代理比例较低，完全实行辩论制尚不具备观念、制度以及习惯上的条件。因此，若诉讼中一方当事人未能就应证事实加以特定，则法官此时应进行阐明，以使当事人有机会予以补正。在证据偏在于一方当事人的情况下，法官还可要求该当事人承担解明案件事实的协作义务。但若应负证明责任的一方当事人能够提出具体事实而拒不提出，则其证据申请应视为摸索证明而不予许可。若不负证明责任的一方当事人拒不履行案件事实解明协作义务，则法院可视具体情况推定该主张成立或者将妨碍行为纳入辩论全意旨进行考量。此外，若当事人的证据申请未能表明或者清楚表明证据方法，依辩论主义法理，法院原则上应不予调查。然而，由于大陆现行《民事诉讼法》赋予当事人收集证据的权利十分有限，加之争点整理程序缺乏，当事人往往只能通过证据申请而从证据调查中收集进一步的证据，法院也是边审查证据边收集证据，因此，为保障当事人的证明权，法院不宜轻易驳回当事人的证据申请，而应尽力帮助其收集证据。若当事人仍然无法收集到相关证据，还可以申请法院调取，法院在进行审查时不应过于严苛，只要不是完全没有根据，均应准许。

论协同主义民事诉讼模式下的证据收集

一　协同主义民事诉讼模式及其主体扩展

就民事诉讼模式的划分而言，传统观念认为存在两种模式，即辩论主义诉讼模式和纠问主义诉讼模式。近年来，随着两种诉讼模式各自弊端的逐渐显现，二者之间的趋同与融合现象愈加明显，一种新型的民事诉讼模式应运而生，这一模式即为协同主义民事诉讼模式。协同主义诉讼模式的概念最初由德国学者贝特曼提出，几年后，著名法官鲁道夫·瓦塞尔曼（Rudolf Wassermann）对这一概念作了较为系统的阐释。在《社会的民事诉讼——社会法治国家中的民事诉讼理论与实践》一书中，瓦塞尔曼法官明确地指出："辩论主义和纠问主义在过去都具有价值和意义，而今天都在很大程度上失去了价值和意义。它们不再是真正有助于掌握诉讼材料的工具，毋宁说，它们偶尔甚至会阻碍与时俱进的诉讼实践。"① 正是认识到了辩论主义及纠问主义诉讼模式所存在的时代局限性，瓦塞尔曼法官主张采取一种将传统的辩论主义和纠问主义相结合的诉讼模式，并将此种模式称为协同主义（亦称合作主义，Cooperationsmaxime）诉讼模式。这一模式认为，民事诉讼中对案件事实的探知，既不是当事人一方的责任，也不是法院单方面的任务，而是两者共同的责任；法院与当事人应当协同去发现案件事实，并在此基础上实现纠纷的妥当解决。② 在瓦塞尔曼法官看来，协同主义诉讼模式能够在法院和双方当事人之间搭建起一座对话的桥梁，进而使得在最严重的争议中彼此达成相互间的让步。③ "协同主义"这一概念在德国被首次提出后，相继被日本、韩国以及我国台湾地区等所继受。

---

① ［德］鲁道夫·瓦塞尔曼：《从辩论主义到合作主义》，载［德］米夏埃尔·施蒂尔纳编《德国民事诉讼法学文萃》，赵秀举译，中国政法大学出版社 2005 年版，第 367 页。

② 唐力：《辩论主义的嬗变与协同主义的兴起》，《现代法学》2005 年第 6 期。

③ ［德］鲁道夫·瓦塞尔曼：《从辩论主义到合作主义》，载［德］米夏埃尔·施蒂尔纳编《德国民事诉讼法学文萃》，赵秀举译，中国政法大学出版社 2005 年版，第 372 页。

就类别而言，协同主义包括双方当事人之间的对抗与协同，也包括当事人与法官之间的制约与协同。就具体内容来说，法官的协同责任主要包括阐明义务、法律观点指出义务，以及法官为发现案件真实所必需的一些其他权力，如依职权进行鉴定、勘验等。当事人的协同责任则主要包括当事人的真实义务及诉讼促进义务。需要指出的是，协同主义理论中并未包括案外第三人与当事人和法院之间的协同，这构成了该理论的一个重大缺陷。德国等大陆国家没有将协同理念扩展至案外第三人，因此在协同主义理论中，案外第三人仍然游离于协同义务体系之外，这也从一个侧面反映了大陆国家“协同主义”理论内涵与外延的局限性。实际上，作为对古典辩论主义的适度修正与延续，“协同主义”理论所关注的依然是法院、双方当事人三主体在诉讼中的权利义务配置，对于三主体之外的其他主体于诉讼中所发挥的作用，该理论并没有加以观照。“实际上，协同主义与辩论主义一样，都是涉及诉讼资料即在事实与证据层面上当事人与法院的作用分担。”① “协同主义”理论所存在的局限性并不利于法院、当事人之外的诉讼主体作用的发挥，因此，有必要对该理论的内涵与外延加以扩展。

在本书中，笔者主张对协同主义理论的内涵加以扩展，认为协同主义民事诉讼模式应当包括三方主体之间的协同，即当事人、法院以及案外第三人。案外第三人对当事人及法院的协同责任，即为第三人所负的“诉讼协助义务”。扩展之后的协同主义既包括个人与个人之间（当事人之间、第三人与当事人之间）的合作与协同，又包括个人与国家（当事人与法院、第三人与法院）之间的合作与协同。在笔者看来，协同理念化解了权力与权利之间的屏障，在二者之间开辟出了交流与沟通的渠道。除了大陆法系国家之外，民事诉讼中的协同理念亦为英美法系国家所认可，“法官权力的增加，传统的当事人主义原理的弱化（即使不抛弃的话），这一潮流也为许多西方国家所认同，在某种程度上还包括英国和美国。实践证明，这一潮流是合理的，因为它提高了司法裁判之效率，使保障诉讼迅速且井井有条地进行成为法官之任务……程序仅仅作为当事人私人的事情，或者可能更糟糕些，仅作为当事人、律师的事情，这一观念可能、事实上

① 唐力：《辩论主义的嬗变与协同主义的兴起》，《现代法学》2005 年第 6 期。

也经常与当事人间真正的（而不仅仅是形式上）平等之保障相冲突”①。

在民事诉讼证据的收集方面，协同主义诉讼模式认为证据资料的收集义务应当由法官与当事人共同担负。这一点显著区别于传统辩论主义诉讼模式下及纠问主义模式下的证据收集形态。前者认为诉讼证据的收集只是当事人的责任，而后者则相反，认为证据收集主要是法官的任务。协同主义诉讼模式之所以强调由法官与当事人共同担负起收集证据资料的责任，是因为“在现代社会的条件下，当事人之间由于诉讼能力悬殊而产生的实质性不平等，使得诉讼程序本身常有空洞化的危险”②。因此，为了平衡双方当事人的诉讼能力，实现双方当事人攻防武器的平等，并最终实现双方当事人之间的实质上的平等，协同主义模式主张取证程序中各诉讼主体的协作义务。概言之，诉讼模式从“辩论主义”向“协同主义”的历史转变，为各主体在证据收集方面的“诉讼协助义务”奠定了坚实的正当性基础。

二 民事诉讼证据收集主体的确定及其理由

作为当事人诉权与法官审判权相互作用的“场”，双方当事人与审案法官成为民事诉讼程序中的当然主角。这三方主体也构成了“等腰三角形”民事诉讼主体架构的三个支撑点。对当事人与法官在诉讼中的地位与作用予以充分重视固然不错，但其他诉讼参与者的诉讼主体地位，及其在诉讼中所发挥的作用亦不容忽视。在诉讼程序日益专业化与复杂化的当今社会，其他诉讼参与者作为诉讼程序的“辅助者”，将发挥愈加重要的作用。在诉讼证据收集领域，作为法律“门外汉”的普通当事人很难独自完成愈益具有专业和技术要求的证据收集任务，在很多情形下，都需要由具备法律专业知识的代理律师代其完成或协助其完成。因此，不能否定代理律师在诉讼证据收集领域的主体地位。需要明确的是，肯定代理律师在证据收集程序中的主体地位，并不意味着赋予了其与当事人同等的诉讼主体地位。作为能够对诉讼程序的发生、发展和终结产生直接影响的主体，当事人与人民法院、人民检察院、共同诉讼人等共同构成了“诉讼主体”

① ［意］莫诺·卡佩莱蒂：《当事人基本程序保障权与未来的民事诉讼》，徐昕译，法律出版社2000年版，第52—53页。

② 刘荣军：《程序保障的理论视角》，法律出版社1999年版，第352页。

这一概念的外延，但这一外延并不包括代理律师。代理律师作为普通的诉讼参与者，其在民事诉讼中虽然享有相应权利并承担相应义务，却并不能对诉讼程序的发生、发展和终结产生直接影响，因此，其只能成为民事诉讼法律关系主体，而非民事“诉讼主体”。身份上的差异性，必然导致代理律师与当事人在诉讼程序中作用发挥方面的不同，在证据收集领域，正如下文所要分析的，当事人主导着证据收集程序，而代理律师则对当事人的取证能力起着补充和促进作用。换言之，在证据收集领域，当事人与代理律师体现出了明显的“主、从”关系，虽然“从”关系在很多情形下甚至发挥了比“主”关系更为重要的作用，但这仍然不能改变二者间的本质关系。

关于检察机关在民事诉讼证据收集程序中的地位及所发挥的作用，笔者认为不宜将其与当事人、代理律师、法院相并列，视其为民事诉讼证据收集程序的当然主体。毋庸置疑，检察机关对于民事诉讼程序享有法律监督权，这一权力在近年来甚至出现了进一步强化的趋势。这一趋势不仅在最高人民检察院下发的《关于进一步加强对诉讼活动法律监督工作的意见》中有鲜明体现，在检察理论界也出现了不少要求检察机关对诉讼程序进行“全面监督”“全程监督”的声音。[①] 在司法实践中监督诉求不断增长、监督范围逐渐扩大的当前形势下，加强检察机关的诉讼监督权并无不妥，然而，应当准确定位检察机关在诉讼监督过程中所扮演的角色。在笔者看来，检察机关在对普通民事案件的法律监督程序中，应将自身定位于监督者而非当事者的角色。换言之，检察机关不能因其对民事诉讼程序的法律监督地位而过多介入程序，只有这样才可以有效避免检察机关集“运动员”与“裁判员”角色于一身现象的出现。即使是在民事抗诉案件中，检察机关亦应当尽力避免其与当事人角色的混同——当事人仍然是原、被告双方，而非检察机关。因此，检察机关在对民事诉讼程序行使监督权时，不宜实施具体的证据收集行为。

不宜将检察机关视为民事诉讼证据收集主体的另一重要原因，乃在于检察机关对民事诉讼程序参与的有限性。在英美法系与大陆法系各主要国家，检察机关对民事诉讼的参与，一般都仅限于涉及国家或社会公益之民事诉讼的情形，而对于主要解决私人纠纷的广大普通民事案件，检察机关

① 汤维建：《挑战与应对：民行检察监督制度的新发展》，《法学家》2010年第3期。

一般很少涉足。虽然在婚姻案件等涉及私人人身关系的案件中，大陆国家的检察机关有较大的干预权，[①] 但这类案件占民事案件的比重并不大。因此从总体上来说，大陆国家检察机关对民事诉讼的参与是十分有限的。在我国，除了行使法律监督权之外，检察机关对民事诉讼的参与一般亦仅限于公益案件。不仅如此，作为解决私人间纠纷的民事诉讼，强调当事人的“意思自治”与法官的独立审判，对代表公权力的检察机关的介入有一种天然的制度性排斥；而且在一般人的法律意识里，亦认为检察机关主要是在刑事诉讼程序而非民事诉讼程序中发挥其职能。从这个意义上来说，检察机关难以成为民事诉讼的结构性主体，更难以成为证据收集程序的主体。基于前述理由，本书不拟将检察机关作为民事诉讼证据收集的主体展开探讨。因此，下文对证据收集主体的分析，将围绕当事人、代理律师、法院三者展开。

三　协同主义模式下证据收集主体的地位及其作用

（一）当事人对证据收集程序的主导

作为一项基本原则，辩论主义在大陆法系民事诉讼中处于支配性地位。按照日本学者兼子一教授的观点，辩论主义在内涵上包括三层含义，[②] 其中第三层含义将法院进行调查的证据限定为当事人所申请调查的证据，实际上否定了民事诉讼中法院依职权调查取证的合法性，而将收集并提出证据的责任赋予了当事人。姑且不论取消法院职权调查取证的权力是否合理，该层含义所透露出的让当事人对证据的收集“自我负责”这一思想却是十分明显的。也正是在这个意义上，有学者认为辩论主义是指关于诉讼审理的基础资料系由当事人所收集、提出，而事实关系的解明是当事人的“权能”及“责任”。[③] 传统观点认为，采辩论主义的理由在于

① 根据德国现行民诉法的规定，检察机关参与民事诉讼的职权范围只限于确认婚姻无效之诉、确认婚姻存在与否之诉以及禁治产案件的诉讼；同时，检察机关亦有权作为公益代表人，代表国家对涉及国家和社会公益的重大民事案件提起民事诉讼。在日本，检察官被视为公益代表人，其在婚姻案件、养子过继案件、亲子关系案件之类的民事案件中，享有请求裁判所通知案件的受理及审理日期，以及到场参与辩论、陈述意见等较为广泛的权利。

② ［日］高桥宏志：《民事诉讼法——制度与理论的深层分析》，林剑锋译，法律出版社2003年版，第329—330页。

③ 骆永家：《既判力之研究》，三民书局1994年版，第207—217页。

私法自治，认为当事人既然在实体法上可以自由处分其实体法上的权利，在诉讼上自然可以决定就关涉其权利裁判之某一事实是否加以主张、争执或是否提出某证据，亦即在纷争解决之内容上尊重当事人之意愿。①

当事人对案件事实与诉讼资料的决定权，赋予当事人对证据收集内容方面的主导权。但这一主导权与在取证过程中法院所发挥的积极作用之间并不矛盾。在大陆法系国家，法院在民事诉讼程序中发挥重要作用，在证据收集领域，就表现为当事人在收集证据时，一般均须向法院提出申请，由其在审查后决定是否发出命令。当事人所有的取证活动几乎都少不了法院的参与。然而需要指出的是，法院于此处所行使的更多的是一种程序管理权，其并没有权力决定当事人所申请取证的内容。虽然在某些情况下，大陆法系国家的法院突破了辩论主义原则进行职权取证，但这种情况并非常态，在大多数情况下，法院仍然只是根据当事人的申请而发出调取证据的命令。从这个角度而言，说当事人在大陆法系国家民事诉讼证据收集制度中居于主导地位并不过分。

而在具有悠久对抗制传统的英美法系民事诉讼中，当事人对证据收集过程的主导则不仅表现在决定证据收集的内容上，还表现在对证据收集程序的支配上。在英美法系国家的证据开示程序中，由当事人自主决定向对方当事人或第三人所收集证据的内容，并在律师的帮助下进行证据开示程序。在美国证据开示所采取的几种方法中，除了身体和精神检查（physical and mental examination）这一方法需要法院介入之外，其他方法的采取均由当事人自主进行，法院对其一般不予干涉。证据开示的这些方法不但表现出了极强的对抗性，同时也体现了证据收集程序中当事人主导的法理。长期以来，法官对当事人之间发现程序的介入，基本上仅限于应当事人提出的申请而进行听审，并根据联邦民事诉讼规则中的有关程序规定作出裁决。然而随着证据开示程序自身所存在的问题，以及因此所引起的日益尖锐的批评，自20世纪80年代以来《美国联邦民事诉讼规则》进行了数次修改，增加了主动开示和对使用发现方法的次数等进行限制的条文。与此同时，法院也一改先前在开示程序中消极的形象，而变得更加积极主动，这表现为法院对证据开示程序愈益增强的管理权。但这一转变并没有从根本上改变当事人在证据开示程序中的主导地位。

---

① ［日］新堂幸司：《新民事诉讼法》，弘文堂1998年版，第379—380页。

两大法系国家普遍赋予当事人于民事诉讼证据收集方面主导权，除了是对各自当事人主义传统的遵循外，对其他现实因素的考量也在其中起着重要作用。首先，出于减轻法院收集证据的负担，使其能够集中精力审查、判断证据的考虑，有必要将收集、提供证据的责任赋予当事人。这样可以使法院从繁重的取证任务中解脱。其次，当事人对证据收集方面主导作用反衬出法院在其中的相对消极、次要的地位，有利于树立法院中立、公正的裁判者形象。再次，当事人对证据收集方面的主导也有利于维持当事人平等对抗、法官居中裁判的这一民事诉讼的典型构造。法院（或法官）对任一方当事人证据收集过程的过度介入，都有使这一构造失去平衡的危险。最后，也是更为重要的是，赋予当事人在证据收集方面以主导地位，也就意味着将证明活动的主导权交给了当事人，意味着最后的诉讼结果是在当事人的主导和推动下形成的。对当事人意愿的充分尊重赋予了诉讼程序以充分的正当性保障，这一程序所生成的结果即使对一方当事人不利，遭受不利裁判的当事人也很难对此提出不满和抱怨。易言之，赋予当事人于证据收集方面主导地位，可以有效提升其对司法裁判的接受程度。

需要指出的是，承认当事人在证据收集方面的支配地位，存在削弱证据的客观性和中立性的潜在风险。一般而言，当事人就是否提出自己掌握的证据，或者是否采取措施去收集在他人控制之下的证据等事项进行决定或加以选择时，显然都会考虑这么做是否会对自己有利，而承认当事人在证据收集方面的主导，就是在一定意义上承认这一考虑的合理性。然而，这样做的结果，就是各方当事人所提交的证据都不可避免地具有了一种“党派性”特征。[①] 证据的这种“党派性”使各方当事人所收集或提交的证据都涂上了当事人的个人色彩，在一定程度上削弱了证据的客观性和中立性。证据的“党派性”是当事人主导证据收集过程所产生的不可避免的后果，若要尽量减少“党派性”对事实认定的影响，只能由法官在双方当事人证据交锋时进行更为谨慎的审查，在当事人的相互对抗中努力探求事实真相。

（二）代理律师收集证据：对当事人取证能力的补充

有学者曾经指出：“正义的实现是从律师开始的。如果欠缺了法律服

① 王亚新：《对抗与判定——日本民事诉讼的基本结构》，清华大学出版社 2002 年版，第 170 页。

务，权利就会成为空洞的东西，社会正义也将不复存在，进而导致民主社会的破灭。”[①] 这一说法虽然对于律师在诉讼中所起的作用不无夸大，但显然亦正确指出了律师在诉讼中不可或缺的地位。利用律师的代理服务，往往意味着利用者要付出一定的代价，以换取律师所拥有的专门知识和技术。这一代价虽然有时是不菲的，但并不能因此就认定代理律师在诉讼中只是纯粹的“逐利者”，实际上，代理律师在追求金钱利益的同时，亦发挥着无可替代的重要作用。

与当事人相比，代理律师在很多方面占有优势：首先，代理律师对于实体法、程序法等法律法规更为熟悉，并且具有对有关法律资料进行调查的能力。这一点普通当事人很难做到。其次，代理律师的辩论能力更为优秀，其可以根据具体案情，对有利于委托人的论点和证据材料加以组织整理，并以逻辑严密完整的样式展开辩论。再次，代理律师的诉讼实务经验更为丰富，而普通当事人对于诉讼的实际操作程序往往比较陌生。最后，由于与案件的审理结果并不具有切身的利害关系，因此在对案件的把握上，代理律师比当事人更为客观。日本著名学者棚濑孝雄指出，与普通当事人相比，律师所拥有的专门技术大致可分为两类：一类是关于具体权利要求的法律知识和这些知识的运用。一般来说，普通当事人很难在复杂的诉讼中熟练地把握必要的法律知识和进行运用；而律师对法律知识体系的系统学习和运用实践使他们能更好地完成这样的任务。另一类是广义上与有效地处理纠纷有关的特殊信息和技术，如进行交涉的技巧、在工作实践中与事务所以外的种种组织、个人之间建立起来的联系等。[②] 代理律师所具有的这些优势和专门技术，使其比普通当事人更容易适应复杂且具有高度专门性的民事诉讼程序。这一点在有律师代理的民事诉讼和没有律师代理的民事诉讼的对比中表现得颇为明显。在由当事人本人所进行的诉讼中，法官时常不得不教给当事人各种各样的诉讼知识，以免发生因当事人不懂法律或程序技术方面的知识而造成不当后果的情况。这显然给法官的审判增加了不小的负担。因此，时常可以从法官那里听到主持由当事人本

① ［日］小岛武司：《诉讼制度改革的法理与实证》，陈刚、郭美松译，法律出版社 2001 年版，第 23 页。

② ［日］棚濑孝雄：《纠纷的解决与审判制度》，王亚新译，中国政法大学出版社 2004 年版，第 312—313 页。

人进行的诉讼时感到为难的例子，结果法官往往不得不示意当事人委托律师代理诉讼。而在由律师代理诉讼的民事案件中，法官的此种苦恼和负担则会减少很多。精通法律与诉讼实务的律师并不需要法官作过多地指示。因此，将代理律师视为民事诉讼必不可少的重要参与者并不为过。

具体到民事诉讼证据的收集方面，代理律师发挥着对当事人取证的重要补充作用。如前所述，在证据收集的过程中，当事人扮演着主导角色，享有很大的自由决定的权利。然而，代理律师对当事人取证的重要补充作用同样不容忽视。毋庸置疑，证据资料的有效收集和提出总是要求行为者有相当程度的技术能力：根据举证的目的必须决定从哪些方面去收集证据，必须估计或衡量证据的证明价值，同时还必须把握询问证人的技巧，等等。所有这些无不需要行为者具有相当的训练和一定时间的经验积累。对于很少有诉讼经历的普通当事人来说，要求其在短时间内就具有前述训练和经验显然是不现实的，因此，在证据收集的质量和效果方面，很难对其抱有过多期望。相较而言，代理律师拥有的丰富经验和法律知识，使其收集证据行为的质量和效果获得了保障。代理律师在当事人证据收集过程中的出现，弥补了普通当事人专业能力的不足，因此，代理律师在证据收集程序中所扮演的重要角色不容小觑。

虽然代理律师在民事诉讼证据收集程序中发挥着重要作用，但在不同法系的国家中，这一作用就程度上而言有所区别。英美法系国家由于实行对抗式的当事人主义，诉讼程序的主导者是当事人而非法官，因此，证据的收集主要由双方当事人自行完成，法官对这一程序的参与则十分有限。这一诉讼模式为代理律师积极而广泛地参与证据收集程序奠定了基础。而在大陆法系国家，虽然亦实行当事人主义，但与英美法系国家相比，其职权色彩更为浓厚。在证据收集方面，大陆法系国家当事人并不能直接向对方当事人收集证据，若需要向对方当事人或案外第三人取证，则应向法院提出申请，并且通过法院以获得相关证据。法官有时还可依职权主动收集相关证据。法官对证据收集程序的主导，大大缩小了代理律师发挥作用的空间。因此，与英美法系国家的同行相比，大陆法系国家的代理律师在证据收集程序中要消极得多，作用也逊色了不少。“在达致正确结果的主要义务被赋予政府官员的能动型法律程序中，让私人律师的才干发挥重要作用并不被认为是可欲的。因此，与回应型国家的司法管理相反，这里没有多少空间供律师发展自己的技能和创造力。”[①] 就我国而言，《民事证据规定》的颁布大大缩小了法院在民事诉讼中依职权取证的权力范围，而当事人的举证责任获得了强化。这一变化使代理律师在取证程序中作用的发挥获得了更大的空间。而在当事人取证能力普遍不足的当前，代理律师在证据收集程序中所发挥的作用具有了更为现实的意义，它使当事人的举证责任和举证能力有效地衔接起来，在一定程度上弥补了这一制度性变化所带来的不良后果。

（三）法院在证据收集过程中的地位与作用

围绕法院在民事诉讼证据收集过程中的地位及所发挥的作用这一问题，历史上一直存在持续的争论，但在近些年，肯认法院在证据收集程序中发挥必要作用，似乎成为各国所达成的共识。很明显，法院在平衡当事人证据收集能力方面发挥着不可替代的作用，肯定并重视法院在证据收集程序中的地位与作用，颇为必要。

依前述大陆法系传统的辩论主义，法院可进行调查取证的证据仅局限于当事人所申请的证据。在大陆法系国家传统的民事诉讼理论中，普遍认为收集并提出必要的证据资料属于当事人的责任，而法院“在理论上不能在实务上亦不会”就讼争的事实独立介入依职权调查证据。[②] 大陆法系国家传统辩论主义的此种观点显然过于极端，实践中其实并未获得彻底的遵循。德国、法国和日本的民事诉讼法中都有若干例外规定，赋予法院在特定情形之下，可以依照职权就特定的证据方法主动调查取证的权利。前述国家突破传统辩论主义束缚的思想基础在于，大陆法系国家认为诉讼事务并非仅为双方当事人间的私人事务，其更多地表现出了社会公共事务的特征。法律授予法官主持程序推进的权力，以保证诉讼程序有序且公正地进行，此即大陆法系的“职权进行主义”。“一般而言，法院之职权介入仅限于为补足法院专业知识不足时为鉴定之嘱托、鉴定人之指定及对当事人所申请之证人之依职权讯问。”[③] 除此之外，在公益性色彩较强的案件中也不必严格遵循辩论主义原则，法院亦享有依职权调查取证的权力。然而

① ［美］米尔吉安·R. 达玛斯卡：《司法和国家权力的多种面孔》，郑戈译，中国政法大学出版社 2007 年版，第 264 页。

② 黄国昌：《民事诉讼理论之新开展》，北京大学出版社 2008 年版，第 30—31 页。

③ 同上书，第 31 页。

需要指出的是，大陆法系国家虽然在法律上享有依职权调查取证的权力，但在实践中法院通常并不会主动调查证据。因此就总体上来说，大陆法系国家民事诉讼证据收集由当事人主导的传统做法并未发生根本变化。

而在英美法系国家，传统观点认为法官必须保持消极、超然、中立的立场，不应在诉讼中发挥积极作用。在事实认定层面上，英美法系国家传统上认为事实认定者不必亦不应当参与案件的准备及证据的收集与调查之中。事实认定者仅仅应当依照当事人所提出的证据裁判即可，不应积极参与审判前的准备程序。在英美法系学者看来，民事诉讼中法官的消极性避免了裁判者做出过早的预断；除此之外，法官的消极角色也是维系法官中立性的重要手段。[①] 然而自20世纪初期开始，传统上法官应保持消极地位的观念在美国受到了批评，人们主张法官在诉讼中应扮演更为积极的角色。从20世纪50年代后期以来，法官对诉讼过程积极介入的倾向逐渐明显，而近些年来，围绕着促进真实的发现和提高司法效率这两大目的，“案件管理”运动在美国蓬勃兴起，“管理型法官”对诉讼程序的干预日益积极和全面。在证据收集方面，表现为削弱当事人及其代理人对证据开示程序的主导，加强法官对此程序的流程管理。[②] 然而即便如此，英美法系国家民事诉讼中当事人在证据收集程序中的主导地位仍然没有发生根本转变，这一点是需要指出的。

跨越各法系不同国家之间的个体差异，可以发现法院在各国民事诉讼证据收集程序中普遍发挥着如下重要作用：首先，向双方当事人阐明举证责任的分配与承担，指导当事人的证据收集行为。证明活动因具有较强的专业化色彩，作为非法律专业人士的普通当事人往往难以知晓其所应承担的举证责任，影响其有针对性地收集和提供证据。此时由法院对当事人证明责任的承担进行阐明，并对当事人的证据收集行为提出指导性建议，则可消除当事人在此方面的迷惘，促使当事人更有效地承担提供证据的责任。但需要注意的是，法官阐明权的行使“必须依诉讼之程度，得认系因当事人不留意、误解或不明诉讼制度，致未为声明证据之场合为限，始得

① Landsman *Stephan*, *Readings on Adversarial Justice the American Approach to Adjudication*, Minnesota West Pub. Co., 1988, p. 161.

② 陈桂明、吴如巧：《美国民事诉讼中的案件管理制度及对我国的启示》，《政治与法律》2009年第7期。

阐明。倘若依当事人声明之证据方法调查证据以后，其结果对该当事人不利时令其再声明证据，或一方当事人声明之证明已能证明待证事项，而令他造当事人举出反证者，则超过阐明权之范围，流为干涉主义矣”①。其次，弥补当事人证据收集能力之不足。这一点主要表现在法院通过作出提出证据的命令的形式，来帮助当事人收集和获得证据。特别是在文书证据的收集方面，法院所作出的文书提出命令具有强制文书持有人提出文书的效果，并且有违令惩罚作为保障，因此文书提出命令制度在弥补当事人证据收集能力不足方面发挥着至关重要的作用，同时该制度还在维护双方当事人于诉讼中的平等对抗方面起着平衡效果。在我国，法院在民事诉讼证据收集程序中历来扮演主导角色，甚至一度“包办”了整个取证任务。对证据收集程序的全方位参与不仅危及法院的中立地位，亦给法院的审判增加了过重的负担。在对我国法院于证据收集程序中“超职权主义”做法的一片批评声中，2002 年出台的最高人民法院《证据规定》对法院依职权取证的规定又走向了另一个极端，极度限制了法院在证据收集程序中作用的发挥。从先前的“极度放权”到《证据规定》的“极度限权”，这一大跨度的转变反映出我国“立法者”对于法院在证据收集程序中的地位与作用并没有一个清晰而理性的认识。在我国当前的法制环境下，社会整体与公民个体的法律意识尚十分欠缺，“取证难”仍然是影响诉讼进程的突出问题，特别是当事人收集证据的能力存在严重不足。因此，在某些证据不属于可以申请法院调取证据的范围，而这些证据又直接关系到案件主要事实的认定时，法官不宜在证据明显欠缺的情况下，以当事人举证不足而令其承担不利后果，而应当主动行使调查取证权，以查明案件事实。正是认识到赋予法官一定程度调查取证职权的必要性，司法实践中很多法院实际上并没有严格按照《证据规定》的要求来做，而是普遍对法官一定程度的职权取证行为持默许态度。在笔者看来，司法实践对《证据规定》的前述“背离”，适度纠正了《证据规定》所存在的不足，应当予以肯定。

（四）分工与协作——证据收集主体与对象间的关系

很显然，民事诉讼证据收集的对象，应当包括取证当事人的对方当事

① 张道良：《民事诉讼之言词辩论：阐明权》，载杨建华《民事诉讼法论文选辑》（上），五南图书出版公司 1974 年版，第 326 页。

人，即不负举证责任的当事人，以及案外的第三人。作为案件的亲身经历者，不负举证责任当事人对于案情的来龙去脉最为清楚，其手中也往往掌握着对于查明案件真相而言具有重要作用的关键性证据。因此，不负举证责任的当事人在证据收集程序中时常成为最为重要的取证对象。而案外第三人虽然不如当事人洞晓案件的前因后果，但若其目睹了事件的发生过程，或者其手持本案的重要书证、物证、视听资料等证据，则亦可成为重要的取证对象。因此，取证对象并不仅限于不负举证责任的当事人，亦包括案外第三人。需要强调的是，我们不能将证据收集的对象与证据收集的客体加以混淆。证据收集的客体指的是取证主体从取证对象处所能获得的证据资料，具体包括书证、物证、证人证言、视听资料等法律所规定的各种形式的证据。

就证据收集主体与证据收集对象之间的关系而言，笔者认为应定位于分工与协作。分工指的是在民事诉讼证据收集领域，取证主体与取证对象各司其职、各负其责。具体来说，取证主体的职责即在于，尽力通过各种合法渠道获取有利于本案的证据；而取证对象的职责则在于，如实地向取证主体提供各种证据。协作则是指，取证主体与取证对象在证据的获取和提供的过程中相互配合与协力，以共同推进诉讼证明程序的完成。在这一关系中，分工是前提，但协作是此关系定位的本质与核心。证据收集程序中的协作包括两层含义，第一层含义指的是取证主体之间的协作，第二层含义则是指取证主体与取证对象之间的协作。在这两层含义中，后一层含义相对来说更具有实质意义，很明显，若缺少了取证对象的协助与配合，证据收集程序将很难向前继续，证据收集主体的取证目的也将很难实现。由此观之，证据收集主体与对象间之协作关系呈现出较强的单向性特征，换言之，在这一关系中，证据收集对象的协作义务被给予了特别的强调，而证据收集主体对其对象的协作义务则容易被人忽视。

就法理依据而言，证据收集主体与对象在证据收集领域所承受的协作义务，其法理依据显然并不相同。负举证责任当事人的协作义务，其法理依据在于传统的辩论主义原则，这一点已如前述。代理律师协作义务的法理依据则在于其所肩负的代理责任。很显然，作为诉讼当事人的诉讼代理人与辅助人，协助当事人进行取证是其代理责任的应有内涵。法院所负协作义务的法理依据在于法院的阐明责任。[①] 而对不负举证责任当事人与案件之外的第三人来说，他们担负协作义务的法理依据则为“证据协助义务”理论。[②] 虽然协作义务的法理依据各不相同，但它们实际上拥有共通的基础，即在协同主义模式下各诉讼主体所担负的“诉讼协助义务”。德国学者认为，“诉讼协助义务”仅指其他当事人对负证明责任当事人所承担的协助义务，[③] 这一界定显然范围过于狭窄。正如前文所指出的，在协同主义民事诉讼模式下，诉讼中对案件事实的探知，是包括当事人、代理人、法院及案外第三人等多个主体共同的责任，这些主体应当通力协作发现案件事实，并在此基础上实现纠纷的妥当解决。从这一角度而言，协同主义模式下“诉讼协助义务”的主体将不仅包括人们传统观念中的诉讼主体，还将把案外第三人这一非传统意义上的主体囊括进来。在诉讼证据的收集方面，虽然“诉讼协助义务”对各主体的要求各不相同，但所要达到的目标是一致的，即通过各个主体的明确分工与通力协作，最终实现对案件真实的发现。这是协同主义诉讼模式区别于辩论主义模式与纠问主义模式的关键点，也是其相对于二者的优势所在。

论我国文书提出命令制度适用范围的扩展
——以第三人文书提出义务为视角

一　问题的提出

对于书证而言，因其通常能够直接证明案件的主要事实，故而在民事诉讼中具有非常重要的证明作用，特别是在一些民事案件中，书证往往成为决定当事人能否胜诉的重要乃至唯一证据。因此，赋予取证人书证收集的权利，使其能够通过合法途径获知该种证据，就显得极为重要。

一般情形下，负举证责任的当事人对于自身所持有的书证，能较容易

① 刘荣军：《程序保障的理论视角》，法律出版社 1999 年版，第 184 页。

② 占善刚：《证据协力义务之比较法分析》，《法学研究》2008 年第 5 期。

③ ［德］罗尔夫·施蒂尔纳：《民事诉讼中案件事实阐明时的当事人义务——兼论证明妨碍理论》，载［德］米夏埃尔·施蒂尔纳编《德国民事诉讼法学文萃》，赵秀举译，中国政法大学出版社 2005 年版，第 340—358 页。

地进行调取并向法庭出示，但当举证人所欲利用之文书并不为其所有，而是掌握在诉讼外第三人手中，此时若该第三人应举证人之请求未为给付其所持有之文书以供举证人声明证据之用，则举证人将难尽举证之责。鉴于此，我国民诉法学界不少学者都认为有必要赋予负举证责任的一方当事人要求第三人提交书证的权利。德国、日本以及我国台湾地区都已在立法中规定了针对书证收集的文书提出命令制度，且将文书提出制度的义务主体扩展至第三人。作为帮助当事人进行证据收集的一项制度，文书提出命令一方面可以在当事人支配证据提出的前提下，防止其将证据作为对抗的武器加以操作时可能导致诉讼获得的信息不充分这一危险，另一方面又具有从实质上保证当事人双方在对抗中达到“武器平等”① 的目的。可以说是既抑制对抗可能带来的负面影响又使对抗本身得到促进和充实的一项制度装置。② 最高人民法院于 2015 年颁行的《关于适用〈中华人民共和国民事诉讼法〉的解释》（以下简称《民诉法解释》）中明确了该项制度，其第 112 条规定：“书证在对方当事人控制之下的，承担举证证明责任的当事人可以在举证期限届满前书面申请人民法院责令对方当事人提交。申请理由成立的，人民法院应当责令对方当事人提交，因提交书证所产生的费用，由申请人负担。对方当事人无正当理由拒不提交的，人民法院可以认定申请人所主张的书证内容为真实。”不难发现，我国所确立的文书提出命令制度将文书提出的义务主体限定在了当事人，而并没有像德国、日本以及我国台湾地区那样将诉讼外第三人也纳入文书提出的义务主体范围。实践中，诉讼外第三人往往掌控着对负举证责任当事人而言极为重要的证据，故其在民事诉讼证据收集阶段所扮演的角色不容小觑，由此观之，我国在文书提出命令制度的适用范围等设计上尚需完善。

为弥补我国文书提出命令制度的不足，下文将首先探讨该制度的理论基础，并对德国、日本及我国台湾地区的相关制度进行简要梳理，在此基础上对我国文书提出命令制度的适用范围进行必要扩展，以将诉讼外第三人纳入文书提出义务的主体范围。

---

① 杨锦炎：《武器平等原则在民事证据法的展开》，中国政法大学出版社 2013 年版，第 19 页。

② 王亚新：《对抗与判定：日本民事诉讼的结构》，清华大学出版社 2002 年版，第 178 页。

二 理论基础

传统辩论主义强调双方当事人诉讼地位的对立性，一方当事人没有义务去配合对方进行事实的调查，更无义务将自己所掌握的于对方当事人不利的证据告知对方以使其在辩论时能有所防御，即传统辩论主义秉承“不得将剑送到对方阵营”“物为己用”的理念。[①] 此外，基于私法上所有权的绝对性，文书持有人也无将其所持之文书交由他人的职责。然而随着现代社会关系的日趋复杂，当事人收集证据所面临的阻碍也越来越多，特别是对于某些存于对方当事人之手的重要证据，当事人往往很难顺利取得，此时若一再坚守传统辩论主义的理念，坚持“物为己用”的观念，显然会与民事诉讼实质正义的要求相悖。文书提出命令制度的设立，即是对该种传统观念的突破，其给不负举证责任当事人施加了协助提供证据的义务。实际上，协助提供证据的义务并不仅局限于不负举证责任的当事人，诉讼外第三人同样负有该义务。在笔者看来，将协助提供证据的义务扩展至诉讼外第三人，具备如下理论基础。

（一）协同主义诉讼模式

在民事诉讼理论中，最先使用“协同主义”这一概念的是德国学者贝特曼，但其仅停留在概念上，内容上与“修正后的辩论主义”别无二致。之后，德国学者鲁道夫·瓦瑟尔曼在其著作《社会的民事诉讼——社会法治国家中的民事诉讼理论与实践》中提出了以协同主义替代辩论主义的观点。其认为，自由主义的民事诉讼已经不能适应社会发展的需要，应该向社会民事诉讼转变，民事诉讼应该是所有诉讼参与者协同进行的，也即他主张当前的民事诉讼应将更多的焦点及于法院与当事人三方间的协同关系。[②] 在笔者看来，理解协同主义诉讼模式的内涵应当从两个方面加以把握。其一，协同主义诉讼模式在程序运行以及案件真实发现等方面都强调当事人与法院的协作，这既不同于职权主义诉讼模式强调法官大包大揽，将当事人作为程序客体的做法；也有别于当事人主义诉讼模式主张法官消极中立，诉讼进程由当事人主导的格局。其二，相对于传统的当事人

---

① 杨锦炎：《武器平等原则在民事证据法的展开》，中国政法大学出版社 2013 年版，第 44 页。

② 唐力：《辩论主义的嬗变与协同主义的兴起》，《现代法学》2005 年第 6 期。

主义与职权主义的二分法而言，协同主义诉讼模式是新近出现的一种新型的诉讼模式，现今不少国家的民事诉讼领域都开始逐步呈现出当事人与法院协同合作的趋势。

就协同主义诉讼模式的目的而言，其旨在促进案件真实的发现，而非基于衡平当事人诉讼地位的考虑。但不可否认，协同主义诉讼模式能够在事实上缩小诉讼当事人之间所存在的不平等，即协同主义可以通过强化当事人协同解明案件事实的义务来达到双方当事人诉讼能力上的平等，从而使民事诉讼程序朝着保护“弱者”的方向转变。① 但就概念的外延而言，有必要对协同主义诉讼模式理论的外延加以扩张。当前协同主义诉讼模式理论只强调当事人与法院之间的互动与协作，而未能对诉讼外第三人予以应有的关照。换言之，现行协同主义诉讼模式的主体只包括法院与双方当事人，诉讼外第三人并没有被纳入该诉讼模式的主体范围之内。在笔者看来，随着第三人介入诉讼的情形急剧增多，扩张协同主义诉讼模式理论的外延已是迫在眉睫，应尽快将诉讼外第三人纳入协同主义诉讼模式理论的主体范围。②

（二）协作式证据收集模式

与传统辩论主义强调构成法院裁判依据的证据的调查收集应为当事人自身责任迥然不同，出于弥补当事人诉讼能力差距的考量，协作式证据收集模式则更侧重于在民事诉讼证据收集过程中各主体均负有相互协作的义务。③ 在该种模式下，无论其为诉讼当事人，抑或是诉讼外的第三人，都存有如实向取证主体提交其所要求的各类证据的义务，若无正当理由拒绝协作的，则将会被认定构成证明妨碍，法院据此即可认定申请人所主张的事实为真实或者对该妨碍人采取罚款等制裁措施。

协作式证据收集模式中的“协作”在程序中具有双重内涵，既包括法官、负举证责任当事人等取证主体之间的协作，也包括取证主体与取证对象之间的协作。相较而言，取证主体与取证对象之间的协作更具实质意义，而且该协作关系更注重取证对象对取证主体应尽的协作义务，这与证

① 田平安、刘春梅：《试论协同型民事诉讼模式的建立》，《现代法学》2003 年第 2 期。

② 吴如巧：《论协同主义民事诉讼模式下的证据收集》，《海南大学学报》（人文社会科学版）2012 年第 2 期。

③ 吴如巧：《试论我国民事诉讼证据收集制度的模式选择》，《河北法学》2011 年第 5 期。

据收集行为本身存在关联。

此外，就协作式取证模式的法理依据而言，其因取证主体与收集对象的不同而存在区别。以作为证据收集对象的诉讼外第三人为例，其所负协作义务的法理基础在于“证据协力义务”理论。所谓证据协力义务，有学者认为其是指不负举证责任的当事人一方以及诉讼外第三人，为协助法院进行证据的收集和调查而应尽的公法上的义务。[①] 该界定将“证据协力义务”视为仅向法院承担的义务，在笔者看来，这一观点值得商榷。事实上，并非仅有法院才有资格向案外第三人进行取证，事实上负举证责任当事人及其诉讼代理人都具有此类主体资格，因此，有必要对“证据协力义务”理论的内涵及外延加以扩张，将不负举证责任当事人及案外第三人对负举证责任当事人及诉讼代理人的取证协助，一并纳入“证据协力义务”的范畴。[②]

（三）诉讼协力义务

对于“诉讼协力义务”，德国学者主张其是指在负证明责任的当事人对其具有法律上重要意义的、有理由的主张进行阐明时任何当事人均有义务给予协助。[③] 德国学者的定义将“诉讼协力义务”的主体限定于当事人，但在笔者看来，“诉讼协力义务”理论的提出旨在通过给相关诉讼主体施加协助义务，以促进案件真实的发现以及诉讼程序的顺利推进，因此，并没有理由将诉讼外第三人排除在外。在很多时候，诉讼外第三人在案件真实发现及诉讼程序推进方面可发挥关键作用，将其纳入“诉讼协力义务”主体范畴实属必要。[④] 在证据收集领域，诉讼外第三人所承担的“诉讼协力义务”，其表现形式与前述“证据协力义务”存在一致性。

三 第三人文书提出义务的比较研究

所谓第三人文书提出义务，其意指持有文书的案外第三人因举证人将该文书作为证据使用而将其提出于受诉法院以为证据调查之民事诉讼法上

① 占善刚：《证据协力义务之比较法分析》，《法学研究》2008 年第 5 期。

② 吴如巧：《试论我国民事诉讼证据收集制度的模式选择》，《河北法学》2011 年第 5 期。

③ ［德］米夏埃尔·施蒂尔纳编：《德国民事诉讼法学文萃》，赵秀举译，中国政法大学出版社 2005 年版，第 340—358 页。

④ ［日］新堂幸司：《新民事诉讼法》，林剑锋译，法律出版社 2008 年版，第 433 页。

之义务。[①] 对于该制度，目前德国、日本以及我国台湾地区均在其相关立法中作了规定，而我国民事诉讼法对此却没有规定，这一制度缺失将在很大程度上制约对民事诉讼当事人举证权利的程序保障。为此，笔者在下文将分别对德国、日本以及我国台湾地区的相关制度进行分析阐释，以期对我国民事诉讼立法中第三人文书提出义务的设定提供若干参照。

（一）德国[②]

受传统辩论主义“任何人都不必开示对自己不利的证据”以及“不被强迫协助他人权利的证明”理念的影响，德国民事诉讼法起初对第三人负有协助查明案件事实的义务一直持否定态度。[③] 但随着诉讼制度改革的深入，传统辩论主义的弊端开始逐步显现，为防止这些弊端愈演愈烈，德国立法者开始对传统理念作出改良，在此背景下便产生了第三人的文书提出命令义务。

对于第三人的提出义务，德国《民事诉讼法》第 429 条规定，“第三人仅在有与举证人的对方当事人相同的原因时，才负有提出证书的义务”，该条表明第三人只负有实体法上的文书提出义务，而并无程序法上的提出义务。不过，随着 2002 年德国法的修正，新法也对第三人科以了诉讼法上的提出义务。[④] 这一点与德国法所具有的实体法与程序法相结合的特点相吻合。第 428 条规定：“举证人主张证书在第三人手中时，在证据申请中，应申请定一期间以便取得证书。”该条意义在于举证人在主张第三人占有文书时，可以通过申请指定的期间，以诉讼的途径来督促第三人提出文书，从而避免第三人进行无端的拖延。[⑤] 对于“请求第三人提出证书的申请”，第 430 条规定，“举证人在依第 428 条提出申请时，为说明其申请有理由，应列举第 424 条第 1 项至第 3 项与第 5 项的要件，并应释

---

① 占善刚：《第三人之文书提出义务初探》，《华中科技大学学报》（社会科学版）2008 年第 3 期。

② 谢怀栻译：《德意志联邦共和国民事诉讼法》，中国法制出版社 2001 年版，第 103—105 页。

③ 李昕：《德、日两国民事证据收集制度及其对我国的启示》，《昆明理工大学学报》（社会科学版）2009 年第 1 期。

④ 陶婷：《文书提出命令的适用范围探讨》，《西南政法大学学报》2008 年第 2 期。

⑤ ［德］罗森贝克、施瓦布、戈特瓦尔德：《德国民事诉讼法》，李大雪译，中国法制出版社 2007 年版，第 889 页。

明证书在第三人手中的原因”。立法如此规定，一方面是为了便于法院对该申请进行审查，减少该制度被滥用的概率；另一方面是基于减少司法资源浪费的考虑。

此外，针对第三人恶意拖延、不履行文书提出义务的情形，根据德国民诉法的规定，要想要求第三人提供文书，当事人均必须向法院提出申请，由法院依职权予以决策，而且若第三人拒不履行提出义务的，当事人也只能以诉讼的途径实施。由此可见，德国法所规定的第三人提供文书制度仍具有较强的私法化色彩，为弥补这一不足，近年来，德国立法和判例逐步开始借助和扩充实体法上的资讯请求权，寄望以此来完善本国的证据收集制度。[①]

（二）日本[②]

日本旧民事诉讼法对文书提出义务的规定相对于德国法而言，虽其私法色彩要淡，但其对文书范围的限定也过于狭隘。该法第 312 条就明确仅限于三类文书，文书持有人应恪守提出义务不得拒绝提出：其一是当事人在诉讼过程中所欲援用的文书本身就已为其所持有的，对于该类文书，当事人若让法院认可其主张则理应予以提出；其二是尽管该文书为他方持有，但举证人对该文书享有交付或者阅读请求权，此情形下，该持有人也不得拒绝履行提出义务；其三是指制作该文书的目的本身就是举证人的利益抑或是厘清举证人和持有人之间的法律关系，那么事实上该项文书为举证人所援用自然理所应当。

20 世纪 70 年代以前，文书提出命令的申请虽然不少，但大部分文书持有人都会因法院的劝告而自动提出文书，申请人由此而撤回申请。然而随着书证运用的日益频繁，以及纠纷双方利益对立的日益尖锐，文书持有人在很多案件中几乎不会再主动提供文书，尤其是在消费者诉讼、环境诉讼以及产品责任诉讼等所谓现代型诉讼中，证据往往结构性偏在于被告一方，这使得受害一方的诉权很难实现。此情形下，扩充和完善当事人收集对方当事人或第三人所持有的文书的制度，改革日本旧民事诉讼法中的既有规定就显得尤为必要。为此，日本新民事诉讼法针对先前文书提出义务

---

① 常怡：《比较民事诉讼法》，中国政法大学出版社 2002 年版，第 519 页。

② 白绿铉：《日本新民事诉讼法》，中国法制出版社 2000 年版，第 86—89 页。

的范围作了扩展和优化，并在此基础上提出了文书提出义务一般化的理念。[①] 日本新法中文书提出义务一般化的理念，是参照证人作证的相关理论构建的，具体而言，即将文书提出义务扩大为如同证人出庭作证的义务一样作为公民的一项义务，主张但凡持有人所持之文书与案件事实存在关联，而其又无拒绝提出的特权，那么当法院向其发出文书提出命令后，其就负有提出文书的义务。[②] 此外，为了谋求文书提出义务与证人作证在结构上的整合性，以及避免申请人滥用该制度侵害文书持有人的重大利益，新法在规定文书提出一般义务的同时，还规定在三种情形下，文书持有人享有拒绝提出特权。

此外，为进一步提高司法实践中文书提出命令制度的可操作性及灵活性，新法第 223 条还设立了专门审查文书持有人是否负有提出义务的程序。其中针对命令第三人提出文书的情形，新法第 223 条第 2 款规定，法院在命令第三人提出文书时，首先需要对第三人进行询问，以确认其是否具有提出文书的义务，只有其负有提出义务且无其他拒绝特权的情形下，法院才能够命令其提出文书。

针对第三人违反文书提出命令的情形，日本旧民事诉讼法与新民事诉讼法均作了规定，其中旧法第 318 条规定，如果第三人不服从法院所作出的文书提出命令，法院可以裁定的形式对其处以 10 万日元以下的处罚。新法为了提高文书提出命令制度的实效性，进一步加大了第三人违反文书提出命令的惩治力度，该法第 225 条第 1 款规定，第三人在不服从文书提出命令时，法院可以裁定对其处以 20 万日元以下的处罚。表面观之，新法这一规定与旧法并无异处，均以罚款作为主要惩戒形式，唯一的区别仅是在罚款数额上作了变动，实则不然，新法刻意抬高罚款数额，既可起到迎合社会经济水平的需求的作用，也可便于实现对文书持有人的督促和警示作用。

（三）我国台湾地区

我国台湾地区“民事诉讼法”所确立的第三人文书提出制度，大体沿袭了日本新民事诉讼法的相关做法。

其中对于第三人在何种情形下有提出文书之义务，该法第 347 条第 1

---

① 常怡：《比较民事诉讼法》，中国政法大学出版社 2002 年版，第 523 页。

② 白绿铉：《日本新民事诉讼法》，中国法制出版社 2000 年版，第 15—17 页。

项规定，当事人的申请只需同时满足“应证之事实重要”与“申请正当”，则第三人就负有提出文书之义务。当然，为了避免因当事人之请求损害第三人程序上乃至实体上的利益，该条第 2 项又规定法院在作出前项裁定前，应当给予第三人必要的陈述机会。对于第三人文书提出的范围，该法第 348 条规定准用当事人文书提出范围的相关规定。同时，对于第三人非基于正当缘由而不遵从法院文书提出命令的情形，该法第 349 条明确法院可以裁定形式对其科以新台币 3 万元以下的处罚。

（四）比较分析

对比前述德国、日本以及我国台湾地区第三人文书提出命令制度可以发现，三者的共同之处在于均以法院为中枢，由法院控制当事人双方的证据收集活动，即申请人若想要求第三人提出文书，首先都须向法院申请，在经法院审查后由其依职权命令第三人提出。

三者的差异性主要表现在具体的制度设计上。德国民事诉讼法中第三人没有提出书证的一般义务，而且对于无正当理由不服从文书提出命令的第三人，依据德国法规定也只能通过另行起诉的方式强制其提供文书。相比较而言，日本法的规定就显得比较周全，为了纠正日本旧民诉法中文书提出规则适用范围过于狭隘，进而导致该规定近乎虚化的问题，日本新民诉法将文书提出行为由先前的特定义务修改为一般化义务，这一变动被学界视为对该项制度最为根本性的变革。[①] 此外，对于第三人违背文书提出规则的规制措施，日本新法也有别于德国法的规定。而我国台湾地区“民事诉讼法”在制度设计上大多借鉴了日本新法的相关规定，诸如设立第三人文书提出义务的一般化，以及针对第三人不服从文书提出命令时规定可以对其采取罚款或者必要时可以采取强制处分措施，等等。当然，我国台湾地区“民事诉讼法”也有不同于日本法的规定，如对于提出文书所花费用，台湾地区“民事诉讼法”就规定第三人可以请求申请人支付该项费用。这一规定可以打消第三人因提出文书而需另行支付费用的顾虑，从而能够让第三人更加专注于协助当事人进行证据的收集。

四　我国相关规定的缺陷分析及完善思路

文书提出命令制度作为当事人收集证据的重要手段，大陆法系国家和

① 张卫平：《外国民事证据制度研究》，清华大学出版社 2003 年版，第 373 页。

地区民事诉讼法对此制度一般均作了明确规定。我国现行民事诉讼法对该制度虽未明确涉及，但在《民诉法解释》第112条对该制度作了原则性的规定，不可否认，其对于促进当事人之间武器平等、协同发现案件事实都具有重要意义，但与域外立法例相比，我国的规定仍然存在诸多有待完善之处。

（一）缺陷分析

相比较大陆法系国家和地区的文书提出命令制度，我国《民诉法解释》第112条所确立的该项制度存在一个显著的缺漏，即第三人权利与义务的双重缺失。

从权利角度看，《民诉法解释》第112条未规定书证持有人享有拒绝提出特权或保密特权，这使在拒绝提出书证的行为性质上进行区分变得不可能，此举既有损于法院公平合理地进行政策区隔，也难以衡平书证持有人的权利与义务。特权规则的初衷是给特定的利益和关系提供保护伞，因而其可能会限制当事人的证明权，阻碍当事人对案件事实的发现，所以往往会涉及价值衡量问题。[①] 究竟是以追求案件事实为导向，还是以保护特权规则为必要，这需要综合考虑各自的社会效益及价值。

从义务角度看，《民诉法解释》第112条并未对案外第三人文书提出义务，以及第三人不履行提出义务时的制裁措施加以规定。对于前者，目前只能依据民事诉讼法的有关规定申请法院向第三人进行收集，但因第三人没有法律上的特定义务以及法院的审查程序较为严格，所以往往很难获取第三人所持有的文书；而对于后者，目前也只能依据“妨害民事诉讼行为”的相关理论进行解决，但司法实践中其可操作性并不强。

（二）完善思路

1. 立法上确立第三人文书提出义务

依照《民诉法解释》第112条的规定，目前我国所确立的文书提出命令制度的提出义务主体仅局限于对方当事人，而对于可能持有重要书证的诉讼外第三人是否负提出义务，该解释未作规定。此情形下，取证当事人当前仅能从民事诉讼法的相关规定中寻求出路，以向法院申请调查取证的方式来获取第三人所持之书证。但鉴于立法对于申请法院调查取证规定了严格的条件限制，当事人往往难以得偿所愿。鉴于书证提出是一种最具强

---

① 王梦飞：《论我国民事诉讼书证收集制度的缺陷与重塑》，《江淮论坛》2007年第4期。

制力的证据收集手段，特别是书证在现代诉讼证明过程中的作用日益凸显，因而笔者主张，有必要参考我国台湾地区以及其他大陆法系国家的惯常做法，将书证提出的义务主体扩展至案外第三人，以求得增强当事人收集证据的能力，增加当事人收集证据的多样性，真正发挥设立书证提出规则之初衷。此外，对于该“第三人”也应作出明确规定，即凡是属于对方当事人以外的人，包括自然人、法人、机关或社会团体等都应纳入其范畴。

此外，为在更大程度上给予当事人通过申请提出文书来证明其诉讼主张成立的机会，日本以及我国台湾地区还在其民事诉讼立法中进一步确立了第三人文书提出义务的一般化。有学者指出，此举虽然可能会损害第三人的财产权与自由权，但能最大限度地保障当事人的诉讼权与平等权①。笔者对此深以为然，在中国相关立法的未来完善中，应借鉴日本以及我国台湾地区的相关做法，在立法中确立第三人文书提出的一般义务，以实现对当事人证据收集权利的全面保护。

2. *严格规定第三人不服从文书提出命令的法律后果*

为保证第三人文书提出义务获得履行，各国家及地区均对无正当理由拒绝服从文书提出命令的第三人规定了制裁措施。德国法规定只能通过另行起诉的方式强制第三人提出文书；日本法规定可以对其处以20万日元以下的罚款；我国台湾地区“民事诉讼法”则规定，法院可以裁定的形式对此类第三人科以新台币3万元以下的罚款，必要时，法院还可通过强制手段将文书从该第三人手里取出，交于取证方。就我国而言，同样有必要通过制裁措施确保第三人文书提出义务获得履行，笔者认为可借鉴台湾地区的做法，明确规定第三人在不服从文书提出命令且无正当理由的情况下，可以对其科以罚款，并且于必要时可以进行强制处分。对于罚款的数额，为了避免减损其威慑和制裁力度，笔者认为可将该罚款数额与诉讼标的及当地人均生活水平相挂钩，以增强其威慑效果。此外，对于制裁措施的类型，笔者认为可进行适当拓展，以避免“以钱买罚”现象的出现，比如可采取短期限制违反命令第三人人身自由，或者责令其承担因拒绝提出文书所产生的诉讼费用等方式，借此来

---

① 吴伟华：《文书提出命令制度司法适用研究——以2015年关于适用〈中华人民共和国民事诉讼法〉解释和台湾地区立法为中心》，《河北学刊》2015年第6期。

督促其履行文书提出义务。

3. 明文规定第三人提出文书的救济权利

第三人并非诉讼利益直接相关人，法律对其科以严格的文书提出义务，势必涉及个人权利与发现案件真实之间的冲突与调和。在二者产生冲突时，法律往往会趋向于在一定限度内牺牲个人权利，以使之让位于发现案件真实，对第三人科以提出文书的义务。然而，为避免过度侵犯个人权利，进而造成个人权利的虚化，笔者认为将第三人的提出义务限定在发现案件事实所必需的限度内就显得尤为必要，或者赋予第三人在特定情形下所享有的拒绝权。

对此，德国、日本以及我国台湾地区均将因一定身份和职业关系所获知的属于享有保密特权的文书，以及专供持有人使用的文书列为文书提出义务的除外情形。其中，日本新民事诉讼法就规定，在特定情形下，文书持有人享有拒绝提出权以及秘密保护权，其第 220 条第 4 款就规定文书持有人对于该款所列的五种文书享有拒绝提出权。此外，为了防止法院作出错误裁定，该法第 225 条第 2 款还规定，第三人对于罚款之裁定不服时可以进行即时抗告，对此情形，我国台湾地区“民事诉讼法”第 349 条第 3 款做了类似规定。

借鉴域外的既有立法经验，笔者建议我国在规定第三人文书提出一般义务的同时，也应对第三人所应享有的权利作一并规定，以最低限度地减小对第三人利益的损害，从而实现个人权利保障与案件真实发现的良好平衡。

离婚损害赔偿诉讼无过错女性“举证难”之破解

——兼论“私人侦探”在我国的可行性

一般认为，家庭作为社会的基本组成单位，在维护社会秩序稳定、促进社会善良风俗等方面发挥着重要作用。因此，维持家庭的完整与稳固一直以来都是各个国家所努力倡导和追求的目标。特别是在我国，传统观念赋予家庭太多的道德内涵，使得自古以来人们一直都耻言离婚。但是近年来，人们的传统家庭观念遭遇了现代社会的强烈冲击，离婚在我国成为越来越普遍的现象，并因离婚率的持续上升而引起了学者们的广泛关注。[①] 在导致离婚的诸多原因中，虽然如双方性格或爱好差异、因家庭琐事争吵、性生活不和谐等原因仍然是致使婚姻解体的主要原因，[②] 但不可忽视的是，有配偶者与他人同居（典型的如“包二奶”）、家庭暴力等在现代社会中广泛存在的不良现象，正逐渐取代传统意义上的导致离婚的原因，成为对婚姻的新的致命威胁。而在这些原因所引致的离婚诉讼中，不容回避的一点是，女性往往作为受害者而在诉讼中处于弱势地位。虽然2001年颁布的新《婚姻法》确立了离婚损害赔偿制度，规定婚姻关系中一方当事人实施了重婚，有配偶者与他人同居，实施家庭暴力，虐待、遗弃家庭成员四种违法行为之一，并导致离婚的，无过错方有权提起离婚损害赔偿。但这一制度在现实中并没有收到立法者所预期的效果，其中很重要的原因就是诉讼中作为受害者的女性难以对相关事实进行举证，进而最终导致败诉。可见，破解无过错女性当事人在离婚诉讼中“举证难”这一难题，无论对于真正落实《婚姻法》的相关制度规定，抑或对于保护女性当事人的合法权益来说，无疑都具有重大的意义。因此，本书下面的论述将主要从受害女性当事人的角度予以展开。

一 离婚损害赔偿诉讼中的“举证难”：现象与成因

（一）离婚损害赔偿诉讼中的“举证难”现象

同其他普通民事诉讼一样，离婚损害赔偿诉讼在举证责任上也适用“谁主张、谁举证”的原则。但是在该类诉讼中，由于案件的性质，受害方一般都很难提供确切的证据，以证明过错方的过错。这在因婚外同居而导致的离婚诉讼中体现得最为明显。虽然民诉法规定了书证、物证、视听资料、证人证言等七种证据形式，但其中有些证据形式通常并不适用于违反忠实义务的离婚及因此所引起的损害赔偿案件，比如鉴定结论、勘验笔录等证据形式在此类案件中就基本上不会涉及。同时，由于此类案件具有很强的私密性，目击证人极少，受害方在证人证言的提供方面也遭遇了很

---

① 关于我国离婚率持续上升的相关论述，参见李秀平《“离婚率：持续上扬”》，《法律与生活》1997年第8期；万志红《离婚率上升原因及对策探讨》，《云南法学》1998年第2期；刘蕾《从女性的角度分析离婚率升高的原因和对策》，《北京社会科学》2001年第4期；徐安琪《离婚与女性地位及权益之探讨》，《浙江学刊》2007年第1期等。

② 《成都市离婚调查》课题组：《成都市离婚调查》，《四川省情》2008年第4期。

大障碍。另外，在法律惩罚婚姻过错方的今天，过错方主动陈述过错的情形极为少见。因此，能够有力证明过错方过错的证据只有书证、物证与视听资料等几种形式，而这几种证据在诉讼中通常要求由当事人自己搜集和提供，由于前述理由，这些证据在实践中也是很难搜集的。正是由于无过错方在诉讼中的举证不能，本该胜诉的受害方经常难以得到法庭的支持，亦使得法律保护无过错方合法权益的立法精神难以实现。需要指出的是，尽管法律规定了证据的各种有效形式，但法律并不鼓励当事人使用非法手段获取证据。当事人应当以合法的方式取证，通过非法途径所取得的证据不应具有证明力。这样一来，就使得在违反忠实义务的离婚案件中，为胜诉而不择手段进行取证的受害方所取得的部分证据，即使是真实的，也将因程序违法而被排除，而这无疑更进一步增加了受害方提供证据的难度。

在离婚损害赔偿诉讼的其他诉讼类型中，除了因重婚而导致离婚的诉讼比较易于举证外，在因家庭暴力而导致离婚的损害赔偿诉讼、因虐待遗弃家庭成员而导致离婚的损害赔偿诉讼中也不同程度地存在受害方“举证难”的问题。例如，因家庭暴力而导致离婚的损害赔偿诉讼中的“举证难”问题，首先在于证据方法的单一性。受害方受伤害的程度很难测定，使得在家庭暴力所导致的离婚损害赔偿案件中很难获取关于受害者受伤害程度方面的书证，比如医院的门诊病历等，而关于暴力所致伤情的鉴定结论更加难以取得，唯一较易取得的就是证人证言。其次是证据方法本身所存在的天然的缺陷。一如前述，在该类诉讼中较为容易取得的证据是证人证言，然而由于家庭暴力行为的隐蔽性以及外界介入的困难性，即使是容易取得的证人证言都天然地存在某种证明力方面的缺陷。比如证人往往是与当事人一方或双方有亲密关系或是亲属关系的人。让此类证人在法庭上支持一方，而作出对另外一方不利的证言，从感情上来说是很难令其接受的。就算证人克服感情障碍而作出了对一方有利的证言，那么该证言在证明力上来说也是不充分的。在虐待、遗弃家庭成员而致离婚损害赔偿诉讼中也同样存在受害方“举证难”的问题。这类案件不同于一般的侵权纠纷和合同纠纷，虐待、遗弃行为发生于家庭内部，并不容易留下书证、物证等证明力较强的第一手证据材料。另外，家庭成员的行为能否定性为虐待、遗弃，亦难以把握。当然，造成这一难题的原因是多方面的。从受害方心理角度来说，在婚姻关系存续期间若受到伤害，受害方往往很难决定是否收集证据：若收集被侵害的证据，则有进一步恶化夫妻关系之虞，以至于会一发不可收拾；若不收集、保存相关证据，则在将来权益受到侵害之时求助无门。由此不难想象此种情形下受害方的艰难处境。

（二）离婚损害赔偿诉讼中受害方“举证难”的主要原因

在笔者看来，造成离婚损害赔偿诉讼中受害方“举证难”现象的原因，除了前面已经指出的离婚案件本身所具有的私密性之外，尚存在下述两方面因素。

第一，受害方当事人法律意识淡薄。不得不指出的是，造成受害方当事人“举证难”现象的一个很重要的原因就在于受害方当事人淡薄的法律意识。很多受害方当事人在受到侵害之后，并不会想到去收集和固定相关证据，以致在提起诉讼后，常常因无法向法庭提供有效的证据而招致败诉。这在因家庭暴力所致离婚案件中表现得尤为突出。在现实生活中，家庭暴力的受害人基于各种考虑，如果不是迫不得已，通常不会将施暴人诉诸法庭。大部分受害方当事人在遭到暴力行为后没有报案，也没有去医院开具诊断证明，等到最终忍无可忍而提起诉讼时，距离家暴力发生之时已有一段时间间隔，而此时本来清晰的证人证言可能已经变得模糊不清，或者本应固定的证据因为没有及时固定而可能永远无法取得。而在因婚外同居所引致的离婚损害赔偿诉讼中，有的受害方采取了暴力、胁迫等侵害他人合法权益的极端手段收集证据，其结果不但使收集到的证据材料被作为非法证据而排除，丧失证明力，而且还要承担相应的法律责任，真可谓得不偿失。

第二，立法赋予了受害方当事人过于严苛的举证责任，却忽视了受害方当事人获取证据手段和途径的极大的局限性。众所周知，于 2002 年 4 月 1 日施行的《证据规定》对若干特殊侵权案件实行举证责任倒置原则。但遗憾的是该规定并没有将离婚损害赔偿案件这一特殊侵权案件纳入，这也就意味着在司法实践当中对于此类案件仍然实行一般的举证责任承担原则，即由受害方对其所受损害以及侵害方的过错承担全部举证责任，否则将遭受败诉后果。然而，离婚损害赔偿案件本身的特点，决定了此类案件中的受害方当事人无法像普通侵权案件中的受害方当事人那样较为容易收集相关证据。比如，实践中受害方当事人所经常且不得不采用的诸如跟踪、偷拍、偷录、捉奸等取证手段仍然很难为当前法律所允许。正是法律对此类案件取证手段规定的严厉性，使得受害方当事人在取证过程中“动辄得咎”，大大限制了受害方当事人的有效取证范围，使其很难获取足够的证据。认识到受害方当事人获取证据手段和途径的局限性，以及其在举证过程中所面临的巨大障碍，则缓和受害方当事人所承担的过于严苛的举证责任就成为必要。亦即在分配此类案件中的举证责任时，不让受害方当事人就全部侵害事实举证，而使侵害方当事人在一定情形下亦承担部分举证责任。[①] 这也是在破解受害方当事人“举证难”这一问题时不得不加以考虑的。

二 离婚损害赔偿诉讼受害方“举证难”之对策研讨

离婚损害赔偿诉讼受害方“举证难”问题之破解，需要综合采取各种应对措施。从思想认识层面而言，加强法制宣传教育，提高人们特别是受害方当事人的法律意识和自我保护能力刻不容缓。针对众多受害当事人法制观念淡薄，证据意识不强的弱点，有必要加大法制宣传教育的力度，采取有效措施以提高人们特别是受害方当事人的法律素养，促使其在遭受侵害时有意识地收集证据、保存证据和运用证据，以增强其自身的自我保护能力。例如，在因家庭暴力所致离婚诉讼中受害方所受的伤害是最有力的佐证，受害者应注意保存好医院的医疗单据，必要时可及时申请鉴定；尽可能寻找相关的书证、物证及视听资料，以提高证据的证明力。虽然要在短期内迅速提高人们的法律意识、增强受害方当事人自我保护的能力并不现实，但从长远来看，此种措施对于杜绝离婚损害赔偿诉讼受害方当事人“举证难”之现象无疑具有釜底抽薪的作用，因此，其理应成为我们不懈努力的方向。

从制度层面上来说，笔者认为离婚损害赔偿案件应采用“高度盖然性”的证明标准，并且在特定情形下实行举证责任倒置原则。众所周知，我国的民事诉讼与刑事诉讼一样，历来采取传统的“客观真实”的证明标准，即“司法机关所确定的事实，必须与客观上实际发生的事实完全相符，确实无疑”[②]。也就是只有在“案件事实清楚，证据确实充分”的前提下，法庭才能作出裁判。不难看出，这是一种要求极高的证明标准，在绝大多数民事案件中，特别是离婚损害赔偿案件等取证很难的民事案件中，要达到这样一种证明标准基本上是不可能的。也正因如此，我国传统

① 张月满：《离婚过错赔偿的举证责任问题探析》，《中华女子学院山东分院学报》2005 年第 3 期。

② 巫宇甦：《证据学》，群众出版社 1983 年版，第 78 页。

的这种证明标准受到了学者们的广泛批评。[①] 值得庆幸的是，于 2002 年 4 月 1 日起施行的最高人民法院《证据规定》借鉴了大陆法系国家的“高度盖然性”的民事诉讼证明标准，其第 73 条亦首次确认了盖然性优势的证明标准原则：“双方当事人对同一事实分别举出相反的证据，但都没有足够的依据否定对方证据的，人民法院应当结合案件情况，判断一方提供证据的证明力是否明显大于另一方提供证据的证明力，并对证明力较大的证据予以确认。因证据的证明力无法判断导致争议事实难以认定的，人民法院应当依据举证责任分配的规则做出裁判。”虽然这一规定是以司法解释的形式做出的，但也反映了我国民事诉讼证明标准的立法趋势，是我国民事诉讼立法的一大进步。离婚损害赔偿案件同样应当采用“高度盖然性”证明标准，即当受害者或无过错方的主张被法官确信为在证据上具有占优势的盖然性，也就是存在的可能性要大于不存在的可能性时，此项事实主张就被认定为真实，而不需要达到排除其他可能性的唯一确定结论的程度。这样无疑会大大缓解受害方当事人的举证压力。

正如前文所言，最高人民法院《证据规定》并未将离婚损害赔偿案件纳入实行举证责任倒置的特殊侵权案件之中。但笔者认为，为了充分保护无过错受害方的合法权益，缓解因现实和法律规定在举证上所带给其的巨大压力，有必要于特定情形下在离婚损害赔偿案件中实行举证责任倒置原则，即不按照举证责任的一般分配原则，而将本来由原告负担的举证责任予以免除，就该待证事实的反面事实，转由被告负担。众所周知，法官在具体个案中对当事人举证责任的确定，事关当事人合法权益的实现。由于举证责任的负担能够直接影响和改变当事人对实体权利与义务的享有和负担，因此法官在司法实践中应当依据一定的原则来确定举证责任的负担，以实现民事审判工作所担负的使命。《证据规定》第 7 条规定，在法律没有具体规定，依本规定及其他司法解释无法确定举证责任承担时，人民法院可以根据公平原则和诚实信用原则，综合当事人举证能力等因素确定举证责任的承担。上述原则对于离婚损害赔偿案件中举证责任的确定而言尤为必要。无过错受害方当

---

① 如何家弘：《论司法证明的目的和标准——兼论司法证明的基本概念和范畴》，《法学研究》2001 年第 6 期；高一飞：《法律真实说与客观真实说：误解中的对立》，《法学》2001 年第 11 期；卞建林、郭志媛：《论诉讼证明的相对性》，《中国法学》2001 年第 2 期等，这些文章都表达了对“客观真实”证明标准的批判态度。

事人在此类案件中取证时的艰辛与不易前文已有充分论述，此处不赘。不仅如此，将保护弱者这一理念纳入确定举证责任时考虑的范围之内亦颇有必要。如前所述，在离婚损害赔偿案件中，无过错女性往往作为受害者而在诉讼中处于弱势地位，如果在举证责任问题上加重她们的负担，则无异于拒绝对她们进行法律保护，而这也无疑使她们本就窘迫的境况更加雪上加霜，其结果与《婚姻法》平等保护当事人合法权益的立法宗旨相背离。作为保护弱者的重要举措，对离婚损害赔偿案件实行举证责任倒置可以在诉讼中调节双方当事人的权益，有利于对双方当事人予以平等保护。具体来说，对于无过错方当事人所提出的诸如过错方无正当理由长期夜不归宿、大额经济开支、长时间外出不归等事实，应由过错方当事人就不存在上述事实或上述事实存在正当理由承担举证责任。而在因家庭暴力所导致的离婚损害赔偿案件中，关于受害者受伤害程度方面的书证，比如医院的门诊病历等，以及关于暴力所致伤情的鉴定结论，可规定由加害方当事人予以提供，提供不出的，即视为受害方当事人的主张成立。加害方当事人举证责任的加重，可以有效遏制加害行为的发生。

三 “私人侦探”取证：一种可行之道

（一）关于私人侦探的合法性之争

作为一种“舶来品”，私人侦探业在我国出现的历史并不长久。1992年，新中国第一家私人侦探机构“上海社会安全咨询调查事务所”在上海成立。该机构的成立也引来了国内其他地方的效仿，但很快私人侦探业遭到公安部行政规章的明令禁止。1993 年 9 月 7 日，公安部颁布禁设“私人侦探所”性质的民间机构的通知，中国第一家私人侦探机构夭折。但国家的禁令并没有遏制住其发展势头，社会的强烈需求使私人侦探机构改头换面仍然以“调查事务所”“信息咨询公司”等名目公开或隐蔽地不断涌现。私人侦探在许多城市正在扮演着难以替代的角色，并发挥着独特的作用。有统计认为，截至 2004 年，中国目前已有各类调查类企业组织或机构近 2. 3 万家，其中合法注册的调查公司超过 2000 家，从业人员 20 万人。[①]

对于私人侦探的合法性，目前理论界尚存在很大争议。有学者认为，

① 杜晓宁：《私人侦探社的生存发展以及若干法律问题探究》，《上海公安高等专科学校学报》2008 年第 4 期。

由于以下原因，私人侦探的存在不具有合法性：首先，私人侦探不是我国法律明文规定的合法职业，其从业行为不受法律保护；其次，私人侦探有侵犯公安机关刑事侦查权之嫌；再次，私人调查行为易妨碍正常的侦查活动；复次，私人侦探的行为容易侵犯公民的隐私权；最后，私人侦探的出现亦不利于建立良好的社会信仰。① 不可否认，私人侦探确实不免有上述不合法之嫌，但需要指出的是，学者们所担心的私人侦探可能存在的上述违法之嫌，很大程度上只局限于刑事诉讼领域。特别是在刑事案件的侦查阶段，如果私人侦探的取证行为不当，确实有侵犯公安机关刑事侦查权以及妨碍侦查机关正常的侦查活动的危险。但是在民事诉讼领域，却不存在这种担心。在笔者看来，于民事诉讼领域赋予私人侦探以合法地位，可收到如下之效果。

首先，私人侦探的调查行为有利于增强民事诉讼当事人举证能力。民诉法及《证据规定》等司法解释虽然规定当事人对于自己的诉讼主张可以自行提供证据，却并没有对当事人及其诉讼代理人搜集及提供证据的途径与方式进行详细规定，这就导致实践中一方当事人及其诉讼代理人的取证行为被取证对象认为没有法律依据而予以拒绝，使得很多当事人因举证不能而遭遇败诉后果。这在离婚损害赔偿诉讼中表现得最为明显。另外，在民事诉讼中，当事人往往没有相应的技术和能力开展调查，有些证据依靠自身力量难以取得。因此，由私人侦探来提供这种服务就成了一种现实需求。从事私人侦探业的调查人员拥有专业的调查技术和先进的调查装备，对其调查信息的速度和准确率有保证，而这些都是由当事人自己实施调查行为时所不具备的优势。可见，赋予私人侦探在民事诉讼中的调查取证权会大大增强民事诉讼当事人的举证能力，也正因如此，在近年来的离婚损害赔偿以及知识产权保护等当事人举证较为困难的民事案件中才会频频出现私人侦探的身影。

其次，私人侦探作为一种典型的私力救济手段，其介入纠纷的调查和解决，可以有效弥补司法资源的稀缺，成为对国家公力救济手段的必要补充。毋庸置疑，公力救济是解决社会主体纠纷的首要手段，从法治国家的理论出发，在当事人之间发生纠纷时，应当鼓励当事人将其诉诸法律，以求得最终解决。但国家设置的公力救济主体所拥有的司法资源是相对稀缺

① 李蕤：《私人侦探及其调查行为的合法性》，《江苏警官学院学报》2005 年第 7 期。

的，并不能满足全部当事人的所有需要。因此，仅依靠国家的公权力并不能充分保护当事人的利益。比如，债权人通过诉讼的方式获得了对自己有利的判决，那么通常情况下可以通过对债务人的强制执行实现对自身合法权益的保护。但是如果出现了债务人逃走并且下落不明的情形，则此时债权人就要面临执行难的问题，而且在现实中法院并没有过多的执行力量去不计代价地追查逃避执行人。在这种情况下，向私人侦探机构寻求帮助无疑就成了债权人无奈但合理的选择。而在离婚损害赔偿诉讼中，通过私人侦探的调查取证，受害方当事人的举证能力获得了增强，其被侵害的权益也得到了间接的保护。显而易见，这是对缺席的司法机关公力救济手段的一种有效补偿。

私人侦探在民事诉讼中的介入，其所带来的有利效果远不止上述两点内容，但笔者并不打算再对此进行过多探讨。在笔者看来，私人侦探对当事人取证能力的高度强化，以及由此带给当事人的、司法机关所无法提供的救济，已经赋予了私人侦探在民事诉讼中存在的正当性。然而不应忽视的是，私人侦探介入民事诉讼并非不会带来负面效果，如其对公民隐私权的侵犯，以及对证据获取手段的合法性的质疑，就已经引起了较多非议。

（二）隐私权与取证手段的合法性：对私人侦探的另一种审视视角

对私人侦探质疑最多的莫过于其对公民隐私权的侵犯。该种观念认为，私人侦探在开展调查取证时，通常要采取跟踪、拍照、录像、监视等隐蔽手段，而通过这些手段所获取的信息和情报，会直接侵犯他人的隐私权。要回答私人侦探是否侵犯了公民隐私权这一问题，有必要首先厘清“隐私权”这一概念的真正内涵。“隐私权是自然人享有的对其个人的、与公共利益无关的个人信息、私人活动和私有领域进行支配的一种人格权。”[①] 不难看出，隐私权的构成是有严格的限制范围的。而在离婚损害赔偿案件中，引发诉讼的非法同居等行为侵犯了我国一夫一妻制的婚姻制度，其并非与公共利益无关。另外，私人侦探调查行为所针对的案件事实往往发生在公共场合，当事人之间的谈话、承诺、约定等行为是相互明了的公开秘密，并无隐私权可言。因此，私人侦探的调查行为侵犯了公民的隐私权这一说法实难成立。还需要指出的是，法律对隐私权的保护并不是绝对的。如果与隐私权相对的知情权需要优先于隐私权受到保护时，或者

---

① 王利明：《人格权法新论》，吉林人民出版社 1994 年版，第 573 页。

所谓“隐私”并不受法律保护时（如被调查者违反夫妻忠诚义务，欺瞒对方，在外与他人非法同居），则对被调查者的“隐私”进行调查并形成证据，在一定合法的范围内使用，也应该是恰当的，当然这需要法律加以确认。

私人侦探为人所诟病的另一点是其所获取证据的证据效力。根据诉讼法的证据原则，证据必须具备客观性、关联性和合法性。而所谓证据的合法性，是指诉讼证据必须是依照法律的要求和法定的程序所取得的事实材料。它除了要求证据的形式应当合法外，更重要的是要求证据的收集、提供甚至审查等环节也必须符合法定程序的要求。不可否认，私人侦探在进行调查时，为了获取有证明力的证据，除了经常使用汽车、摄像机、高倍聚焦照相机等普通设备外，还可能购置和使用国家禁止公开销售的跟踪仪、窃听器、针孔摄像头、远红外线探测仪等高科技设备，也可能采取跟踪、化妆侦查、陷阱取证等手段，而这些手段的合法性一直受到质疑。然而，我们并不能因为私人侦探在取证手段和取证程序上的瑕疵而一概排除其所获取证据的证据效力。最高人民法院曾经针对一方当事人通过私自偷拍偷录手段所获资料的证据资格问题作出司法解释，即最高人民法院于1995年3月所作出的《关于未经对方当事人同意私自录制其谈话取得的资料不能作为证据使用的批复》。该批复认为：“证据的取得必须合法，只有经过合法途径取得的证据才能作为定案根据。未经对方当事人同意私自录制其谈话，系不合法行为，以这种手段取得的录音资料，不能作为证据使用。”在当时的社会背景下，该批复对于禁止当事人以偷拍偷录的方式收集证据起到了积极的遏制作用，但是这种一刀切的规定也产生了一系列的负面效果，使得部分当事人因举证困难或无法举证而承担了不利的法律后果，影响了法律公平的实现，因而招致了不少学者的批评。[①] 面对这种情形，最高人民法院在2001年12月颁布的《证据规定》中对此问题作出了新的解释。其第68条规定：“以侵害他人合法权益或违反法律禁止性规定的方法取得的证据，不能作为认定案件事实的依据”；同时，第70条第3款规定：“有其他证据佐证并以合法手段取得的、无疑点的视听资料或者与视听资料核对无误的复制件，对方当事人提出异议但没有足以反驳的相反证据的，人民法院应当确认其证明效力。”不难发现，《证据规定》

① 黄明耀：《民事诉讼证据的合法性》，《现代法学》2002年第3期。

对证据合法性的判断标准为：是否“侵犯他人合法权益”、是否“违反法律禁止性规定的方法取得”，与1995年的批复相比，《证据规定》在证据的合法性问题上规定得更为合理。根据这一规定，私人侦探的取证行为，只要没有侵犯他人合法权益，没有采取违反法律禁止性规定的方法，则其所取得的证据就具有证据效力。当然，这一新的规定也为私人侦探拓展业务和有效地开展调查工作减少了限制。

四 结语

无过错女性在离婚损害赔偿诉讼中经常处于弱势地位。虽然法律和学术界一再强调对女性权利的保护，[①] 但是由于无过错女性举证能力的低下以及立法在保障无过错女性取证权利方面规定的不完善，在离婚损害赔偿诉讼中无过错女性的合法权益并不能得到有力的保护。从提高无过错女性举证能力，进而破解离婚损害赔偿诉讼中无过错女性“举证难”问题的角度出发，除了加强法制宣传教育，提高人们特别是受害方当事人的法律意识和自我保护能力，以及在离婚损害赔偿案件中采用“高度盖然性”的证明标准，且在特定情形下实行举证责任倒置原则之外，赋予私人侦探在民事诉讼，特别是离婚损害赔偿诉讼中以合法地位，无疑是现实且合理的选择。虽然有侵犯公民隐私权及取证手段与程序不合法之虞，但与私人侦探在离婚损害赔偿诉讼中所起的积极作用相比，此种担心实在不能成为否定私人侦探取证之合法性的充分理由。况且，最高人民法院相关司法解释在该问题上的变革，已然为私人侦探合法介入民事诉讼进一步扫清了理论障碍。可以说，私人侦探取证是解决离婚诉讼无过错女性“举证难”这一问题的合理途径。

日本近年民事取证制度改革述评

众所周知，日本民事诉讼法的制定取法于德国，因此，日本的民事诉讼具有浓厚的德国法色彩。二战后，日本受美国法影响深刻，其民事诉讼

① 如《妇女权益保障法》就是专门针对妇女权益的保护而制定的法律。而在学术界，对妇女及儿童权益予以优先保护则是毋庸置疑的理论前提。

法进行了重大改革，至此形成了大陆法系与英美法系相互交融并独具特色的日本民事诉讼法体系。就民事取证制度而言，日本先前与德国颇为相近，当事人取证均需向法院提出申请，由法院发出命令。但在1996年颁布的新民事诉讼法[①]中，日本借鉴美国证据开示程序中的质问书制度，新设了当事人照会制度。在该制度中，当事人彼此以书面形式向对方提出质问，并要求对方以书面形式予以回答，而法院在该程序中并不参与。当事人照会制度是日本近年在民事取证制度领域的创新之举，打破了大陆法系国家民事取证制度中法院参与的惯常做法，受到了日本学界与实务界的普遍肯定。在近年对民事诉讼法所进行的若干次修改中，立法机关又对当事人照会制度以及先前的文书提出命令制度等进行了改革与完善，逐渐形成了独具日本特色的民事取证制度体系，即以文书提出命令制度和当事人照会制度为主体，以文书送交嘱托制度等其他措施为辅助的民事取证制度体系。

一　日本文书提出命令制度及其改革

根据德国《民事诉讼法》[②] 的规定，举证人可以要求交出或提出证书时，持有证书的对方当事人有提出证书的义务；对方当事人在诉讼中为举证而引用在他自己手中的文书时，有提出此项文书的义务，即使只在准备书状中曾经引用的，也有提出的义务。德国民诉法的这一规定确立了持有文书的当事人提出文书的义务。在持有文书当事人无正当理由拒不履行提出文书义务时，对方当事人可请求法院命令其提出相应文书，此即德国民事诉讼中的文书提出命令制度。这一制度已成为德国民事诉讼具有代表性的证据收集制度之一。作为对德国制度的借鉴，文书提出命令制度在引入日本民事诉讼领域之后，很快就成为日本民事诉讼中具有主导性地位的证据收集制度。在1996年日本颁布新民事诉讼法之前，日本旧民事诉讼法对于文书提出义务的规定范围较为狭窄，只限于当事人自己在诉讼中援引过的文书、举证人有权向文书持有人请求交付或阅览的文书、为举证人的利益或是为举证人与文书持有人之间的法律关系而制作的文书3类。有学

---

① 白绿铉编译：《日本新民事诉讼法》，中国法制出版社2000年版。

② 本文所引用的德国《民事诉讼法》的法条出自谢怀栻译《德意志联邦共和国民事诉讼法》，中国法制出版社2001年版。

者认为，日本就民事诉讼法对文书提出义务规定的范围过于狭窄，只能说是“重要之文书应提出而已”[①]。而且，文书提出义务范围的过于狭窄亦无助于实践中“证据偏在”[②]问题的解决。针对这一情形，日本新民事诉讼法第220条在保留旧法所列举的3类文书之外，新设了1项关于文书提出义务一般化的规定，即将文书持有人除一些特殊情形之外提出文书规定为一般性的义务。这就是所谓的文书提出义务一般化。文书提出义务一般化，就是把文书持有人提出文书的义务扩大到如同任何人都有出庭作证义务一样，凡是文书持有人所持有的文书与案件有关联，当法院发出文书提出命令后就负有向法院提出文书的义务。[③]需要说明的是，1998年4月的日本新民事诉讼法部分修正案坚持取消对公文书与私文书给予不同对待的做法，同时提出公文书提出义务存否的判断权，原则上由法院行使。[④]另外，《日本司法改革审议会意见书——支撑21世纪日本的司法制度》中也提及有关公文书提出命令的修改法案已经提交第151次国会。这极有可能成为文书提出义务范围进一步扩大的一个方向。[⑤]

除了将文书提出义务一般化以外，新民事诉讼法还设立了在特殊情形下法院对有关文书的秘密审查程序（新法第223条第3款）以及特定文书的程序（新法第222条）。同时，新民事诉讼法还强化了违反文书提出命令的制裁力度（新法第224条第3款及第225条）。秘密审查程序的设立既可以使法官能对文书的性质做出准确的判断，又能避免不必要地泄露秘密，这一做法反映了日本民事诉讼法学界平衡举证人的调查取证权与持证人的保密特权，以避免权利滥用的努力。特定文书程序是为了缓和旧法在

---

① ［日］谷口安平：《日本民事诉讼法修改之动向》，陈荣宗译，载《民事程序法论文集》（第四册），三民书局1994年版，第154页。

② “证据偏在”指的是大量能够证明法律要件事实的证据被集中控制于某一方当事人手中，而另一方当事人掌握的证据却很少。“证据偏在”现象在环境污染纠纷、产品质量纠纷、医疗纠纷等现代型纠纷中广泛存在，其原因在于在这些纠纷中，损害形成过程处于一方当事人的控制之中，能够证明加害人加害行为的证据资料也自然存在于这一封闭的过程和空间之中，从而形成主要证据的“偏在性”。

③ 白绿铉：《日本新民事诉讼法》，中国法制出版社2000年版，第16页。

④ 熊跃敏：《日本民事诉讼的文书提出命令制度及其对我国的启示》，载陈光中、江伟主编《诉讼法论丛》第7卷，法律出版社2002年版，第56页。

⑤ 韩波：《民事证据开示制度研究》，中国人民大学出版社2005年版，第230页。

申请人确定所申请文书事项方面过于严苛的规定而制定的。旧法对于申请人确定所申请文书事项方面的严格规定（旧法第313条），会使部分申请人无法提出申请，进而不能使自己的权利得到保护。而根据新法的规定，申请人对于所申请文书内容的特定，只要达到不会让文书持有人不知道的程度，都可以向法院提出申请。这样灵活化的处理在很大程度上减轻了申请方当事人的负担，扩大了文书提出命令制度的适用范围，提高了文书提出命令利用的频度。[①] 而强化违反文书提出命令的制裁力度，则主要表现在两个方面：一是对于不服从文书提出命令的当事人，新法在保留旧法的制裁措施，即认定申请方当事人对该文书记载内容的主张为真实的基础上，第224条第3款增加规定，在文书持有人不服从文书提出命令或为了妨碍使用文书而毁灭等情况下，以致申请文书的当事人所主张的事实以其他证据证明非常困难时，法院可以认定申请文书的当事人所主张的事实为真实。有学者指出，将文书记载内容拟制为真实与将事实主张拟制为真实，在性质上是截然不同的，前者是证明过程的一个环节，后者则意味着证明过程的结束和民事责任分配的开始。扩展真实拟制的适用范围的主张表达了日本力行文书提出命令制度的决心。[②] 二是对于不服从文书提出命令的第三人，罚款数额从旧法所规定的10万日元以下，提升到新法规定的20万日元以下。制裁手段虽然不变，但就数量而言已比旧法增加一倍，制裁力度之强化已显然可见。

二　当事人照会制度及其评价

如前所述，当事人照会制度乃日本新民事诉讼法借鉴美国证据开示程序中的质问书制度而设立的。与日本其他证据收集制度相比，该制度最显著的特点即在于无须法院介入，通过书面形式的照会书与回答书，一方当事人能够直接向对方收集信息。这种当事人进行主义的证据收集制度被视为打破了德国和日本等大陆法系国家民事诉讼的职权进行主义的传统，开辟了当事人之间直接收集证据或为一定诉讼行为的新途径。[③]

当事人照会制度的内容主要包括开始照会的时间（法律原来规定在诉

---

① 张卫平：《外国民事证据制度研究》，清华大学出版社2003年版，第76页。

② 韩波：《民事证据开示制度研究》，中国人民大学出版社2005年版，第232页。

③ 白绿铉：《日本新民事诉讼法》，中国法制出版社2000年版，第18页。

讼系属之后，但2003年对民诉法的最新修改放宽了时间限制，诉前亦可进行照会）、照会的形式（书面形式）、照会的主体（当事人之间）、照会的事项（为了准备主张或证明所必要的事项）以及照会的禁止事项（抽象的或不具体的照会；侮辱对方当事人或者使之困惑的照会；与已提出的照会重复的照会；征求意见的照会；不适当地浪费对方金钱和时间的照会以及对证人享有证言拒绝权的事项进行的照会）。就目的而言，立法者新设照会制度，是为了充实当事人获取案件有效信息的手段，使当事人能够通过照会进行充分的主张和立证活动，收集所需要的证据；法院可以尽早作出判决，促成案件审理的迅速化。因此，在明确案件的基本事实关系、获取证人的相关信息、文书清单的开示以及促进当事人和解等方面，当事人照会制度都可以发挥重要作用。① 特别对于医疗过失诉讼等存在结构上证据偏在现象的诉讼而言，该制度所能发挥的保障一方当事人接近证据、确保双方实质的武器对等，进而实现基于实体的真实裁判的作用尤为重要。有学者深刻地指出，当事人照会制度的设立表明日本民事诉讼法的思想已有所转变。在以前的审判实务中，潜藏有当事人一方因相对人无法获知特定资讯而获胜诉的情形，人们对此并没有任何违法和不当之感，从而对于自己所拥有的有利于对方当事人的资讯，不用提供给相对人。然而，以当事人照会制度的设立为契机，当事人一方对于他方所查询的事项，不问有利或不利于自身，都应将该资讯提供给对方当事人。因此，当事人照会制度被期待为改变向来相互隐藏主张及证据之散漫的诉讼实施所作的变革的新制度。②

虽然当事人照会制度被视为一种有效的证据收集制度，但从严格意义上来说，它并不是当事人之间直接向对方收集证据的制度，而仅仅是一方当事人收集对方当事人所掌握的与案件有关的信息，为当事人进一步收集证据而进行的一种准备手段。③ 因此，从这一角度而言，似乎不应夸大当事人照会制度所起的作用。更为重要的是，日本新民事诉讼法没有明确规定不回答照会的制裁措施，这引发了人们对于该制度在实践中究竟能否发挥其应有作用方面的忧虑。很明显，没有制裁措施作保障，而完全仰赖诉

① 唐力：《日本民事诉讼证据收集制度及其法理》，《环球法律评论》2007年第2期。

② 刘玉中：《民事诉讼上证据收集之研究》，博士学位论文，台北大学，2005年。

③ 白绿铉：《日本新民事诉讼法》，中国法制出版社2000年版，第18页。

讼当事人及其代理人的自觉，并不能使该程序得到广泛运用。立法者就未设置制裁规定的问题，曾表示有两方面的考量：一方面，法院嘱托照会（查询）以及搜查机关之照会（查询），于不回应查询的情形，均未设置有制裁规定，则当事人照会属于要求私人协助之性质，若于不回应照会之情形，设置有制裁规定，似有轻重失衡之虞；另一方面，设置制裁的规定，则法院必须审酌是否应当课以制裁，因而将有导致诉讼审理迟延之虞。[①] 立法者的上述解释虽然不无道理，但终究无法消除人们的忧虑。对于这一问题，日本学界的观点并不一致。有学者认为应当依靠实务的运作发展，特别是期待由律师公会树立律师伦理，强化当事人诚实回答的态度，进而促成律师在照会中合作的司法实务习惯的确立。有学者认为可将当事人不履行回答义务的情形，作为案情的一部分内容由法官以自由心证加以考量。亦有学者提出了更为细致的操作方式方面的见解，认为对于当事人不回答的情形，进行照会的当事人首先应当与相对人及其律师交涉，以求相对人及律师给予答复，如果相对人仍然不回答，则可请求法院对于该相对人予以阐明；对于可以作为书证的文书，则可以利用新法第 222 条所规定的文书特定程序，申请法院下达文书提出命令。若照会内容合理，则法院亦可发动诉讼指挥权，促使相对人进行咨询开示。若相对人拒绝答复或进行虚伪的答复，则法院可以在自由心证的范围内，将该事实作为案情的一部分加以斟酌。另外还有学者针对相对人对于当事人照会不为适当回应时的处理方式，区分了不同情形而加以探讨。[②] 总体而言，虽然法律并未规定当事人有强制回答的义务，但人们普遍认为被照会的当事人有诚实回答的义务。作为一种新的证据收集制度，对当事人照会制度的积极评价是占据着主流的，这一点我们应当有清醒的认识。

另外，日本《律师法》第 23 条第 2 款所规定的律师照会（辩护士照会）制度对前述当事人照会制度起了重要的补充作用。该款规定，律师可就受委托的案件，照会所属律师协会、公务所或公私团体并请求报告必要事项。同当事人照会制度一样，律师照会不以诉讼系属为必要条件，起诉前也可以进行律师照会。然而，律师照会与当事人照会在制度上仍然有所

① 日本法务省民事局参事官室：《一问一答新民事诉讼法》，商事法务研究会 1996 年版，第 166 页。

② 刘玉中：《民事诉讼上证据收集之研究》，博士学位论文，台北大学，2005 年。

不同：首先，律师照会只能由律师申请律师公会进行，诉讼当事人不能申请此种照会，因此，由本人进行诉讼的当事人不得要求律师公会进行照会；其次，照会的相对人仅限于公务机关或公私团体，而不得为个人；再次，律师所受委托案件的对方当事人，被排除在律师照会的对象之外；最后，进行照会的行为主体并非律师个人，而是该律师所属的律师公会，因此，对于律师所提出的申请，律师公会可予审查，并在认为不适当时驳回该律师的申请。这显然区别于当事人照会时法院不予审查的情形。律师照会制度在日本民事诉讼中的利用率很高，每年利用律师照会制度的案件高达数万件。但需要说明的是，由于律师照会制度也没有规定不回答的制裁措施，因此，该制度实施的实效性可能会因此而大打折扣。不仅如此，律师照会这一证据收集方法还具有一定的狭隘性和不确定性。其将律师通过此方式收集证据的范围限制在面向公务机关和公私团体，但在绝大多数的民事诉讼中都不会涉及从以上机关或团体收集证据，因此，这实际上也就限制了当事人证据收集的范围。[①]

三 扩充当事人取证权利的其他措施

除了前述取证制度之外，日本新民事诉讼法还明确规定对录音带等证据采用审查书证的方法。根据新法之规定，对于以图纸、相片、录音带、录像带或其他的信息表示为目的而制作的非文书的物件，准用调查文书的方法。根据这一规定，对于上述物件，当事人可以向法院请求发出文书提出命令，并且只要对方当事人没有异议，就可以认定其制作是真实的，这实际上是扩大了当事人收集证据的手段。[②] 另外，日本《公证人法》第58条所规定的公证人制作之宣誓供述书制度，对于当事人而言无疑又多了一种收集证据的手段。

需要特别提到的是，在日本司法改革审议会于2001年6月发表的司法制度改革最终报告——《司法制度改革审议会意见书——支撑21世纪日本的司法制度》[③] 的基础上，2003年7月日本民事诉讼法再次进行了修

① 廖中洪：《日本与美国民事证据开示制度的比较研究》，载田平安主编《比较民事诉讼论丛》（第1编），法律出版社2005年版，第255页。

② 白绿铉：《日本新民事诉讼法》，中国法制出版社2000年版，第20页。

③ 详细内容可参见张卫平、李旺《日本司法改革审议会意见书》，载张卫平主编《司法改革评论》（第3辑），中国法制出版社2002年版。

改。在这次修改中，设置了包括计划审理制度[①]、诉前证据及资讯收集制度、鉴定制度的完善、专门委员制度以及有关知识产权案件管辖的专属化等方面的规定。在诉前证据及资讯收集制度方面，此次修法设置了由当事人自行取证与由法院协助当事人取证两种不同层次的规定。前者即指诉前当事人照会制度；后者则包括起诉预告通知制度、法院之证据收集处分以及文书送交嘱托、调查之嘱托等。

诉前当事人照会，是指在起诉之前一方当事人对于其为主张、立证准备所必要的事项，在法院不参与的情况下，可以直接照会对方当事人并要求其在合理的期限内对相关事项予以答复的制度。将当事人照会制度扩充至起诉前取证程序中，其对于充实当事人的诉前准备并对起诉后审理计划的制订等，具有重要的促进作用。起诉预告通知制度，则是指在起诉前准备提起诉讼的一方对将成为被告的一方，以起诉预告书的形式予以通知的一种制度。起诉预告通知作为利用起诉前证据和情报收集程序的前提条件，在潜在的诉讼当事人之间形成了一种“准系属状态”，并在案件真正系属前课以当事人诉讼法上的义务，使起诉前证据及情报收集正当化。以起诉预告通知为前提，可以促使当事人在起诉前进行交涉，并通过这种交涉使得案件概况和争点在一定程度上得以明了，能够确保制订审理计划所需要的最低限度的情报。根据修改之后的民诉法第132条之二第3款的规定，起诉预告通知书必须写明关于准备提起诉讼的“请求目的”和“纠纷要点”。被通知者若想利用起诉前证据收集程序，就必须预先对起诉预告通知书作出书面答复。通知者以书面起诉预告通知表明自己的起诉意向并作为其起诉前证据收集程序的一个先决条件，与此相对应，被通知者对起诉预告通知进行争议来表明自己的态度，也同样以此作为利用起诉前证据收集程序的条件，这主要是出于平衡双方利益来考虑的。因此，通知者和被通知者为了诉讼提起后主张和立证的准备，在起诉前为明确一定事项可以利用诉前证据和情报收集程序。所谓文书送交嘱托，是指为了使申请取证的当事人收集到作为证据的文书，由法院发出的要求文书持有人将文书送交给该当事人的命令。

① 计划审理制度强调诉讼审理应当有计划地推进，在大致确定判决宣告时间的基础上，对诉讼各个阶段的进程作出合理的安排。关于该制度的详细介绍可参见唐力《有序与效率——日本民事诉讼“计划审理制度”介评》，《法学评论》2005年第5期。

借助这一命令，当事人在起诉前即可收集到起诉后举证上所需要的文书，如医疗关系纠纷中的诊疗记录、交通事故纠纷中的现场笔录等。而调查之委托，则是指法院就某一事项委托有关公、私团体协助调查的方法，比如委托银行、行政机关、交易所等对相关事项进行调查等。除了前述方法之外，此次修法还新增了“意见陈述之嘱托”[①]“现状调查之命令”[②]等诉前取证手段。

需要指出的是，此次修法增设诉前证据及资讯收集制度，其目的乃在于使起诉后的审理计划的制订更为顺利。另外，修改之后的民诉法规定，对于法院所作出的关于取证申请的裁判，当事人不得声明不服。法律之所以如此规定，是因为在立法者看来，若赋予当事人声明不服的权利，势必会导致纠纷的复杂化，而这与诉前取证制度的立法目的是不相符的。不仅如此，被驳回申请的当事人可在提起诉讼之后，借由文书提出命令制度等证据调查程序进行必要的取证，因此，并没有对于诉前申请取证的裁判声明不服的必要性。事实上，此次修法所增设的诉前证据及资讯收集制度，是有别于日本先前的证据保全制度的一种独立制度，易言之，该制度的设立，跳出了以往日本学说在利用现行诉讼制度的前提下所提出的借由起诉前证据保全作为诉前证据收集途径的论点。[③]正因如此，有学者指出，修改后的日本民事诉讼法将当事人收集证据的相关程序扩充至提起诉讼之前，这不能不说是日本民事诉讼制度的一大“创举”。[④]然而，因为法律并未就法院命令的相对人不遵守命令的情形规定相应的制裁措施，所以，前述制度究竟能取得多大实效，不无疑问。

---

① 意见陈述之委托，乃是为使申请取证的当事人收集到作为证据的专家意见，而由法院发出的要求具备专门知识经验的人就特定事项提供意见的命令。这里的专家意见，包括就笔迹是否同一、建筑瑕疵的有无等所发表的意见陈述。

② 现状调查之命令，乃是为使申请取证的当事人收集到作为证据的必要之物的现状调查结果，而由法院发出的要求执行官对某些现实情况进行调查的命令。比如就争议标的物的形状、占有关系等，法院可以命执行官对此进行调查。

③ 参见刘玉中《民事诉讼上证据收集之研究》，博士学位论文，台北大学，2005年。关于各制度的具体内容，可参见刘玉中博士学位论文，亦可参见［日］高桥宏志《日本2003年民事诉讼法之修改》，许可译，载张卫平主编《司法改革论评》（第5辑），中国法制出版社2007年版，本文对其不予复述。

④ 唐力：《日本民事诉讼证据收集制度及其法理》，《环球法律评论》2007年第2期。

四　关于日本民事取证模式及其未来发展

作为传统的大陆法系国家，同德国一样，日本民事诉讼中除了当事人享有取证权利之外，法院也享有依职权收集证据的权力。但经过战后对民事诉讼法的不断修改，目前法院依职权取证的范围与以前相比已经大幅缩小。二战之前，日本民事诉讼中法院依职权取证得到了广泛承认；二战后，由于受美国法的深刻影响，日本的民事诉讼法在历次修改中删除了许多法院职权性的条文，法院依职权取证方面其权力也受到很大限制。日本现行民事诉讼法中关于法院依职权取证的规定主要有：命令当事人提出文书或其他物件（民诉法第151条第1款）；命令进行勘验、鉴定（民诉法第151条第1款第6项、第218条、第233条）；委托调查（民诉法第186条）；依职权询问当事人（民诉法第207条）；依职权调查公文书（民诉法第228条第3项）；诉讼系属中的证据保全。[①] 除此之外，在涉及亲属关系等案件中，一般适用职权探知原则，辩论原则受到很大抑制，法官并不受当事人提出事实及证据的限制。日本家事法院的法官与调查官相分离，如东京家事法院中处理家事案件的法官只有12名，而调查官却多达50名之多。另外，为保证家庭婚姻案件的公正审判，一般由调查官调查后向法官汇报，而是否采纳所调查的事实，则由法官决定。[②] 因此，就主体而言，除了当事人之外，法院在日本民事诉讼中亦为证据收集的重要主体。这同德国有相似之处，而与英、美等国则形成了鲜明对比。英、美等国在其有关民事取证制度的立法完善中，虽然不断在加大法官监督的力度，但是其证据收集由当事人为主和自主进行，即当事人进行主义的诉讼体制及其基本立法指导思想并没有改变。

日本在近年民事取证制度的完善中，虽然在不断借鉴英美法系国家的某些做法，但是法官职权进行主义的诉讼体制及其基本指导思想并没有发生根本性的转变。换言之，日本当前的民事取证制度体系中，法官仍然居于相对当事人而言更为主导性的地位。这种主导性不仅表现在法官可依职权取证的诸种情形之中，也表现在当事人的取证在很多情况下亦需要法官

---

① 熊跃敏：《法官职权调查证据的比较研究》，《比较法研究》2006年第6期。

② 白绿铉：《我国民诉制度改革与比较民诉法研究——谈比较民诉法的研究体会》，《法学评论》1999年第5期。

的协助。因此，日本当前的民事取证模式仍然是一种法官职权进行主义模式。相较英美法系国家的当事人进行主义的民事取证模式而言，日本的法官职权进行主义取证模式有其不可忽视的优点。首先，此种取证模式下对证据的获得主要通过法官的职权行为进行，而法官作为法律专家，其不仅知道怎样依法取证，而且作为中立的裁判者，案件的审理结果与其并没有任何直接的利益关系，也不存在任何利益性因素驱使其滥用取证权力，因此，相较当事人来说，法官依职权所获取的证据更加客观。其次，法官的职权取证行为亦有利于解决和弥补由当事人自行取证所产生的问题和不足，并可在一定程度上减轻当事人自行取证的负担。

实践证明，日本当前的民事取证制度体系与其整个诉讼体制基本协调，有力地保证了庭审活动的正常进行，不仅如此，日本所施行的此种法官职权干预较强的制度，也较好地解决了英美法系国家民事取证制度中一直存在的权利滥用、当事人的高成本投入以及诉讼迟延等问题。因此，就长远来看，日本在民事取证领域仍将继续保持法官职权进行主义的取证模式。近年来，日本不断追求诉讼效率的提高，强化集中审理，并实现当事人在证据领域中的攻防平等。这一努力将不可避免地对日本未来的民事取证模式产生影响，即日本今后的民事取证领域将呈现出越来越浓的当事人主义色彩，2003 年的修法就是一个很好的例证。

专题三

司法与传媒关系研究

美国媒体视野中的民事诉讼

在美国，民事诉讼制度近年来不断遭到抨击。批评者指出人们正变得越来越“好讼”，而当前也正处在一个“诉讼爆炸”的时代。在他们看来，美国的民事诉讼制度正不断表现出如下特点：陪审团已“失去控制”，对责任的认定毫无原则可循，以及屡创新高的损害赔偿裁判。人们普遍认为，这种“赌徒式”的诉讼制度已经到了危险的境地，给其他事物中保险的覆盖和商业革新带来了很不利的影响。[①] 尽管有经验性的证据对此予以反驳，但这些关于民事诉讼制度的描述仍然在大众的通俗文化中找到了其立足点。面对即将到来的“危机”，如何改革现行民事诉讼制度，已经成为美国媒体讨论的焦点。从臭名昭彰的“麦当劳咖啡溢出案”，到“福特和凡士通因轮胎胎面分离导致损伤案”，再到烟草诉讼，高风险的民事案件已经成为媒体报道的主要对象。在媒体上发布关于民事诉讼制度的信息事关重大，因为对普通公众而言，媒体是他们了解法院诉讼制度的主要信息来源，是比直接接触法院本身更为重要的渠道。媒体不仅控制着提供给社会公众的关于民事诉讼制度的大量信息，也潜在地影响

---

① S. Daniels & J. Martin, *Civil Juries and the Politics of Reform*, Northwestern University Press, 1995, p. 2.

着这些信息的内涵以及从信息中所得出的结论。[①] 从这个角度来说，媒体的力量对民事诉讼制度的影响巨大，它不仅影响特定案件裁判的作出，也影响更广泛意义上的民事诉讼制度，因为媒体报道影响民事诉讼中不同参与者决定的作出。

关于媒体在民事诉讼裁判中所发挥的影响力，美国学界已在各个领域对其展开探讨，如媒体的审前报道、媒体对诉讼风险的认知、媒体与法院的沟通、媒体对法院赔偿裁判的影响等。本节目的在于回顾美国学界已有的关于媒体与民事诉讼制度关系的实证研究，提出一种整合前述成果的框架，以期为我国的相关研究提供镜鉴。

一 媒体报道对民事诉讼的扭曲及其原因

（一）媒体报道对民事诉讼的扭曲

对媒体关于民事诉讼报道的研究表明，这些报道已经系统性地扭曲了民事诉讼制度。威尔金斯和帕特森（L. Wilkins & P. Patterson）曾指出，新闻报道是"以事件为中心"的，因此，"具体事件所在的体制"很少被考虑。[②] 基于这个原因，尽管事实是大多数民事纠纷通过别的方式而不是通过审判得以解决，但媒体仍然将报道重点放在了对具体案件的审判上。同时，与其他进入审判程序的案件相比，涉及大规模经济损害赔偿的案件获得了媒体更多的关注。

贝利斯和麦克考恩（D. S. Bailis & R. J. MacCoun）针对 20 世纪 80 年代在美国全国性新闻杂志中出现的关于侵权诉讼的报道进行了内容分析。当时的侵权案件中大多是汽车交通事故案件，而产品责任和医疗事故案件相对较少。但当时的新闻报道却大多集中在了产品责任和医疗事故案件上，对汽车交通事故案件提及甚少。[③] 此外，一些对美国民事侵权制度加以评论的文章，通过援引民事诉讼对当事人造成的经济损失，以及由此产

---

① D. L. Rhode, "A Bad Press on Bad Lawyers: The Media Sees Research", in P. Ewick, R. A. Kagan & A. Sarat eds., *Research Sees the Mediat*, *in Social Science*, *Social Policy*, *and the Law*, Russell Sage Foundation, 1999, pp. 139-169.

② L. Wilkins & P. Patterson, "Risk Analysis and the Construction of News", 37 *Journal of Communication* 80-92 (1987).

③ D. S. Bailis & R. J. MacCoun, "Estimating Liability Risks with the Media as Your Guide: A Content Analysis of Media Coverage of Tort litigatiow", 20 *Law and Human Behavior* 419-429 (1996).

生的诉讼费用，表达出对民事诉讼制度的批评和不满。研究表明，若某一案件的原告获得了胜诉，且法官对被告判处了惩罚性赔偿，则该案更容易获得媒体的关注。在被告胜诉的案件中，只有3%受到了媒体的报道；而在原告胜诉的案件中，则有41%受到了媒体的报道；如果判决中包含惩罚性赔偿的内容，则这一比例会上升到63%。在一个判决中，随着赔偿金额的增加，报纸关于该案的报道也会上升。[①] 总的来说，最初的赔偿判决比以后赔偿金额减少的判决得到了媒体更多的报道。纽约的两家报纸在一个为期6年的研究中发现，报纸报道中的损害赔偿额无论在均值上还是在中间值上，都远远超过在同一时间段内实际判决的赔偿数额。[②]

民事诉讼制度的这种被扭曲的形象，也通过行业团体和侵权法改革团体的政策广告，呈现在了媒体上。丹尼尔斯和马丁（S. Daniels & J. Martin）对诸如“保险信息研究会”等团体所举行的广告运动进行了描述，在这些广告中，民事司法被涂上了“深陷危机”的色彩。这些广告中说，“诉讼危机对婴儿是不利的”，“诉讼危机在惩罚学校体育”，“即使是神职人员也无法逃避诉讼危机”，这些广告出现在了各大报纸和全国性新闻杂志中。[③]

（二）媒体报道为何扭曲了民事诉讼

从媒体的报道中人们可能对民事诉讼制度形成这样一种印象：频繁而又轻率的诉讼、贪婪的原告以及高额的损害赔偿判决。前述现象的存在，有着多方面的原因。

首先，记录保存和数据收集系统的缺乏，导致了媒体和社会中出现对民事诉讼的歪曲报道。事实上，那些用来描述民事诉讼制度的稳固的、经验性的数据一直以来都是缺乏的，这种缺失无疑会带来不利后果。很明显，缺乏认真收集并仔细分析的关于民事诉讼制度的代表性数据，则记者、政策倡导者以及法律决策制定者将不可避免地依赖于他们自己获悉的个别案件的信息，而这给媒体扭曲民事诉讼制度创造了契机。

---

① S. Garber, “Product Liability, Punitive Damages, Business Decisions, and Economic Outcomes”, *Wisconsin Law Review*, 237-295 (1998).

② O. G. Chase, “Helping Jurors Determine Pain and Suffering Awardst”, 23 *Hofstra Law Review* 763-790 (1995).

③ S. Daniels & J. Martin, Civil Juries and the politics of Reform, Northwestern University Press, 1995, supra note 1, at 34.

其次，即使有代表性的数据可用，媒体呈现在公众面前的仍然可能是被歪曲了的民事诉讼制度。正如有人所指出的，传媒业的发展主要依赖于听众（观众）的注意，因此，媒体对民事诉讼案件的报道有着强烈的功利性，它们必须从大量的民事案件中进行筛选，有选择性地报道那些有可能引起消费者关注的民事案件，以及有关民事诉讼制度的其他信息。传统且多发的民事案件是不可能被认为有吸引力或有新闻价值的。贝利斯和麦克考恩指出，在对听众（观众）的吸引力方面，“很可能陪审团的审判要高于法官的裁判，陪审团所作出的不寻常的大额裁决要高于非常适中的裁决”①。此外，某些案件中这些引人关注的因素可能会同时出现，这就使得这些案件特别容易受到媒体的报道。而媒体的报道流程，比如在报道期限和版面方面的限制，都不允许对民事案件进行详细的报道。

虽然在媒体的商业化对媒体报道民事诉讼案件时的影响方面，已经有文献进行了关注和探讨，但至今仍然没有资料具体表明这一影响过程究竟是怎样的。同样地，在消费者的偏好对媒体报道的影响方面，也有文献对其加以关注，但尚未经实证检验过。需要指出的是，媒体消费者并非完全是被动的，他们也具有很强的主动性：他们有时候只是简单地对媒体的报道作出反应，有时候则会明确声明他们想看到什么、听到什么。

此外，有些游说团体试图对公众关于民事诉讼争论的基调和内容产生影响。这些团体试图说服“政策制定者、包括媒体在内的精英人群和公众”，使他们相信危机的存在，好进行一次具体的改革。② 在笔者看来，未来的研究应继续关注民事诉讼新闻报道的频率和内容，并发掘和传递有关民事诉讼制度更加完整的信息。需要讨论的问题包括：影响媒体追逐何种案件的因素是什么；影响案件是否被报道的因素是什么；影响某一案件被重视程度（如在报纸上所占据的位置、被报道的时间或空间）的因素是什么，以及影响报纸头条所传达信息的因素又是什么。很显然，无论是

① D. S. Bailis & R. J. MacCoun, “Estimating Liability Risks with the Media as Your Guide: A Content Analysis of Media Coverage of Tort Litigatiow”, 20 *Law and Human Behavior* 419 - 429 (1996). supra note 4, at 420.

② S. Daniels & J. Martin, “Punitive Damages, Change, and the Politics of Ideas: Defining Public Policy problem”, 77 *Wisconsin Law Review*, 1998.

在被选择出来加以报道的案件或话题上，还是在报道所采用的风格（如所用的语言、图片或图形的类型等）上，媒体都经常因煽情而受到指责。然而，就算煽情是一种激励因素，其也只是一种次要的而不是主要的激励因素。公众认为什么是重要的，这也许才是媒体决定报道什么内容的最重要的推动力。

二　公众对民事诉讼的扭曲理解及其媒体因素

（一）公众对民事诉讼的扭曲理解

公众对民事诉讼制度的认知及理解，一部分是由媒体对民事诉讼的扭曲报道塑造的。在其他语境下的研究已经将媒体报道同媒体消费者的判断与态度联系起来。费金森和贝利斯（N. R. Feigenson & D. S. Bailis）在一项调查中发现，当参与者只接触介绍安全气囊风险的媒体文章时，他们对安全气囊的态度更为负面；而当参与者同时接触介绍安全气囊风险和优点的媒体文章时，他们对安全气囊的态度则相对正面一些。[①] 库克等人（F. L. Cook, T. R. Tyler, E. G. Goetz, M. T. Gordon, D. Protess & D. R. Leff）发现，观众收看一则由政府支持的家庭医疗保健项目中存在欺诈行为的报道，会影响观众对医疗保健的重要性、政府支持该项目的重要性以及欺诈程度的评估。[②]

虽然公众（通过作为当事人或陪审员）可以直接获得关于民事诉讼制度的部分信息，但是新闻媒体仍然是公众获得法院信息的最主要来源。因此，民众对民事诉讼制度的扭曲性理解与媒体报道的一些非典型性案例如出一辙，就显得不足为奇了。例如，萨克斯（M. J. Saks）发现，法律系一年级学生大大高估了非致命性伤害的受害者通过提起侵权诉讼所能获得的赔偿金额，也大大高估了因医疗事故伤害而提起诉讼的比例，但他们大大低估了死于医疗事故的人数。[③] 虽然法院收集的数据显示，在陪审团支持损害赔偿的案例中，只有约8%的案件陪审团作出了

---

① N. R. Feigenson & D. S. Bailis, "Air Bag Safety: Media Coveraget Popular Conceptions, and Public Policy", *7 Psychology, Public Policy, and Law* 444-481 (2001).

② F. L. Cook et al., "Media and Agenda Setting: Effects on the Public, Interest Group Leaders, Policy Makers, and Policy", 47 *Public Opinion Quarterly* 16-35 (1983).

③ M. J. Saks, "Public Opinion about the Civil Jury: Can Reality Be Found in the Illusions?" 48 *DePaul Law Review* 221-245 (1998).

大于100万美元的损害赔偿金裁决（不考虑裁判后减少的金额）；在所有会产生金钱损害赔偿结果的民事案件中，只有大概6%的案件会有惩罚性损害赔偿。然而，仍然有许多人认为大额的损害赔偿及惩罚性赔偿是常见的。格林、古德曼和洛夫特斯（E. Greene，J. Goodman & E. F. Loftus）在一项关于陪审团如何作出决定的研究中发现，参与调查的人员很少有人会认为损害赔偿金超过100万美元是正常的，11%的人认为至少有50%的原告会受到陪审团超过100万美元损害赔偿的判决。① 同样，罗本诺特（J. K.Robbennolt）发现，公众认为超过30%的陪审团裁决中损害赔偿金会大于100万美元，并且认为几乎一半的陪审团裁决中会包含有惩罚性赔偿。②

不仅是普通公民，连一些专业的法律人士都会有这样的误解。20世纪80年代末在南卡罗来纳州（South Carolina）的一项调查中，律师、医生、立法者都倾向于高估能进入陪审团审判的案件的比例，也高估了陪审团支持原告方的案件的比例。③ 而在1990年进行的一项调查中，研究者发现医生们高估了诉讼的风险。在一个跨州的调查中，威斯勒、赫德和萨克斯（R. L. Wissler，A. J. Hart & M. J. Saks）发现，陪审团、法官以及辩护律师都预测普通陪审员会比他们自己作出金额更大的赔偿判决。值得注意的是，研究结果显示，陪审员作出的判决金额一般要低于法官和律师对其的预测。④

（二）造成公众扭曲理解的媒体因素

就新闻媒体影响公众对民事诉讼制度看法的程度而言，可能是“判断启发法”（judging heuristic method）在平衡着二者的关系。其中一种启发法是“可利用性启发法”（availability heuristic method），通过这一方法，

---

① E. Greene，J. Goodman & E. F. Loftus，“Jurorsy Attitudes about Civil Litigcuion and the Size of Damage Awards”，40 *American University Law Review* 805–820（1991）.

② J. K. Hobbennolt，“Punitive Damages Decision Making：The Decisions of Citizens and Trial Court Judgest”，26 *Law and Human Behavior* 315–341（2002b）.

③ D. R. Songer，“Tort Reform in South Carolina：The Effect of Empirical Research on Elite Perceptions Concerning Jury Verdictst”，39 *South Carolina Law Review* 585–603（1988）.

④ R. L. Wissler，A. J. Hart & M. J. Saks，“Decisionmaking about General Damages：A Comparison of Jurors，Judges，and Lawyers”，98 *Michigan Law Review* 751–826（1999）.

一个人能够依靠他所回想到的一些相类似的事件来判断某件事情的可能性。[①] 难忘的事件或者容易回想的事件往往被认为很平常。由于媒体对一些不具代表性的民事案件的报道，加上前述“可利用性启发法”的作用，人们往往会对民事诉讼制度产生偏见。

已发现的可影响“可利用性”心理的因素包括信息的过剩和信息的生动性。信息过剩与“可利用性”之间的关系很简单：某件事被重复的次数越多，就越容易被记忆。而当某件事被重复的频率（如新闻报道中某一标题出现的次数）与其实际重复的频率之间不对称的时候，就可能发生判断错误。另外，与苍白而单一的信息相比，生动的信息更容易被记住和回忆。尽管某些类型的单一信息，如汇总的统计信息，具有很高的证明价值，但因为它们缺乏具体性或无法引起人们的兴趣，所以很难被记住。与此相对，那些对行为人、动作及环境背景的细节和特征进行了较为详细描述的信息，或能引起受众兴趣的信息，因为其更为生动，所以也就更有影响力。从理论上讲，新闻报道可以为读者提供新闻报道主题方面的基础信息以及例证信息。正如对民事诉讼新闻报道的内容分析所表明的那样，新闻报道所选用的范例往往并非传统民事纠纷的代表，而是更为极端的例子。由于这些范例的细节及特殊性，它们比民事诉讼制度本身给人的总体印象更为生动，但同时它们又不太可靠。

除了会影响人们对案件发生频率的估计外，“可利用性启发法”还会影响人们对因果关系的判断。某一案件越被人们认为常见，则越会被认为其中存在因果关系。因此，关于陪审团所作的大额损害赔偿判决的报道所占的比例过高，可能导致许多人认为“诉讼爆炸”在很大程度上是由陪审员引起的。事实上，陪审员们已经承受了人们对所谓“诉讼爆炸”的诸多指责。

另一种判断启发法，即基本归因误差（the Fundamental Attribution Error），也可能会让媒体的消费者认为“诉讼爆炸”应当归咎于不受控制的陪审员们。观察者们倾向于将人们的态度和行为归因于性格因素，而不是情境因素，由此导致的结果是，当人们读到陪审团在民事诉讼中作出大额

① A. Tversky & D. Kahneman, “Availability: A Heuristic for Judging Frequency and Probability”, in D. Kahneman, P. Slovic & A. Tversky eds., Judgment under Uncertainty: Heuristics and Biases, Cambridge University Press, 1982, pp. 163-178.

损害赔偿判决的报道时，他们很容易将陪审团的这种行为归因于陪审员自身的缺陷（如该陪审员是不称职的，该陪审员容易被说服，该陪审员过于慷慨，等等），而不是案件本身的情况（如原告受到了严重的损害，被告的行为恶名昭彰等）。

关于公众对刑事量刑看法的研究与前述倾向性具有某种关联。罗伯特和杜波（J. V. Roberts & A. N. Doob）在研究中安排了这样一些参与者，他们对某个刑事案件事实的知悉程度并不相同。那些通过阅读新闻报道来寻求案件事实的人，往往会觉得法官的判决实在是太过仁慈；而那些对案件证据有所了解的人，则倾向于认为该判决较为合理。[①] 将来的研究同样应对民事案件中基本归因误差带给人们观念认知和对案件事实判断的影响加以关注。在涉及民事案件的报道中，鉴于媒体只提供了极少的案件事实，因此，观察者们将判决归因于作出判决的人的性格特征就不足为奇。

三 媒体报道对民事诉讼各主体作出决定的影响

外行裁判者和专家所持有的错误观点，可能会影响各种与法律有关的决定的作出，因为公众认知形塑了决定的作出。除了可能会使人们对法律权威和公正性的信心涂上一层阴暗的色彩之外，民事诉讼中很多在不确定的状况下作出的裁判，都是根据裁判者对民事诉讼程序的理解以及对相似案件判决结果的参考所作出的。对民事诉讼程序的这些理解和期待可能会潜在地影响审判人员的审判、诉讼当事人的决定，以及那些日后可能会卷入到民事诉讼中来的人的决定。此外，还可能会影响那些负责制定有关民事诉讼制度方针政策的人的决定。

（一）对裁判者作出判决的影响

新闻媒体对民事诉讼观念的影响已经潜在地影响着民事判决的作出。如果判决的作出者没有认识到媒体对案件的报道是扭曲的以及非典型的，那么新闻报道就有可能反而被视为一个可以用来评判其他案件的标准。这会给裁判的作出带来各种不利后果，包括可能会使陪审团作出高于平均额度的损害赔偿金的裁判，而这一裁判可能会导致媒体作出更多关于诉讼危机和失控的陪审团等方面的报道。

---

① J. V. Roberts & A. N. Doob, "News Media Influences on Public Views of Sentencing", 14 *Law and Human Behavior* 451-468 (1990).

1. 陪审团损害赔偿裁判作出时的媒体影响

如前所述，因为媒体的频繁报道，涉及高额损害赔偿金的案件比其他类型的案件更容易引起人们的关注，也更容易被记住。媒体关于原告赢得高额赔偿的报道可能会使陪审团开始考虑在以后的案件中把赔偿金额恢复到合理的范围。更具体地说，媒体报道的高额损害赔偿可能会是今后审判的裁判标尺。确定和调整是裁判者从最初的估价逐渐调整到最后判决所必经的认知过程。通常情况下，裁判者都未能充分调整开始所确定的价额。因此，如果陪审员把他们头脑中所记住的案例（这些案例在媒体上被报道过）作为判决基准的话，则可能会判处更高的赔偿金额。

与此推理相一致的是，数项研究已经发现对高额损害赔偿出现频率所形成的印象与赔偿判决之间的积极关系。格林等人（E.Greene, J.Goodman & E.F.Loftus）发现，参与者对大额损害赔偿频率的估计与他们作出的损害赔偿金额之间有着显著的正相关关系。那些对大额损害赔偿频率估计越高的人，最后裁定的损害赔偿金额就越高。[①] 罗本诺特（J. K. Robbermolt）发现，参与者对惩罚性赔偿频率的估计，以及对陪审团作出高额损害赔偿频率的估计，影响了他们作出的补偿性损害赔偿的金额，虽然这些估计并没有影响惩罚性损害赔偿的金额。[②]

与此类似，维斯库斯（W. K. Viscusi）专门研究了媒体对大额损害赔偿判决的报道和惩罚性损害赔偿之间的关系。其中一些参与者被告知他们已经阅读了这样一个报道，即在一个相似的案例中，陪审团作出了5000万美元的惩罚性赔偿（上诉法院已经将其减少到2500万美元），与其中没有被告知这个情况的参与者相比，前者作出的惩罚性赔偿比后者要多。与这一发现相一致的是，陪审员也可能会将他们获悉的损害赔偿额，作为判断手头案件中损害赔偿金额的基准。[③]

与前述发现存在有趣对比的是，诸多实证研究已经表明，陪审员对现行民事诉讼制度状况的态度与其作出的损害赔偿之间存在某种关系。鉴于

---

① E. Greene, J. Goodman & E. F. Loftus, "Jurors' Attitudes about Civil Litigation and the Size of Damage Awards", 40 *American University Law Review* 805–820 (1991).

② Robbennolt, J. K. Robbennolt, Punitive Damages Decision Making: The Decision of Citiceus and Trial Court Judges, 26 Law and Human Beharvor 315–341 (2002b), supra note 14.

③ W. K. Viscusi, "The Challenge of Punitive Damages Mathematics", 30 *Journal of Legal Studies* 313–350 (2001).

一些潜在的陪审员认为民事诉讼存在危机，以及损害赔偿金额过高，他们正试图调整所裁判的金额。汉斯和洛夫奎斯特（V.P.Hans & W.S.Lofquist）在一些陪审员审理完民事案件之后采访了他们，发现这些陪审员对民事案件发生的频率和合法性都持强烈的否定意见，并且这些陪审员认为民事损害赔偿的金额太高了。此外，他们还发现这些陪审员对其他民事案件中的陪审团都很熟悉，不管这些陪审团是真实存在的还是虚构的。这些陪审员还认为他们有责任让民事案件的损害赔偿额重新受到节制。研究发现陪审员越相信有诉讼危机，他们所裁判的损害赔偿额就越低。

其他研究人员调查了陪审员对侵权法改革的态度与法律裁判之间的关系，发现了相似的结果。在对有资格当选为陪审员的成年人进行电话采访后，莫兰、卡特勒和德丽莎（G. Moran，B. L. Cutler & A. De Lisa）发现，从陪审员对侵权法改革的态度中能够预测今后民事案件和刑事案件的裁判。[①] 同样，格林等人发现，对侵权法改革抱有积极态度的人往往会比抱有消极态度的人给出更低的赔偿金数额。

这些研究大都没有触及媒体报道与损害赔偿裁判作出间的直接关系，洛夫特斯（E. Loftus）的研究是相较最靠近的一个。她发现那些接触过保险业宣传广告的模拟陪审员，往往会询问“你是否真的认为是由保险公司来支付所有的损害赔偿?”与没有接触过保险广告的人相比，这些模拟陪审员往往会对身心伤害作出较低的损害赔偿裁判。[②] 类似的，费金森和贝利斯发现，媒体对安全气囊风险和优点的描述，会影响模拟陪审员对交通事故作出的损害赔偿判决。[③] 同样，新闻媒体对民事诉讼的报道可能会在各种案件中对陪审团的裁判产生影响。未来的研究应当着重解决媒体在何种程度上影响着人们对诉讼危机的认知，以及哪些因素具有最大的影响力。

① G. Moran，B. L. Cutler & A. De Lisa，“Attitudes toward Tort Reformy Scientific Jury Selection，and Juror Bias：Verdict Inclination in Criminal and Civil Trials”，18 *Law and Psychology Review* 309-328（1994）.

② E.，Loftus，“Insurance Advertising and Jury Awards”，65 *American Bar Association Journal* 68-70（1979）.

③ N. R. Feigenson & D. S. Bailis，“Air Bag Safety：Media Coveraget Popular Conceptions，and Public Policy”，7 *Psychology*，*Public Policy*，and Law 444-481（2001）.

2. 特定案件中的审前报道对陪审团的影响

特定案件的媒体报道有可能会影响这些案件决定的作出以及审理结果，同时还会影响到具有相似特征的其他案件的审理结果。审前或审判中的媒体报道可以为个体提供一些超出法律之外的信息（即可能无法在审判中作为证据的信息），从而影响或干预他们的个人决策。然而所提供的信息不论是否超出了法律之外，审前报道都为审判者提供了关于案件的一些信息，而这些信息可能会使其在审判前对特定当事人抱有偏见。不论是刑事案件还是民事案件，审前报道对其潜在的影响都造成了一些值得我们关注的与信息处理和裁判有关的实证性问题。虽然迄今的研究仍着重放在审前和审判过程中媒体报道对刑事案件裁判的影响上，但对民事案件来说，这方面的研究也已经开始了。除了有关民事案件与刑事案件报道效果的共同问题之外，民事审判也有与刑事审判不同的特点——例如“优势证据”规则、对责任而非犯罪的裁决，以及裁判给予金钱赔偿——这些都要求我们应对民事案件加以关注。

一般而言，对刑事审判审前报道效果的研究表明，带有偏见的报道往往会使人们对被告人的看法产生不利影响，同时也会对审判前后关于被告人是否有罪的判决造成不利影响。在有限的关于审前报道对民事案件影响的研究中，发现了同样的效果。民事审判中的偏见性报道同样可以制造对原被告任何一方不利的言论，从而以其复杂的方式影响着最终的裁决。

在较早前某个关于审前报道对民事案件影响的研究中，人们研究了关于被告先前犯罪记录的报道对陪审团裁判的影响。案情涉及一宗造成人身伤害的交通事故，在案件审理之前，有一半的模拟陪审员被告知被告曾经因为醉酒及鲁莽驾驶被捕，另一半的陪审员则被告知关于被告的一些不具负面性的信息。由于样本量太少（该研究总共包括了8组6人制陪审团），对陪审团判决进行统计分析是不现实的。但有趣的是，每个陪审团中都至少有一人在审前知悉了有关被告的负面新闻之后，在评议时将这一信息作为裁判依据。虽然在陪审团评议前法官会向他们作出相应的指示，以帮助他们认识到带有偏见的新闻报道不能作为裁判的依据，但这一指示仍然没能有效预防陪审员对负面信息的讨论。①

① F. G. Kline & P. H. Jess, “Prejudicial Publicity: Its Effects on Law School Mock Juries”, 43 *Journalism Quarterly* 113-116 (1966).

奥托等人（Otto et al.）在一项研究中，操纵了民事案件中对原被告双方审前报道的展示。因为共同过失是案件事实引发的一个问题，所以参与者被要求要像判断被告过失一样判断原告的过失。审前报道对陪审员关于原被告过失的判断都会产生影响。对原告的审前报道影响着陪审员对被告过失的裁判，当陪审员了解到有关原告先前的过失记录而非中立信息后，他们几乎不会归责于被告。关于被告的审前报道也会影响陪审员关于诉讼证据以及从证据中得出的推断的记忆。很明显，审前报道对民事案件的影响可能变得和待裁决的事项一样复杂。

如前所述，审前报道对民事审判的影响是很值得研究的，因为它包含了陪审团在其他情况下接触不到的一些超出法律之外的信息。如果报道中所涉及的信息是审判中不允许披露的，或者为了特定的目的才允许披露的话，则会引发一些严重的问题。研究表明，法官和陪审团的裁决确实受到了这些信息的影响。

兰斯曼和拉库斯（S. Landsman & R. F. Rakos）在一项测试中，将某个产品责任案件的案情摘要做成了三个版本，并将其中一个版本向法官和陪审团的一些成员进行了展示。试验性的测试表明，案情内容受到控制的版本有助于作出对被告有利的裁判。另外两个版本中则包含了一些非常有利于原告的额外信息。在其中一个版本中，法官被告知被告所提出的排除这些信息的审前动议已经被许可，而陪审员们则被告知这些信息已被裁定不予接受，并要求陪审员对其不予考虑。而在另一个版本中，法官被告知被告所提出的排除这些信息的审前动议已经被驳回，而陪审员们则被告知这些信息已被裁定可以接受，并要求陪审员们可以对其加以考虑。总体而言，与没有接触到有利于原告的额外信息相比，接触了有利于原告的额外信息的法官和陪审员们都更容易判决被告承担责任，即使他们已被告知对该信息应不予考虑。此外，同奥托等人的研究结果相似，接触具有偏见性的额外信息会影响参与者对核心审判事项的认知。①

不管是否来自审前报道，外来信息都会对民事案件的审判造成潜在的影响，这一点得到了公认。然而，未来仍然需要更多的研究，以更好地理解审前报道给事实裁判者所作判决造成的影响程度。

---

① S. Landsman & R. F. Rakos, "A Preliminary Inquiry into the Effects of Potentially Biasing Information on Judges and Jurors in Civil Litigation", 12 *Behavioral Science and the Law* 113-126 (1994).

3. 法官司法裁判作出时的媒体影响

媒体对司法裁判进行报道所产生的潜在影响，并不局限于前述情形，也不局限于陪审员或陪审团裁判的作出上。如上所述，即使受过法律训练的专业人士也可能对民事诉讼制度存在误解。此外，最近的实证研究表明，法官同其他普通人一样，很容易受到相同的关于审判方面错误观念的影响。不过，相对于对陪审员的研究，关于媒体对法官司法裁判的试验性研究相对缺乏。未来的研究可能会涉及媒体报道如何影响法官在民事案件中有关裁判的作出（如关于案件管理方面的裁判，证据规则方面的裁判等）。例如，对于媒体报道的草率诉讼或者诉讼迟延和积压，法官在看到这些报道之后是否会更有可能拒绝受理案件，或者敦促各方当事人尽快解决他们之间的纠纷？另外，在法官对民事诉讼制度具有更多直接经验的情形下，未来的研究还应关注媒体报道对陪审员和法官所造成的不同影响。

（二）当事人决定作出时的媒体影响

在民事诉讼中媒体报道的信息不仅影响着陪审员和法官裁判的作出，也可能对当事人决定的作出产生影响。重要的是，当事人（及其代理人）决定着是否以及在何种条件下来解决他们的纠纷，而他们从媒体报道中所获悉的有关信息则会影响他们决定的作出。在对威斯康星州（Wisconsin）的一些律师进行观察和访谈之后，克雷泽（H. M. Kritzer）指出，大多数当事人作出决定时所依据的信息并非来源于其代理律师，而是主要来源于对大多数案件都充满广泛偏见的媒体报道，以及来源于他们的社交圈中的言论，而社交圈中的这些言论很可能也主要基于媒体的偏见报道。①

通常，当事人对判决结果的可能性及金额大小的预测，会影响着他们对案件的处理。特别是争执双方会怀着达成和解协议的目的，以及带着对“保留价格”（底线）的想法，跟对方进行和解谈判。对于原告来说，这一“保留价格”是他们同意解决这一争议的价码；对于被告来说，这一“保留价格”是他们愿意支付的价额。争执双方对和解的期待及对“保留价格”的想法，部分取决于他们对有助于自愿解决争议的替代性纠纷解决办法的期待，亦即他们对案件真正走向审判自己会得到或失去什么的预测。因此，争议双方是在“法律的阴影”下进行讨价还价，而预期的审

① H. M. Kritzer, “Contingent-Fee Lawyers and Their Clients: Settlement Expectations, Settlement Realities and Issues of Control in the Lawyer Client Relationship”, 23 *Law and Social Inquiry* 801 (1998).

理结果则影响着双方的谈判地位和条件。在民事诉讼中，“参与谈判的双方当事人都会对法官或陪审团所认为的公正解决方案加以关注”①。此外，有证据表明，争议双方的“保留价格”还会受到他们私下获知的其他案件判决的影响。

虽然信息与当事人对法院裁判结果及和解情况的预期之间的关系已经受到了实证研究的关注，但媒体对民事案件的报道与当事人和解情况之间的联系，却没有受到同样的关注。从理论上来说，不具代表性的媒体报道，连同前述“可利用性启发法”，可能导致当事人或其代理人形成对审判结果的过大期望。克雷泽转述了一名律师的说法，“一些当事人带来了关于某个遭受不当对待的人的剪报，说这个人在诉讼中获得了陪审团判决的一大笔赔偿”②。然而，这个假设应该通过实证加以检验。此外，媒体对当事人及其代理律师影响方式的区别，以及这一区别对当事人—代理律师间关系，及对和解谈判来说意味着什么，都应当加以考虑。

（三）潜在当事人决定作出时的媒体影响

媒体对民事诉讼可能结果的报道，也会对那些潜在的诉讼当事人的决定造成影响，这种影响甚至在他们作为诉讼当事人而正式接触民事诉讼制度之前就产生了。正如前面所指出的，当事人是在“法律的阴影”下从事相关行为的，那些有可能成为原告和被告的人同样如此。因此，提起诉讼的可能性以及任何该种诉讼的可能结果，都被假定为潜在当事人作出决定时的影响因素。因为对结果的预期会对今后的行为产生影响，因此，相对于实际可能的结果而言，潜在当事人对诉讼可能性及可能的诉讼结果的看法，会更为重要。

相关研究确定了一些影响伤者提出索赔主张可能性的变量。伤者是否提出索赔主张会受如下因素的影响，如伤者是否确定受伤，是否可归责于第三方，是否感觉自己受到了不公正对待，以及是否知道如何去索赔。维德马尔和舒勒（N. Vidmar & R. A. Schuller）发现，伤者在何种程度上会意识到权利受到侵害并进而主张索赔，存在个体差异。他们指出，人们在是

---

① M. J. Saks, “Do We Really Know Anything about the Behavior of the Tort Litigation System-And Why Not?” 140 *University of Pennsylvania Law Review* 1212 (1992).

② H. M. Kritzer, “Contingent-Fee Lawyers and Their Clients: Settlement Expectations, Settlement Realities and Issues of Control in the Lawyer Client Relationship”, 23 *Law and Social Inquiry* 801 (1998). supra note 27, at 803.

否提出索赔主张方面也会受到别的因素的影响，如对“该在何地以及如何提出索赔主张，何种主张才是适当的”等的考虑。[①] 媒体在对民事案件以及前述影响因素进行报道时所产生的潜在影响，对此加以探讨可以更好地加深人们对当事人索赔主张行为的理解。

潜在原告对民事诉讼制度本质的理解，以及他们可能获得的赔偿，有可能会对他们是否提出一项法律主张造成影响。格斯（C. Guthrie）认为，人们之所以会轻率地提起诉讼，原因在于“那些听起来比较轻率的诉讼（例如‘麦当劳咖啡溢出案’）似乎特别容易流连于准原告的头脑中。因为准原告能够获得这些诉讼中的大额判决方面的生动且突出的信息，因此他们容易高估自己获得胜诉的概率”[②]。林德等人（E.A.Lind, J.Greenberg, K.S.Scott & T.D.Welchans）在一项调查中采访了996名失业的成年人，发现在是否考虑提出一项终止不法行为的诉讼主张，以及实际行动方面，都与他们对该项主张结果的期望有关。[③] 如上所述，在潜在原告评估自己所提主张能否成功时，媒体给他们提供了太多的诱导性提示。考虑到那些潜在的原告都高估了自己获得胜诉以及大额损害赔偿的可能性，因此，可能有更多的人提起索赔诉讼。

（四）政策制定者决策时的媒体影响

最后，媒体关于民事诉讼的报道，对政策制定者将多少注意力放在改革整个民事诉讼制度以及改革的方向上都具有重要的影响。学者们指出，一般而言，“大众传媒的关注发挥了调动国会、立法者和立法机构注意的关键作用”[④]。类似的，丹尼尔斯和马丁（S. Daniels & J. Martin）指出，

---

① N. Vidmar & E. A. Schuller, "Individual Differences and the Pursuit of Legal Rights", 11 *Law and Human Behavior* 315 (1987).

② C. Guthrie, "Framing Frivolous Litigation: A Psychological Theoryy", 67 (1) *University of Chicago Law Review* 163, 204 (2000).

③ E. A. Lind, J. Greenberg, K. S. Scott & T. D. Welchans, "The Winding Road from Employee to Complainant: Situational and Psychological Determinants of Wrongful-Termination Claimsy", 45 *Administrative Science Quarterly* 557-590 (2000).

④ S. Garber, " Product Liability, Punitive Damages, Business Decisions, and Economic Outcomes", 245 *Wisconsin Law Review*, 1998.

"政策问题并不是不证自明的，而是由社会建构的"①。从这个意义上来说，若政策制定者对民事诉讼所持的观念与经验数据表明的不一致，那么很难指望他们能作出改善民事诉讼制度的适当努力。松格（D.R.Songer）曾经指出，"在政治上，相对于现实本身而言，对现实的看法和理解更会对立法行动产生影响"②。更具体地说，正如许多学者所指出的，对民事诉讼的媒体报道并不利于今后对民事诉讼制度的改革。

媒体报道已被证实会影响决策者的态度和观念。库克等人就某个电视新闻节目报道的由政府支持的家庭健康护理项目中存在欺诈行为一事，对包括政府的决策制定者在内的观众进行了调查，以期发现这一报道对他们有关观念的影响。收看或听说这一报道影响了决策者对家庭健康护理项目重要性的评估，影响了决策者对公众关于这一项目看法的评估，也影响了决策者对借助警方行动可能性的预测，虽然它并没有影响到决策者对这一项目所赋予的优先地位。③

今后的研究应聚焦于如下问题，即政策制定者关于民事诉讼制度的态度和观念会在多大程度上受到媒体报道的影响，媒体报道会在多大程度上影响政策的最终制定，以及发生前述效果所依赖的心理机制。

四 结语

从前文的分析中我们不难发现，美国媒体的夸张及选择性报道已在很大程度上扭曲了民事诉讼的形象，并误导了民众对民事诉讼的理解和认识。而对民事诉讼程序的这种不正确的理解和期待，事实上已经潜在地影响了法官、陪审员等审判人员的审判，诉讼当事人的决定，以及那些日后可能会卷入民事诉讼中来的人们的决定。不仅如此，它还可能影响有关民事诉讼制度方针政策制定者的决定。虽然这种影响并不显著，而是潜移默化的，但其对美国民事诉讼制度所造成的冲击是实实在在的，它在一定程度上形塑了美国民事诉讼程序的未来面貌，也在一定程度上决定了美国民

① S. Daniels & J. Martin, *Civil Juries and the Politics of Reform*, Northwestern University Press, 1995, supra note 7, at 29.

② D. R. Songer, "Tort Reform in South Carolina: The Effect of Empirical Research on Elite Perceptions Concerning Jury Verdicts", 39 *South Carolina Law Review* 594 (1988).

③ F. L. Cook et al., "Media and Agenda Setting: Effects on the Public, Interest Group Leaders, Policy Makers, and Policy", 47 *Public Opinion Quarterly* 16-35 (1983). supra note 11.

事诉讼制度的未来走向。正是充分认识到媒体在民事诉讼程序中所具有的重要影响力，因此美国学界对“媒体与民事诉讼程序的关系”这一论题展开了深入探讨，并试图从多个角度揭示二者之间的应有关系。就当前而言，虽然仍存在不少研究的盲点，但在诸如媒体的审前报道、媒体对诉讼风险的认知、媒体与法院的沟通、媒体对法院赔偿裁判的影响等方面，美国学界已取得的研究成果不容忽视。就我国而言，“媒体与民事诉讼程序的关系”这一论题远未引起学界的应有重视，相关深入研究更是付之阙如。在对我国民事诉讼程序的未来完善中，充分关注媒体报道所可能带来的影响是题中应有之义，而在这一方面，美国学界的相关研究成果可以带给我们不少启示。

传媒对司法程序的介入

——负面效果、法律规制与制度构建

在民主的国度，传媒是传达民意、表达民主的喉舌，其自由地报道公众感兴趣的事务，包括司法事务，乃是其权利所在；在法治的社会，法院是维护公平与正义的强力机关，定纷止争、惩恶扬善则是其职责所在。正如美国法学家卡特所指出的：“在任何实行民主政治和法治的社会中，新闻自由和公平审判皆为国家和社会生活中不可缺少的基本价值。”① 这两种基本价值都服务于实现社会正义这一终极目标，二者在相互博弈中共同推动社会的前行。虽然如此，传媒与法院终究有其相对独立的价值和社会职能，二者是合作伙伴，但亦不免成为竞争对手。现实中，传媒与法院为履行各自职能和实现各自价值时发生龃龉的情形并不少见。上述问题的出现，使得合理构建传媒介入司法程序的方式成为必要。

一　传媒介入司法程序所生负面效果

毋庸讳言，传媒对司法程序的介入，对于保障公众知情权及言论自由权利的实现，增强司法程序的透明度，实现对司法权力的监督，并最终实

① ［美］T. 巴顿·卡特等：《大众传播法概要》，黄列译，中国社会科学出版社 1997 年版，第 4 页。

现司法公正无疑具有积极意义。不仅如此，传媒对司法程序的介入，对于培养公民的法律信念，强化公民的法律意识亦具有重大意义。正是认识到传媒对司法程序的介入所产生的上述积极效果，因此，当今世界各国无不对传媒介入司法程序持许可甚至是鼓励态度，这在各国宪法以及《世界人权宣言》《公民权利和政治权利国际公约》等国际性公约中都有鲜明体现。但是，传媒对司法程序的介入并非有百利而无一害，在很多情形下，传媒对司法程序的不当报道，给司法活动造成了不良影响，导致法官对传媒和公众舆论在司法程序中的介入产生了怨言和不满。因此，对传媒介入司法程序所产生的负面效果及其原因有一清晰认识，颇为必要。

（一）危及司法程序的公正性

在对司法程序的介入中，传媒所行使的并不是一种十分注重法律专业要求的权力，它表现出了更多的非理性和情绪化，而不是理性和克制。传媒对案件的描述常常并不是客观的，其消息来源也未必十分可靠，有时甚至是谣传。在对司法程序的报道中，情绪化的传媒时常会极力描写犯罪分子手段之残忍，道德之败坏，而这与司法机关通过严格正当的司法程序所收集的证据会存在偏差。然而，由于传媒报道在先，其对案件的介入会使得部分司法人员对案情产生预断，从而会作出对被告人不公正的裁判结果。2006年轰动全国的陕西汉阴“7·16”特大杀人案发生之初，各地媒体纷纷在显著位置以大篇幅进行报道，并一致使用“杀人狂”“杀人魔王”“杀人恶魔”等吸引受众眼球的字眼对本案杀人手段以及侦破过程进行了深入细致的跟踪报道，如“连杀十人，陕西恶魔邱兴华现身”“震惊全国的杀人魔王邱兴华落入法网”“陕西杀人狂一审领死”。这些字眼显示出新闻媒体已经先于法院为邱兴华定了罪、判了刑，虽然法院并不会根据媒体的报道而对案件加以定性，但前述媒体具有强烈倾向性的先入为主式报道对法院公正审判所产生的不良影响显然是不可避免的。针对这种现象，英国著名法官丹宁勋爵曾经深刻地指出：“诉讼案尚未了结而法庭正在积极审理的时候，任何人不得对案件加以评论，因为这样做，实际上会给审案工作带来不利的影响，如影响法官，影响陪审员或影响证人，甚至会使普通人对参加诉讼一方产生偏见。”①

① ［英］丹宁勋爵：《法律的正当程序》，刘庸安等译，法律出版社1999年版，第21页。

(二) 干预司法机关的独立性

我国宪法规定:“人民法院依照法律规定独立行使审判权,不受行政机关、社会团体和个人的干涉。”此即司法独立原则的宪法表述。司法独立不仅指的是司法权不受其他政府机构的干预,也包括对传媒所代表的舆论压力的独立。虽然传媒对司法权力的监督对于促进司法程序的公正和透明有重要意义,但传媒在履行监督职能时,经常会忘记自身的角色定位和职责范围,超越法律规定,造成对司法独立的干预。表现之一即为“媒体审判”(trail by mass media)现象的出现。许多国家都通过法律或者新闻职业道德自律来禁止和防范此类行为。在这些国家看来,对刑事犯罪或者未审结的案件进行过度的新闻报道会影响可能成为陪审团的人,使他们对犯罪嫌疑人产生偏见,从而侵犯被告人受到公正审判的权利。20 世纪中期发生在美国的 United States V. Sheppad(美利坚合众国 VS. 谢泼德)一案,就揭示出了狂热的新闻报道如何给刑事被告人带来不公正的审判,进而严重影响到司法权的独立。1954 年美国俄亥俄州的医生山姆·谢泼德涉嫌杀妻被捕,新闻媒介进行了大量的报道和评论,还引用了许多没有法律效力的证据,意在证明谢泼德是有罪的。一个著名节目主持人还在电台里称,对谢泼德的审判在开庭之前就结束了。紧接着陪审团判决其罪名成立,处以终身监禁。10 年后谢泼德的家人以当时的报道影响了陪审团为理由,上诉至联邦最高法院,联邦最高法院于是受理了此案,并判决当时媒介干扰太大,谢泼德无法得到公正审判,予以重审。最后,谢泼德被无罪释放。①

在我国,除了“媒体审判”所造成的对司法独立的干预之外,人民法院在体制上的不独立亦使得司法程序无法完全摆脱传媒的干预。众所周知,我国地方各级人民法院的人、财、物均受制于地方政府,司法机构和法官的地方化现象严重。这就使人民法院和法官在代表地方利益的舆论面前无法保持中立的态度。同时,我国的主流媒体属于“机关报”类型,此种类型传媒的最大特点是其要以所属机关的意志为意志,而不能单纯按照新闻事业的规则去运作,在一定程度上可以说,“机关报”类型的传媒

① 关于 Sheppard 一案的详细介绍请参见[美]唐纳德·M. 吉尔摩,杰罗姆·A. 巴龙,托德·F. 西蒙《美国大众传播法:判例评析》(上册),梁宁等译,清华大学出版社 2002 年版,第 354 页。

不过是我国古典的“邸报型官式媒介”在现代的翻版。[①] 在市场经济条件下，部门利益、地方利益之间必然存在各种各样的矛盾和冲突，当这些冲突或纠纷被诉至法院时，这些部门就可能利用自己控制的新闻媒体来制造有利于自己的舆论，对法院施加种种影响。另外，传媒自身亦可能成为诉讼一方当事人，当其涉讼时，从维护自身利益出发，其也很自然要制造有利于他们的舆论来对法院施压，从而造成传媒干预审判活动的局面。

（三）破坏程序正义，并进而损害司法机关的权威性

在法治国家，程序至上已成为法官断案时所奉行的至理名言。只有做到了程序理性和程序正义，才能保障实体正义的实现。传媒对司法程序的介入，在中国背景下很可能会加速或延缓审判进程，破坏程序法的内在机制，导致在程序上过于匆忙或过于缓慢。这不仅会影响法官对案件事实与证据认定的准确性，还极易使当事人对公正的判决结果产生不信任，而这无疑会损害司法机关在公众心目中的权威形象。就我国目前而言，程序正义的理念并没有真正深入人心，“重实体轻程序”的现象仍然俯拾皆是。因此，在传媒介入司法程序时时常对程序正义造成破坏，就不足为奇了。同时我们亦应看到，传媒由于其自身特点，决定了其注重新闻轰动效应的本能。有些媒体基于吸引受众的需要，对司法过程中的负面新闻兴趣尤大。在过多的关于司法负面形象的报道中，司法的光环正在褪去。如《工人日报》就曾使用过这样的标题——《腐败阴影笼罩法院》。其实腐败分子在法官队伍中毕竟只是少数，且该报道的内容也是针对某些法院的少数干警，但此报道的标题却煽情之至，给人一种人民法院是一片黑暗的印象。[②] 类似的报道在近年的佘祥林案、聂树斌案、邱兴华案等影响广泛的案件中亦并不少见。在这些报道中，传媒对法官秉公执法、依法办案的行为只字不提，人们所能看到的只是对司法腐败、司法黑暗的揭露和批判。传媒在拷问着司法，司法在传媒的闪光灯下无处可逃。凭借对冤案报道的“热情”，传媒在我国已俨然变成公平正义的“卫道士”，只是我国本就根基不牢的司法权威越发变得岌岌可危了。

二　我国对传媒介入司法程序的规制

为了避免传媒介入司法程序所生之负面效果，当今各国无不在努力寻

① 贺卫方：《传媒与司法三题》，《法学研究》1998 年第 6 期。

② 杨浙京、程新生：《新闻自由与司法公正三题》，《人民司法》1999 年第 8 期。

求传媒介入司法程序的适当方式和途径。其中最显著者，即是在保障传媒介入司法程序这一权利的同时，对传媒的报道行为进行引导和规制。正如丹宁勋爵所言："传媒在司法活动中扮演非常重要的角色，可以监督每一次审判是否公正、公开、光明正大。但传媒也有挣脱缰绳的一天，法律应该对其错误行为给予处罚。"①

就我国而言，国家在保障新闻媒体新闻自由，使其继续发挥监督司法权力运行功能的同时，亦以立法的形式对传媒介入司法程序进行了种种规制。《刑事诉讼法》第 152 条规定，人民法院在审理有关国家秘密或者个人隐私的案件时，不公开审理。14 周岁以上不满 16 周岁未成年人犯罪的案件，一律不公开审理。16 周岁以上不满 18 周岁未成年人犯罪的案件，一般也不公开审理。《民事诉讼法》第 120 条则规定，人民法院在审理涉及国家秘密、个人隐私或者法律另有规定的民事案件时，应当不公开进行；而对于离婚案件，涉及商业秘密的案件以及当事人申请不公开审理的民事案件，人民法院可以不公开审理。《行政诉讼法》第 45 条亦作了相似规定。在上述不公开审理的案件中，传媒进行采访和相关报道的权利显然受到了限制。但需要指出的是，此处所限制的只是传媒进入法庭进行现场采访报道的权利，而并没有限制传媒在法庭之外对案件进行报道和评论。关于传媒的现场采访报道，最高人民法院在《关于严格执行公开审判制度的若干规定》和《人民法院法庭规则》中明确要求，传媒应当严格遵守法庭规则，听从审判长或独任审判员的指挥依法开展传媒监督工作。另外，中宣部、中央政法委于 1995 年制定了《关于当前在法制宣传方面应注意的几个问题的通知》，其中特别强调"新闻报道不得超越司法程序抢先报道，更不得利用新闻媒体制造对司法机关施加压力的舆论"。而 1996 年由中宣部、全国人大常委会办公厅、司法部和新闻出版署等部门联合下达的关于新闻法制的意见中也明确指出："不得对正在审理的案件做有倾向性的报道。"同时，《中国新闻工作者职业道德准则》亦规定："维护司法尊严。对于司法部门审理的案件不得在法庭判决之前作定性、定罪和案情的报道；公开审理案件的报道，应符合司法程序。"前述种种规定，无不显示了我国试图将传媒司法程序纳入法制轨道的努力。但相较美、英等国而言，我国相关法律法规仍然较少，而且已有规定仍显粗糙。

① [英] 丹宁勋爵：《法律的正当程序》，刘庸安等译，法律出版社 1999 年版，第 14 页。

比如《人民法院法庭规则》虽然规定新闻记者旁听时应遵守法庭规则，在庭审过程中录音、录像和摄影必须经审判长或独任审判员许可，但没有对新闻记者经许可后在庭审过程中使用录音、录像和摄影设备作进一步的规定，对此应予完善。另外，我国的已有规定都没有强制性，只是对传媒所提出的原则性要求，这就无法保证上述规定能够真正得到遵守。

三 我国传媒介入司法程序合理制度之构建

虽然传媒对司法程序的介入会产生诸多不良影响，但从根本上来说，传媒与司法并不存在不可调和的矛盾，因为二者都共同致力于公众权利的实现，就此点而言，二者的目标是一致的。在传媒报道司法活动时，传媒所行使的监督权与司法机关所追求的独立性，融洽地结合在了对司法公正的共同促进上，而这也构成了它们和谐共处的基础。有学者指出，实现司法公正，内因在于司法自身，传媒的监督只是外在的因素。而传媒报道司法的第一要义是落实其传播和满足公众知晓权的职责，公允的监督是寓于客观公正的传播之中的。① 笔者对此深表赞同。依循这一思想，传媒在介入司法程序时，应明确以下几项原则：首先，传媒对司法程序的报道应当客观真实，真实性是新闻报道的基本要求。其次，应坚持无罪推定原则。作为刑法的一项基本原则，其要求传媒在法院作出判决前，不得在报道中对犯罪嫌疑人、被告人作出有罪或无罪的表述。再次，对司法权威的维护。维护司法权威，是传媒监督司法权力时的基本准则，即记者在对司法程序采访报道时，应充分尊重审判人员和审判程序，避免干扰审判进程。对审判过程的报道应严谨和慎重，可以客观报道审理的进程及引用若干背景资料，但对正在审理中的案件不作评述性报道，避免成为诉讼一方当事人的代言人。最后，不超越司法程序予以报道。即传媒对于司法部门审理案件的报道，应与司法程序一致。

在上述原则基础之上，建立传媒介入司法程序的可操作性制度成为可能。

（一）明晰传媒报道和监督的范围

笔者认为，传媒对于司法程序的报道和监督应集中于如下方面。

① 陈斯喜、刘松山：《冲突与平衡媒体监督与司法独立》，载信春鹰主编《公法》（第三卷）法律出版社 2002 年版，第 85 页。

（1）案件的进程。传媒可以就案件是否按照法定程序向前推进予以报道和监督。（2）司法机关和司法人员在司法过程中的职务行为。对职务行为进行报道和监督可以有力遏制司法机关和司法人员腐败现象的发生。（3）干预司法机关独立办案的外部影响力。对外部影响力的报道和监督无疑可以为司法独立和司法公正创造一个良好的环境。（4）现行某些法律制度所存在的问题。

（二）限制不当的报道方式

实践中，传媒发表言论贬损、侮辱执行审判职务的法官，或者对人民法院已经生效的裁判进行诋毁、贬损的现象并不鲜见。对于传媒的此种报道方式应予限制。法官行使审判职能是国家赋予的使命，传媒对法官予以贬损和侮辱，损害的不仅是法官的个人声誉，更是对我国司法制度的伤害。在这种报道的影响下，公众将不再对代表公平正义的法院和法官寄予信任，也不会再对他们给予应有的尊重，而这无疑将严重动摇我国司法机关的权威性。这种危险同样存在于传媒对生效裁判进行诋毁和贬损之时。因此，对传媒前述不当报道方式予以限制十分必要。

（三）对新闻记者在庭审中使用录音、录像和摄影设备作进一步规定

《人民法院法庭规则》规定，新闻记者旁听时应遵守法庭规则，在庭审过程中录音、录像和摄影必须经审判长或独任审判员许可。不难发现，该规定过于原则化，缺乏可操作性，应当对庭审中新闻记者如何使用录音、录像和摄影设备，可以就程序的哪些部分进行录音、录像等作出具体规定。

（四）建立法院新闻发言人制度、记者招待会制度

法院可根据案件的不同情况和诉讼的不同阶段，确定可以公开或应予公开的内容，并定期适时发布司法活动的信息，以便公众和传媒及时了解事件的真相或诉讼的进展，使新闻传媒准确报道，满足公众知情权。传媒与法院的此种沟通渠道，显然亦有利于实现司法程序的透明化。

（五）对传媒不当报道的处罚机制

为防止传媒对司法程序进行不当报道，应当对传媒的报道予以规范化和法制化。传媒有权报道和评论庭审活动，但如果报道失实，给案件当事人、第三人、承办法官以及人民法院造成损失的，传媒依法应当承担相应的民事责任，情节严重的，还应承担刑事责任；凡因传媒报道不当，致使公众及相关部门对人民法院行使独立审判权进行干扰或阻碍，或直接影响已经生效判决的执行，或误导公众进行游行、示威等违法活动，传媒皆应承担相应的法律责任。

传媒与司法关系的三种调控模式

——以两大法系国家为视角的分析

在美国，煽情并充满商业动机的新闻媒体与公平审判权之间的紧张关系，已经达到了世界其他地方无法比拟的程度。① 一般认为，精确设置的体制可以解释“媒体审判”在美国引起公众广泛关注的原因。在这些体制因素中，比较重要的包括享有几乎不受限制的自由裁量权并且扮演政治角色的国家检察官、陪审团审判、严格的证据规则以及宪法第一修正案所采取的“专制主义”的观点。② 这些因素虽然重要，但并不能自行成为大众传媒与司法程序间隐含冲突的决定性因素。实际上，相似的问题也出现在德国、法国等采取非对抗制刑事诉讼模式的国家中。与美国的大部分司法辖区相比，这些国家的检察官是被任命而非选举产生的公务员，并且混合组成的审判组织取代了外行陪审团。

在所有类型的案件中，刑事案件的审判受到了最为广泛的关注，造成这一现象的原因是多方面的；而媒体对刑事审判进行监督被认为是民主的内在本质和需要。公众对有关犯罪案件新闻的兴趣普遍较高，它吸引了公众的好奇心，在案件涉及知名人士、性以及神秘的人或事物时尤为如此。刑事审判中所有的仪式、禁忌和符号都很容易变成看点，它们具有娱乐价值，因此给了报纸和广播电视商们强大的商业动机去报道。③ 除了娱乐价值之外，刑事案件中传媒所发表的涉法院言论中所涉及的问题，其影响更为普遍和深远。正如有学者所指出的那样，其应当被视作不同系统——法

① Gavin Phillipson，“Trial by media：The betrayal of the First Amendment's purpose”，*Law & Contemp*，2008（15）：15-16.

② Robert A. Sedler，“An Essay on Freedom of Speech：The United States versus the rest of the world”，*Mich. St. L. Rev.*，2006：377.

③ Loges B.，Ball-Rokeach S.，*Mass media and crime*，Encyclopedia of Crime and Justice，2002：988，989.

律与传媒——之间对话沟通的一个常规的问题。[①] 这个问题是任何一个开放的社会都不得不面对的。因此，有必要采取比较的视角，以更好地对下列事项加以评估，即可供任一法律制度选择的监管措施、被不同的国家政策保护或牺牲的价值体系以及法律制度改革的可行性。本书将从比较法的视角对传媒涉法院言论中所涉问题提出若干见解。

下文第一部分将对型塑传媒与司法关系的三个基本的调控模式进行归纳与讨论。在这一部分，将指出，作为英美法系思维模式的产物“新闻自由与公正审判”这种主导性的概念二分法，实际上是一种文化偏见，反映了传媒与司法关系中关于利益博弈的典型英美法系观点。第二部分将集中在一些选定的欧洲大陆法系国家的经验，这些经验通常被关于这一话题的主流文献所忽略。第三部分将对用来限制传媒报道司法程序的原理和技术进行分析，并且这一分析将表明，保护司法的公正性不应是干涉言论自由的唯一理由。

一　英美法系的两种调控模式及其改良

在英美法系的主流文献中，有两个主要的模式形塑了关于传媒涉法院言论限制的讨论。

（一）英美法系的两种调控模式

1. 保护言论：美国模式

这一模式基于这一理念，即认为新闻自由和畅通的司法运行本身并不冲突，相反二者是相互支持的。[②] 尤其是传媒的法治报道，提升了公众对法律的信心，并提高了对越轨行为的威慑力，因此应当受到高度评价。此外，法治报道还有利于民主，因为它提供了一个对警察权、检察权及司法权的外部审查，并有利于防止司法不公。因此，传媒对在审案件进行自由访问、报道及评论时所受到的任何干扰，从表面上看都是非法的。虽然法庭可下令限制对诉讼参与者的法庭外评论，但对传媒评论的事先限制却几乎是被完全禁止的。即使一则不负责任的新闻报道对诉讼程序产生了损

---

① Nobles R. , Schiff D. , “A story of miscarriage：law in the media”, 31 *J. L. & Soc'y*, 2004：221, 222.

② Garcia A. , “Clash of the titans：The Difficult Reconciliation of a Fair Trial and a Free Press in Modern American Society”, 32 *Santa Clara L. Rev.* 1992：1107, 1109-1133.

害，法律系统也并不会针对应对该错误行为负责的媒体当事者做出有力且有效的惩罚。有关“蔑视法庭罪”的限制性法律被普遍认为与宪法赋予传媒的言论自由相抵触。总之，这一模式赋予了传媒广泛的豁免权，对于传媒所作的倾向性报道，该模式只借助某些程序装置，以抵消报道所造成的不良后果。在这些程序装置中，最常见的是对陪审员资格的事先审查、对陪审团的特别指示、扣押财产、延期审判、更改审判地点、在上诉中改变定罪等。

美国通常依赖于这种模式。在一系列重要案件中，美国联邦最高法院已经在言论自由原则和公正审判之间找到了特殊的折中办法，并高度重视前者，这一点无疑比任何其他西方国家都要明显。在美国，与审判有关的新闻报道因下列因素的存在而表现出了自身的特点：（1）旨在防止传媒倾向性报道，且具有阻吓作用的刑事制裁措施的缺失；（2）公众对事先限制传媒言论行为的敌视态度；（3）对传媒发表的针对诉讼参与者言论的有限限制；（4）旨在抵消倾向性报道所造成不利影响的程序装置被广泛使用。

2. 保护司法：英国模式

这一模式关注的是传媒对畅通、公正的司法运行所构成的威胁。作为解决民众纠纷的平台，相对于不受限制的言论自由所达到的目的而言，公正的审判以及公众对法院的信心被给予了更多的关注。由此所导致的结果是，涉及在审案件的自由评论遭到了更为严格的限制。这种模型没有借助于前述抵消不利后果的程序装置，而是在“蔑视法庭罪”的理论基础上广泛使用了刑事制裁措施，以达到遏制传媒披露有关事实或发表有关言论进而妨碍诉讼程序的目的。此外，在需要防止媒体报道倾向性信息中的特定事项时，基于法定的或者由法院指令的事先限制是被允许的。不仅如此，受到影响的诉讼当事人将会发现，他们更容易依据《反诽谤法》而获得补偿，并且他们的诉讼也不会因媒体的自由评论而当然受到侵害。这种模式主张对信息的自由流动加以限制，以保护被告人接受公平审判的权利，并维护公众对公正司法的信心。

前述模式是传统的普通法系国家的做法，并被英国及其他英联邦国家（如加拿大、澳大利亚和新西兰）所继承。与美国模式相比，这一模式显示出了以下特点：（1）对公开可能会干扰公正司法的材料的行为加以严厉的刑事制裁；（2）使用事先限制的措施以防止特定信息的公开；

(3) 使用针对诉讼参与者的保护令；(4) 辅助性地借助程序装置（如发出忽略带有偏见的报道的司法警告、变更审判地点以及解散陪审团等)。

(二) 对模式的改良

前述模式虽然大致勾勒出了英美法系司法与传媒间关系的一般轮廓，使这个极为广泛而复杂的问题变得更为清晰，但仍然在如下方面存在不足。

第一，前述模式划分体现了持论者对法律的静态理解，未能对诸多法律制度中正在进行的发展变化给予充分的观照。此种划分在美国与其他普通法系国家的经验之间设置了彻底的对立，然而，这一经验间的差异在实践中正日渐缩小，并且二者对于经验中的观念核心是不存在争议的。特别是私法“宪法化”和对言论自由诉求的“宪法化”现象（这一现象引起了普通法系国家和大陆法系国家的共同兴趣)，正在改变着公平审判与言论自由间的传统的平衡关系。因此，模式的两极分化现象已经淡化，而对美国经验进行“孤立”的情况也得到了部分缓解。

加拿大法律在《权利与自由宪章》颁布之后所获得的发展就很能说明问题。特别是加拿大最高法院在 Dagenais 一案的判决中，体现出了在人们的言论自由观念不断加强的情况下，继续采用其他普通法系国家先前所采用的发出事先限制命令和事后制裁措施等方法时所遇到的困难。从相同的视角看，英国的经验最具代表性。1950 年的《欧洲人权公约》大大影响了英国涉法院言论领域中法律的发展演变。欧洲人权法院针对“星期日泰晤士报诉联合王国”一案所作的判决导致了 1981 年《蔑视法庭法案》的制定。这一法案的目的，在于引起公众利益的平衡从对司法公正的保护永久地转向对言论自由的保护。这一法案显著地缩小了制裁措施的使用范围，并创建了对公众利益的特殊防卫措施。从那时起，英国法院在解释和实施《蔑视法庭法》有关条款的时候，一直都在采取与《欧洲人权公约》第 10 条（1）中所规定的言论自由原则相一致的方式。

第二，前述模式中所考虑的司法辖区的范围较窄。对于任何模式的构建而言，准确挑选出应包括在比较范围中的法律体系都是一个关键的问题，因为它可能会显著影响研究成果的准确性。有学者指出，用英语出版的涉法院言论的大部分作品都只关注普通法的司法辖区，而大陆法系国家的经验很少在比较的基础上被考虑和分析。[①] 这种选择虽然遵从了相似性方法论原则，但存在严重的缺点。特别是显现出了这样一种危险，即把媒体介入司法时所产生的整个问题局限为单纯的审判公正性问题。当然，这是可以理解的，因为在普通法的司法语境下，在审前发表的具有煽动性的言论有可能妨碍诉讼程序的正常进行，这种妨碍尤其可以通过影响潜在的陪审团成员而实现。因此，在律师呼吁抵制“媒体审判”现象时，人们会首先想到要避免言论自由可能带给公正审判的障碍。然而，其他理由却可以显示限制信息自由流动的正当性和必要性，即使这些信息对于畅通、公正的司法程序不构成任何危害。

二　大陆法系的调控模式及对传媒言论的限制

（一）保护人格：大陆法系的调控模式

如果我们把目光投向欧洲大陆，那么展现的将是不同的画面。不仅解决方式不同，而且人们对于在规范传媒涉法院言论时所涉及利益的态度也迥然有别。英美法系传统非常重视新闻自由和公平审判之间的冲突，但对偏颇的传媒报道可能给犯罪嫌疑人私人领域造成的影响却不够重视。相比之下，大陆法系国家的律师似乎更为关心维护当事人个人隐私、人格尊严以及无罪推定不受媒体影响的需要，而对审判的公正性却没有给予过多关注。

这种现象可以从大陆法系国家的基本体制框架，以及促成大陆法系国家立场的其他文化和社会因素中获得解释。一方面，非对抗式的刑事诉讼程序以及法律外人士对司法程序相对较少的参与，大大减少了产生司法偏见的可能性；另一方面，将隐私视为人格尊严的独特的宪法视角，以及欧洲国家所持有的国家有义务保护基本人权的典型理论，[②] 趋于把冲突的焦点从被告和法院之间的纵向冲突关系转向被告和大众传媒间的横向冲突关系。这种转变很明显地体现在含义不断变化的无罪推定原则中。无罪推定原则已不再被视为刑事程序内部的一个简单的“程序性”防护手段，同样是事关公民利益的“实体性”权利。

---

① Cram A.，*Virtue Less Cloistered*：*Courts*，*Speech and Constitutions*，2002：183.

② Grimm D. “*The Protective Function of the State*”，European and US Constitutionalism，2005：119-127.

借鉴欧洲大陆法系国家的相关经验，或许可以加深对传媒涉法院言论规范方面所存在问题的理解，因为它揭示了传媒与司法之间冲突的某个特定的方面，而这一方面往往被人忽视。更为重要的是，通过独立出第三种关于涉法院言论的规范模式，则关于传媒与司法关系调控模式的分类方法可以获得进一步丰富。此种模式的基本假设是，传媒对未决审判的报道不仅可能与程序的公正性产生冲突，还可能与其他的个人及社会利益产生冲突。其中，被告被推定无罪以及诉讼参与者的声誉和隐私受到了格外重视。因此，言论自由可能会受到各种限制，以促进这些利益的实现。此外，一些有针对性的事先限制措施被采用，这些措施或者基于法定，或者基于法院的指令。作为对违反预审保密规则的一般性威慑手段，发表不当言论之后的刑事制裁被频繁使用。同时，与此相关的司法补救措施，如停止侵害、恢复原状、赔偿损失等也在逐渐增加。一些较具中和性的措施，比如改变审判地点，虽然在理论上获得承认，但在实践中很少运用。应当指出的是，通过防止那些可能侵犯诉讼参与者名誉和尊严的信息的发布，这一模式可以提高新闻报道的质量，并因此提供了对审判公正性的间接保护途径。这一点不同于普通法的做法，在普通法中，诉讼参与者的尊严利益通过“藐视法庭罪”的设立而得以间接保护。

（二）传媒涉法院言论的限制——大陆法系经验

1. 对“在审案件不得置评”规则的应对

按照传统的普通法立场，保障审判程序的正常运作是限制言论自由的最令人信服的理由之一。[①] 特别是《蔑视法庭法案》禁止那些在特定案件中可能干扰司法公正的言论的发表。在英国，1981年的《蔑视法庭法案》针对传媒所发表的言论采取了严格责任规则，即干扰司法公正的言论应当是对正在进行的司法程序公正性产生阻碍或偏见危险的言论。

制定《蔑视法庭法案》通常被视为普通法系的典型特征之一，但这并不意味着在“在审案件不得置评”原则下，诸如“蔑视法庭”等应受惩罚的行为会在大陆法系国家司法领域中总是被允许或容忍。有关审前保密的法律会限制披露特定事项的信息，而这些信息也将受到《蔑视法庭法案》的保护，尽管二者所基于的理由并不相同。此外，一些国家的法律已

① Trevor R. S. Allan, “Common Law Constitutionalism and Freedom of Speech”, *Freedom of Expression and Freedom of Information*, 2000 (17): 31-33.

制定了专门的条文，旨在防止负面报道对庭审中的关键人物造成不良影响。

奥地利和法国的立法具有代表性。奥地利 1981 年《媒体法》（该法在 1992 年进行了修订）第 23 条题为“禁止影响刑事诉讼程序”规定：“在刑事案件起诉后至一审判决作出之前，任何人不得以可能影响案件判决结果的方式，讨论案件可能的结果或者案件中证据的价值，否则将被处以每天 180 元的罚款。”而法国 1958 年《刑法》第 227 条引入了同英国的“在审案件不得置评”原则类似的机制，对于在法院作出判决前发表可能对证人陈述及法院判决或决定施加压力的评论的人，进行罚款或监禁。[①] 这一规定现在已被废除，并被 1994 年新刑法典的第 434-16 条所取代，该条规定“禁止在法院宣告最终判决之前，发表可能对证人证言、司法调查机构的决定或者审理法院的决定造成压力的评论”[②]。这一规定虽然与英美法系国家的相关规定具有一定的相似性，但二者之间并不完全相同——普通法中所说的“蔑视”其成立只需言论对诉讼程序造成了“影响”；而第 434-16 条则将其限定为所发表的言论对相关事项产生了“压力”，因此“蔑视法庭罪”的犯罪构成的客观要件被限制得更窄，因为其需要行为者真正进行了对有关事项造成压力的努力。

然而，英国和欧洲大陆国家方法之间的最显著差异并不在于法律条文的规定，而在于对这些法律规定的执行。在英国，大量涉及“在审案件不得置评”规则的先例案件令人印象深刻。每名记者或出版人都清楚在报道刑事案件有关事项时所涉及的风险。虽然最近的趋势明显比以往更加宽松，并且在出版或发表指引方面的政策也越来越倾向于对检控制定更为严格的标准，但对这一规则的违反仍然是有风险的，并且有可能招致严厉的制裁。因此，媒体在披露或发表那些可能干扰未决诉讼的事实和意见时普遍较为谨慎。相较而言，在大陆法系国家，媒体报道因对司法审判程序产生影响而受到起诉的现象很少。法国就是这种情况，其刑法典第 434-16 条很少被实际执行，这一点从先例的缺乏就可以得到证实。奥地利的情况只是略有不同。一方面，与法国的相关立法相比奥地亚《媒体法》第 23

---

① Chesterman M., “Contempt: In the Common Law, But Not the Civil Law”, 46 *Int'l & Comp. L. Q.* 1997: 539.

② 《法国刑法典》，罗结珍译，中国人民公安大学出版社 1995 年版，第 162 页。

条被给予了更多关注。另一方面，有奥地利评论家指出，鉴于需要采取特定的程序性制约措施，并且会给当事人带来不同的结果，因此，对抗不当报道的最有效的方法不是刑事起诉，而是提起民事诉讼。[①] 奥地利《媒体法》第7条第a、b款对媒体侵犯公民无罪推定权利及其他个人利益的行为提供了获得赔偿的基础。

2. 审前保密制度

尽管法国和奥地利采取的做法与“在审案件不得置评”规则存在相关性，大多数大陆法系国家仍然拒绝借鉴这一规则。这些国家拒绝的理由之一是，任何旨在禁止公布相关信息或禁止发表可能阻碍或妨害公正审判的意见的规定，都将是极其模糊的，并且与刑事制裁的确定性原则背道而驰。[②] 另一个原因是担心这样的规定会过于保护司法机关，使得公众在对司法系统的运作进行公开讨论或监督时产生畏惧心理。相较而言，在施行审前保密制度之后，对言论自由的担心会逐步消除。许多欧洲国家的法律中都规定了旨在防止传媒披露特定信息的刑事惩罚措施，比如法国和意大利。甚至那些拒绝借鉴“在审案件不得置评”规则的国家，如德国，通常也要依靠这些禁令。

如何解释两大法系国家间的这种差异？可以说，文化和体制因素决定了两大法系国家所采取的方法。由法律外行人组成的陪审团、复杂的证据规则，以及司法机关在英语国家的社会发展中所发挥的独一无二的作用，这些都是可用来解释英美法系国家《蔑视法庭法案》受到重视的关键因素。同样，大陆法系国家非对抗性的刑事诉讼传统，也可以解释大陆法系国家所制定的那些禁止在审前披露相关事项或文件信息的规则。对抗式法律制度基于司法程序公开的思想，因此，根据“正义不仅应当被实现，还应当以人们看得见的方式实现”的原则，英美法系国家的人们对司法程序中的任何“秘密”都持怀疑态度。相比之下，所谓的纠问式诉讼模式不可避免地会有一些“秘密”。当然，这里说的“秘密”主要针对审前准备阶段，大陆法系国家诉讼程序中的主要听审阶段一般向公众开放。

大陆法系国家相关规则的更多细节我们不予深究，但这些规则所追求

---

① Brandstetter, Schmid. *Kommentar zum Medienge-setz*, 1999, 248.

② Roxin C. , *Strafrechtliche und Strafprozessuale Probleme der Vorverurteilung*, Neue Zeitschrift fur Strafrecht [NStZ], 1991: 155.

的目标以及这些规则的实际意义却值得深入探求。一般认为，大陆法系国家制定这些规则的理由是双重的。一方面，与纠问式的诉讼构造相一致，它们追求这样一个目标，即让进行适当调查的机会真正得以实现，因为由检察官和警察收集到的信息若被不受限制地扩散，将会妨碍后续证据的获得。另一方面，它们注重对犯罪嫌疑人人身利益的保护。换句话说，他们担心在提出任何确凿有罪证据之前，与审前准备阶段有关的文件和其他材料的公布，会将犯罪嫌疑人的无罪推定权利、名誉以及隐私置于危险的境地。

3. 书面法律与实践中法律间的缺口

从理论上来说，刑事制裁的威慑作用应当同英国的“在审案件不得置评”规则具有同样的效果。但在实践中，大陆法系国家有关保密的规则经常被规避，此种制度工具的实效也非常值得怀疑。例如，在意大利，一些重要的被告是通过报纸而不是通过检察机关的正式通知，才知悉自己被起诉，这种现象并非罕见。同样，证人的证词或监听笔录常常被非法公布，其结果就是使关于审前保密的规定失去效力。有学者指出，在法国和比利时有类似的情形，而在德国的情况似乎只稍微好一点。①

有几个理由可以解释我们所观察到的理论与实践之间的这种冲突。首先，大部分关于审前保密的规定都受到了外延结构性不周延的影响。由于起草工作的不完善，这些规则的适用范围极其狭窄，其自身被有效执行的机会很小。其次，在许多情况下，那些被非法公布的信息主要来源于检察机关和警察机构。② 因此，执法机关并没有对实际违反审前保密规定的行为进行起诉的强烈动机。此外，那些允许记者不透露他们信息来源的条例规定，又给前述规定的有效执行增加了额外的障碍。更为重要的是，那些支持审前保密规则的政策正逐渐丧失社会接受性，并在很多方面显现出过时的迹象。此种模式的基本假设在于，虽然案件的主要听审程序会完全向公众开放，但案件的审前准备阶段，也就是收集证据和准备提起公诉的阶段，仍然应当保密。然而，人们对案件的审前准备阶段更感兴趣，而不是听审阶段。对于一个普通人来说，后者是一项技术性很强的活动，缺乏普通法审判中所具有的戏剧性，因此并不精彩。相反，前者充满了神秘和悬

① A. I. Garapon, *Custodi dei diritti*: *Giustizia e democrazia*, 1997: 61.

② G. Giostra, *Processo penale e informazione*, 1989: 236.

念，具有最高的新闻和娱乐价值。

在一种由传媒主导的氛围里，让传媒对审前准备阶段保持沉默，显然是一种乌托邦，特别是审前准备阶段会持续很长时间时更是如此。然而，这种乌托邦几乎是无害的。这是因为与透明且真实的报道相比，让那些未经审查的信息自由流通可能会给被告人的声誉和个人尊严带来更为严重和持久的影响。这就不奇怪为什么有些学者会提议放弃传统的做法，主张传媒应带给人们关于审前准备阶段的更多且更好的信息。[①] 关于这个方面的立法改革已在某些司法辖区进行了。

4. 信息政策

记者所收集到的很多有关刑事诉讼程序的信息，都来源于执法机关和检察官。审前保密规则对于哪些信息不应向公众公布作出了相应指导，相反，立法对于公共当局与媒体之间的交流却一般不置一词。信息政策的实践在欧洲各地差异显著。一方面，在某些制度模式中，法官和检察官的言论自由受到高度重视，并没有受到严格的限制。[②] 另一方面，在其他法律制度中，根据权力等级原则，同媒体的官方交流受到了严格管理，因此，官方机构同媒体之间的交流仍然处于严格的控制之下。

欧委会部长委员会近年就“通过媒体提供的与刑事诉讼相关的信息”这一问题提出了建议。这一建议虽然不具强制约束力，但具有借鉴价值。前述建议对于公共当局向传媒提供信息规定了一些实体性的和程序性的标准。各成员国在对向传媒提供信息方面进行规范时，应当遵守前述标准。第一项实体性限制就是要尊重无罪推定原则。根据附加于该建议中的第 2 项原则，“关于在审刑事案件的意见及信息，只应在不妨害对犯罪嫌疑人或被告人进行无罪推定的地方，通过媒体传达或传播”[③]。对该原则的违反可能会引起针对国家的损害赔偿诉讼，这一点对于非司法性的权力机关同样适用。此外，第 10 项原则规定“在刑事诉讼中，特别是那些有陪审团或外行法官参与的刑事诉讼中，司法机构和警察部门不应向公众公开那

① M. Lemonde, *Justice and the Media*, European Criminal Procedures, 2002: 691-692.

② Ibid., pp. 706-707.

③ Council of Europe, *Recommendation Rec (2003) 13 of the Committee of Ministers to Member States on the Provision of Information through the Media in Relation to Criminal Proceedings*, July, 2003: 10.

些会对诉讼的公正产生实质损害危险的信息”①。第2项实质性限制着重保护诉讼参与者的隐私。避免对证人身份信息的任何披露同样应给予特别关注，“除非证人已事先同意表明其身份，或者证人的身份为公众普遍关注，或者其已经公开提供了证词”②。

关于程序性标准，前述建议强调采取非歧视性原则，及在引人关注的案件中定期提供相关信息的重要性。根据第4项原则“当记者从司法机构或警察部门那里合法取得在审刑事案件的有关信息时，这些机构和部门应当向所有提出或已经提出相同请求的记者，不加歧视地提供此类信息”③。对于那些引人关注的案件，“司法机构和警察部门应将他们的主要行为告知媒体，但前提是这样做不会妨碍司法调查和警方调查的保密性，并且不会延迟或妨碍诉讼判决的作出”④。一般来说，信息的提供可通过官方授权人员举行的新闻发布会，或类似的经过授权的方式进行。

最后，第7项原则禁止“为商业目的或其他与执法无关的目的”而利用在审刑事案件的信息。例如，关于“支票簿新闻”（“有偿新闻”）现象，近年来就在欧洲国家和其他国家进行了深入探讨。一些国家已经颁布了近似于美国《山姆之子法》的法规（《山姆之子法》是在逮捕了美国连环杀手大卫·贝尔科维茨之后批准通过的。贝尔科维茨专门选择热恋中的情侣作为杀害对象，他在给警察局和纽约各媒体写信时署名“山姆之子”，因为“山姆之子”案件在美国十分轰动，所以贝尔科维茨一经逮捕就引来了许多知名出版商向他释放商业信息。愤怒的社会舆论坚决要求禁止杀人狂利用受害人的鲜血发财，《山姆之子法》得以出台），以防止犯罪分子利用自己犯下的刑事罪行，以被害人的鲜血为代价获取商业收入。同样，一些报业评议会选择严格限制向证人（有时向罪犯）支付报酬的行为，目的就在于避免对诉讼程序造成妨害。鉴于前述事实，公共机构也不应以商业理由或者其他与执法无关的目的，利用在审刑事案件的信息。这一建议显然是恰当的。

---

① Council of Europe, *Recommendation Rec* (2003) 13 *of the Committee of Ministers to Member States on the Provision of Information through the Media in Relation to Criminal Proceedings*, July, 2003: 10.

② Ibid., p. 16.

③ Ibid., p. 4.

④ Ibid., p. 6.

5. 私法救济

关于审前保密制度的刑法规定并不是对传媒涉法院言论进行限制的唯一来源。在大陆法系的大部分国家，这些刑法规定都有私法救济措施作为补充，私法救济措施的目的在于进一步保护诉讼参与者的隐私、尊严和声誉。事实上，媒体对刑事案件不公正的报道不仅可能妨碍司法程序的正常运作，也侵犯了诉讼当事人的基本权利，不论这一诉讼的结果如何。犯罪嫌疑人可能仅因被起诉就会感到被羞辱，这一羞耻感甚至在其被宣布无罪之后仍然伴随着他。实际上，舆论法庭可以对犯罪嫌疑人判处辅助性的声誉制裁，这一制裁独立于司法机关对案件事实的认定，并且在诉讼判决作出之后仍然会持续很长时间。另外，刑事犯罪中的被害者或证人的良好个人状况，也可能会因不受限制的传媒自由而受到严重影响。

大陆法系的法律制度早就发展出了一套复杂的规则和学说，以防止公民的人格权受到非国家行为者的干扰。这些救济措施包括禁令、改正以及赔偿，通常由民法典或特别制定法条款加以规定。这些措施现在越来越多地被作为规范传媒涉法报道中行使言论自由方面的控制手段。可以说，如果可以进行良好的架构，私法手段可能会促进在审案件报道水平的提高，而不会过分限制新闻传媒监督功能的发挥。前述措施被视为对“镇压式”刑事起诉模式的一种有效替代，因为刑事起诉模式具有这样的弊端，即要么对一方过于保护，要么不具实效，因此被认为过于极端化。①

其一，对犯罪嫌疑人身份的披露及其匿名权。

传媒提供在审案件信息的自由经常会掩盖犯罪嫌疑人享有的匿名权。很明显，一个人如果已经被公开描述为犯罪嫌疑人，即使其不一定会被正式提起刑事指控，其社会尊严也仍然会受到强烈影响，如果媒体披露了针对这个人的控诉书，则这种影响会更大。

一些国家的法律制度，如美国，通常从这一假设出发，即认为对犯罪嫌疑人身份信息的知情权本身就是为公众所关注的问题，因此，在解决言论自由和犯罪嫌疑人匿名权之间的冲突时，往往倾向于前者。相比之下，大陆法系的司法辖区对犯罪嫌疑人的匿名权给予了相当的重视，在犯罪嫌疑人为少年时更为如此。这些地区通过一种平衡程序解决潜在的冲突。犯

① C. Roxin, *Strafrechtliche und Strafprozessuale Probleme der Vorverurteilung*, Neue Zeitschrift fur Strafrecht [NStZ], 1991: 157.

罪的性质、被告人的地位（公众人物抑或普通公民）以及所收集到的证据的价值，这些都是在决定是否将被告人的身份信息公之于众时最常考虑的因素。例如，这一事项在奥地利、瑞士和德国曾被广泛地讨论和争论过。这些国家的法律制度依据这一假设，即对犯罪嫌疑人身份信息的公开其本身并不是一件涉及公共利益的事情。因此，作为一般原则，在判决作出之前，犯罪嫌疑人的姓名和照片不能被自由扩散。然而，如果有证据表明社会公众享有知悉前述信息的特定利益，则对这一信息的公布就可能被视为合法。例如，在下述情况下，对相关信息的公布就是合法的：第一，所涉嫌的犯罪是一项重大的且具有很高可诉性的罪行；第二，被告人是公众人物；第三，犯罪嫌疑人的身份信息已被公众所知悉。

总之，大陆法系国家的法律制度给予了犯罪嫌疑人匿名权广泛而明确的保护。新闻传媒的行为需要与成文法保持一致，在奥地利和德国，传媒自觉地做着这一点，即在被告人被定罪之前，不公布他们的姓名或者照片。对于那些广受关注的案件及被告人，同样如此。然而，与前述国家形成对比的是，在法国，法院似乎不太愿意给予匿名权保护，在犯罪嫌疑人的姓名或照片被披露并威胁到其享有的“无罪推定”权利的时候，法院才会给予该利益保护。不过，在法国和意大利，有特别立法规定禁止公布戴手铐的人的照片，以及性犯罪中被害人的照片，除非获得了他们的事前同意。

其二，不公平的案件报道和无罪推定。

传媒对刑事诉讼的报道经常会有损犯罪嫌疑人的荣誉和名誉。在大多数欧洲司法辖区，若宣称某人犯了刑事罪行会构成诽谤。然而，若指控属实，则可用来作为解除被告人法律责任的有效辩护。因此，若有人被某一报道描述为某一刑事犯罪的罪犯，而该人最后真的被判有罪，则该人不会为此以诽谤而起诉媒体。

然而，声誉并不是唯一的可能因传媒的不公平报道而遭侵犯的权益。许多法律制度中都有关于无罪推定的特殊保护规定。根据《欧洲人权公约》第6条第2款的规定“每一个被指控刑事犯罪，但在未被依法证实有罪之前的人都应当推定为无罪”，由此便从这一规则中得出一个普遍原则，即原审被告在没有证据证明有罪之前都应该推定是无罪的。欧洲人权法院还依据这一原则做出了若干裁定。不仅如此，无罪推定原则的适用还应获得更为广泛的认可，那就是，在最终判决下达之前，每个公民都有不被公开宣告自己为刑事罪犯的权利。

《欧洲人权公约》第 6 条第 2 款的规定起初只约束公共当局。然而，最近无罪推定思想也越来越多地运用到处理私人之间“横向”的关系上。当然，这并不意味着个人有权被其他任何公民认定是无辜的。而是说，在争议提交法庭裁决时，无罪推定原则应作为解决争端的规范标准，并且在对私法条款的解释和执行上更普遍地加以适用。德国法律在这一方面相当具有开创性。早在 20 世纪 80 年代，德国法院就通过扩大适用人格权一般条款所赋予的保护措施，将“无罪推定”权利纳入保护范围。[①] 这里有一个著名的案例，有一家媒体公司因发表了一篇文章而被要求承担损害赔偿责任。文章报道说一名高级入境事务主任利用负责批准居留证的职务之便，为叙利亚恐怖分子办理了居留证并从中谋取了金钱利益，这构成了犯罪。法院强调，无罪推定是一般人格权的构成要件，如果一个人在没有被依法证明有罪之前就被公然指认触犯了刑事罪行，这样的报道就是违背无罪推定原则的。法院于是判令给予原告禁令救济和赔偿，而被告则承担了为所报道的事实提供证据的责任。[②]

然而该案件的解决方式却遭到学者们的公开批评，他们担心这种做法会造成言论自由的“寒蝉效应”。事实上，德国最高法院已经强调了平衡无罪推定与言论自由的必要性，并阐明了平衡的标准，以保证报道的公正性。事实也说明，为了实现新闻自由和个人的人格权之间的平衡，将无罪推定作为一个规范性参数的想法已经获得了更广泛的认同。法国和奥地利也采取了类似的立场。法国《刑事诉讼法》及对人格权保护的一般原则，对无罪推定原则给予了保护，在 1993 年法国《民法典》的修订中，对无罪推定原则的保护获得了进一步加强。[③] 而在奥地利，对无罪推定加以保护已愈来愈受到重视。一些可能达不到诽谤诉讼门槛的诉讼请求，仍然被法院依照《媒体法》第 7 条 b 款（1）的规定受理了下来。例如，把经非法处理的个人数据作为有罪证明的参照，当事人若认为媒体的这一行为已经违反了《媒体法》第 7 条 b 款的规定，则相应的损害赔偿请求就产生

① OLG Koln. June2 [M]. 40 NJW, 1987: 2682, 2684.

② Ibid.

③ Patrick Auvret. Le droit au respect de la presumption d'innocence [D]. JCP 1994, I, 1994: 497, 3802.

了，而不管案件是否正处于上诉当中。同样，如果新闻报道误导人们狭隘地以为，某个案件的犯罪嫌疑人同时也应对其他几个还未被起诉的案件负责时，该报道也是违法的，受害人也有权要求损害赔偿。

三 两大法系调控模式的评论

有不少人认为，在现代社会，新闻传播是工业体系的一部分，它通常受到商业利益的驱动，并因此应与其他商业活动一样受到监管。现实中，人们对传媒自由报道司法程序这一做法的态度同样也是矛盾的。一方面，传媒被誉为“有效司法行政的仆人，……（因为传媒）不是简单地报道与审判有关的信息，而是把警察部门、检察机关和审判机关的司法活动都置于广泛的公众监督和批评之下，从而有效地预防了司法审判的错误”；另一方面，它又不断被描述为传媒工业中一块有利可图的领域，因为它利用了民众对所有敏感事件的关注热情。但这两种观点并不一定就是完全不相容的。法律的任务在于防止一种对社会有价值的活动（如向公众报道司法程序的过程），在市场的压力下转变成为一种缺乏责任的强权运动。但要明确的是，要达到预防性、压制性和中和性的完美结合，所采取的措施绝不会是对概念的简单照搬，而应该是强度不同和极富个性的。

本书对比分析了管制传媒涉法院言论的三种模式：美国的中和方法、英国的保护模式以及大陆法系的预防性措施。与英、美两国做法不同的是，大陆法系国家采取了与其非对抗式刑事诉讼模式相一致的思想。相对来说，大陆法系国家并不太关心传媒对司法程序的自由报道对司法公正产生的影响，相反却很重视保护诉讼参与人的人格尊严和个人声誉等利益。大部分司法技术的采用，如一般刑事制裁、司法救济、对行为的专业规范指导等，其核心都在于防止舆论对个人声誉的口诛笔伐造成一种不可控制的破坏性影响。最近的趋势是扩大无罪推定的适用范围，将其适用于被告和传媒之间的横向关系，这一点正清晰地反映了这一态度。

也许有人会指出，该模型反映了强烈的个人主义色彩，低估了新闻媒体的监督功能，从而使其与英美法系国家之间的交流变得不可能。这种说法在某种意义上不无道理，相对于美国而言，欧洲法律为了维护审判的公正（英国法）或个人声誉（大陆法），甚至两者兼有，更倾向于对传媒的言论自由做出一定限制。但尽管如此，那种认为美国法律不关心个人隐私和尊严，而大陆法系国家的法律总是以保护犯罪嫌疑人人格权的名义牺牲新闻自由的说法是荒谬的。此外，每一种分类方法都应当是非常灵活的，应当能充分考虑法律制度的变革问题。就这一点而言，将言论自由权上升到宪法性权利这一现象，就已经缩短了美国和其他普通法国家在法律实践上的差距。同样，欧洲人权法院最新出台的判例法中也越来越多地表现出重视传媒的监督作用，尤其是在政治言论遭遇危机的时候。为了阻止成员国对本国的传媒施加过多的限制（即使这些限制是以保护诉讼参与人或司法当局的隐私，或是保证司法公正为理由），欧洲人权法院在一系列重要判例中都贯彻实施了比例原则，因此，从这方面看，各国法律相互融合的态势正在发生。

毋庸讳言，在任何一个法律体系中，寻求传媒自由、审判公正以及保护诉讼参与人个人利益三者之间的一种能被人们接受的平衡，是非常艰难的任务。因为它涉及的并不只是立法技术的问题，更多的是在任何社会中都应做出的对最佳价值的选择。比较法不可能也不应该告诉我们最好的解决方法是什么，但是它能在很大程度上帮助我们明白法律做出某种价值选择的原因，从而更好地理解这一选择。

专题四

环境民事诉讼问题探讨

谁该作为云南铬渣污染案的原告

2011年8月12日，《云南信息报》报道了云南省曲靖市陆良县剧毒铬渣污染事件，陆良化工实业有限公司非法转移堆放铬渣5000余吨，致使当地水库六价铬超标2000倍，直接威胁珠江源头南盘江。消息一经公布，立即引起了人们的广泛关注，相关职能部门也着手展开深入调查。

2011年9月20日，公益环保组织"自然之友"的公众参与项目负责人杨洋、"自然之友"武汉小组负责人、盈科律师事务所武汉分所合伙人曾祥斌律师等组成的"公益诉讼律师团"作为原告，将云南省陆良化工实业有限公司、云南省陆良和平科技有限公司起诉至曲靖市中级人民法院，要求二被告赔偿因铬渣污染造成的环境损失1000万元，同时停止并消除铬渣污染。在原告的诉状中，曲靖市环保局被列为第三人。但在法院最终立案的起诉状中，原告方变成了"自然之友"、曲靖市环保局以及重庆市绿色志愿者联合会三方主体，诉讼请求没有变化。有学者对于此次公益诉讼获法院立案给予了高度评价，并称其为我国环境公益诉讼的历史性突破，对我国无利益相关者提起公益诉讼而言，是个良好的开端。但在笔者看来，在我们为此欢欣鼓舞的同时，应当发出这样的疑问："自然之友"等三方作为本案原告主体是否合适？究竟该由谁来作为本案的适格原告呢？

一 “自然之友”等环保团体可否作为本案原告?

在我国近年来较有影响的环境公益诉讼案件中，都能看到环保团体或组织的身影：2008 年，中华环保联合会就云南阳宗海污染事件向法院提起公益诉讼；2010 年，重庆绿色志愿者联合会对国电阳宗海发电公司二氧化硫减排不力提起公益诉讼；2010 年年底，中华环保联合会对贵阳定扒造纸厂排放工业污水事件提起公益诉讼。

有学者认为，环保团体或组织致力于环境保护工作，因此最适宜作为环境公益诉讼的原告主体。在持论者看来，环保团体或组织作为原告主体的正当性在于：第一，环保团体具有一定的公益性，有代表公共利益的合法基础；第二，环保团体一般不使用公共财政资源，独立于政府，可以更好地做到中立；第三，环保团体内有专业人士的支持，有筹集资源的渠道和能力，可以支持其诉讼活动并负担诉讼成本；第四，环保团体有群众基础，对公众利益更加了解，有代表公众的现实基础。

但在笔者看来，前述理由较为牵强，并不足以支撑环保团体或组织成为环境公益诉讼最合适的原告人选。首先，环保团体虽具有公益性和群众基础，但专门从事环境保护工作的政府部门和作为法律监督机关的检察院所具有的环境公益性较环保团体更强。因此，以环境公益性为由支持环保团体成为原告人选，理由并不充分。其次，环保团体虽然一般不使用公共财政资源，但并不能因此保证其应有的中立性。环保团体或组织会接受有关利益集团及个人的资助，将其作为活动经费。这一现象使环保团体或组织容易受到出资人的影响，进而表现出明显或潜在的利益倾向。这种利益倾向无疑将有损其在维护社会公益时所应持有的中立立场，进而动摇其作为公益代表的正当性基础。再次，由于环保团体或组织为民间组织，官方背景的缺乏常常导致其筹集资源的渠道较少，筹资的能力也不强；即使通过种种渠道筹集到一些资源，但跟经济实力通常比较强大的污染企业相比，环保团体所筹集到的这些资源往往微不足道。若污染企业在环境诉讼中为胜诉而不惜重金投入，则环保团体或组织仅靠这些资源与之对抗，其胜算将不得不打上大大的问号。最后，环保团体有群众基础，了解公众的环境利益，但政府的环保部门与检察机关同样也具有这一特点。可见，将公众代表性作为支持环保团体或组织成为环境诉讼原告人选的理由，同样是牵强而不充分的。此外，我国目前众多环保团体在素质和能力方面参差不齐的现象较为明显，尚不足以承担维护社会公众利益的重任。基于前述理由，本案中的“自然之友”、重庆市绿色志愿者联合会等环保团体或组织并不适合作为原告主体。

二 曲靖市环保局可否作为本案原告？

作为环境保护主管部门，各地环保局等环保部门在近年来的环境公益诉讼案件中的表现也较为积极和活跃。2007 年 12 月，贵阳市“两湖一库”管理局就贵州天峰化工有限公司环境污染案向法院提起诉讼；2010 年 6 月，昆明市环保局就辖区内两家养猪企业污染地下水源，致使村民出现饮水危机事件向法院提起诉讼。

虽然环保部门在近年的环境污染案件中频频以原告身份出现，但关于其原告资格的争论却始终不曾停止过。支持环保部门作为原告主体的观点认为，作为执法者，环保局可以对污染者作出行政处罚和行政命令；而在充当公益诉讼主体时，环保局就成了财产所有权人的代表，代表公共利益要求污染者停止对环境的侵害，这两个身份并不互相取代。同时，环保部门能最快捷、最及时地发现环境污染问题，对证据的收集最完善、最便利，行政执法中固定的证据可以作为诉讼中的证据使用；环保部门对相关法律法规的熟知、掌握程度，以及所掌握的资源也优于其他诉讼主体。但在反对者看来，环保部门作为法定监管部门，拥有充分的行政权力来预防和控制污染，因此没有必要再赋予其提起公益诉讼的权力；如果允许环保局径行提起诉讼，相当于逃避行使行政权，有怠于履行职责的嫌疑；此外，允许其诉讼即意味着同时运用行政程序和司法程序，会造成行政和司法资源的浪费。

笔者也对环保部门作为环境公益诉讼的原告主体持反对意见，除前述理由之外，原因还在于环保部门可能会凭借其本身所具有的公共权力而在诉讼中处于优势地位，进而导致诉讼中当事人地位的不平等；另外，环保部门为了保护社会中某些社区或某些人群的利益而提起诉讼，难以摆脱滥用公共资源的嫌疑。本案中，曲靖市环保局不仅不应成为原告主体，反而应当承担对污染企业监管不力的责任，而作为本案的共同被告。在 2010 年 8 月最高人民法院出台的《关于为加快经济发展方式转变提供司法保障和服务的若干意见》中，要求各级人民法院要依法受理环保部门代表国家提起的环境污染损害赔偿案件，这一规定的合理性值得商榷。

三 检察机关应当作为本案的唯一原告主体

笔者认为，应当由检察机关作为环境公益诉讼的唯一原告主体。

第一，检察机关是我国宪法所明确规定的法律监督机关，其对国家法律是否被切实得以遵守与执行负有监督责任。从这个角度来说，检察机关在行使监督权力时实际上就扮演了国家利益的代言人的角色，是国家利益与社会公众利益的代表，而环境利益无疑是其中一项非常重要的利益。

第二，作为专门的国家法律机关，检察机关所具备的应对诉讼的能力与技巧不容置疑。对环保团体、环保部门来说，检察机关应对诉讼事务的能力与水平显然是它们不能比拟的。环境污染案件涉及范围广，取证难度较大，案情也远比一般案件复杂，所有这些因素都要求环境公益诉讼的原告主体必须具备很强的应诉能力。这一能力的具备与否，将直接关系到环境公益能否切实地受到保护。

第三，《刑事诉讼法》明确规定，如果国家财产、集体财产由于被告人犯罪行为而遭受损失的，人民检察院在提起公诉的时候，可以提起附带民事诉讼。显然，这一规定赋予了检察机关在刑事诉讼中为维护国家利益、集体利益而提起公益诉讼的权利。因此，在检察机关追究环境污染责任人相应刑事责任的同时，可以同时向其提起以保护环境公益为目的的附带民事诉讼，要求污染责任人承担相应的民事责任。当然，笔者认为保护环境公益的目的并非仅能通过提起刑事附带民事诉讼的方式实现，在环境污染责任人不需承担刑事责任，或者需要追究环境保护部门相关人员的行政责任的时候，检察机关应当也可以通过提起民事诉讼或行政诉讼的方式，来实现对环境公益的保护。而就环保团体与环保部门而言，法律（而非司法解释）至今仍然没有明确赋予它们环境公益诉权，因此，在当前的司法环境下，它们提起环境公益诉讼时可能会遭遇立案方面的尴尬。

第四，国外检察机关参与环境公益诉讼的做法与经验可以为我国借鉴。在法国，检察机关可以直接提起民事诉讼，其中包括就环境污染案件所提起的民事诉讼；日本检察机关可以作为公益代表人参与到与社会公益密切相关的民事诉讼中去；美国建立了一整套相对完整的环境公益诉讼制度——在美国，检察机关可以作为政府的代表，对涉及政府利益以及社会公众利益的环境侵权案件提起环境公益诉讼或者参加到此类诉讼中来。可以说，不管是在大陆法系国家，还是在英美法系国家，检察机关实际参与环境公益诉讼的现象都很普遍。同样都是国家及社会公益的代表，我国检察机关同样可以通过提起环境公益诉讼，实现对公众环境利益的保护。目前，我国一些地方检察机关已作出了一些有益的探索，通过实践证明由检察机关作为环境公益诉讼的原告，不仅可以实现对环境公益更好的保护，还可以产生良好的社会效果。因此，基于前述理由，笔者主张应当由检察机关作为环境公益诉讼的唯一原告主体。就本案而言，笔者认为宜由陆良县人民检察院或曲靖市人民检察院作为唯一原告主体提起环境公益诉讼。

实际上，由检察机关作为环境公益诉讼的唯一原告主体，除了具有前述优势之外，还可以实现环境公益诉讼中原告主体多元化向一元化的转变。目前，我国司法实践中环境公益诉讼原告主体的多元化现象较为普遍，并由此带来了一系列弊端，主要表现为程序效率的低下与司法成本的上升，以及因原告主体诉讼能力欠缺而对公众利益保护所造成的潜在威胁。而环境公益诉讼原告主体的一元化，则可有效消除前述弊端。具体来说，在这一模式中，一个环境侵权行为只需要由检察机关提出一起诉讼即可。若该环境侵权行为侵犯了不同主体的环境利益，则起诉的检察机关可代表受害的不同主体，在诉讼中分别提出不同的诉讼请求。换句话说，在一起环境侵权诉讼中，检察机关既可代表受害公众，要求污染环境的有关责任人予以民事赔偿，又可要求进行不当环境管理活动的有关政府部门，作出赔偿或者改变其具体行政行为。检察机关也可以代表国家，对环境犯罪人予以刑事追诉。显然，通过在一次诉讼中提出多项诉讼请求，由检察机关作为唯一原告主体的一元化主体模式，可以有效避免多元化主体模式所造成的低效率与高成本。此外，由检察机关担当环境公益诉讼的一元化主体，还可以促进检察机关环境公诉权的一体化。要充分发挥检察机关对环境公益的保护作用，需要扭转人们长期以来形成的，认为检察机关公诉权仅限于刑事诉讼领域的狭隘观念，承认检察机关在民事诉讼和行政诉讼领域中的公诉权。在环境侵权案件中，环境公益受到侵害后，检察机关有权就该侵害行为针对侵害人向法院提出具体的民事请求，如停止侵害、恢复原状、赔偿损失等，若有必要追究相关人员的刑事责任与行政责任，则可向法院提出给予其刑事制裁或行政处分的请求。环境公益诉讼中公诉权的一体化，能够最大限度地满足复杂的法律关系对公益诉讼的公正与效率的要求。

论我国环境诉讼原告主体的一元化

环境诉讼作为一种新兴的诉讼形式，在自然环境及公民环境权利的保护方面发挥着重要作用。在我国，新的民事诉讼法已经将其确立为一种法定的诉讼形式，且司法实践中对环境诉讼的运用也已经愈益广泛。就形态而言，环境诉讼被进一步划分为环境民事诉讼、环境行政诉讼与环境刑事诉讼三种类型。[①] 可以说，在环境诉讼的运用方面，我国的司法实践已经走在了立法的前面。然而需要指出的是，由于理论研究的滞后，以及立法规范与指导的匮乏，我国实务部门对环境诉讼的运作显示出了强烈的探索性色彩，换句话说，实践中对环境诉讼的利用在很大程度上都是在“摸着石头过河”。探索性的实践虽然有助于为今后的立法完善提供镜鉴，但由此所造成的混乱和争议亦是不可避免的。目前，这种混乱和争议最突出地显现在环境诉讼的起诉主体方面。这一方面，虽然新《民事诉讼法》规定“对污染环境、侵害众多消费者合法权益等损害社会公共利益的行为，法律规定的机关和有关组织可以向人民法院提起诉讼”，但这里所说的“法律规定的机关和有关组织”并不明确，由此也导致不同法院对于当事人起诉资格的把握互不相同，进而使实践中的环境诉讼乱象纷呈。有鉴于此，本书的研究范围将限于对环境诉讼原告主体的探讨。

一　原告主体的多元化及其弊端

（一）我国环境诉讼起诉主体的多元化

所谓环境诉讼原告主体的多元化，指的是在环境诉讼中，原告方当事人可以由不同的主体充当，而不存在明确且固定的单一主体。在前述三种类型的环境诉讼中，因刑事公诉权的行使主体只能为检察机关，故在环境刑事诉讼中并不存在原告主体多元化的现象。相对而言，环境民事诉讼与

---

① 实践中对环境诉讼所进行的类型划分，其依据乃在于诉讼中被告的不同，具体来说，以自然人和单位（包括法人组织和非法人组织）为被告的环境诉讼为环境民事诉讼；以行政机关为被告的环境诉讼为环境行政诉讼；以环境犯罪人为被告的环境诉讼为环境刑事诉讼。参见蔡守秋《论环境公益诉讼的几个问题》，《昆明理工大学学报》（社会科学版）2009 年第 9 期。

环境行政诉讼原告主体的多元现象最为明显。在实践中所出现的历次较有代表性的环境民事诉讼与环境行政诉讼中，充当原告方当事人的主体主要包括检察机关、政府部门、环保团体或组织、公民个人等。如在被视为广东首例环境公益诉讼的“广州石榴岗河污染公益诉讼案”① 中，其原告方当事人就由广州市海珠区人民检察院担当。而在贵州省首例环境公益诉讼案——“贵阳市‘两湖一库’管理局诉贵州天峰化工有限公司环境污染纠纷案”② 中，原告方当事人则由“两湖一库”管理局这一政府部门担当。在“塔斯曼海”油轮海洋环境污染案③中，原告方当事人由多个主体充当，其中既包括天津市海洋局、天津市渔政渔港监督管理处等政府部门，又包括代表渔民和养殖户提起诉讼的天津市塘沽区大沽渔民协会、塘沽区北塘渔民协会等社会组织。2011 年发生的“云南铬渣污染案”，则由“自然之友”组织、曲靖市环保局以及重庆市绿色志愿者联合会等三方主体作为共同原告。在我国当前的现实条件下，因为法律对环境诉讼原告主体资格所作的限定并不明确，所以认为不同的多个主体均享有环境公益诉讼的起诉权，这一观点从法理上来说似乎也并非不能成立。不仅如此，赋予多个主体在环境诉讼中提起诉讼的权利，对于保障各方主体基于环境权而衍生的诉权而言，亦不无积极意义。

（二）原告主体多元化的弊端

虽然存在前述正当性与积极意义，我们仍然不赞成将环境诉讼的起诉权利赋予多个不确定的主体。在笔者看来，我国当前在环境诉讼原告主体方面的开放态势存在诸多弊端。

首先，原告主体的开放态势会导致程序效率的低下及司法成本的上升。这一点在因一次环境侵权行为而提起多次诉讼的场合表现得最为显著。在环境侵权行为侵犯不同主体的不同利益时，这些利益主体会分别提起环境民事诉讼、环境行政诉讼以及环境刑事诉讼。如甲地 A 企业负责人张某无视《环境保护法》等法律、法规的禁止性规定，指示企业员工向

---

① 关于此案的详细报道可参见邓慧玲《广东首例环境公益诉讼获胜》，《中国环境报》2009 年 1 月 20 日。

② 关于此案的详细报道可参见詹爱华、罗开林《贵阳环保法庭审结第一案解决污染治理》，《中国环境报》2008 年 1 月 3 日。

③ 关于此案的详细报道可参见高暄《我国首例海洋生态索赔案宣判，塔斯曼海油轮因溢油污染赔偿海洋环境容量损失 1 千万元》，《中国环境报》2005 年 1 月 6 日。

作为当地居民饮用水源的某河流偷排大量含高致病性元素的工业污水，致使饮用了被污染河水的民众大面积发病，给当地居民的身体健康造成了严重危害。当地居民对A企业的偷排行为虽一再举报，但当地环境保护部门却迟迟不对A企业采取任何制止及处罚措施。无奈之下，当地居民只好向人民法院起诉，要求A企业对于遭受健康损害的民众作出民事赔偿。同时，当地居民还以环保局为被告，向法院提起行政诉讼，要求其承担因行政不作为所造成的损失。检察机关在接到当地居民的举报材料之后，认为A企业负责人张某应为偷排所造成的严重后果负刑事责任，遂以“投放危险物质罪”向法院提起刑事公诉。在这一案例中，受侵害的居民与人民检察院因同一起环境侵权行为，而分别向法院提起了民事诉讼、行政诉讼与刑事诉讼。虽然各起诉主体的利益诉求并不相同，且都有其正当性基础，但因一次侵权行为而提起多次诉讼，从效率角度而言，很难说符合程序的效率性追求。很显然，在每一起诉讼中，法院都需要对相同的案件事实进行重复调查；而因案件的性质不同，在目前的诉讼框架内，法院无法对前述几起诉讼实现合并审理。因此，重复调查与重复审理所带来的低效率与高成本是显而易见的。

其次，将环境诉讼的起诉权利赋予多个不确定主体的做法，实际上亦不利于对受侵害的公众权利予以周全保护。众所周知，环境诉讼比一般的诉讼更为复杂，特别是在对侵害事实的调查取证方面，对参诉当事人的诉讼能力有较高的要求。同时，在环境诉讼中，原告方当事人所面对的被告往往是经济实力较为强大的公司企业，这些被告通过聘请律师作为其代理人，在诉讼中往往会占据较为有利的地位。这对原告方当事人的诉讼能力显然是另一种考验。除此之外，在环境诉讼中，受侵害的公众利益较为分散，可以说受侵害的每个人都有不同于他人的利益偏向。这种利益偏向使任何个人或团体都很难具有广泛的代表性，同时也在很大程度上削弱了作为原告方当事人的代表的正当性基础。司法实践中，由于人们普遍存在的“搭便车”心理，实际上很少有人会愿意花费大量的时间和精力，并且冒着有可能无法收回诉讼成本的风险，而代表广大受害者主动提起环境诉讼。有人认为，致力于环境保护工作的环保团体最适宜作为环境诉讼的原告主体。在持论者看来，环保团体作为原告主体的正当性在于：第一，环保团体具有一定的公益性，有代表公共利益的合法基础；第二，环保团体一般不使用公共财政资源，独立于政府，可以更好地做到中立；第三，环保团体内有专业人士的支持，有筹集资源的渠道和能力，可以支持其诉讼活动并负担诉讼成本；第四，环保团体有群众基础，对公众利益更加了解，有代表公众的现实基础。[①] 但在笔者看来，前述理由并不足以支撑环保团体成为环境诉讼最适宜的原告人选。应当承认，众多环保团体在素质和能力方面参差不齐的现象较为明显，将维护社会公众利益的重任交由其承担，会对社会公益构成潜在威胁。更为重要的是，由于环保团体会接受有关利益集团及个人的资助，其容易受到出资人的影响，进而表现出明显抑或潜在的利益倾向。这种利益倾向无疑将有损其在维护社会公益时所应持有的中立立场，进而动摇其作为公益代表的正当性基础。因此，由环保团体担任环境诉讼的原告主体，实际上并不利于对受侵害公众权利的全面保护。而由政府部门担当环境诉讼原告主体的主张，同样会遭遇来自多方面的质疑，比如政府部门会凭借其所享有的公权力而在诉讼中占据优势地位，进而导致诉讼中当事人地位的不平等；同时，政府部门为了保护社会中某些社区或某些人群的利益而提起诉讼，难以摆脱滥用公共资源的嫌疑。[②] 此外，环保部门作为法定的环境监管部门，拥有充分的行政权力来预防和控制污染，因此没有必要再赋予其提起公益诉讼的权利；如果允许环保局径行提起诉讼，相当于逃避行使行政权，有怠于履行职责的嫌疑；同时，允许其诉讼即意味着同时运用行政程序和司法程序，会造成行政和司法资源的浪费。基于以上理由，政府部门也不适合作为环境诉讼的原告主体。可见，为了对社会公益予以全面保护，有必要改变现实中将环境诉讼的起诉权赋予多个主体的做法，而将其赋予最能代表公众利益的独立且唯一的主体。

最后，受制于我国现行法律的有关规定，多元化主体在环境诉讼中很难发挥实际作用。根据我国现行民事诉讼法第 119 条的规定，我国民事诉讼的原告应当是与本案有直接利害关系的公民、法人和其他组织。不难发现，民诉法在民事诉讼原告主体的资格上强调“与本案有直接利害关系”。按照这一标准，有资格提起环境民事诉讼的，只能是人身或者财产权益因环境侵权而受到直接侵害的人。然而在大量的环境侵权案件中，受

---

① 李挚萍：《欧洲环保团体公益诉讼及其对中国的启示》，《中州学刊》2007 年第 4 期。

② 李挚萍：《中国环境公益诉讼原告主体的优劣分析和顺序选择》，《河北法学》2010 年第 1 期。

害人所遭受的环境侵害大多是“间接的”和短时间内难以发现的。因此，民诉法的这一规定实际上将很多受侵害人挡在了环境诉讼的门外。如在由北京大学法学院教授及研究生所提起的“松花江公益诉讼案”[①]中，黑龙江省高级人民法院立案庭拒绝接受本案时所给出的理由就是“本案与你们无关，目前本案不属于人民法院的受案范围”。尽管民诉法关于原告资格的规定存在明显的缺陷，但在法律作出修改之前，这一规定仍会对现实中很多受侵害的公民个人或者环保团体的起诉构成极大的限制。而在我国目前行政诉讼的架构中，《行政诉讼法》将行政诉讼的原告限定为具体行政行为的相对人，排除了受具体行政行为影响的非相对人的原告资格。这就使非相对人在因具体行政行为而遭受环境侵权时，难以通过提起行政诉讼来维护自己的合法权益。比如某政府部门批准某企业在某地建设排放污染物的设施，该具体行政行为并不对作为相对人的企业的权益造成损害，但对附近的居民、法人或者其他组织的合法权益造成了侵害。在此种情形下，由于受到侵害的居民、法人或者其他组织并非行政管理的相对人，故而不具备起诉的资格。同前述民诉法对原告资格的限制一样，《行政诉讼法》对原告资格的限定也存在不合理之处，但在法律作出修改之前，作为非相对人的公民、法人或其他组织欲借助行政诉讼来维护自己的环境权益，势必将遭遇更多的困难。[②]

二　原告主体的一元化及其优势

（一）我国环境诉讼原告主体的一元化

正是由于环境诉讼原告主体多元化存在前述弊端，因此我们提倡原告主体的一元化。换句话说，我们应扭转当前在环境诉讼原告主体方面的开放态势，而强调在提起主体方面的封闭性。在检察机关、政府部门、环保团体或组织、公民个人四类主体中，环境诉讼的一元化起诉主体应当且只能是检察机关。在笔者看来，选择检察机关作为环境诉讼的唯一起诉主体，不仅是因为检察机关作为国家法律监督机关，是社会公益包括环境公

① 关于此案的详细报道可参见《北大法学院教授、研究生代表松花江，起诉中石油》，http：//biz. 163. com/05/1219/18/25BS8KPC00020QFA. html。

② 2015 年修订后的《行政诉讼法》对行政诉讼原告范围做了修改，将与行政行为有利害关系的公民、法人或者其他组织也纳入了原告范围。具体可参见《行政诉讼法》第 25 条第 1 款。

益的最佳代表，还因为检察机关无论是在诉讼能力上，还是在应诉技巧上，都比其他主体更加专业化，更加具有优势，而这对于更好地保护公众利益显然具有十分重要的意义。同时，由检察机关作为公益诉讼的提起主体有着较为明确的法律依据。我国《刑事诉讼法》第 77 条规定："被害人由于被告人犯罪行为而遭受物质损失的，在刑事诉讼中，有权提起附带民事诉讼。如果是国家财产、集体财产遭受损失的，人民检察院在提起公诉的时候，可以提起附带民事诉讼。"刑诉法的这一规定实际上承认了人民检察院在刑事诉讼中为维护国家利益、社会公共利益等具有公益性质的利益时享有公益诉权，可以依法以原告的身份提起诉讼。笔者认为，检察机关所享有的环境公益诉权不应仅局限于刑事诉讼领域，而应当延伸至民事诉讼领域及行政诉讼领域。当然，这需要对现行《民事诉讼法》与《行政诉讼法》关于原告资格的相关规定做出修改。从比较法的视角观察，检察机关参与公益诉讼已然成为国外立法和司法的趋势，无论是在大陆法系国家还是在英美法系国家，检察机关参与公益诉讼的现象都较为普遍。在大陆法系国家法国，检察官可以直接提起民事诉讼；在日本，检察机关可以作为公益代表人参与到与社会公共利益密切相关的民事诉讼中去。而在环境公益诉讼制度较为发达的美国，则建立了一整套相对完整的环境公益诉讼制度。在美国，检察机关可以作为政府的代表，对涉及政府利益以及社会公众利益的环境侵权案件，提起环境公益诉讼或者参加到此类诉讼中来。[①] 国外检察机关积极参与环境公益诉讼的做法，无疑给我国提供了有益的启示。就我国而言，检察机关参与公益诉讼案件在实践中已经有了多起成功的先例。在国有资产流失案件、反不正当竞争案件等案件中，某些地方检察机关勇于尝试，提起了若干旨在保护国家利益和社会公共利益的诉讼，并在社会中产生了良好影响。我国检察机关的这些既有经验，显然可以作为其提起环境公益诉讼的镜鉴。

（二）原告主体一元化的优势

将检察机关作为提起环境诉讼的一元化主体，具有多元化主体所不具有的优势。首先，原告主体一元化可以提高诉讼效率，并节约诉讼成本。在多元化主体的模式之下，不同主体可能会因为同一环境侵权行为，而提起不同类型的诉讼。因为源于同一个行为，这些不同类型的诉讼在程序的

① 李挚萍：《美国环境法上的公民原告资格》，《环球法律评论》2006 年第 1 期。

很多方面存在相同或相似之处，比如对案件主要事实的调查取证方面。这导致诉讼程序重复进行的现象较为普遍，进而严重影响了诉讼效率的提高，并形成了较高的诉讼成本。而在一元化主体的模式下，一个环境侵权行为只需要由检察机关提出一起诉讼即可。如果该环境侵权行为侵犯了不同主体的环境利益，则起诉的检察机关可代表受害的不同主体，在诉讼中分别提出不同的诉讼请求。易言之，在一起环境侵权诉讼中，检察机关既可代表受害公众，要求破坏环境的有关企业或个人予以民事赔偿，又可要求进行不当环境管理活动的有关政府部门，作出赔偿或者改变其具体行政行为。检察机关也可以代表国家，对需要追究刑事责任的环境犯罪人予以刑事追诉。不难发现，通过在一次诉讼中提出多项诉讼请求，由检察机关作为唯一原告方当事人的一元化主体模式，显然可以有效避免多元化主体模式所造成的低效率与高成本。在诉讼效率低下、司法资源紧张现象较为普遍的我国，此种一元化主体模式无疑有着更为现实的意义。

其次，将检察机关作为环境诉讼的一元化原告主体，可以给环境公益以更好的保护。在多元化主体模式下，受制于诉讼能力、诉讼成本以及潜在的诉讼风险，公民、环保团体在提起环境诉讼时往往存在诸多顾虑。这些顾虑以及公众的“搭便车”心理，使在发生环境侵权行为时，少有人愿意采取诉讼的形式来维护自身的权益，而更多的是息事宁人，被迫接受侵害者提出的不公正补偿条件。而由检察机关作为环境诉讼的一元化原告主体，则可避免上述情形的发生。很显然，检察机关的应诉能力与应诉技巧更强、更专业，这一点是一般主体，特别是普通公众所不能比拟的。在复杂的环境诉讼中，面对经济实力强大的被告方当事人，检察机关强大的诉讼能力与娴熟的应诉技巧是其取得胜诉判决的有力保障。同时，由于检察机关与侵害者及受害者双方很少有利益上的瓜葛，从而有助于避免检察机关在起诉时存在利益倾向，保证了其在诉讼中能够处在更加中立而公正的立场，进而有利于消除人们的质疑。

最后，由检察机关担当环境诉讼的一元化原告主体，可以促进检察机关环境公诉权的一体化。长期以来，人们普遍认为检察机关的公诉权仅限于刑事诉讼领域，而在民事诉讼与行政诉讼中不能提起公诉。这一传统观念在很大程度上限制了检察机关在民事诉讼与行政诉讼中发挥作用的空间。在环境诉讼中，如欲充分发挥检察机关对国家与社会公共利益的保护作用，则需要破除人们的前述传统观念，承认民事诉讼与行政诉讼中检察机关的公诉权。放眼世界，各国在确定检察机关性质的时候，普遍基于一个共同理念，即检察机关应当是一个完全立足于公正和正义的机关，而这无疑也是其在民事诉讼、行政诉讼与刑事诉讼中享有公诉权的依据。检察机关应当有权代表国家与社会公益提请法院追究犯罪嫌疑人的刑事责任，有权提请法院确认某一民事法律关系的效力、提请法院确认某一行政法律关系的效力，追究违法公民、法人和其他组织的刑事责任、行政责任和民事责任。在环境侵权案件中，国家和社会公益在受到侵害时，检察机关有权针对该侵害行为向法院提出具体的诉讼请求，如停止侵害、恢复原状、赔偿损失等，若有必要追究侵害人的刑事责任，则可向法院提出给予其刑事制裁的请求。环境诉讼中公诉权的一体化，能够最大限度地满足复杂的法律关系对公益诉讼的公正与效率的要求。现行法律中刑事附带民事诉讼制度就充分体现了立法者对刑事、民事公诉一体化的认同，这无疑应当成为同一公诉权建构的现实基础。

三 代结语——关于新民诉法有关规定的评论

修改之后的民诉法新增了关于民事公益诉讼的规定，这一举措被视为此次民诉法大修的最大亮点，也被视为公益诉讼制度在我国发展的重要里程碑。诚然“公益诉讼”条款终被写入民诉法，是值得充分肯定的立法进步——为公共利益而战，将结束数十年来在法律上没有名分的窘况。但与此同时，本次将公益诉讼写入民诉法的过程，从结果来看，依然存在诸多不足和遗憾。比如，公益诉讼应当如何认定，损害国家利益的行为是否可纳入民事公益诉讼的范畴，这一问题并未涉及；将民事公益诉讼的起诉主体规定为“法律规定的机关和有关组织”太过模糊，具体哪些机关和组织有权提起公益诉讼，起诉主体竞合时应当如何处理，是否会造成重复诉讼等问题并不明确；公益诉讼中关于举证责任分配、赔偿数额的确定以及赔偿金的归属与分配等亦未涉及；对于特定的环境公益案件，管辖法院如何确定、诉讼请求如何限定、原告收集证据的权利有多大、环境损害鉴定如何进行、要不要缴纳诉讼费用、原告能否放弃诉讼请求或者与对方和解、法院能否进行调解、能否发布禁止令、如何确定裁判的效力范围、裁判文书如何执行，等等，诸如此类的具体程序问题，新民诉法亦未涉及。因此，虽然此次民诉法将“公益诉讼”制度纳入其中意义重大，但在当前及今后一段时间内，我们还不能对该制度可能发挥的作用抱有过多期望，因为我们已经看到了这一制度因法律规定不完善而在今后实施过程中会遇到的诸多障碍。

虽然新的民诉法在公益诉讼原告主体方面规定得过于模糊，但有一点却表现得非常明显，那就是新民诉法对公益诉讼的原告采取了多元化的模式，而弃用了一元化模式。在笔者看来，这无疑是此次修法的另一失误。在民事诉讼法的后续修改中，立法者应当将检察机关确立为提起民事公益诉讼的唯一原告主体，这样才能对公共利益进行更好的保护，也才能与检察机关作为公共利益代表者以及法律监督者的身份相契合。对环境诉讼而言，尤为如此。需要指出的是，环境诉讼原告主体的一元化，固然可以带来诉讼效率提高、司法成本节约、可以给予环境公益更好的保护等积极效果，但在我国现行法律框架下，这一构想的实现还要面对来自各方面的挑战。因此，在未来对环境诉讼原告主体一元化的构建过程中，对现行法律予以修改，并对现行诉讼的构造加以改革将成为这一过程的重要内容。修改之后的法律应当明确承认检察机关作为环境诉讼合法起诉主体的地位；而在由检察机关充当一元原告主体的环境诉讼中，目前司法实践中所存在的环境诉讼的三种类型划分，亦将不再有存在的必要，因为检察机关可以在一起诉讼中，一并提出各种诉讼请求。可以说，由检察机关充当环境诉讼的一元原告主体，将有利于对现存的三种类型环境公益诉讼进行整合。

专题五

法律监督制度研究

论我国法律监督的主体混同与独立

作为我国宪法和组织法明确规定的国家法律监督机关①，检察机关在保障国家法律顺利实施，维护国家法制统一方面发挥着重要作用。然而，在我国检察机关法律监督权力的具体实施中，并没有对法律监督权力与其他权力的行使主体予以角色分离，换言之，在我国检察机关法律监督程序的实施过程中，同一主体在行使法律监督权力的同时，还在行使诸如侦查权、公诉权、抗诉权等权力。权力行使主体的角色混同引致人们对检察机关法律监督权力运作方式的批评与质疑，有人甚至以此为理由对检察机关法律监督权力的合理性表示怀疑，主张取消检察机关的法律监督权力。可以说，检察机关内部法律监督权力与其他权力行使主体的混同，已经对检察机关法律监督权力的正当性构成了威胁，应当引起充分关注。未来检察机关内部的法律监督部门应当独立设置，由其单独行使法律监督权力，唯此才能避免检察机关法律监督权力所受到的挑战。

一 检察机关法律监督主体与其他权力主体的混同及其弊端

检察机关内部法律监督主体与其他权力主体的混同，主要表现在如下

① 《宪法》第129条与《人民检察院组织法》均规定："中华人民共和国人民检察院是国家的法律监督机关。"

几个方面。

第一，法律监督权主体与侦查权主体混同。就目前而言，检察机关的自侦案件，即职务犯罪案件的侦查权由检察机关的反贪污贿赂局行使，反贪局同时亦享有决定逮捕权。这一权力配置对于检察机关的自侦案件来说，侦查权与对侦查活动的监督权的行使并没有明确分工，侦查权主体与侦查监督权主体也没有实现角色分离。

第二，法律监督权主体与刑事公诉权主体混同。对于刑事公诉权，长期以来，不少人都认为其是检察机关发挥法律监督职能的主要表现形式。在他们看来，检察机关对公诉权力的行使，是在履行法律监督职能，二者并不存在功能上的冲突和矛盾。而在刑事公诉案件的审理中，检察人员亦往往将自身定位为既是提起刑事公诉的公诉人，又是法律监督者，可以对法院的审判行为予以监督。检察人员兼具公诉人与监督者的双重身份，使其在提起刑事公诉时不可避免地表现出地位上的优越感，这时常成为引起检察机关与法院之间关系紧张的导火索。①

第三，法律监督权主体与民事抗诉权及民事起诉权主体混同。就检察机关的民事抗诉权而言，人们长期以来一直将其视为检察机关对于民事诉讼的法律监督权，并且将之视为检察机关对民事诉讼的主要监督方式。检察机关内部所设置的民行检察监督部门，其主要职责即为对生效的民事诉讼和行政诉讼的判决提起抗诉。这种抗诉权与监督权相互混同的权力格局，使民事抗诉中的检察人员亦具有了双重身份。近年来，随着国有资产流失、环境污染、损害消费者利益等涉及公共利益案件的不断增多，对公共利益予以司法救济的要求愈发迫切。因此，公益诉讼这一应对现代型纠纷的诉讼形式也日益为人们所认识和熟知。在近年来若干起有较大影响的公益诉讼中，一直活跃着检察机关的身影，并且由检察机关代表国家提起公益诉讼也取得了良好的效果。然而需要指出的是，检察机关基于其法律监督权而享有提起公益诉讼的诉权，仍然没有解决权力主体混同的问题，

① 如关于法官在开庭审理案件时检察官该不该起立的问题，就曾经引起检察机关与法院之间的所谓庭审礼仪之争。法院认为其作为中立于控辩双方并居于二者之上的第三方，地位高于作为控诉方的检察机关，因此检察人员在法官开庭时应起立，以示尊重；而检察机关则认为其作为法律监督者，地位高于法院，因此法官在开庭时检察官无须起立。围绕检察官该不该起立等“检法冲突”的详细论述，可参见龙宗智《检察官该不该起立》，《法学》1997 年第 3 期；贺卫方《异哉所谓检察官起立问题者》，《法学》1997 年第 5 期。

检察人员在公益诉讼中仍然扮演着公诉人和监督者的双重角色。

诉讼中检察机关前述角色的重叠所造成的后果是消极的，它引起了人们对于检察机关参与诉讼活动合理性的质疑：检察机关在扮演公诉人、侦查者、抗诉者等角色的同时，还在扮演着监督者的角色，这显然违背了“诉讼主体不得身兼二任”的原则，检察机关集“运动员”与“裁判员”于一身的做法严重有违司法公正。有学者指出，检察机关在诉讼中扮演双重角色会产生下述不利后果，即从逻辑上看，从事着相互矛盾的诉讼职能的检察机关要么会偏重法律监督而忽视追诉犯罪，要么倾向于追诉犯罪而疏于法律监督，而不可能两者加以兼顾。[①] 亦有学者担心，若检察机关享有法律监督地位将导致其在诉讼中凌驾于当事人和审判机关之上，从而打破诉讼的平衡性，因此主张不应赋予检察机关法律监督权。[②] 虽然我们不赞成取消检察机关的法律监督权，相反，我们主张应强化检察机关的法律监督权，但检察机关现行法律监督体制所存在的前述弊端应当引起我们的深刻反思。

二 法律监督主体独立化的正当性基础

就监督主体的设置而言，我们认为，应当在检察机关内部设置独立的法律监督部门，由该部门独享法律监督权力，改变先前将法律监督权与其他权力赋予同一主体的做法。将法律监督主体予以独立设置，既是实现司法公正的要求，也是树立检察机关法律监督权威性的需要。

（一）司法公正的实现需要法律监督主体的独立化

“在现代社会，司法应当以公正作为价值取向，公正与现代司法有着内在的联系，不与公正相联系的司法就丧失了现代司法的应有之义。”[③] 一般认为，司法公正包括实体公正和程序公正。所谓实体公正，指的是司法机关在准确认定案件事实的基础上，正确地适用了应当适用的法律，据此所作出的裁判结果就被视为公正的。因此，实体公正又被称为裁判结果的公正。而程序公正则是指司法活动过程的公正，是诉讼程序设计和程序

---

① 陈瑞华：《司法权的性质——以刑事司法为范例的分析》，《法学研究》2000 年第 5 期。

② 郝银钟：《中国检察权研究》，载陈兴良主编《刑事法评论》（第 5 卷），中国政法大学出版社 2000 年版，第 91 页。

③ 公丕祥：《论司法公正的价值内涵及制度保障》，载信春鹰、李林《依法治国与司法改革》，中国法制出版社 1999 年版，第 198 页。

规则选择运用方面的公正。虽然中国一直存在重实体公正而轻程序公正的现象，但程序公正的重要性是任何人都不能否认的。司法公正作为一种理念追求，必须通过程序公正予以实现。法律正义的最大特点就是强调必须以程序正义为载体和前提来追求公正的结果。程序公正是由立法公正通往具体实现社会关系公正的桥梁和纽带，其可以给人以形式上公正的感觉，并可以增加司法活动在一定程度上的可预见性。

就实体公正而言，其实现离不开法律监督机关的监督。实体公正的实现不仅要求正确理解和适用法律，还要求准确认定案件事实。由于法律适用的对象永远是发生过的事实，因此执法人员在适用法律的时候首先必须根据事后发现的证据对逝去的事实作出判断。但执法人员因职业特点所造成的先入为主的思维定式，以及执法者个人认识能力的局限性，往往会影响到其对事实认定的准确程度。不仅如此，执法者所持的政治立场、基于个人利益或阶层利益的考虑，以及来自外界的种种压力，都可能影响其对证明案件事实的证据的采信，影响对法律规则的把握，从而引发实体上的错误或不公。实体上的错误和不公显然违背了法律制定者的初衷，背离了法律适用的目的，导致司法权对公民权利的不当侵害，使法律的适用走向适用法律目的的反面。世界上任何一个国家在制定法律的时候，总是要设置一定的监督制约机制和司法救济手段，以防止和纠正法律适用的错误和不公对法制的破坏和影响。这一监督制约机制即为设置在检察机关内部的、独立的法律监督部门。就程序公正而言，程序正义的实现同样需要加强监督，这在我国有更为迫切的现实需要。程序正义的观念在我国远未深入人心，司法实践中“重实体、轻程序”的现象仍然十分普遍。在不少人看来，程序只是形式上的东西，可有可无，程序是否公正无碍司法公正的实现。这种观念显然是错误的，正是在这种错误观念的误导下，侦查机关才会只关注案件的侦破率而对侦查过程中的程序性要求视而不见，致使刑讯逼供现象屡禁不绝；也是在这种观念的支配下，审判机关才会强调案件审理的“从重从快”而将法定的审判程序置于不顾。实际上，实践中不少错案的发生往往不是在实体法的适用上，而更多的是发生在程序规则的适用上。不仅如此，“权力寻租”等司法腐败现象也对司法的程序公正造成了极大的威胁。所有这些都使得对司法程序的运作予以监督成为必需。在中国，确保程序公正的监督机制除了审计监督之外，法律监督机关的法律监督也发挥着重要作用。独立法律监督部门的设置使法律监督者与被监督者断绝了利益上的联系，有助于保障法律监督部门在行使法律监督权时秉持中立立场，避免了先前因法律监督主体与其他权力主体角色混同而产生的对监督主体公正性的质疑。这一措施不仅有利于促进司法的实体公正和程序公正，其对法律监督主体监督行为公正性的保障亦同样发挥着不容忽视的作用。

（二）法律监督权威的树立需要法律监督主体的独立化

按照《现代汉语词典》的解释，权威是指“使人信从的力量和威望”[①]。而按照《辞海》的解释，权威一是指“权力和威势”，二是指“源于拉丁文 auctori-tas，含有尊严、权力和力量的意思。指人类社会实践过程中形成的具有威望和支配作用的力量”[②]。在马克斯·韦伯看来，权威主要指的是服从的可能性。服从的获得可以通过两种方式：一是通过暴力或者武力强制别人服从；二是通过获得别人的内心认同，来达到令人信从的效果。相较而言，虽然通过暴力或者武力（力量）等强制方式可以达到让人服从的目的，但这种服从的效果很差，而且也不够稳定。获得服从的最好方式是前述第二种方式，只有获得了别人的内心认可，才能获致长久而稳定的威望，进而获得别人的信从。就检察机关的法律监督而言，其对被监督者需要树立权威形象。检察机关法律监督权威的获得不仅应依赖于国家赋予其的法律强制力，更应当依赖于被监督者的内心认可。与其他机关相比，检察机关在履行法律监督职能方面有着更为丰富的经验和更为浓厚的法律监督色彩。不仅如此，借助既有的经验和人才，检察机关在法律监督的运作方面也较其他机关更为专业化。这些都有助于提高被监督者对检察机关法律监督正当性的认同。更为重要的是，由检察机关内部独立设置的监督部门行使监督权力，保证了监督者在监督过程中的独立地位，而独立地位是监督者保持公正和超脱立场，进而获得被监督者认可所必不可少的。在先前检察机关的法律监督中，由于监督主体在身份上并未获得独立，使其在法律监督的实施过程中难免因与被监督者有利益瓜葛而带有利益倾向，这一倾向显然会危及监督者的公正和超脱立场，进而危及被监督者对检察机关法律监督正当性的认可。独立的法律监督部门摆脱了

---

① 中国社会科学院语言研究所词典编辑室编：《现代汉语词典》，商务印书馆 1992 年版，第 948 页。

② 《辞海》编辑委员会编：《辞海》，辞书出版社 1990 年版，第 141 页。

与被监督者的利益纠缠，不仅有利于促进监督者持超脱和公正立场，更有利于促进被监督者对法律监督的认可，进而有利于提升检察机关法律监督的权威性。

三 法律监督主体独立化的实施机制

法律监督主体建设的主要内容，是要做到法律监督主体的独立化，即将检察机关的法律监督主体同行使其他职能的主体相分离。具体说，实现法律监督主体的独立化，要做到三个“相对分离”：侦查监督主体与侦查主体的相对分离；刑事程序监督主体与公诉及刑事抗诉主体的相对分离；民事程序监督主体与民事起诉、民事抗诉主体的相对分离。

（一）侦查监督主体与侦查主体相对分离

在强化对检察机关侦查活动的监督方面，我国台湾地区的做法不无启发意义。为解决“检警一体制”下的侦查监督问题，台湾“检察官改革协会”提出的“检察一体阳光法草案”动议将检察官分为侦查检察官和公诉检察官，公诉检察官与侦查检察官处于准上下级关系，以公诉检察官来节制侦查检察官的活动。[①] 虽然台湾学界对此动议仍然存在争议，但该草案将侦查监督主体与侦查主体相对分离的构想，对于大陆地区法律监督制度的改革而言却不无启发意义。除此之外，《俄罗斯联邦检察法》对检察人员也作出了监察员与侦查员的区分。考虑到从事公诉的检察官与专司职务犯罪侦查的检察官确有不同的专业背景，以一般检察官所受的纯法律训练从事职务犯罪的侦查，不仅难以应付重大的白领犯罪，即便侦查一般的职务犯罪，也会因专业知识之不足而捉襟见肘。据此，将检察官区分为侦查检察官和公诉检察官（或监察员、侦查员），对于加强检察队伍的专业建设和分类管理，特别是对于强化检察机关内部对职务犯罪侦查活动的监督，也是一个可供选择的改革方案。[②]

就中国而言，为了加强对检察机关职务犯罪侦查部门侦查行为的法律监督，目前最高人民检察院正在试点“人民监督员”制度，即检察机关邀请人大代表或普通民众作为监督员，由其对检察机关的职务犯罪侦查行为予以监督。这一做法虽然受到了人民代表和社会各界的普遍好评，并且

① 林钰雄：《检察官论》，学林文化事业有限公司 2000 年版，第 288—292 页。

② 俞静尧：《检察权的利益分析》，中国人民公安大学出版社 2007 年版，第 228 页。

也收到了一时之效，但很难作为一种常设机制长久地存在下去。更为重要的是，人大代表或普通民众作为非法律专业人士，由其对作为法律专业人士的检察官进行法律监督，其效果可以想见。为确保侦查监督权的有效行使，有必要将检察机关的侦查权与侦查监督权予以相对分离，前述我国台湾地区及俄罗斯的相关做法具有借鉴意义。考虑到现实国情，我们认为可以对侦查权与侦查监督权作如下配置，即检察机关反贪部门仍然享有侦查权，但侦查监督权应从反贪部门中分离出来，由检察机关的法律监督部门专享。对侦查权与侦查监督权的此种配置，既有利于促使侦查部门更加专注于其本职工作，促进侦查活动的专业化，又有利于侦查监督权的真正落实，消除先前由侦查主体“自我监督”所带来的不良影响。

（二）刑事程序监督主体与公诉及刑事抗诉主体的相对分离

1. 刑事程序监督主体与公诉主体相对分离

公诉权是世界各国检察机关都享有的一项基本权力。检察机关从诞生之日起，便是一种新型的代表国家追诉犯罪的专门机关，设立国家公诉机关的目的就是行使公诉权，检察机关是应国家公诉的需要而产生发展起来的。① 有学者在梳理现代公诉制度起源的基础上指出，公诉制度是为了消除封建割据状态下法制不统一对追诉犯罪活动带来的不利影响，维护国王制定的法律统一实施而建立的。这种历史事实表明，公诉制度的起因使其从诞生的时候起就具有今天我们所说的法律监督功能。该学者进而认为，公诉机关是站在国家的立场上，为了维护国家法律的尊严，为了恢复遭到破坏的法律秩序而对犯罪嫌疑人提起诉讼的。公诉机关提起诉讼的目的是伸张法律正义。公诉活动所关注的是法律秩序是否得到了维护，法律正义是否得到了伸张。② 该学者的这一观点也代表了学界对检察机关公诉权性质的普遍看法。

基于此，有学者主张将检察机关的公诉权与刑事程序监督权予以分离，更有学者主张取消检察机关的刑事程序监督权。③ 笔者认为，取消检

---

① 陈卫东：《我国检察权的反思与重构——以公诉权为核心的分析》，《法学研究》2002 年第 2 期。

② 张智辉：《法律监督三辨析》，《中国法学》2003 年第 5 期。

③ 如陈瑞华：《司法权的性质》（《法学研究》2000 年第 5 期）；陈卫东：《我国检察权的反思与重构——以公诉权为核心的分析》（《法学研究》2002 年第 2 期）等文章都主张取消检察机关的刑事程序监督权。

察机关刑事程序监督权的主张显然过于极端而不可取，但将检察机关的公诉权与刑事程序监督权相分离的建议则是颇为中肯的。笔者建议在检察机关内部重新进行权力配置，将具体行使公诉权的部门与法律监督部门相分离，亦即公诉部门在今后将只能行使公诉权，刑事程序监督权则交由专门的法律监督部门行使。对公诉权与刑事程序监督权的这一配置，不仅符合宪法关于检察机关之法律监督机关的定位与职权的规定，也能够适当克服目前法律监督者与追诉者角色混同所导致的诸多问题。

2. 刑事抗诉权归位

学界通说一般认为，在刑事诉讼中，检察机关是通过行使抗诉权来行使审判监督权的，因而抗诉权属于程序监督权，亦即法律监督权的范畴。这一观点值得商榷。笔者认为，刑事诉讼中的二审抗诉权与再审抗诉权并非属于法律监督权的范畴，而应属于诉权范畴。之所以将检察机关的刑事抗诉权作如此定位，是基于如下两个理由：一是因为检察机关在提起抗诉时所关注的问题主要只包括两个方面，即案件的事实问题以及案件的法律适用问题，而法制统一问题很少在检察机关提起抗诉时的考虑范围之内，维护法制的统一更多的应当是法律监督部门的职责，而不应当成为抗诉部门在提起抗诉时所考虑的因素。从这个角度说，刑事抗诉权更加符合诉权的表征，而不应当纳入法律监督权的范畴。二是因为在我国的司法实践中，抗诉权一般都由公诉部门行使，而非由法律监督部门行使，抗诉权行使部门的这一现实格局，一方面表明抗诉权是公诉权的延伸，刑事抗诉只是刑事公诉的一种形式，另一方面也表明抗诉仍然具有控诉特征而不具有中立性，而中立性是法律监督权的必备要件。前述理由有力地诠释了抗诉权的诉权性质，因此，我们应当抛却将抗诉权视为法律监督权的陈旧而错误的看法，将其重新归位于诉权。对于归位之后的再审抗诉权而言，不论是从抗辩对等的角度，还是从“一事不再理”或者“禁止双重危险”原则的角度考虑，都应当在再审抗诉提起的次数、期限、理由等方面加以限制。这一点对于纠正实践中有的检察机关以法律监督的名义，而不计期限、不计次数地提起再审抗诉的错误做法来说，有着现实的意义。

（三）民事程序监督主体与民事起诉、民事抗诉主体分离

笔者认为，应当将检察机关在民事抗诉中的抗诉权与民事程序监督权予以分离，除此之外，应正式赋予检察机关在公益诉讼中的民事起诉权，并将该诉权与民事程序监督权相分离。概言之，即将检察机关在民事诉讼中的权力分为民事抗诉权、民事起诉权与民事程序监督权。

1. 民事抗诉权

检察机关对民事案件提起抗诉的权力规定于《民事诉讼法》第187条，根据该条第1款的规定，最高人民检察院对各级人民法院已经发生法律效力的判决、裁定，上级人民检察院对下级人民法院已经发生法律效力的判决、裁定，发现有本法第179条规定情形之一的，应当提出抗诉。第179条则对检察机关可提出抗诉的情形进行了具体规定。对于检察机关提出抗诉的案件，接受抗诉的人民法院应当自收到抗诉书之日起30日内作出再审的裁定。检察机关提起抗诉将必然引发再审，这与当事人申请再审有本质的不同。需要说明的是，虽然案件的再审因检察机关的抗诉所引起，但检察机关并不是再审案件的当事人，案件当事人仍然是原、被告双方当事人，并且检察机关的抗诉部门在案件的再审中也不再具有法律监督者的地位。从这个意义上说，检察机关抗诉部门的民事抗诉权其实只是一种再审程序的发动权，而并不具有法律监督的色彩。因此，有必要将检察机关的民事抗诉主体与民事程序监督主体予以角色分离。就权力的配置主体而言，民事抗诉权应当由民事行政检察部门享有。

2. 民事起诉权

所谓检察机关的民事起诉权，指的是赋予检察机关提起公益诉讼的权力。中国现行立法并没有赋予检察机关对于民事案件提起公益诉讼的权力。为了使检察机关为维护公共利益而提起公益诉讼的行为有明确的法律依据，有必要在法律中明确赋予检察机关此项权力。就中国而言，由检察机关来提起公益诉讼是必要的，也是可行的。首先，在公共利益受到侵害时，只依靠利害关系人来解决社会所面临的利益保护问题不够，需要代表公权力的机关出面，由其对受损公共利益予以维护。而在所有代表公权力的机关之中，立法机关立法权的行使决定了其不能同时行使起诉权；而诉审分离的诉讼规则决定了行使审判权的法院不能同时享有诉权；行政机关有时会成为行政公益诉讼的被告，因此亦不宜享有起诉权。而检察机关自产生以来，就一直以国家利益和公共利益代表的形象出现，由其作为公共利益的代表人参与诉讼符合其本质要求，也能有效地保护公共利益。其次，将公益诉讼的起诉权交由他人行使，有可能导致起诉的不慎重而浪费诉讼资源，特别是若允许公民个人提起公益诉讼，则这种担心将很容易成为现实。因此，出于节约诉讼资源和防止滥用诉权的考虑，应将公益诉讼的提起权交由一个机关予以统一行使。而检察机关显然适合担任这种角色。最后，将公益诉讼的起诉权交由检察机关行使，亦符合现代法治理念下检察官的角色定位。这不仅是因为检察机关本身就是国家利益和社会公共利益的代言人，还因为检察机关具有其他机关和个人所不具有的权威性、超脱性和专业性。所有这些都意味着由检察机关享有公益诉权将更为合理。

就公益诉权具体该由检察机关哪一部门行使的问题，存在两种选择：一种是由民事行政检察部门行使公益诉权；另一种是由公诉部门行使公益诉权。在这两种选择中，笔者赞同后者。如前所述，民事行政检察部门的职权应限于对生效的民事判决和行政诉讼判决提起抗诉，而不能再享有提起公益诉讼的权力。之所以将公益诉权交由公诉部门行使，不仅是因为公诉部门具有更为丰富的诉讼经验，由其提起公益诉讼对于公共利益的保护而言更为有利，还因为这样配置公益诉权可以促进公诉权的一体化，使公诉部门能够统一行使公诉权。[①] 更为重要的是，由公诉部门而非民事行政检察部门行使公益诉权，可以避免出现民事行政检察部门就公益诉讼案件提起抗诉时身份尴尬的问题。否则，在检察机关就公益诉讼案件提起抗诉时，民事行政检察部门将既是案件的当事人，又是再审的发动者，这一身份上的重叠显然不合理。

3. 民事程序监督权

检察机关在民事诉讼中的程序监督权，指的是当事人向其提出再审申请以后，检察机关对于涉及重大国家利益与社会利益的问题，向法院提起抗诉的权力。这一权力的运作将分两个步骤进行，首先由法律监督部门接受当事人的抗诉申请并予以审查，发现法院的生效判决确有错误，并涉及重大国家利益与社会公共利益的，可将其移交民事行政检察部门，指令其向法院提起抗诉。随后民行检察部门接到法律监督部门提起抗诉的指令

① 公诉权的一体化指的是由检察机关的公诉部门统一行使刑事追诉权、民事公诉权及行政公诉权。将三种诉权统一配置于同一法律部门，不仅可以尽量少地占用司法资源，符合诉讼经济原则，还有利于全面审查案件事实，发现同一事实中应当追究的各种形式的责任，实现三种功能之间的互惠，最充分地体现公益代表和国家的法定诉讼代理人的工具价值。除此之外，由主诉检察官统一行使三种公诉权，有利于全面提高主诉检察官的法律素质。关于公诉权一体化的详细论述，可参见俞静尧《检察权的利益分析》，中国人民公安大学出版社 2007 年版，第 220—226 页。笔者对此不予过多阐述。

后，应当提起抗诉。法律监督部门对于法院生效判决确有错误，但并不涉及重大国家利益和社会公共利益的抗诉申请，同样可移交民事行政检察部门，建议其向法院提起抗诉。民行检察部门经过审查之后，可以向法院提起抗诉，也可以不提起抗诉。在这一权力运行程序中，法律监督部门享有民事程序监督权，但并不享有抗诉的实施权，抗诉实施权仍然由民事行政检察部门享有。这一做法既有利于维护当事人的再审申请权，又有利于促进检察机关内部各部门的专业分工。需要指出的是，前述权力配置方式将改变现行的由民行检察部门接受当事人抗诉申请的做法，今后的抗诉申请将由法律监督部门统一受理。

对检察机关法律监督权的监督与制约：一种新机制的建构

毋庸讳言，缺乏监督的权力容易被滥用，作为检察权之一的法律监督权亦不例外。诚如台湾学者林钰雄所言，现代检察官制度是基于对法官和警察的不信任而产生的，其承担着防范法官恣意与警察滥权的功能，但检察官在肩负挽救人民对司法不信任重任的同时，自身又面临如何对抗不信任的问题，即如何防范自身的恣意与滥权问题。[①] 在我国，出于对其他各种权力加强监督的迫切需要，人们长期以来关注更多的是如何完善检察机关法律监督权力的运作方式，以使其能更好地发挥对其他权力部门的监督和限权作用，而对检察机关法律监督权自身的监督和制约却未能给予应有的关注，这使“由谁来监督监督者”这一问题在我国至今仍是一个悬而未决的问题。因此，有必要对监督制约机制缺失所造成的弊端加以剖析，进而建构对检察机关法律监督权力由外及内的监督制约机制。

一 检察机关法律监督权监督制约机制缺失的弊端

对检察机关法律监督权监督制约机制的缺失，导致了实践中检察机关法律监督权运作的混乱，主要表现在以下几方面。

第一，对检察机关的诸多不当监督和制约，导致了检察机关法律监督

① 林钰雄：《检察官论》，学林文化事业有限公司1999年版，第113页。

权行使的公正性难以得到保障。如检察机关因在办案经费等多个方面受制于当地政府，此种制约关系使检察机关对这些机关和部门难以展开真正有效的法律监督，进而直接影响了检察机关法律监督权的公正运作。

第二，检察机关法律监督权在实际的运作过程中因为应有的监督制约机制的缺失，造成了部分检察机关法律监督权的滥用。除此之外，检察机关法律监督权监督制约机制的缺失，还容易引发公众对检察机关法律监督权正当性的质疑：法律监督权作为一种国家公权力，凭什么其就可以凌驾于其他权力之上而不受监督和制约？在法治国家中，不存在不受制约的权力。因此，不妥善解决“由谁来监督监督者”这一现实问题，不仅会影响检察机关法律监督权力的运作效果，甚至会直接威胁到其存在的正当性。

“由谁来监督监督者”这一问题的妥善解决，需要构建对检察机关法律监督权力由外及内的监督制约机制。换言之，对检察机关法律监督权力的监督与制约机制，既包括来自检察系统之外的监督主体的监督，也包括检察系统内部监督主体的监督。

二　对检察机关法律监督权的外部监督与制约

（一）外部监督与制约的理论基础：“社会制约权力”理论

对检察机关法律监督权的外部监督和制约，指的是检察系统之外的机关、组织或个人对检察机关法律监督权所实施的监督与制约。对检察机关的外部监督主要包括权力机关的监督、行政机关与审判机关的监督、人民监督员等社会公众的监督等。在我们看来，对检察机关的外部监督和制约的基础主要应当建立在“社会制约权力”理论之上。

“社会制约权力”理论是19世纪法国自由主义思想家托克维尔提出的一种理论构想，在其代表作《论美国的民主》一书中，托克维尔深入分析了美国民主政治的现状及其条件，并深刻地指出，民主并非完美，它掩藏着多数人暴政的可能性，并且有可能危害到个人自由。在托克维尔看来，美国之所以能够防止国家公权力对个人自由的侵害，一个重要原因就是美国在个人与国家之间形成了一个由各种独立自主的社团组成的多元社会对国家权力构成制约的格局。托克维尔尤其强调在美国社会中，中产阶级、法律职业团体和法学家们在防止权力滥用、避免专制中的重要作用，除此之外，托克维尔还注意到了新闻自由、言论自由的极端重要性，并指出言论自由是对政府的有效外部约束，没有言论自由，其他自由的根基就会动摇。①

托克维尔的“社会制约权力”理论为20世纪著名民主理论家罗伯特·达尔发扬光大。罗伯特·达尔认为如果没有社会的制衡，仅仅依靠官员在政府层次上的相互制约，很难让人相信能阻止暴政的出现，防止暴政的力量应该来自社会，而不是权力本身。达尔提出：“政治科学家必须直接注意的第一位的、关键的变量，是社会因素而不是宪法因素。”② 在他看来，对有可能威胁人类自由的局面，不是宪法的制衡，而是社会的制衡，才能提供解决的办法。

“社会制约权力”中的“社会”指的是“社会权力”，其与“国家权力”相对，是在国家与社会二元结构的前提下形成的权力结构。“社会权力”指的是社会主体以其所拥有的社会资源形成的对社会的支配力。这些社会资源可以形成某种统治社会、支配社会进而左右国家权力的巨大力量。在“社会制约权力”的权力制约模式下，社会对权力的制约主要通过一定的组织形式，发挥群体合力，并借助媒体等工具，共同形成对国家权力的制约。这一权力制约模式突破了以往“权力制约权力”及“权利制约权力”的时代局限性，开创了权力制约的新的途径和渠道。

需要指出的是，“社会制约权力”模式与“权力制约权力”“权利制约权力”等模式并不冲突，因为社会制约并不否认权力分立，也不否认立法、行政、司法之间相互制衡的重要性，因此，“社会制约权力”并不排斥“权力制约权力”，更不拒绝“权利制约权力”。实际上，“社会制约权力”模式追求的是以“权力制约权力”为基础，保障“权利制约权力”更好地实现。不仅如此，“社会制约权力”模式的最终目的是防止国家权力的过度行使和滥用，并非意味着社会要时刻站在国家的对立面，因此，该模式并不排斥国家的权威。“社会制约权力”理论为检察机关法律监督权的外部监督和制约提供了重要的理论基础和启示：对检察机关法律监督权的外部制约不仅应依靠其他国家权力及当事人权利，媒体和公众等社会力量亦应发挥其应有的重要作用。

---

① 汪进元、张艳：《论社会制约权力——权力制约的再思考》，《法商研究》2004年第4期。

② ［美］罗伯特·达尔：《民主理论的前言》，顾昕、朱丹译，生活·读书·新知三联书店1999年版，第113页。

（二）外部监督与制约的实施机制

对检察机关的外部监督主要包括权力机关的监督、行政机关与审判机关的监督、人民监督员等社会公众的监督等。因此，检察机关外部监督制约的实施机制即包括前述监督机制的建立和完善。

1. 完善权力机关的监督

权力机关的监督指的是依据宪法、全国人民代表大会及地方人民代表大会组织法、代表法等法律的规定，上级和本级人民代表大会及其常务委员会、人大代表依法所享有的对检察工作的监督与制约的权力。当前权力机关对检察机关的监督存在刚性不足、缺乏程序规范等缺点。为加强权力机关对检察机关法律监督部门的监督与制约，应从如下方面予以完善。

第一，在《各级人民代表大会常务委员会监督法》规定的基础上，进一步完善检察机关法律监督部门定期向权力机关报告工作的制度，以确保权力机关对检察机关法律监督部门的工作进展、政策制定和思想动态等情况有充分的了解，并对其法律监督工作进行有效的监督。第二，确保监督部门人员的品德、能力、业绩等个人信息能及时准确地反馈至权力机关，以保证权力机关对法律监督部门人员能进行充分考核和监督，并作出正确的选举和任免决定。第三，法律监督部门应认真办理权力机关交办的案件，做好法律监督工作，并将办案全过程及时准确地向权力机关反馈。第四，法律监督部门应加强与权力机关的联系，自觉接受执法检查、评议、视察、质询和询问。

2. 完善行政机关与审判机关的监督

行政机关与审判机关对检察机关法律监督部门的监督与制约，是指检察机关法律监督部门对行政机关的行政执法活动、法院的审判活动进行法律监督的同时，行政机关与法院亦享有对检察机关的反向监督和制约的权力。

根据宪法的规定，行政权与检察权是在人民代表大会的最高权力之下，相互独立、地位并列的平行规范关系，所以在宪法的规范层面，行政权并不对检察权形成制约关系，但在实践中，却存在政府行政权基于财政供应关系而形成的对检察权的制约。在我国当前的体制下，检察机关的经费由政府的财政部门拨付，这就形成了政府与检察机关之间的财政经费的供应与受供关系。在学者们看来，这种不规范的供应与受供关系在两个方面对检察职能的行使产生着影响：一是财政供应的充分或不足对检察职能的行使影响较大；二是供应与受供关系以及分级管理的财政经费供应体制，使检察机关在一定程度上受制于同级政府，这对法律监督等检察职能的行使必然产生一定影响，如司法实践中地方保护主义现象的出现就与这种财政供应体制有着密切的联系。① 为改变目前行政机关仅通过财政供应手段实施对检察机关的监督和制约的状况，消除由此所产生的不良影响，有必要对当今的财政体制加以改革，将检察机关所需经费由国家统一预算予以保证，而不再由地方政府核拨。切断行政机关与检察机关在财政经费上的供应与受供关系，可以避免行政机关借财政经费而对检察机关实施不当影响，使行政机关对检察机关的监督和制约局限在纯粹的“权力制约权力”模式之内。就方式而言，行政机关对检察机关的监督可采取如下方式，即对检察机关法律监督部门的法律监督提出异议，或者提出意见、建议，检察机关法律监督部门应当对行政机关的异议、意见或建议及时作出解释和答复。行政机关对于法律监督机关的解释或答复不满意的，可向检察长或检委会提出申请，由其作出最终的解释和答复。

审判机关对检察机关的监督与制约的权力来源于法律所规定的公、检、法三机关“分工负责、互相配合、互相制约”的原则。传统观念认为，审判机关对检察权的制约主要体现为诉讼中对公诉权的制约，因为审判机关对检察机关起诉的案件享有最终的裁判权，因此，检察机关行使公诉权的目的能否实现，取决于人民法院行使审判权的结果。从公诉活动要经历审判活动的检验这个角度而言，公诉权要接受审判权的制约。在我们看来，这一观念未免狭窄，在重新界定检察机关法律监督权的概念之后，审判机关对检察机关的监督和制约还应包括对法律监督部门的监督。审判机关对法律监督部门的监督和制约同样应当采取提出异议、意见或建议的方式，对于法律监督部门的解释和答复不满意的，可以申请由检察长或检委会作出最终的解释和答复。

3. 完善“人民监督员”制度

“人民监督员”制度是为解决检察机关直接侦查案件缺乏有效的外部监督问题而进行的一项重要的改革措施。人民监督员由机关、团体、企事业单位和基层组织经民主推荐，征得本人同意并经考察后确认，对人民检察院查办职务犯罪案件中的几个重要环节进行监督。“人民监督员”制度

① 龙宗智：《检察制度教程》，法律出版社 2002 年版，第 183 页。

的设立使检察机关越出了在内部寻求完善监督机制的思维窠臼，主动将法律并无明文规定的社会监督力量引入法律监督体系之中，对于检察机关法律监督机制的完善来说具有重要意义。由于是一种新型的外部监督体制，“人民监督员”制度目前尚处在探索阶段，在监督员资格及产生程序、被监督案件的确定程序、监督员职务活动的物质保障等方面还存在诸多不规范的地方。在我们看来，“人民监督员”制度的最大局限性在于其适用范围过窄，根据最高人民检察院《关于人民检察院直接受理侦查案件实行人民监督员制度的规定（试行）》的规定，“人民监督员”制度仅适用于检察机关直接侦查的案件即职务犯罪案件，而对其他案件并不适用，这显然大大限制了该制度功能的发挥。应将人民监督员的监督范围扩展至检察机关所办理的所有案件及检察机关的所有部门，在法律监督部门独立设置并由其独立行使法律监督权的情形下，有必要强化人民监督员等社会力量对法律监督部门的监督与制约。

就监督方式来说，人民监督员对检察机关法律监督部门的监督与制约主要通过对监督部门违法行为提出意见，以及对个案表决意见的方式进行。对法律监督部门的违法行为提出意见应当是人民监督员行使监督权的主要方式。人民监督员若发现法律监督部门人员在行使职权时有违法乱纪的行为，可以作出《人民监督员纠正违法行为意见书》，列明所发现的违法事项以及监督意见，签名后提交给检察机关人民监督员办公室，并由其交由检察机关纪检监察部门予以查处，查处结果应由人民监督员办公室及时反馈给人民监督员。人民监督员在对个案进行监督的时候，可采用《人民监督员个案监督意见书》的形式，列明审查事项、表决意见及理由，在监督员本人签名后提交给人民监督员办公室，人民监督员办公室在多数监督员意见的基础上形成统一意见，并由所有参加评议的监督员签名，以此为人民监督员个案监督的最终监督意见。[①]

4. 完善新闻舆论监督，建立法律监督者与社会公众的沟通机制

新闻舆论的监督是检察机关外部监督制约的重要方式。时间上的抢先性、空间上的广泛性、受众面的普遍性是舆论报道的特点和优势，但由于检察机关所追求的法律效果与公众对案件期盼的社会效果有时并不一致，

① 洪清源：《当前人民监督员制度试点工作若干问题探讨》，http：//www. smjcy. xm. fj. cn/jcwy/20040406. html。

因此这些优势也容易使检察机关处于新闻舆论的巨大压力之下从而对检察工作产生负面影响。为充分发挥新闻舆论对检察权的监督制约功能，应建立检察机关与新闻媒体的良性互动机制。

首先，明确新闻媒体的报道范围。根据法律规定，对于涉及国家秘密及个人隐私的案件不公开审理，因此，这两类案件不宜列入舆论监督的范畴。对于公开报道会产生其他严重后果的案件，亦不宜列入新闻舆论监督的范围。其次，限制不当的报道方式。对于贬损、污辱检察机关及检察人员的报道及言论应予限制或者禁止。再次，建立新闻舆论对检察机关的监督渠道。检察机关可建立专门接受舆论监督的渠道，透过这一渠道，新闻媒体可以以情况反映、内部意见、建议书等形式，向检察机关反映其所存在的问题，由检察机关在适当的时间内把调查、处理的结果告知媒体，媒体可将该结果公之于众。最后，完善新闻发言人及记者招待会制度。根据案件的不同情况和诉讼的不同阶段，检察机关可以确定公开的内容，定期适时发布相关案件的信息，以便公众和媒体能及时了解事件的真相或诉讼的进程，满足公众的知情权。

三 对检察机关法律监督权的内部监督与制约

（一）内部监督与制约的理论基础：权力的分工与制衡

对检察机关的内部监督是指通过检察权的具体配置而形成的系统内的监督制约体制。检察机关内部监督的理论基础在于检察机关内部权力的分工与制衡。将国家权力分为不同类型并在实践中设置互相制约以求均衡的机制，是人类的一大创造。“权力设置的均衡理论本身便是一种客观现象。它必然地出现于各种社会关系之中。尽管这种均衡在某种情况下会经常被打破，但是最终的均衡还是一条颠扑不破的真理。”[①] 对检察监督权的监督与制约亦应当以权力制衡为依归，否则这种制约机制就会毫无意义，甚至会对正常的权力运行造成不必要的损害。在刑事诉讼中，侦查权、起诉权、审判权的相互分离，是“权力制衡”原则的基本要求，检察机关在刑事诉讼中拥有对职务犯罪的立案侦查权，对所有刑事案件的立案监督权、批准逮捕权、提起公诉权、决定不起诉权，以及刑事、民事、行政判决、裁定抗诉权、执行监督权等各项职权。检察机关这种集侦查、

---

① 宜章良、胡薇薇：《检察权配置的博弈分析》，《华东政法学院学报》2006年第6期。

起诉、法律监督权力于一身的多种职能角色，决定了其内部必须建立起各职能部门之间的相互制约关系，以实现检察机关内部侦查、批准逮捕、起诉等权力的分离和相互制衡，防止因职权的过分集中所可能产生的执法不公，保障诉讼活动的高效、有序进行。

作为检察机关权力之一的法律监督权，同样需要来自检察机关其他权力的内部监督与制约。但需要指出的是，对检察机关法律监督权的监督和制约并不像对检察机关其他权力的监督与制约那样，可以在各权力之间实行横向、双向的监督与制约，如对于检察机关自侦案件来说，侦查权可以制约和监督起诉权，相应的起诉权也可以监督和制约侦查权。对检察机关的法律监督权而言，本院的侦查权、起诉权、批捕权等权力不能对其进行监督和制约，而只能由上级检察机关对其进行监督，或者由本院的检察委员会发挥监督和制约的职能。这种监督和制约呈现出纵向和单向的特点，同前述权力间横向和双向的监督和制约存在重大区别。

（二）内部监督与制约的实施机制

检察机关法律监督权力的内部监督与制约，主要包括上级检察机关对下级检察机关的监督机制，以及检察委员会对本院法律监督部门的监督机制。

1. 上级检察机关对下级检察机关的监督与制约机制

在检察系统内部，奉行的是检察一体化的原则，亦即各级检察机关、检察官依法构成统一的整体，各级检察机关、检察官在履行职能中根据上级检察机关、检察官的指示和命令进行工作和活动。上下级检察机关之间是领导与被领导的关系，因此，对下级检察机关的司法活动，上级检察机关有权力也有义务进行监督。但在当前的司法实践中，上级检察机关对下级检察机关的监督机制并未收到应有的效果，主要原因在于上级检察机关领导和监督下级检察机关的主动性和积极性不足，很多情况下都是下级检察机关在出现问题时请示上级机关，而上级机关主动到下级机关进行走访和调查的情况并不多见。在对下级机关所提出的请示进行答复时，答复往往不及时；上级机关业务部门在对下级机关进行业务指导时，力度也往往不够。所有这些都制约了上级检察机关对下级检察机关进行监督的效果。

为扭转现实中的这一不利局面，强化上级机关对下级机关的监督，应当在监督方式方面予以转变。具体而言，上级检察机关对下级检察机关的监督应主要通过工作报告和述职的方式进行，此外，上级检察机关对下级检察机关还应当开展经常性的调查研究，各业务系统可通过下达和执行各种业务规定，以规范业务运行程序，监督下级业务进展情况。应完善上级机关对下级机关请示的答复制度，即针对下级机关向上级机关申请复核或者对疑难案件的请示答复情况作出具体规定，明确规定请示的范围、程序、内容和要求，以及答复的期限和形式等。下级检察机关对立案侦查的大案、要案应及时报送上级检察机关备案，上级检察机关要及时审查，并对下级机关所作出的不予逮捕、不予起诉等决定进行重点监督。上级机关要坚决纠正下级机关中存在的有令不行、有禁不止的现象，严肃处理检察人员的各种违法违纪行为，以保障监督的有效性。如发现下级机关有违法违纪行为时，可责成下级机关纪检监察部门处理，必要时，上级机关纪检监察部门可直接查处。对于由当地党委、政法委协调的案件，一律报上一级检察机关备案审查，以防止司法权力的地方化。

2. 检察委员会的监督制约机制

检察委员会作为检察机关内部的一个机构，在检察业务方面主要是讨论决定重大疑难复杂的案件。除此之外，检委会对检察长的职权也起到一定的限制作用，以避免检察长个人决定问题时可能发生的随意性和片面性，因此，检委会在检察机关内部的监督制约机制中发挥着举足轻重的作用。但在当前的司法实践中，尚普遍存在检委会委员结构不合理、决策范围不明晰、工作程序不规范等种种问题；除此之外，实践中检察长的个人意见往往被视为检委会的意见，检委会的集体意见难以体现。所有这些都导致检委会的监督职能并未能充分发挥。

为充分发挥检委会对于法律监督权的监督制约职能，应从如下方面予以完善。首先，明确检委会讨论决定案件的范围。应严格控制检委会讨论决定案件的范围，以保证检委会将关注的重点置于重大、疑难、复杂的案件。其次，规定法律监督部门在履行职务过程中出现争议或者不确定的情形时，应及时提交检委会讨论决定，检委会在认真讨论之后应及时作出答复。再次，扩大检委会人员构成的范围。应逐步将检委会由目前的封闭状态向开放状态转变，如对于专业性较强的案件，可邀请检察机关聘请的有相关业务专长的特约检察员或者专家、学者、知名人士列席检察委员会，参与案件的分析研究，提供专业咨询，使对案件的监督更加科学和准确；对于下级检察机关向上级机关报批或者请示的案件，可要求或者安排下级机关的主管检察长、部门负责人和案件的承办人列席检察委员会。通过扩大检察委员会人员构成的范围，听取各方面的意见，以真正收到集思广益的效果。复次，加强对检察长的监督和制约。为防止检察长擅权，可规定检察长在重大业务问题上与多数检委会委员的意见不一致时，应将各方意见提交上一级检察院审查决定，上级机关在审查后应及时予以答复。此外，规范检委会的工作程序。应充分发挥检委会的日常办事机构，即检委会办公室的作用，由其作为沟通法律监督部门与检委会的桥梁，代行部分监督权并定期向检委会汇报工作情况。最后，为确保检委会委员充分行使表决权，真正发挥检委会的集体决策作用，可考虑改变当前的检委会委员举手表决的方式，实行无记名投票表决的方式，由书记员对各位委员的表决票进行统计，并将统计结果向各位委员进行通报，再交检察长依法作出决定。

新形势下对民事检察监督权的理性思考

民事检察监督权是民事检察监督制度的核心内容，也是检察机关在民事诉讼领域的重要职能之一。《宪法》第 129 条规定："中华人民共和国人民检察院是国家的法律监督机关，其有权对法律主体实施的行为进行具有法律效力的监督。"这一宪法条文奠定了检察机关作为国家法律监督机关的地位，同时肯定了检察机关享有的检察权具有法律监督权的性质。所以，从立法逻辑上来看，检察机关对民事诉讼活动实行法律监督是应然之义。然而，何为民事检察监督权，如何行使该项权力，始终是一个悬而未决的问题。本书首先将重申民事检察监督权的基本理论。对此，笔者将另辟蹊径，从权力的主体这一视角出发，通过对权力主体——检察机关的角色定位和职能阐述，还原检察机关行使民事检察监督权的真相。在实现了对性质的统一认识后，本书将重点探讨新法修改背景下民事检察监督权的发展和完善。在讨论之前，笔者将从历史的角度梳理新中国成立以来影响现今民事检察监督权立法的制度变迁，从历史唯物主义观的角度回顾民事检察监督权的发展历程。然后，基于 2012 年新修订的《民事诉讼法》（以下简称新《民事诉讼法》）中对于民事检察监督权的立法改革，浅议该制度的发展道路。笔者将致力于找出制约民事检察监督制度发展的理论障碍和观念流弊，从实践的角度分析现有制度的问题和成因，以回应现实需求为导向，在宏观层面提出完善民事检察监督权的几点建议。

一 民事检察监督权的内涵与特征

“检察”，在《辞海》中有检举核查、考察之义。可见检察一词具有监督的意思，所以检察权之于法律上的含义也应有监督之义。民事检察监督权，顾名思义，就是检察机关在民事诉讼领域行使法律监督的权力。从立法上来看，我国《宪法》第129条和《人民检察院组织法》第1条规定了检察机关是我国的法律监督机关，同时新《民事诉讼法》第14条也规定了人民检察院有权对民事诉讼实行法律监督，因此毋庸讳言，民事检察监督权的主体是检察机关。民事检察监督权的客体是指民事检察监督权所指向的对象。民事检察监督是检察机关针对审判机关所做出的裁判行为及其司法工作人员在民事诉讼活动中进行的与案件有关的个人行为的监督。根据2012年新《民事诉讼法》的规定，从整体上讲，检察机关行使民事检察监督的对象是民事诉讼活动。具体而言，包括审判机关做出的生效的判决、裁定或调解书，还有审判人员的违法行为等。另外，根据新《民事诉讼法》第235条的规定，人民检察院有权对民事执行活动实行法律监督。所以，从监督的范围上来看，不仅包括对裁判结果的监督，还包括对裁判者行为的监督；从监督的时间上来看，既有对审判行为的“事中监督”，也有延伸至执行活动的“事后监督”；另外，有学者根据新《民事诉讼法》第55条关于民事公益诉讼制度的规定，认为检察机关的监督还包括回溯到事前的监督。对此笔者不赘述，但毋庸置疑，检察机关行使民事检察监督的职能在本次《民事诉讼法》修改中大大地扩展了。

就特征而言，首先，民事检察监督权是一种法律监督权。这种监督主要表现为以下两个方面：第一，民事检察监督是一种外部监督。该权力所指向的对象是审判机关，权力发动的主体是检察机关。相对于法院内部监督而言，外部性的民事检察监督更具有中立性。第二，民事检察监督是一种程序性监督。该权力发动的目的是监督审判机关做出公正的司法裁判，确保当事人诉权的有效行使，但无论检察机关以何种形式、在什么时间行使民事检察监督权，都不应对案件产生实体上的决定性。如检察机关只有提起民事抗诉的权力，但案件是否改判或再审的决定权依然掌握在人民法院手中，因此，应明确民事检察监督权是一种程序性权力。

其次，民事检察监督权是一种概括性权力，其包含多项权力内容。民事检察监督权是检察机关享有的一个权种，其行使要通过具体的行为方式，这些构成了民事检察监督权的内容，如民事抗诉、民事检察监督建议、调查核实权等。

最后，民事检察监督权是检察机关在民事诉讼领域行使职权的部分体现。民事检察监督权只是检察机关行使民事诉讼监督职权的表现，但并非检察机关介入民事诉讼的行为都是行使民事检察监督权，除了监督职能外，检察机关还有另外一项重要职能——诉讼职能。检察机关通过不同的权力行使方式而履行不同的职能，也由此决定了检察机关在不同职能中的角色和定位。

二 新中国成立以来民事检察监督权立法的历史沿革

在新中国成立后的很长时间内，民事诉讼立法一直缺位，直到1982年第五届全国人大常委会才通过了我国第一部民事诉讼法。1982年试行的民事诉讼法产生于十一届三中全会召开后不久，这部法律的出台对我国的民事诉讼而言具有巨大的进步意义，然而就民事检察监督制度来说，该法又是极不完善的。在1982年民诉法中对民事检察监督制度仅有一条原则性规定，即人民检察院有权对人民法院的民事审判活动实行法律监督。受苏联检察制度立法和观念的影响，1982年民诉法较多地体现了职权主义模式的色彩，审判机关在整个诉讼活动中具有明显的优势地位，而当事人诉讼权利相应地遭到压缩和损害，立法的缺失使检察机关对于民事诉讼活动不能进行行之有效的监督。

1982年民诉法施行九年后，随着经济社会的发展，原有的法律已经不能满足现实司法的需求，加之一直备受争议的旧法对当事人诉权的忽视推动着新一轮法律的出台。在江伟教授看来，1991年出台的民事诉讼法的最大的亮点，在于将“保护当事人行使诉讼权利”列入总则当中，法院职权相应弱化，而当事人处分权相应得到强化。与此同时，民事检察监督权也有了突破性的进展，其标志在于将抗诉制度写入了民事诉讼法中。1991年《民事诉讼法》第185条规定，除了基层人民检察院之外的各级检察机关，有权对生效的民事判决和裁定提起抗诉，各级人民检察院有权对同级人们法院的生效判决和裁定提请上级人民检察院抗诉，并用列举的方法明确了提起抗诉的事由。第186条规定检察机关提起抗诉的案件，人民法院必须再审。同时第187条和第188条分别以制作标准法律文书和规定通知检察机关派员出庭等措施保障检察机关抗诉权的行使。相较上一部法律，本次立法细化了行使民事检察监督权的方式和程序，但是该部法律的规定仍显得保守和不足：比如首先是监督方式单一，抗诉事由太少，抗诉的范围仅限于审判监督程序等；其次是“提抗”的规定造成了基层检察机关案源的紧张；此外，规则上没有明确权力行使的边界，造成了此后的司法实践中检法两家的矛盾，特别是“检察机关提起抗诉的，人民法院必须再审”的规定屡遭诟病，所以有学者认为这条规定是对审判独立原则的严重破坏，检察机关介入民事诉讼存在根本的理论性缺陷；同时，如何处理好检察权与诉权的关系等问题在本次立法中也没有得到说明。

为了对1991年民事诉讼法加以完善，我国在2007年对民事诉讼法进行了第一次修订。本次修订着重破解了长久以来的“申诉难、执行难”的问题，而对民事检察监督制度并无太大变动，只是细化了抗诉的事由，由原来的4项增加到了14项。这种变化说明了立法上在着意于扩大检察机关监督的范围，却没有带来民事检察监督制度的明显进步。另外，由于抗诉事由与当事人申请再审事由的重合，反而带来了检察权与诉权的新的矛盾。如当事人没有申请再审时检察机关依职权提起再审，将会影响原判决的既判力和执行力，在这过程中也加剧了其与审判权的冲突。

从民诉法的初次面世、正式出台再到第一次修改，民诉法在我国经历了近30年的发展。在前面三次的立法中不难发现，民事检察监督制度在我国发展之所以举步维艰，其原因既有观念上的，也有立法技术上的。时至今日，司法实践已经表明，民事检察监督制度有其存在的合理性和必要性，我们应重新审视我国的民事检察监督制度，并对其进行改革完善。

三　我国民事检察监督权的运行现状及成因

（一）新民诉法对民事检察监督权的立法体现

通观2012年新《民事诉讼法》，涉及民事检察监督制度的条文共8条11款。新法回应了司法界和理论界部分学者要求强化民事检察监督权的要求，在监督的范围、监督的方式和监督的程序上均有了实质性的进展。首先，在总则第14条中，将原来的“民事审判活动”改为“民事诉讼活动”，这表明立法支持了检察机关对民事诉讼活动实行全面监督的主张，体现了从“事中监督”转变为“全面监督”的趋势。其次，在分则中，民诉法将这种精神很好地贯彻了下去，具体而言包括以下几个方面。

第一，扩充了民事检察监督的对象，根据新《民事诉讼法》第 208 条第 1 款的规定，检察机关监督的对象不仅包括生效的判决、裁定，还包括生效的调解书；另外，第 208 条第 2 款规定，检察机关有权对审判人员的违法行为进行监督。

第二，增加了民事检察监督的方式，在新法第 208—210 条的规定中均提到了各级检察机关可以以提出“检察建议”的方式行使监督权能，其中第 210 条明确赋予了检察机关调查核实权。

第三，立法技术上得到了完善。本次修法摆脱了传统职权主义诉讼模式的桎梏，力图以保持诉讼主体平衡，同时又富有中国特色的协同主义诉讼模式思想为主导，具体表现为注重了检察机关与审判机关的权力平衡和对诉权主体的权利尊重。如新法取消了检察机关提起抗诉的案件，人民法院必须进行再审的规定；另外，明确了诉讼当事人可依法定事由向检察机关申请提出检察建议或抗诉。这些制度都有助于缓解原来权力与权力或权利之间的紧张关系。

第四，扩大了民事检察监督的范围，在旧法当中，检察机关只能依法提起抗诉，运用其他监督手段则于法无据，并且这种监督被限定在了审判程序中。新法的出台让民事检察监督冲破了原定的狭窄范围，不仅在总则中以纲领性的条文支持了检察机关就整个民事诉讼活动实行监督的合法性，还在分则第 208 条第 2 款中规定了各级人民检察院对审判程序以外的其他程序中审判人员的违法行为，有权向同级人民法院提出检察建议；同时第 235 条还规定检察机关可对民事执行活动实行监督。

（二）新民诉法背景下民事检察监督权运行的挑战和成因

尽管 2012 年新《民事诉讼法》中大大增加了有关民事检察监督权的立法规定，但就实践经验来看，这部法律对于该制度的构建还有待完善。整体上讲，由于本次立法新增的制度都停留在原则性或宣示性的规定上，程序意义的丧失使“检察机关对民事诉讼活动实行监督”的愿望难以实现。具体体现在以下几个方面。

1. 造成检察机关内部司法资源的分配不均和职责不清

第一，民行检察部门办案工作任务的“倒三角”问题突出。新《民事诉讼法》第 208 条规定地方各级人民检察院对同级人民法院已经发生法律效力的判决、裁定，符合法定抗诉情形的，应当提请上级人民检察院向同级人民法院提出抗诉。这种立法上“上抗下”的限制导致了民事检察工作“倒三角”现象比较突出：一方面，上级院案件办不完，人力不足、案件积压等问题突出；另一方面，基层院可办案件较少，案源明显不足。[①] 上级检察机关办案任务的加重势必造成对案件的指导功能受影响，同时基层检察院由于没有稳定的案源，司法资源的闲置。

第二，对于检察机关行使抗诉权和检察建议权的情形未作区分。新《民事诉讼法》第208条，规定各级检察机关对生效裁判或调解书认为有错误的既可以提出检察建议，也可以直接提起或向上级提请抗诉。从字面上看，检察建议是一种比较温和的、协商式的方式，而抗诉是一种更具力量性的宣言或主张，如果不对两者行使的情况加以区分，势必会出现浪费检察监督资源、延长错案持续时间的情况。虽然有学者认为检察建议权是对抗诉制度的一种补充，二者相辅相成，检察建议的出现恰好改变了抗诉制度下基层检察院案源稀少的局面，但笔者认为这并不能成为两种制度适用同种情况的理由。

第三，检察机关行使权力时的职能混乱和角色混同。众所周知，检察机关拥有两大职能——诉讼职能和监督职能。不同的职能涵盖了不同的权力内容，检察机关介人民事诉讼活动时也因行使权力的不同而发挥着不同的职能。新《民事诉讼法》第55条规定了法律规定的机关可以提起民事公益诉讼。有学者指出这是检察机关行使民事检察监督权的新方式，笔者对此持保留态度。因为无论从权力的内容还是从权力行使的方式来看，民事公诉都更符合诉权的性质，而本书所指的民事检察监督权是独立于审判权和诉权之外的第三种平行权力。而且从前述民事检察监督权的特征来看，民事公益诉权也不应被纳入检察监督权的范畴。但由于立法的缺失，许多检察机关认为其正以民事公诉的方式行使民事检察监督权。这种认识的错误也相应带来了实践层面的误导，使检察机关因集“运动员”与“裁判员”于一身而屡被诟病。

2. 引起检察机关与外部权力机关和权利主体的关系紧张

第一，检察机关行使民事检察监督权与审判权的冲突。检察机关行使民事检察监督权对审判权的干扰一直是一个历久弥新的话题。特别是在审判独立原则和当事人主义诉讼模式的理念下，检察机关与审判机关在司法

① 许志鹏：《论民诉法修改后检察机关面临的机遇、挑战及对策》，《海峡法学》2012年第4期。

运行过程中显现出的矛盾日趋尖锐。首先，就传统抗诉制度的行使而言，旧法中规定的是检察机关提起抗诉的案件人民法院必须进行再审，暗示了检察机关可以强制发动审判监督程序。而法院则认为，涉及当事人实体和程序权益的事项均应由审判机关依照法律程序决定，检察机关无权干涉审判权的独立运行，于是实践中也有法院强行驳回了检察机关的抗诉请求，因此，就出现了检察机关不断抗诉，而法院持续驳回的尴尬局面。新《民事诉讼法》取消了这一强制性规定，但检法两家内部业绩考核标准的对立使得上述情形未得到有效改观。另外，检察机关从制约审判权、防止审判权的滥用、预防司法腐败的角度出发，将监督的触角伸向除审判程序以外的其他程序以及司法人员的违法行为，但同时在法院系统，包括最高人民法院时有出台规定抵抗检察机关无处不在的监督。其次，新增的检察监督方式带来了审判机关对审判独立行使的担忧。有学者认为，新法的修改加剧了这种旧有矛盾的升级。如新法规定了检察机关对生效的判决、裁定和调解书既可以提出检察建议，也可以提起抗诉，这显然是增加了生效判决的不稳定性，在时间上使一项既有判决长期难以得到执行。检察建议权行使的范围、启动程序、行使的后果等均没有在立法中得到体现，可能会导致检察机关任意行使，而审判机关随意抵触的情形。另外，新法规定了检察机关依法享有调查核实权，调查核实权的直接对象是当事人和案外人，实际指向的却是生效的裁判或调解书。同时，对调查核实权取得的证据的性质和效力的不同认定，也会导致检法两家在司法实践中产生分歧。

第二，检察机关行使民事检察监督权与诉权的冲突。民事检察监督权是针对审判机关错误裁判和司法人员违法行为的监督，但并不代表它只对审判权产生影响，民事检察监督权的发动对案件当事人的诉权也会产生重大的影响。主要体现在检察机关以“有错必纠”为导向的主动出击与当事人“私权自治”之间的对抗。

根据新《民事诉讼法》的规定，再审程序的启动方式有三种，即人民法院主动纠错，当事人申请再审和检察机关行使民事检察监督权，包括抗诉和检察建议等。立法中没有对当事人申请再审的事由和检察机关行使民事检察监督权做具体的区分。这就导致在司法中可能出现当事人并没有申请再审，而检察机关却以损害国家、集体或社会公共利益为由强行抗诉或提出检察建议，这不仅影响到判决的既判力，也损害了当事人的处分权。在民事法律领域，尊重当事人的意思自治是最大的制度特点，这不仅包括尊重当事人对实体权益的处分，也包括对当事人程序权益的尊重。在民事审判结果中，法律追求的是事实的高度盖然性和结果的相对合理性，只要当事人服判息讼，其他主体就应该充分尊重当事人的意思自由。而现实中常常有检察机关以维护公共利益为由干涉司法的独立，从而影响到了当事人的意思自由，在执行活动中也同样如此，如果检察机关不能审慎地行使自己的权力，过度强调“有错必纠”，势必会影响判决的执行力，继而损害当事人的权益。

纵观我国民事检察监督权的运行现状，首先要肯定的是，我国在立法上取得了突破性的进展，检察监督制度正朝向深化、全面的方向发展，但民事检察监督制度的不足仍然存在，这其中就包括古代重刑轻民思想的观念束缚，制度传承中的历史遗留问题，对整体制度设计理念上的认识不足，以及协调处理权力与权力或权利之间的平衡能力不足等，均在深深地影响着立法技术的改进和制度的创新发展。因此，解决这些问题就成了我国构建科学合理的民事检察监督制度的关键所在。

四　新形势下完善我国民事检察监督权的建议

（一）冲破传统观念束缚，树立正确的立法价值观

在新形势下探求我国民事检察监督权的角色定位和权力回归，就是要对司法体制改革在民事检察监督领域重新进行理性思考。“我们既不能像中国古典文化一样重精神之修养而轻制度之构造，故虽有细密完备之情理学说，养浩然之气之博学君子亦历代不乏其人，毕竟屠龙乏术，于社会关系之调整，人权之保障不能有成功的作为。也不能仅致力于在制度层面上妥帖地体现法律的价值与精神，而应该两者齐头并进。”[①] 冲破传统观念的束缚，冲破思想的牢笼，具体包含两个方面。

第一，彻底变革重刑轻民的法律思想，不再过多宣扬打击刑事违法犯罪活动，而要加强处理民商事法律事务的程序设计。最高人民检察院检察长曹建明在2013年1月10日召开的全国检察长会议上指出，2013年检察机关要切实转变“重刑轻民”的观念，促进民事行政检察工作健康深入开展。他强调，检察机关要切实转变“重刑轻民”的观念，增强做好民行检察工作的责任感和使命感；要加强修改后的民事诉讼法实施后的研究

---

① 贺卫方：《会通：法制现代化的一种理想境界》，《南京社会科学》1993年第1期。

工作，及时解决民行检察理论上与实践中的问题；要切实加强对行政诉讼的法律监督，加强民行检察的机构和队伍建设；要形成更加科学合理的工作布局，充分发挥基层检察院的基础作用，促进民行检察工作健康深入开展。曹检察长的这一讲话在当下显然具有深刻的理论和现实意义。

第二，承认民事检察监督权存在的科学性和合理性，树立自觉接受监督的法治理念。如果说改变重刑轻民思想是为了民事诉讼法的复兴与发展，那么承认民事检察监督的合理性则是为了民事检察监督制度的崛起。长期以来，理论界对于民事检察监督权的存废争论不下，主要是以人民法院的“审判独立”原则和当事人“私权自治”原则为依据，认为检察机关的介入会破坏民事诉讼法两造对立的平衡模式，损害当事人的诉权。这其实是对检察机关享有的法律监督权的误读。我国是一个一元化权力结构的国家，各级人民代表大会是我国的权力机关。人民法院和人民检察院都是权力机关设定的具体执行机构，人民法院行使审判权，人民检察院行使监督权。两种权力不会也不该有地位的高低，监督权的存在是一种制约，但不是压制，所以从逻辑上讲民事检察监督权有其存在的科学性。另外，检察机关已在刑事诉讼领域广泛行使监督职能，那在民事领域也理应享有同样的职能，同时根据孟德斯鸠的权力制约理论，“凡是拥有权力的人都容易滥用权力”，鉴于此，检察机关法律监督权力的存在有其现实的必要性。

（二）宏观上树立司法统一概念，促进各方的协同发展

1. 坚持审慎司法的原则，注重权力行使的边界

诚然，民事检察监督权的存在是科学的、必要的，但是监督也不是自由随意的，它必须尊重民事诉讼法律的规律，保持审慎司法的态度。新《民事诉讼法》虽然在范围、方式和手段上都增加了民事检察监督权的内容，但这并不表明监督的无限扩张，民事检察监督是全面的，但也是有限的，权力限制理论和权力制约理论是树立审慎司法原则的理论基础。

监督权与审判权是平行的两种公权力，因此检察机关不能超越行使职权，甚至干涉审判权的行使。民事检察监督权行使的目的是保证司法公正的实现，预防司法腐败，维护社会公共利益。所以检察机关在行使该项权力时应保持审慎的态度。凡是权力都有边界，民事检察监督权的行使也应有一定的范围。这种范围包括行使的手段、行使的领域、行使的时间等，只有在立法中将这些具体化才能明确权力的边界问题。有学者认为，整体

上讲民事诉讼法主要是解决平等民事主体之间的法律纠纷，而检察机关是代表国家行使法律监督权，所以检察机关在行使民事检察监督权时应主要以保护公益为目的。在当下的行政体制改革当中，国家倡导“将权力关进笼子”，笔者认为这一理念也可用于指导司法改革，即在发动公权力的时候要小心谨慎，毕竟从民诉法的立法思想来看，解决纠纷、保障诉权才是最重要的。

2. 正确协调与审判权的冲突关系

法律监督权与审判权之间的冲突具有天然性，但我们并不能因为这种矛盾的存在就否认两者并存的可能性。法律监督权与审判权之间具有矛盾性，但两者又是统一的。因为无论是司法审判独立原则，还是民事检察监督制度，其目的都是实现司法公正的价值目标。可以说，司法独立和检察监督的功能殊途同归，相得益彰。① 因此在实践中，要处理好两种权力的互动关系。如尊重审判机关对案件实体的决定性，谨慎使用抗诉制度，明确检察建议和调查核实权的程序规则等；反之审判机关也要自觉接受检察机关的监督，在检察机关提起民事检察监督权时不应以固化的部门利益排斥这种监督。为此，笔者认为可以改革相应的纠纷解决模式，比如将冲突提交同级人大常委会裁断等。

3. 充分尊重和保障当事人的诉权

民事检察监督权的行使与诉权的实现存在手段和目的的关系。从当前的司法实践来看，民事诉讼解决的主要还是私人主体之间的权益纠纷。尽管近年来有关环境污染、消费者权益保护、国有资产流失等侵害公共利益的案件增多，也由此催生了民事公益诉讼制度的建立，但从整个民事诉讼领域案件的比例来看，个体之间的民事权益纠纷仍是最主要的。所以在这种情况下，强调当事人“私法自治”的观念具有极大的现实意义。在当前的民事诉讼结构中，审判机关处于居中裁判的地位，原被告处于平等地位，从我国司法改革的方向来看，我国民事诉讼模式已逐步从职权主义模式向当事人主义模式转变。当事人的自由处分权的实现程度反映了民事诉讼的模式架构。在1991年的民事诉讼法及其之后的两次修法中，都出现了弱化审判机关的职权主义色彩，同时保障当事人诉讼权利以强化当事人

---

① 刘田玉：《民事检察监督与审判独立之关系的合理建构》，《国家检察官学院学报》2004年第1期。

诉权的实现的倾向。这种做法也应贯穿于民事检察监督制度的设计之中。具体而言就要落实到民事检察监督权具体规则的构建上。例如，在现有的监督方式中如何区分使用，当事人申请再审权与检察机关抗诉权之间的制度应如何衔接，检察机关针对当事人或者案外人进行调查核实时应有哪些注意因素等。

（三）加强检察官队伍建设和检察机关的职能优化配置

民事检察监督权行使的效果不仅依赖于制度本身设计的科学性，还受到权力实施主体的影响。近年来，检察机关在行使民事检察监督权时之所以屡遭诟病，既有立法的缺失导致实践操作的难题，也有检察官队伍的素质不高导致审判机关或者其他主体对检察机关行使民事检察监督权的负面评价。在以往的论述中，我们通常以“法官业务水平低下，司法人员素质不高容易导致司法腐败”为由坚持检察机关应行使民事检察监督权，这种逻辑推论实则是不太合理的。无论在理论上还是在实践中，我们都难以得出检察官队伍素质高于法官，因而要对其实施法律监督的结论。尽管推理的过程有待商榷，但从结论来说，我们仍然要坚持检察机关的民事检察监督权。同时从适应司法改革的整体要求来看，我们也要加强对检察官队伍的素质建设，特别是业务素质的培训，通过定期的培训或者考核来提高检察官队伍的整体业务水平。

检察机关参与民事诉讼的目的和任务，决定了其在民事诉讼活动中所处的法律地位。检察机关行使民事检察监督权是其行使民事诉讼监督职能的体现，此时其处于法律监督者的地位，权力行使的效果是督促性的而非决定性的。有学者曾经质疑“如果把检察机关参与民事诉讼一味地只强调检察机关在民事诉讼中的诉讼监督地位，这会使得在理论上无法区分检察机关诉讼职能与监督职能的关系，现实中也无法摆脱‘自己监督自己’‘既当运动员又当裁判员’的尴尬，同时，也会打破民事诉讼参与人之间在法律地位及权利义务上的协调与平衡，破坏民事法律设计的‘等腰三角形’平衡架构”①。可以说这一观点具有一定的代表性。然而在这里笔者要再次强调的是，本书虽然将民事检察监督权的职能定位为监督职能，但是并没有否定检察机关在民事诉讼中的诉讼职能，因此这两种职能在民事

① 安斌：《检察监督：一个游离于民事法律边缘的话题——对民事检察监督权若干问题的思考》，《河南社会科学》2012 年第 10 期。

诉讼中是并行不悖的。至于如何解决检察机关在民事诉讼中“既当运动员又当裁判员”的问题，笔者认为这一问题是可以解决的，正如有学者所主张的，可在检察机关介入民事诉讼程序时对其进行主体分离，即将民事程序监督主体与民事起诉、民事抗诉主体加以分离。虽然笔者对该学者所主张的将民事程序监督权、民事起诉权、民事抗诉权三权并列的观点持保留意见，但该学者提出的对权力行使主体进行分离的观点却颇具借鉴意义。所谓主体分离，即是指由检察机关内部专设的法律监督部门专享诉讼程序监督权，负责对法院生效裁判是否存在错误进行审查，并决定是否提出抗诉；检察机关民事行政检察部门则具体负责抗诉的实施，并参与再审程序的进行；而民事公益诉讼权则由检察机关公诉部门行使。[①] 经过前述改造之后，民事检察监督权的行使主体将只包括检察机关的专设监督部门和民事行政检察部门，而不包括公诉部门，如此将可有效避免检察机关在民事诉讼中“既当运动员又当裁判员”的现象。

① 吴如巧、谢锦添：《论中国法律监督的主体混同与独立》，《重庆大学学报》（社会科学版）2012 年第 2 期。

专题六

美国民事诉讼研究

美国联邦民事诉讼程序的新发展及其启示

众所周知，美国的司法体系包括联邦法院和州法院两套司法体系，联邦法院和州法院分别有自己的民事诉讼规则。但不可否认的是，自适用于美国联邦法院系统的《美国联邦民事诉讼规则》制定以来，其对各州的民事司法就一直产生着深远而广泛的影响。正如美国著名学者、美国东北大学法学院终身教授史蒂文·苏本（Stephen N. Subrin）、玛格丽特（绮剑）·伍（Margaret Y. K. Woo）在他们所著《美国民事诉讼的真谛》中所指出的那样："联邦民事诉讼规则，尽管自生效时起已被修订多次，但仍然是今天调整联邦审判法院民事案件的诉讼规则。此外，美国的二十二个州和哥伦比亚特区在司法上均采用了实质上是以联邦民事诉讼规则的形式和内容为范本的民事诉讼规则。另外还有四个州也如法炮制，只不过是通过立法规定而非司法规定的途径。在美国的五十个州中，共有二十六个州的民事诉讼在很大程度上采纳了联邦规则的模式……美国所有的州都受到联邦民事诉讼规则的极大影响。像自由诉辩、广泛的合并、宽泛的证据开示等在今天都不仅仅是联邦法院体系中的诉讼规范，而且同时也存在于全美绝大多数州法院体系中。"[①] 不难看出，联邦民事诉讼规则在美国的民

---

① ［美］史蒂文·苏本、玛格丽特（绮剑）·伍：《美国民事诉讼的真谛——从历史、文化、实务的视角》，蔡彦敏、徐卉译，法律出版社 2002 年版，第 71—72 页。

事司法体系中实际上一直扮演着重要的角色，因此，对联邦民事诉讼规则的理解与掌握对于深刻了解美国民事司法体系的运作无疑具有至关重要的作用，而这也赋予了本书剖析美国联邦民事诉讼规则这一行为以重大意义。

一 《美国联邦民事诉讼规则》的制定及其主要内容

（一）《美国联邦民事诉讼规则》：法典化历程

从美国独立到19世纪中叶以前，美国的各州仍然适用英国殖民时代的普通法法院和衡平法法院的双重诉讼程序制度，英国的普通法传统也被各州广为接受，最典型的是1776年马里兰州权利宣言，该宣言规定，已为实践证明能适用于地方和其他情况的英国普通法和陪审团审判以及诸如此类的英国制定法，追溯至1774年6月1日被采纳。[①] 但是，随着时间的推移，这种双重诉讼程序制度由于其自身的复杂性以及与美国实际情况的不相适应性，招致了越来越多的抱怨与非议。到18世纪30年代末期，普通法程序制度的适用以及普通法法院与衡平法法院的双重法院体制已经受到了诸多的抨击。在一些抱怨者看来，普通法制度并非十分灵活，因而法律的发展不能满足日益工业化社会的需要，对于一个新生的、现代的民主社会而言，借鉴失败的大不列颠过时的方式是没有任何意义的。另外一些抱怨者认为，在民主社会，应当由立法机关而不是由法院来制定法律，包括制定程序法。分设普通法法院和衡平法法院导致了效率低下，这特别表现在由于常常遇有难以把握应在哪个法院开始诉讼而导致案件被撤销，从而无端耗费了时日。另外，整个争议不能在一个诉讼中得以完全解决的情形也不乏见。[②] 正是因为英国的民事诉讼传统存在上述弊端，所以，19世纪中叶，以纽约州为首的几个州，开始在英国普通法的原则基础上开展诉讼程序的法典化运动。

美国各州民事诉讼程序的法典化是以1848年纽约州率先制定民事诉讼法典为标志的。纽约州民事诉讼法是大卫·达德利·菲尔德（David Dudley Field），一位19世纪美国杰出的审判律师，多年坚持进行成文法运动的结果，因此，人们也将该法典称为“菲尔德法典”。菲尔德法典合并

---

① ［美］William L. Reynolds，*Judicial Process*，法律出版社2004年英文影印版，第56页。

② 同上书，第59—60页。

了普通法和衡平法法院诉讼程序，并废除了复杂的诉讼方式和诉答制度，从而大大简化了民事诉讼程序。菲尔德法典是普通法历史上第一次以立法形式制定的统一程序法，对美国其他各州的民事程序立法产生了重大影响。自该法典制定以后，被美国半数左右的州所采纳，适用的人也超过了美国人口的一半。菲尔德法典是从普通法的诉讼程序到由 1938 年的联邦民事诉讼规则导入的美国现代诉讼程序的道路上迈出的重要一步。对普通法和衡平法案件的诉讼适用相同的诉讼程序，摒弃令状和单一争点诉辩程序，一定程度地扩展合并当事人和诉讼请求的能力，以及规定 Discovery 等，均不失为高瞻远瞩之举。但大卫·达德利·菲尔德的目标，以及其在菲尔德法典中的体现，都在相当程度上与普通法的理性十分接近。菲尔德希望限制诉讼，希望给予法官极少自由裁量权的严密规则，而且他厌恶法律的机动性、弹性。①

虽然菲尔德法典在统一普通法和衡平法法院诉讼程序等方面取得了很大的成就，并对其他州的民事程序立法作出了榜样，但菲尔德法典并不是完美无缺的，仍然存在众多需要改进之处。而这无疑为美国民事诉讼程序的后续改革奠定了基础。在 1938 年以前，联邦法院在诉讼程序法上的适用较为混乱，并引发了诸多问题。在经受多年的责难之后，为统一联邦法院适用的程序法，国会于 1934 年通过了《授权法案》（*Enabling Act*）。《授权法案》授权联邦最高法院颁布适用于联邦地区法院普通法案件的民事诉讼规则，只要这些规则不改变当事人所享有的实体法权利。联邦最高法院还可以使规则也适用于衡平法案件，如此，则像菲尔德法典一样将普通法与衡平法合并。联邦最高法院将起草规则的任务交由以时任耶鲁大学法学院院长的查尔斯·克拉克教授为首的由学者、律师和法官组成的规则起草委员会。历经多次讨论和修改，联邦最高法院向国会提交了《美国联邦民事诉讼规则》，并于 1938 年获得通过，当年 9 月 16 日正式生效。《美国联邦民事诉讼规则》的颁布与生效，意味着美国联邦初审法院的民事诉讼程序从此获得了统一。

（二）《美国联邦民事诉讼规则》的主要内容

《美国联邦民事诉讼规则》共 13 章，其中第 1—11 章为规则的正文部

① ［美］William L. Reynolds，*Judicial Process*，法律出版社 2004 年英文影印版，第 62—63 页。

分，第12章为“关于诉讼文书格式的附录”，第13章为“关于特定的海事和海商请求的补充规则”。规则的正文共86条，可分为四个部分：第一部分为第1—4章（第1—25条），规定诉讼开始、诉答书状和申请书的内容以及当事人和请求的合并；第二部分为第5章（第26—37条），规定庭外录取证言及发现程序；第三部分为第6—7章（第38—63条），规定开庭审理及判决；第四部分为第8—11章（第64—86条），规定临时扣押财产、书记官以及其他有关事项规定。

需要指出的是，《美国联邦民事诉讼规则》虽然是一部成文化的民事诉讼法典，但其并不是大陆法意义上的系统化的法典，而是以英美法的判例法为基础，总结了传统的判例法的经验，特别是重点放在改革和简化开庭审理前的诉答程序事项的具体规定、发现程序的方法以及当事人提出各种申请的程序和标准。至于开庭审理的程序，基本上是以往的习惯做法，而且开庭审理的许多程序没有作具体规定，还是按照已经形成的习惯进行审理。美国联邦最高法院规定的联邦民事诉讼规则是作为联邦地区法院民事诉讼程序的标准规则的，各联邦地区法院在不与这一规则抵触的情况下，可以制定本地区法院的地方性民事诉讼规则。

《美国联邦民事诉讼规则》被美国民事诉讼法学者视为继1848年菲尔德法典之后，美国民事诉讼法发展道路上的第二个里程碑。之所以会受到这么高的赞誉，是因为其在如下两方面作出了重要贡献。

首先，统一了诉讼方式：将各种诉讼方式简化为单一的民事诉讼一种诉讼方式，使诉答程序摆脱了传统的形式主义。英美法系的传统诉讼方式是因当事人所主张的事实不同而采用不同的诉讼方式和程序。如果当事人所采用的诉讼方式与其所主张的事实不符，那么当事人就会败诉。尽管经过多次修改，但是在制定联邦民事诉讼规则之前美国各州还是采用9种不同的诉讼方式，诉讼开始的诉答程序还是很复杂。联邦民事诉讼规则的一大功绩就是把这些诉讼方式简化为一种方式即民事诉讼方式，而且当事人向法院提交诉状就是诉讼的开始，这对普通法传统的诉答程序来说是一个非常重大的改革。

其次，把在开庭审理之前当事人之间相互交换与诉讼有关的信息和证据作为权利而规定了发现程序。这是《美国联邦民事诉讼规则》对美国民事诉讼法所作出的又一重大贡献。美国传统诉讼结构是由诉答程序（pleading）和开庭审理（trial）两个阶段构成的。在诉答阶段当事人之间相互交换诉状和答辩状的目的仅仅限于明确双方当事人之间的争点，而证明争点的证据事实不作为当事人之间交换的对象。所以，几个世纪以来律师把在开庭审理阶段提出证据，突袭对方当事人作为胜诉的诉讼策略。《美国联邦民事诉讼规则》第一次把当事人收集与诉讼有关的信息和证据作为一个诉讼阶段规定下来，不仅解决了突袭的问题，而且对整个诉讼产生了巨大的影响。由于有了当事人之间直接交换信息和证据的发现程序，就使原来只交换诉状和答辩状来整理争点的复杂程序简化了。诉答程序只起向当事人告知诉讼的作用而已，双方当事人是通过边收集证据边明确争点，从而使当事人之间对案件和证据取得共识。这样便使当事人容易在法庭上举证，而且有利于当事人在法庭审理之前以和解方法解决纠纷。尽管目前发现程序尚存在不少问题，在实践中确有当事人滥用发现程序以拖延诉讼的现象，但当事人之间在进入法庭审理之前充分交换证据这种做法是值得肯定的，也是符合现代民事诉讼的发展方向的。①

二　美国联邦民事司法所面临的困境

美国是一个诉讼超级大国，其民事司法制度面临的困难首先表现在诉讼案件数量的大幅度增加上。这既包括诉讼绝对数量的增加，也包括诉讼率的提高。1940—1960 年，美国法院的案件增长率在 77%以下，而 1960—1975 年，案件增长率上升到 106%。1960 年是美国案件负担史上的一个分水岭。1904—1960 年，诉至联邦法院系统的案件从 33376 件增至 89112 件，平均年增长率仅为 1. 8%。1983 年，联邦地方法院受理案件是 1960 年的 3 倍多，增长率为 250%。这一增长率比起联邦上诉法院的案件增长率则相形见绌。在同一时期，联邦上诉法院受理案件从 1960 年的 3765 件增至 1983 年的 29580 件，增长率为 686%。1990 年 6 月到 1991 年 6 月，联邦上诉法院共受理上诉案件 42033 件，每个合议庭一年平均审理 764 件。同一时期，联邦地区法院共受理 217879 件（其中 80%以上为民事案件），平均每个法官一年内审理 335 件。与联邦法院系统相比，州法院系统受理的案件更为惊人。事实上，美国 90%以上的案件都是由州法院处理的。据统计，1990 年，州法院共受理案件超过了 1 亿件。1984—

① 白绿铉：《美国民事诉讼法》，经济日报出版社 1996 年版，第 47—49 页。

1990年，美国人口仅增长5%，但其间向各州法院提起的诉讼增长了18%。[①] 有人将这种诉讼案件猛增的现象称为“诉讼爆炸”，但不少人认为，普遍意义上的“诉讼爆炸”还缺乏有力的证据支持。然而，对于特定类型的诉讼而言，“爆炸”的证据却相当充分。例如，涉及联邦的案件在数量上日益增多，联邦法院受理的“新型诉讼案件”远远高于州法院。[②] 1996年，在联邦法院提起诉讼的民事案件从1966年的71000件上升到269999件，增加近3倍。但在美国，大部分民事诉讼是在州法院系统中处理的，州法院处理了全国民事案件的90%。1993年，在州法院提起的民事案件高达1460万件（不包括家庭关系案件）。[③]

同世界其他国家一样，美国也在遭受着诉讼迟延的困扰。“诉讼迟延是诉讼制度与生俱来的、现在依然困扰着法院的难题。诉讼迟延对于司法的运作来说，几乎可以说是一种宿命的慢性疾病。迟延是一种宿疾。”[④] 1984年，美国律师协会采纳了减少民事诉讼迟延的目标——90%的案件应该在一年内解决，并且所有的案件应该在两年内解决。[⑤] 但这一目标并没有实现。另外，学者普遍认为，诉讼费用高昂是美国民事诉讼制度面临的另一个主要问题。诉讼费用高昂并非表现在法院费用方面，而是表现为律师费过高。美国并没有法定的律师收费制度和标准，实践中普遍采取的是小时收费制和胜诉酬金制的律师收费制。就前者而言，律师每小时收费通常为100—500美元，而在胜诉酬金制下，胜诉酬金通常占判决数额的1/3左右。不难看出，对普通民众而言，这一诉讼收费是很高的。虽然在20世纪60年代，联邦政府创立了一个由税收收入所支持的法律援助系统，为达到一定标准的低收入者提供免费的律师代理服务，但是由于国会增加了对由政府支持的法律援助所提供的活动范围的限制，对贫困当事人

① 齐树洁：《民事司法改革研究》，厦门大学出版社2006年版，第512页。

② ［日］小岛武司等：《司法制度的历史与未来》，汪祖兴译，法律出版社2000年版，第8页。

③ ［美］William L. Reynolds, *Judicial Process*，法律出版社2004年英文影印版，第65页。

④ 范愉：《非诉讼纠纷解决机制研究》，中国人民大学出版社2000年版，第117页。

⑤ ［英］阿德里安·A. S. 朱克曼：《危机中的民事司法》，傅郁林等译，中国政法大学出版社2005年版，第19页。

所提供的有效资金十分有限。[①]

另一困扰美国联邦民事司法的是当事人对发现程序的滥用，而这也是造成诉讼迟延、诉讼费用高昂的重要原因之一。发现程序无疑是美国民事诉讼制度的一大进步，但由于当事人在审理前调查和收集证据的权利很大，而法院对当事人管理和监督不足，自 20 世纪 70 年代以来滥用发现程序、拖延诉讼的现象相当普遍。从 20 世纪 80 年代以来，美国联邦最高法院对民事诉讼规则的修改，基本上都是围绕着如何加强法院对发现程序的监督和管理而进行的。

针对法官负担过重、法院日程过密、证据开示过度、律师报酬飞涨等问题，美国国会于 1990 年通过了《民事司法改革法》。[②] 该法并不是直接对诉讼程序进行变更，而是通过对法院本身进行一定的改革，以促进案件管理或案件控制的强化。例如，该法要求每个地区设立一个各界代表人士组成的咨询团体，由该团体向法院提供报告，阐述法院积案的趋势，分析产生诉讼迟延和诉讼成本过高的原因，并就减少民事诉讼的时间、降低诉讼成本提出建立专门规则和程序的计划建议。然而，就连美国学者自己也认为，该法“在控制案件方面几乎起不到什么作用”。

三　美国联邦民事诉讼的新发展及对我国的启示

《美国联邦民事诉讼规则》1938 年 9 月 16 日正式生效至今，经历了多次的修改。每一次的修改都体现了当时美国民事诉讼的发展和民事司法政策的变动。[③] 通过联邦民事诉讼规则的历次修正，我们不难看出美国联邦民事诉讼于近年来的一些发展方向，归纳起来，大致有以下几点。

（一）科技进步在联邦民事诉讼中的作用愈益重要

科技进步特别是计算机技术在联邦民事诉讼中起到了越来越重要的作用，这在《美国联邦民事诉讼规则》近年来的修正中有很明显的体现。

---

① ［英］阿德里安·A. S. 朱克曼：《危机中的民事司法》，傅郁林等译，中国政法大学出版社 2005 年版，第 89 页。

② ［日］小岛武司等：《司法制度的历史与未来》，汪祖兴译，法律出版社 2000 年版，第 77 页。

③ 历次修正的详细内容，可参见［美］格兰农著、孙邦清等注《民事诉讼法》（注译本），中国方正出版社 2004 年版，“Historical Note”部分。

1. 电子信息手段

新修订的联邦诉讼规则第5条第（b）项第（2）节（E）规定，经送达对象书面同意，送达人可以采取电子信息的方式，将诉讼文书送达给送达对象。而在以前的法典中，并没有关于采用电子信息的方式进行送达的规定，很明显这是计算机技术的发展对民事送达所产生的影响；第（d）项第（3）节规定，“法院可依据地方法院规则，允许通过电子信息手段提交、签署或核实文件……”以前只规定可采用电子信息手段提交文件，而没有就文件的签署和核实作出规定，此处明确规定亦可通过电子信息手段签署或核实文件。

2. 电子储存信息

新修订的联邦诉讼规则第16条第（b）项第（3）节（B）（iii）规定：日程安排命令还可以以电子形式储存信息的开示；第26条第（a）项第（1）节（A）（ii）规定中增加了对电子储存信息的最初开示；第26条第（b）项第（2）节（B）增加了对电子储存信息的特别限制；第26条第（f）项第（3）节（C）增加规定了任何与对电子储存信息的发现或开示相关的事项，包括其将要提交的一种或多种形式；第34条第（a）项中增设了提供电子储存信息，第（b）项的（D）和（E）增加规定电子储存信息的答复形式、异议等。

3. 电子邮件

新修订的联邦诉讼规则第26条第（g）项第（1）节增加规定了“……都至少应有一个记录在案的律师以个人名义签名并注明该律师地址、电子邮件的地址以及电话号码；无代理人的当事人应由该当事人签名并注明地址、电子邮件的地址以及电话号码。”而以前并没有就电子邮件作出规定，这无疑是计算机技术在民事诉讼中运用的另一重要体现。

（二）关于诉讼当事人的若干变化

修订后的《美国联邦民事诉讼规则》对强制合并的问题作了较为详尽的规定，包括如何进行合并以及确属不能合并时法院应该采取哪些措施等。之所以对诉讼合并作出如此详细的规定，是因为《美国联邦民事诉讼规则》一如既往地秉承着追求诉讼效率的理念，特别是近年来随着复杂诉讼的大量出现，这种对诉讼效率的要求越发迫切。因此，如何在一个诉讼中纳入多个当事人和多个诉讼请求，使其通过一次诉讼而解决众多错综复杂的诉讼纠葛，就成为美国民事诉讼不得不关注的话题。为了回应对诉讼效率的诉求，《美国联邦民事诉讼规则》将继续重视诉讼合并在实现诉讼效率方面所发挥的重要作用，其在未来的修改亦必将朝着这一方向继续努力，我们有理由期待这一点。[①]

（三）集团诉讼

作为解决群体性诉讼的一种诉讼装置，集团诉讼在美国的民事诉讼中一直扮演着重要的角色。自1938年被纳入《美国联邦民事诉讼规则》至今，集团诉讼一直历经变革。从广义的范围看，美国的集团诉讼经历了四个阶段。在1966年以前，尽管在1938年《美国联邦民事诉讼规则》下，存在扩大使用集团诉讼的可能性，但是集团诉讼基本用于原告和/或被告具有业已存在的利益团体的情形中，诉讼依据教会、社团、行会或类似组织的成员身份而进行。在1966修正案颁布后的10年间，“集团诉讼大量涌现，由于将集团诉讼视为向经济上的弱势当事人提供司法正义的设置，因此对集团诉讼存在很高的热情，而且以一种自由的模式来解释新规则导致了集团诉讼的繁荣”[②]。但是，也有人批评集团诉讼造成了过度的律师费、繁重的诉讼和不公平的迫使被告和解的压力。集团诉讼也被指责是造成美国民众全面好讼的因素。对此，联邦最高法院以限制集团诉讼的态度作了回应，到70年代末，在联邦法院使用集团诉讼的数量已经大为减少，并且这一趋势持续到了80年代。但是，在过去的十几年间，集团诉讼又有了明显的复苏，而且在很多的案件中，其先前的批评者们现在变成了最坚定的支持者。[③] 当然，这与近年来大众侵权案件的大量出现是分不开的。

集团诉讼的基本规则详细规定于《美国联邦民事诉讼规则》第23条中，包括集团诉讼的先决条件、集团诉讼的类型等。近来的修正主要在于以下几点：增加规定第（c）项第（1）节（B）：“对集团的限定；指定集团的代理律师”；增加规定第（c）项第（2）节（B）：“通知应以浅显易懂的语言简要清晰地说明下列事项：（i）诉讼的性质；（ii）被批准的集团的界限；（iii）集团的请求、争点或抗辩；（vi）说明成员可选择被排

---

① 关于美国民事诉讼中的诉讼合并制度的详细介绍，可参见陈桂明、吴如巧《美国民事诉讼中的诉讼合并制度评介及对我国的启示》，《政治与法律》2010年第5期。

② Linda Silberman, “The Vicissitudes of the American Class Action—With a Comparative Eye”, 7 *Tulane Journal of International & Comparative Law* 201, 201 (1999).

③ ［美］William L. Reynolds, “*Judicial Process*”，法律出版社2004年英文影印版，第105页。

除的时间和方式”；增加规定第（e）项，详细规定了和解、撤诉或者妥协的程序；增加规定第（f）项：“关于集团诉讼的上诉的规定”以及增加规定第（g）项，对集团代理律师进行了详细规定。

虽然集团诉讼在解决群体性纠纷方面发挥了重要作用，但因其导致的诉讼迟延、高昂的诉讼费用以及律师对集团诉讼的滥用，使得集团诉讼从产生之日起就一直处于争议之中。如何解决这些弊端，以充分发挥集团诉讼的功能，显然将是《美国联邦民事诉讼规则》在今后的修正与发展中将不得不面对的挑战。

（四）发现程序与审理前会议

在美国民事诉讼中，发现程序与审理前会议构成了审前程序的主要内容。自1938年由《美国联邦民事诉讼规则》规定以来，发现程序（或证据开示程序）就一直是美国民事诉讼的一个不可或缺的重要部分。其在使当事人在审前彼此了解对方当事人所拥有的证据事实、进一步明确和整理争点以及促进当事人之间的和解方面发挥着至关重要的作用。但是从70年代后期开始，针对发现程序自身存在的问题以及由此而发生的滥用发现程序现象的批评也越来越尖锐。这些批评主要在于当事人及其律师在缺乏法院监督的情况下不受限制地向对方和第三者取得证据，导致开庭前准备阶段过分地消耗时间，结果是开庭的拖延和整个审判过程的长期化。同时，使用于向对方收集证据或回应对方开示要求的资源大部分转化为高额的律师费用，使当事人的经济负担大幅增加，极大地提高了诉讼成本。鉴于这些批评，自80年代以来，美国一直在采取各种措施以改革发现程序，增加规定了最初出示证据制度，以及对使用发现方法的次数进行限制等。

审理前会议与发现程序一样，由《美国联邦民事诉讼规则》引入开庭前的准备阶段。最初规定的审理前会议，其主要内容是由法官出面，帮助当事人归纳或总结通过发现程序所获得的结果并将其固定下来，以便给开庭审理提供一个完整的事前计划。但是，在随后出现的加强法官对案件准备阶段的管理这一趋势下，1983年修改的《美国联邦民事诉讼规则》在很大程度上改变了审理前会议的内容和性质。为了有效地实施对诉讼进行的早期管理，审理前会议原则上已不再是只召集一次，而是至少要召集两次以上。第一次会议一般于发现程序的初期或开始前召开，目的主要是确定准备活动的大体日程以及开庭审理的时间；最后一次会议则在归纳总结当事人准备活动的结果，为开庭制定审理计划的同时，也努力寻求当事人之间在开庭前和解的机会。在初期和最后的两次会议之间，法官可以随时根据需要召开若干次会议来控制准备活动的进展并尝试说服当事人达成和解。不难看出，审理前会议的功能已经不仅仅停留在单纯地总结归纳准备活动结果和制订开庭审理的计划上。为了加快当事人的准备进程，防止诉讼的拖延，法官可以通过召集审理前会议来主动对发现程序进行管理。同时，尽量促使当事人和解或通过利用各种诉讼内 ADR 方法来实现开庭前的纠纷解决也成为审理前会议的目标之一。[①] 审理前会议在使用数量上的日益增长表明美国的法律制度已进入了案件的司法管理时代。[②]

（五）案件管理（case management）

众所周知，美国民事诉讼实行当事人主义模式。在该模式中，当事人一直在扮演着主要的角色，法官则总是以消极的面目出现。因此，当事人主义模式很容易给人留下这样一个印象，即法官在民事诉讼过程中是消极无为的中立者，只有当事人才是促使诉讼向前发展的积极推动者。不可否认，这种说法是有一定道理的。因为在美国传统的民事诉讼中，法官不会，实际上也是被禁止对诉讼进行过多干预的，其原因是人们普遍认为只有严格恪守中立立场的法官才是正义的，法官对诉讼所进行的任何干预都有使其丧失中立立场的危险。但随着民事案件的迅猛增长，这种观念正逐步发生改变。对诉讼效率的追求和强调使美国的民事诉讼的重心从庭审程序转移到以发现程序为中心的审前程序。正如前述，对发现程序的滥用促使美国进行了持久的民事诉讼改革，通过修改《美国联邦民事诉讼规则》，加强了法院和法官对审理前程序的管理和监督职责。以此为契机，美国的民事诉讼赋予了法官程序控制权和对案件的积极管理权，并规定了很多有效管理的措施，以防止当事人恶意诉讼，滥用程序权。

案件管理政策和实践的存在，使美国民事司法制度在一定意义上成为一种管理型的司法。事实上，在过去一段相当长的时间里，民事司法改革是以加强对案件的司法管理为特征的。例如，在“促进事实真相的查明，精确地裁判案件，监督证据开示程序，加强对诉讼的管理，并且确保公正、迅速与低成本地解决民事纠纷”的改革目的指导下，1990 年《民事司法改革法》加强了对案件管理的具体规范，详细地规定了案件管理的 6

① 王亚新：《社会变革中的民事诉讼》，中国法制出版社 2001 年版，第 81—82 页。

② ［美］William L. Reynolds，*Judicial Process*，法律出版社 2004 年英文影印版，第 110 页。

项基本原则和6种基本管理方法。

（六）诉讼外纠纷解决机制（ADR）

美国法院接受ADR是在1925年通过《联邦仲裁法》之后。而在该法通过之前，美国法院一直对ADR采取排斥态度。接受ADR的主要原因在于发现程序导致费用较高和时间的拖延。而ADR一般都严格限制发现程序，因此无论对法院还是当事人都带来了实际而明显的成效：减少费用、加速解决纠纷、减少法院的案件积压等。另外，ADR还可以使当事人通过不太对立的方式解决纠纷，从而有利于继续维持双方当事人的关系；同时，它也能够按照当事人的意愿提供灵活的纠纷解决程序。因此，ADR逐渐被法院接受。

1983年，《美国联邦民事诉讼规则》第16条的修订使法院的ADR实践具有了明确的公共政策指南和法律依据，新修订的第16条第1项首次把和解确定为审前会议的目的，这表明审前会议的重点已经从单纯的开庭审理的准备转移到法官对审理前会议准备阶段的管理上来了。特别是，《美国联邦民事诉讼规则》第16条第3项规定法官和律师可以考虑和解或采取其他替代性纠纷解决方法的可能性。由此，法院附设ADR实践在20世纪80年代也迈上了一个新台阶，简易陪审团审理（summary jury trial）、早期中立评估（early neutral evaluation）等ADR相继出现。但是直到20世纪90年代，联邦地区法院使用ADR的数量和范围才有了大幅增长。迄今，许多地区法院提供了至少2种ADR程序，至少6个联邦地区法院提供了包括仲裁、调解以及上述所说的简易陪审团审理和早期中立评估在内的各种ADR程序。由联邦司法中心与纽约公共资源中心（CPR）纠纷解决研究所合作公布的《联邦地区法院中的ADR与和解：法官和律师适用手册》（*ADR and Settlement in the Federal District Courts*：*A Sourcebook for judges and Lawyers*）指出，随着《民事司法改革法》的颁布，ADR实践已经呈现出一种程式化特征（programmatic character），而不像早期那样由个别法官采用。许多法院已经制定了正式的ADR规则和程序。ADR制度化程度提高的证据之一是，这些规则和程序全面适用于法院，从而取代了以前适用于个别法官的规则和程序。证据之二是，涌现了大量的ADR专门人才。超过10个以上的联邦地区法院已经任命了专门的ADR管理人员或总监，其全部职责就是管理和监督法院的ADR计划。同时，由于越来越多的律师介入法院附设ADR计划并且在民间层面上提供ADR服务，法院的

ADR 人员和私人的 ADR 提供者之间的差别正在趋于模糊。①

虽然针对 ADR 制度仍然存在众多争议，但其在帮助当事人节约时间和金钱，减轻法院的案件负担方面有积极意义，其他有利于提高公众对司法系统的满意度；有助于保持当事人之间原有的合作关系，使纠纷得到迅速的解决；为纠纷当事人提供交流的机会，指引公众使用比暴力或诉讼更有效的方式解决纠纷等方面所起的重要作用仍然不得不为人们所重视。因此从长远来看，ADR 制度在美国联邦民事诉讼乃至整个美国民事诉讼中仍将发挥重要而持久的作用。

美国联邦民事诉讼程序的前述新发展给我们的启示是深刻的：民事诉讼法的修订与民事司法政策的发展应当与时代发展保持同步。易言之，民事诉讼立法与民事司法应当对社会进步有高度的敏感性，并善于将其在程序设计中予以深刻反映。用具有我国特色的语言加以表述，就是民事程序的设计应当“与时俱进”。无论是对科技进步的有效利用，还是在诉讼合并程序、集团诉讼程序等程序中对具体程序设计的完善，美国联邦民事诉讼程序都体现了对社会发展与进步予以反映的重视。

就我国而言，我们首先应充分发挥科技进步在民事司法程序中的重要作用，特别是在近年来，计算机技术取得了长足的发展，并对民事司法程序发挥着愈益深刻的影响。在这种形势下，我国的民事司法程序应当对这种影响予以积极回应，并在今后的民事程序立法中加以充分体现。就当前而言，科技进步对诉讼程序已经显现以及尚未显现的影响，尚未引起民事诉讼法立法者的应有重视。其次，我们应充分重视诉讼合并制度在促进诉讼经济、提高诉讼效率等方面发挥的不可替代的作用。特别是对于我国当前所进行的以降低诉讼成本、提高诉讼效率为重要目标的司法改革而言，完善的诉讼合并制度无疑有着更为现实的意义。我国民诉法中既有的关于诉讼合并制度的规定不仅条文数量有限、内容空洞，更严重的是这些规定明显欠缺体系化。正如有学者所指出，我国民诉法在诉讼合并制度的立法方面具体存在下述缺陷和盲点：一是对不同类型的诉的合并的条件基本上没有明确的规定，如民诉法只对单纯之诉的合并、不同当事人之诉的合并有些许规定，但对预备之诉的合并、选择之诉的合并则无任何规定；二是

① 蔡从燕：《美国民事司法改革架构中的 ADR》，《福建政法管理干部学院学报》2003 年第 3 期。

对当事人在同一诉讼程序中提出的若干独立诉讼请求是否当然合并审理未作区分性的规定；三是缺乏诉的合并制度与管辖制度的协调性规定；四是当事人制度与诉的合并制度的规定缺乏融通性。[①] 这些缺陷显然应当在今后的民事诉讼立法中加以克服。最后，我们可借鉴美国集团诉讼制度在为小额多数权利人提供赔偿性救济、表达权利主张、阻却市场违法违规行为、影响国家的制度变迁、有效平衡当事人之间利益关系等方面所具有的优势，从便利当事人寻求诉讼救济、鼓励公众依法进行诉讼的角度，来完善我国的相关制度设计。这一目标的实现，不仅有赖于学者们在准确把握国内外群体性诉讼最新立法与实践经验基础上对传统民事诉讼理论加以适度创新，亦有赖于人民法院在解决群体性纠纷方面司法政策的转变，即应尽快改变现阶段人民法院因担心群体性诉讼影响社会稳定而限制当事人寻求诉讼救济的短视做法，尽早确立鼓励公众诉讼维权的司法理念与政策，并以完备的制度性规定来化解群体性诉讼案件所可能存在的不稳定因素，以人民法院在群体性诉讼案件审理中职权的不断强化来确保案件审理的公正、高效进行。这既是美国集团诉讼立法变革的经验，也是人民法院独立性逐渐增强和司法创制能力不断提高的必然趋势和要求。

复次，借鉴美国民事诉讼中发现程序与审前会议的做法，构建并完善我国的审前程序。我国民事诉讼中并不存在独立的审前程序，发现证据、整理争点、促进当事人和解等为国外民事诉讼审前程序所倚重的制度功能，并没有在我国的民事诉讼中被很好地体现。一直以来，建立并完善独立的审前程序始终是我国民事司法改革所追求的目标之一，从传统审判方式中庭前准备的“越俎代庖”，到“一步到庭”中庭前准备的取消或弱化，再到当前具有实质内容的准备程序的初步显现，我们不难看到审前程序在我国的发展轨迹。虽然通过《证据规定》对庭前证据交换、举证时限等制度的建立，显示出我国正朝向建立并完善审前程序这一目标努力前进，但截至今日，独立的审前程序仍未在我国真正建立。因此，在今后很长一段时间内，构建独立的审前程序仍将是我国民事司法改革所需完成的重要任务之一，通过独立审前程序的建立，我们希望在我国实现“审前准备程序+开庭集中审理”的两阶段诉讼结构。另外，借鉴美国民事司法程

---

① 张晋红：《诉的合并制度的立法缺陷与立法完善之价值分析》，《法学评论》2007年第4期。

序中“案件管理”的做法，增强我国法官对民事案件的管理权限，以加快推进诉讼程序的进行，防止诉讼拖延。在我国近年来民事案件数量迅猛增加，导致法院积案过多现象愈益严重的情形之下，这一做法显然有着极为现实的意义。① 最后，充分重视诉讼外纠纷解决方式在促进案件分流、减轻法院案件负担；帮助当事人节约时间和金钱；为当事人之间的交流与合作提供契机，促使纠纷得到迅速解决等方面所发挥的重要作用，借鉴美国的既有经验，构建我国的诉讼外纠纷解决机制。近年来，随着我国社会经济的全面发展，各种类型的民事纠纷逐渐增多，在民众维权意识不断提高的同时，我国民事司法领域所存在的深刻危机也逐渐显现，其中最为显著的即为裁判资源的有限性与各类型纠纷的无限增长之间的矛盾。为缓解这一愈益尖锐的矛盾，除了在诉讼体制之内寻求解决途径外，诉讼体制之外的解决方式亦必不可少。人民调解、仲裁等诉讼外纠纷解决方式在分流案件、减轻法院审判负担等方面发挥着不可忽视的作用，但此种作用仍然未能引起立法及司法机关的足够重视，这从我国诉讼外纠纷解决方式法律制度建设的滞后上不难发现其端倪。因此，充分重视诉讼外解纷方式的重要作用，并对相关立法及具体操作程序予以完善，理应成为我们今后的努力方向。②

美国民事诉讼中的案件管理制度对我国的启示
——兼论大陆法系国家的民事诉讼案件管理经验

案件管理（case management），也称为司法流程管理（judicial case flow management），是20世纪70年代后西方国家为根治民事司法“堵塞”和“拖延”的症结而推行的司法改革措施。其中美国法院所实行的“管理型司法”颇具代表性，其与日本、德国等国所实行的“计划审理”及

① 关于美国民事诉讼中的案件管理制度及其带给我国的启发意义，可详见陈桂明、吴如巧《美国民事诉讼中的案件管理制度对中国的启示》，《政治与法律》2009年第7期。

② 关于我国ADR制度的本土化构建，参见刘晓红《构建中国本土化ADR制度的思考》，《河北法学》2007年第2期。

“集中化审理”一起构成了案件管理这一概念的主要内涵，并促成了世界范围内的“案件管理运动”（case management movement）。本书拟对美国民事诉讼中的案件管理进行深入研讨，揭示其带给我们的深刻启示。

一 美国民事诉讼案件管理的起源及其理论基础

在美国，传统意义上的法官行使裁判职能，对当事人之间的对抗采取不干预的态度，是消极的中立者。因此，传统意义上的法官又被称为“裁判型法官”。随着审前程序的日益发达和被广泛应用，美国民事诉讼的重心从庭审程序转移到以发现程序为中心的审前程序。然而，在民事诉讼实践中，大量出现的当事人及当事人的律师滥用发现程序，造成诉讼迟延和诉讼费用高昂，严重影响了整个诉讼的顺利进行。据此，美国进行了持久的民事诉讼改革。早在 1972 年，美国律师协会就曾提出，在缓和民事诉讼复杂性的同时，限制接受陪审裁判权和证据开示权的使用，但此意见遭到反对。与此同时，有人提出了案件流程管理制度和确立管理型法官的设想。自 20 世纪 80 年代以来，对《美国联邦民事诉讼规则》先后进行了几次大的修改，旨在纠正由当事人滥用证据开示程序所导致的诉讼严重迟延的弊端。1983 年，在对《美国联邦民事诉讼规则》进行修改时，于该规则第 16 条中正式采纳了案件管理制度，旨在削弱当事人的程序控制权，对案件实行流程管理。1984 年，美国全美律师协会制定的“关于减少诉讼迟延的标准”提出：90%的案件应当在起诉后 1 年内审结，98%的案件应当在 1 年半内结案，所有案件必须在 2 年内审结。1986 年，美国法律协会提出了简化民事诉讼和降低诉讼费用的具体建议。1990 年，美国联邦法院研究委员会也成立了类似组织，针对民事诉讼制度尤其是联邦民事诉讼制度进行讨论。1990 年 12 月，针对法官负担过重、法院日程过密、证据开示过度、律师费用飞涨等问题，美国国会通过了《民事司法改革法》（*The Civil Justice Reform Act*，CJRA）。该法并不是直接对民事诉讼程序进行变更，而是通过指示对法院本身进行改革，以促进案件管理或案件控制的强化。考虑到联邦制结构的因素，法案放弃了寻求自上而下的、全国性统一解决办法的努力，而是采取自下而上的方式，即要求联邦的每一个社区（美国共有 94 个社区）都必须制定地方性法案，以利于法院依据法律作出判决，控制发现程序，改善诉讼管理，保证民事诉讼公正、高效地运行。目前，一些地方性改革方案，如强制披露，已被《美国联邦民事诉讼规则》所采纳。

案件管理政策是对传统法官角色的调整，是集中体现法官由消极到积极角色转换的一个明显例证。[①] 案件管理政策和实践的存在，使美国民事司法制度在一定意义上成为一种管理型的司法。事实上，在过去一段相当长的时间里，民事司法改革是以加强对案件的司法管理为特征的。[②]

民事司法制度设置的基本价值取向在于使社会成员能够轻松便利地利用司法，并使他们的各种法律需要能得到合理、迅速且有效地解决，这便是“接近正义”。“接近正义”（access to justice）的确切意思是“获得司法帮助”。作为一种理念，“接近正义”深深植根于英美法之中。虽然“接近正义”的理念及有关立法早已存在，但作为一面司法改革运动的旗帜，接近正义却是20世纪中叶以后的事情。20世纪中叶以来，许多国家经历了司法危机，民事司法制度不能满足现实需要成为困扰大多数国家的共同问题。在相当多的国家中，高额的诉讼费用与漫长的诉讼过程已成为人们寻求司法救济的重大障碍，法院无法为保障权利与解决纠纷提供有效的途径。在此情势下，20世纪70年代，意大利著名法学家卡佩莱蒂倡导并提出了各国政府都有义务保护当事人的接受裁判权，为当事人从实质上实现接受裁判权提供应有的保障及扫清障碍的理论。在此理论的指导下，掀起了一场遍及许多国家的“接近正义”的运动。在这场运动中，一些国家从福利国家之立场出发，积极地担负起保障公民诉讼权的使命。大致而言，这一运动涉及对诉讼费用和律师费用进行改革；加强对贫困者的法律援助；放宽起诉条件，建立公益诉讼制度；推动诉讼程序的快速展开；确立多元化的裁判组织和机制等方面。

美国受到了这一运动的深刻影响。正如前述，美国传统民事诉讼运作中显现出来的高成本和诉讼拖延，以及过于繁杂的程序规则在一定程度上阻碍了“接近正义”目标的实现，使法院对审判资源进行再分配成为必要。基于此，同现代其他西方国家的民事诉讼学理一样，美国民事诉讼亦将“接近正义”视为案件管理改革的理论基础，既将这个理论作为案件

---

① ［美］Joseph W. Glannon：《民事诉讼法》（注译本），孙邦清等注，中国方正出版社2004年英文版，第59页。

② ［美］史蒂文·苏本、玛格丽特（绮剑）·伍：《美国民事诉讼的真谛——从历史、文化、实务的视角》，蔡彦敏、徐卉译，法律出版社2002年版，第47页。

管理的出发点，也将其作为衡量案件管理成效的标准。在这一根本目标之下，依据整体性原则和衡量性原则对诉讼机制进行了全局性技术调整，并由此构成了案件管理的法理基础。

二 民事诉讼案件管理对“接近正义”的促进及其争论

（一）民事案件管理对“接近正义”的促进

民事案件管理要求适当强化法官职权、弱化当事人的自主性和主导性，这既被视为法院为实现诉讼主导原则而履行的义务，也被当作当事人协助法院进行案件管理的要求。现代民事司法对接近正义的评价标准已经开始由过去单纯注重个案“接近正义”向整个社会全面“接近正义”的方向转变，法官控制诉讼程序权力的增大在诉讼机能和司法组织两个层面产生了重大影响。

首先，民事案件管理给诉讼机能带来了革命性的变化，通过积极的司法管理使得民事司法“接近正义”的目标得以实在化。显著的趋势是众多立法例在根本上颠覆了传统民事诉讼占据核心地位的当事人主义，其广泛、具体的案件管理措施改变了法官的诉讼角色和作用。1996 年，美国著名智库兰德公司（RAND）对 1990 年始推行的《民事司法改革法》（CJRA）的实施情况进行了独立评估，在其向司法委员会提交的报告中以大量的统计数字肯定了案件管理的积极成效，案件管理有效缩短了发现程序的时限，使得耗时 3 年以上的民事案件数量锐减了 25%。整体上看，案件管理是一个整合法院资源、组织和诉讼程序规则的审判管理体系。在均衡性原则的支配下，以法院控制诉讼进程为中心的一系列规则得以确立并发挥实际效能，在提高诉讼效率的同时还提高了法院的审判质量。

其次，民事案件管理带给民事司法的另一个变化是管理型法官的出现，法院的行政责任从裁判责任中分离出来。法院与当事人之间的关系因管理型法官的出现而发生了变化，例如，由于法官案件管理活动增多，法院与当事人之间，以及当事人之间的协商与合作也随之增多，等等。但这并没有在根本上改变审判中立的要求，法官的管理行为一直处于诉讼公正价值控制的范围之内。这具体表现为：（1）管理案件的法官要尽量预测案件审理中可能出现的实体问题和程序问题，而不是消极等待当事人或者律师提出，但这没有在根本上改变“不告不理”的民事诉讼结构，诉讼程序的启动仍然要由当事人主导；（2）法官制订合理的审理计划，避免当事人和律师钻牛角尖般地考虑问题，避免过多地拘泥于案件细节而走向歧途，以将当事人及其律师的诉讼思路引导到真正的争点上来。但争点整理和行使阐明权时法官也必须恪守职业道德的底线，他们要客观、公正、不偏不倚地持中立的立场。[①]

（二）围绕案件管理制度的争论

案件管理在大多数国家，包括美国，都是一个颇有争议的话题。在支持者看来，案件管理即加强法官的干预有着现实的必要性。他们认为，要实现正义，一个有先见的、有准备的、能多作出合理决定的法官比无先见的、无准备的法官要可靠得多。同时，在理论上，案件管理亦有助于实现以下目标：（1）界定诉讼的争点，将审前活动限制在与争点有关的事项内；（2）控制审前的证据发现程序与其他活动，避免不必要的花费与负担；（3）尽快达成纠纷的和解，或者努力找到尽可能迅速并经济地解决纠纷的方法；（4）保证案件在审理前得到很充分的准备，并将审判严格限定在通过其他途径不能解决的事项上。[②] 但是，怀疑论者却认为，案件管理对缓解诉讼费用高昂的作用似乎并不大，甚至还可能增加诉讼成本。另外，案件管理的实施实际上意味着法官职权的强化，因为案件管理必然要求法官更早、更多地介入案件处理过程，这显然对传统的对抗制理论和实践构成了冲击，从而也对法官传统的中立性与独立性造成了损害。正如朱克曼教授所指出的，“司法管理的概念在（美国）全国范围内受到强烈抨击，理由是，此机制在没有提供相应的制度保障的情况下，不适当地剥夺了当事人对于自己案件进行控制的权利。该机制的效果水平仍然没有得到证明”[③]。

虽然关于案件管理制度的争论仍在继续，但“目前占主导的观点是，削弱当事人及其律师的自我利益只能靠能动的司法来守护，由法官来指挥诉讼过程能够避免败坏诉讼策略。美国一直在普通法国家中引领着这一趋势，现在管理型法官文化已在那里站稳脚跟。英国和澳大利亚向司法控制方向的推进是最近的事情，但也同样引人注目。新的制度安排赋予了法官

---

① 上述内容主要参见王福华《民事案件管理制度评析》，《法学论坛》2008 年第 2 期。

② ［美］史蒂文·N. 苏本等：《民事诉讼法》，傅郁林等译，中国政法大学出版社 2004 年版，第 538—539 页。

③ ［美］阿德里安·A. S. 朱克曼主编：《危机中的民事司法》，傅郁林等译，中国政法大学出版社 2005 年版，第 19、41—42、100 页。

史无前例的权力，以控制诉讼的过程、进度和步调。普通法制度不仅采用了更多司法干预的方法，而且表现出向着偏离口头主义方向发展的明显趋向。这是可以预期的，因为没有法官事先对争议及其细节的理解，就不可能实行司法控制，而这种事先的理解只能通过书面的资料获得。大多数大陆法国家的报告中也提到了相同的趋势，法国、西班牙、葡萄牙、意大利，甚至日本和德国，都正向强化法官对诉讼过程的监督的方向发展”①。

三 美国民事诉讼案件管理的措施与范围

总的来说，美国管理型司法的重点是促进案件分流，甚至法官的角色也逐渐从审判主持者转变为纠纷解决者。与此相适应，美国的法官在民事诉讼中逐渐地赞同而且鼓励使用诉讼和解及 ADR 等替代性程序，通过案件管理使大量案件在诉讼程序的早期阶段达成和解而终结。② 需要明确的是，案件管理不仅是法院的职责，而且是法官的权力。法官对案件进行管理被定位为积极的案件管理。

美国法院民事诉讼案件管理的措施主要包括通过案件管理实现案件的分流，以及通过简易判决（也称为即决判决）对案件进行过滤。前者指的是法院依据一定的标准及程序，根据案件有关情况进行遴选，从而将提交到法院的不同案件引入不同的纠纷解决方法的体系，这种分流机制通常由三个相互独立而又密切联系的子程序即甄选程序、解纷程序和司法审查程序构成。后者则指的是，在审前程序中如果一方当事人认为案件不存在实质性事实争议或案件中的重要事实不存在争点，而只有法律上的争议，就可以向法院申请简易判决。通过简易判决这一方式将案件阻挡在审判程序之外，由此减少了不必要的审判，在整体上提高了民事诉讼的效率。美国的诉讼实践表明，简易判决在实现减少司法资源消耗的核心目标中占据着关键位置，是唯一可行的在辩护程序后对不必要的开庭审判进行监控的方式。③ 一些调查结果显示，美国从 20 世纪 80 年代中期开始的审判数量

① ［美］阿德里安·A. S. 朱克曼主编：《危机中的民事司法》，傅郁林等译，中国政法大学出版社 2005 年版，第 19、41—42、100 页。

② Marc Galanter, “The Hundred-year Decline of Trials and The Thirty Years War”, *Stanford Law Review*, 2005 (4).

③ ［美］史蒂文·苏本、玛格丽特（绮剑）·伍：《美国民事诉讼的真谛——从历史、文化、实务的视角》，蔡彦敏、徐卉译，法律出版社 2002 年版，第 47 页。

的锐减与同一时期联邦最高法院对简易判决可行性的推广有密切联系，简易判决的适用比例在 1960 年至 2000 年从 1.8%迅速增长到 7.7%。[①]

美国民事诉讼案件管理的范围包括程序管理和证据管理两种类型。

程序管理主要体现在《美国联邦民事诉讼规则》第 16 条关于审前会议的规定、第 26 条关于发现程序的规定和第 37 条对滥用发现程序制裁的规定。第 16 条第 1 项非常明确地规定审前会议的目的就是加速处理诉讼，减少不必要的审前活动，及早建立连续控制诉讼的管理体制，以免因缺乏管理而拖延诉讼。第 2 项更具体地规定法官管理的方式是通过日程安排命令规定其他当事人参加诉讼和修改诉答文书的期限、提出申请期限和完成发现程序的期限，以期管理和控制诉讼程序的进行。如果发现程序变成完全负担性或压制性的程序，则法官会根据《美国联邦民事诉讼规则》第 26 条第 3 项发布一个保护命令，命令不得进行该项发现程序或依据特定条件进行发现程序。法院也会命令通过某一方法进行发现程序，而不以寻求发现程序的当事人所选定的方法进行发现程序，或者命令对特定的事项加以限制，或命令将保密信息密封或仅以指定方式披露。法官程序管理的另一个体现，是为了防止滥用发现程序，保证发现程序的顺利进行，《美国联邦民事诉讼规则》第 37 条规定，法官可采取包括宣布当事人蔑视法庭罪在内的各种严厉的制裁措施。

证据管理是指法院和法官对证据的发现和运用进行监督和控制。如限定出示证据的次数和允许发现的范围；如果当事人不按规定出示证据，则不允许将来出示的证人证言或信息在开庭审理、听审或申请中当作证据使用，除非这种不作为是无害的。在美国，管理和主导证据是法院和法官的一项重要权力。法官可确定提供证据的事项，裁决所要求证据的性质，以及确定向法院提交证据的方式。如果法官认为采纳的证据与民事诉讼基本目标即程序经济和程序公正不相称，则可使用自由裁量权限制证据使用，拒绝采纳证据或排除证据。另外，法官享有限制专家证据的权力，从而确立并加强了法官对专家证人的选任权和控制权。

四　管理型法官

正如前文所指出的，在英美法系国家，传统意义上的法官行使裁判职

① Stephen B. Burbank, " Vanishing Trials andSummary Judgment in Federal Civil Cases", *Empirical Legal Study*, 2004: 590.

能，对当事人之间的对抗采取不干预的态度，是消极的中立者。因此，传统意义上的法官又被称为“裁判型法官”。但是，随着审前程序的日益发达和被广泛应用，英美法系国家民事诉讼的重心从庭审程序转移到以发现程序为中心的审前程序。然而，在民事诉讼实践中，大量出现当事人及当事人的律师滥用发现程序，造成诉讼迟延和诉讼费用高昂，严重影响整个诉讼顺利进行。据此，英美法系国家进行了持久的民事诉讼改革。通过修改民事诉讼规则，加强了法院和法官对诉讼程序的管理和监督的职责，赋予了法官程序控制权和对案件的积极管理权，并规定了很多有效管理的措施，以防止恶意当事人恶意诉讼，滥用程序权。法官这种新形象被称为“管理型法官”。

（一）管理型法官的权力来源——程序管理权

法官所实施的案件管理主要发生在审前程序中，是对自由的发现程序的一种限制，其目的是防止发现程序被当事人及其律师滥用，以推动诉讼的顺利进行。因此，无论是程序管理还是证据管理，其最终都归于法官的程序控制。法官程序控制的权力来源是法官享有程序管理权。

程序管理权的产生和存在有深刻的理论根据和现实合理性。从理论上看，当事人主义主导下的程序设计和程序运行完全是开放的、自由的，法官只是消极、超然的裁判者。但是纯粹的对抗制诉讼模式难以自发地保障接近正义，却与诉讼的迟延、诉讼费用的高昂、诉讼结果过分不确定等司法弊病难脱干系。如果诉讼程序完全由当事人或律师主宰，当事人基于自我利益，律师为增加收入，都有可能实施诉讼拖延、证据突袭等程序策略。对当事人或律师阻碍诉讼的自利性行为，一般认为应当采取强化法官程序引导的对策。从司法实践看，随着复杂案件的增加，发现程序的适用范围越来越广。20 世纪 70 年代以来，美国民事诉讼的重点从原来的法庭审理转移到以发现程序为中心的审理前准备阶段。根据这一新变化，那种把审前准备活动都交给当事人进行，而法官不监督当事人之间的审前准备，只是负责开庭审理的做法，不仅不适应新情况，而且导致诉讼迟延和诉讼费用的提高。因此，赋予法官程序管理权，加强法官对审前程序的管理和监督，具有现实合理性。从防止程序权滥用，保障实质性司法公正实现，促进程序经济之职能来看，法官程序管理权的使用及扩大具有充分的正当性。因为早期的司法介入和控制将能够防止案件被拖延并将制止不经济的审前活动；早期的司法介入能够帮助所有的程序参加人尽可能清楚地了解纠纷，关注其核心内容，迅速发掘需要了解的信息，促进协商处理或将事项及时、整洁地交给一审法院。

（二）管理型法官与裁判型法官之比较

管理型法官的典型代表，在美国主要为治安法官和司法主事官。美国法院的书记官也承担着案件管理的重要任务。在英国主要为历史悠久的司法主事官。当然，管理型法官并不以治安法官和司法主事官为限，裁判型法官在少数情况下也会成为管理型法官。因此，管理型法官与裁判型法官的区别是一般意义上的，其具体体现在以下几个方面。

第一，专业要求不同。管理型法官是专业要求不高的非职业法官。如美国治安法官是从具备一定条件的普通平民中选任出来，供职于联邦地区法院的、全日制的非职业法官。司法主事官是由审理案件的联邦地区法院委任的某一方面的专家，包括鉴定人、审计师和估价师等。而对于众多大学法科毕业生来说，其只有经过严格的法官遴选程序才有可能成为社会的精英——裁判法官。在美国，行使裁判职权的法官是从有多年执业经验的优秀执业律师中选拔出来的。显然，管理型法官的专业化程度要远远低于裁判型法官。

第二，行使权限不同。管理型法官行使的权力是程序管理权。具体而言，就是监督当事人提出的诉讼文件和发现程序，确定争执点，安排诉讼进度的时间表，作出某些处理案件的裁定；召集双方当事人参加审前会议，作出日程安排命令；依职权或依当事人申请，签发发现命令、保护命令和审前命令；对滥用发现程序的当事人进行制裁。裁判型法官行使的权力是裁判权（审判权），具体是指通过查清事实，正确适用法律，以判决的形式解决当事人之间的民事纠纷。程序管理权具有积极、主动的特点。裁判权具有消极、中立的特点。两者的这一区别表现得相当明显。

第三，目标追求不同。管理型法官以程序经济为价值取向。以英国为例，20 世纪 90 年代以来，英国民事司法改革遵循程序经济的改革思路清晰可见。沃尔夫勋爵在其著名的《接近司法》调查报告中提出“接近司法”的全新理念，并指出英国民事司法改革的目标就是简化诉讼程序，提高效率，减少拖延，降低诉讼成本，增加诉讼的确定性，促使法院公正合理地解决纠纷，促进社会对司法的接近。1999 年英国颁布的新民事诉讼规则强化了法院职权，明确赋予法官以案件管理权，加强了法官对诉讼程序的管理和控制，并把降低诉讼成本、减少诉讼消耗作为法官管理的目标。据此，管理型法官的形象才高大起来，继而成为程序经济的代言人。裁判型法官全部审判活动的目标就是积极地促进实体正义。法官的审判过程就是在查清事实、辨明是非的基础上，通过正确适用法律，来解决当事人提交法院审判的有争议的民事法律关系。最终，法院以判决的形式在当事人之间分配权利义务，实现实体公正。法官还通过行使自由裁量权使得法条上体现的形式正义逐步回归根植于现实生活中的实质正义。

第四，期间适用不同。管理型法官权力的运用和作用的发挥主要发生在审判前的过程中，如美国的审前会议和发现程序。而裁判型法官裁判职能的履行权限于庭审程序中，开庭审理，当庭作出判决是裁判型法官履行裁判职能最集中的体现。

五　大陆法系国家的民事诉讼案件管理：一个比较的视角

与英美法系国家以促进案件分流为案件管理的重点不同，大陆法系国家民事诉讼案件管理强调强化审前程序的作用，设置审前准备法官，促使案件管理更带有计划性，以控制诉讼的进展速度，使案件尽量在一次集中审理中就能够得到解决。

大陆法系国家司法管理的突出特点是以追求集中化审理为目标的，法院被要求遵循审理计划，集中于争点进行审理，通过特定化争点来避免审理的散漫化。具体的措施则是，在调查证据前先行整理、掌握争点，而将本案审理分成争点整理阶段与证据调查阶段，以促使审理集中化。这种司法管理的特色在于：首先，集中化审理贯彻的是鲜明的法律中心主义倾向，即强调以判决为诉讼的中心，程序运作以庭审为指向；其次，集中化审理并不像美国那样重视调解与和解，以德国为例，“调解的狂热”在实践中并未出现，实际上自 1970 年起在联邦范围内和解率略有下降。[①] 大陆法系国家对待和解的态度，也不是从法官积极参与的角度去认知，而完全是基于从和解能够省时省力即不需要证据调查、不需要说明判决理由、减少审判的负担的角度去看待。

集中化审理包括以下三种类型。

其一是德国的集中审理模式。德国 1977 年后采取的“斯图加特模式”

① ［德］米夏埃尔·施蒂尔纳编：《德国民事诉讼法学文萃》，赵秀举译，中国政法大学出版社 2005 年版，第 415 页。

(Stungart model) 奠定了集中化审理的基本框架，即法院在经过必要的审理前准备程序后，将案件集中于一次庭审将案件终结。民事诉讼开始后法官可以根据案件的特点和自己的工作方式确定首次言词辩论的期日或者进行书面准备程序。[①] 在律师的协助下，随着案件证据的提出、交换，双方当事人在诉讼中达成和解而结束程序的情况也随之增多。

其二是日本的计划审理模式。自 1998 年起日本民事司法推行计划性审理的措施，2003 年修改《民事诉讼法》时导入了“计划审理制度”，这项新制度的基本内容是：在大致确定作出判决的日期后，对案件审理的每一个阶段制订计划，诉讼按照预先制订好的审理计划逐步展开，直至最后做出判决。[②] 计划审理的对象则分为“必要的计划审理”与“一般的计划审理”（又称准计划审理）。前者适用于复杂案件，或有必要进行妥当、迅速审理的案件，法院必须与当事人进行协议并在此基础上制定审理计划。后者则是对于一般案件所实施的计划审理，在计划的变更、准备期间的延长等方面，更具有灵活性。

其三是我国台湾地区的争点整理模式。我国台湾地区 2000 年新修订的“民事诉讼法”明确规定采行“争点集中审理主义”。“立法”者的基本目标是：提升纷争解决之迅速性、经济性；提高纷争解决结果之正确性；提升裁判当事人之信服度、信赖度；平衡保护实体利益及程序利益；或促成有计划之审理而使法官、律师及书记官之业务管理更合理化等。[③] 该制度要求法官在审前对争点进行必要整理，在起诉阶段原告就应表明诉讼标的，提出诉讼请求使诉讼标的特定化，借此来提示、限定审判对象范围，使攻击防御目标明确化。

以上各模式的司法试验表明，集中化有效克服了案件审理中的散漫、拖延、浪费的现象。民诉法学者将这一成效归功于以下因素：法官在案件的掌握上面会变得比较清楚，而且可以节省一些不必要的庭审或者不必要的证据调查工作；在将来制作裁判书时，其实因为前阶段已经对诉讼案件非常清楚，所以整个在诉讼案件的指挥跟判决书的拟作上面都会有非常大

① ［德］汉斯-约阿希姆·穆泽拉克：《德国民事诉讼法基础教程》，周翠译，中国政法大学出版社 2005 年版，第 47 页。

② 唐力：《日本民事诉讼证据收集制度及其法理》，《环球法律评论》2007 年第 2 期。

③ 邱联恭：《民事诉讼法修正之法曹伦理重建机能》，《月旦法学》2007 年第 5 期。

的助益。[①] 而且，通过集中化审理，当事人对裁判结果较易预测，和解的概率也随之加大，而这有助于提升司法的在社会中的可信赖度。

六 对我国的启示

美国实行的对抗制诉讼模式使当事人在美国传统的民事诉讼中处于毋庸置疑的主导地位。这种主导地位主要表现在当事人对于诉讼程序的控制上，并因此使得美国被视为实行"当事人主义"诉讼模式的典型国家。但是，这种曾经广受赞誉的对抗制诉讼模式却在案件数量迅猛增加并已经出现"民事司法危机"的现代社会，[②] 日益暴露出其诉讼拖延、诉讼费用高昂等弊端。在美国，对抗制受到了三个方面的批评，一是这种体制滋生了强烈的党派性，二是它将寻求正义歪曲为"智力游戏"，三是它赋予了富裕的当事人及"重复游戏者"不公平的优势。[③] 就后两点而言，在诉讼过程是由当事人及其代理律师控制的情况下，程序的进行将受到当事人狭隘的自我利益的阻碍。这种自我利益可能出自为了给原告施加痛苦和折磨的被告，也可能出自以增加其收入为动机的律师。此外，过高的诉讼成本以及当事人经济地位的不平等也进一步加剧了这种状况。因此，主要从 20 世纪下半叶开始，美国对其诉讼的哲学和司法的功能进行了重新评价，并推行了一系列的司法改革措施。在这些司法改革措施中，颇为显著的是诉讼控制从当事人向法院的移动，也就是本书所探讨的对案件的管理。案件管理的出现赋予了法官控制诉讼过程的紧张或松弛程度的权力，亦使美国的民事司法逐渐从以前的自由对抗主义模式向现在的更具干涉主义色彩的模式转变。

当然，正如上文所指出的那样，这种转变并不只发生在以美国为代表的英美法系国家，法国、西班牙、葡萄牙、意大利、日本、德国等大陆法系国家也都表现出了强化法官对诉讼过程的控制的强烈倾向。如法国就在不断地加强法官在民事诉讼中的主动性和积极性，而当事人在民事诉讼中的主导性则相应地在不断减弱。这种趋势被法国的民事诉讼法学者称为当

---

① 黄柄缙等：《争点集中审理制度在各法院之施行状况及其检讨》，《法学丛刊》2007 年第 1 期。

② 关于民事司法危机的具体描述，可参见［英］阿德里安·A. S. 朱克曼主编《危机中的民事司法》，傅郁林等译，中国政法大学出版社 2005 年版，第 3—45 页。

③ ［美］杰弗里·C. 哈泽德、米歇尔·塔鲁伊：《美国民事诉讼导论》，张茂译，中国政法大学出版社 1999 年版，第 103 页。

事人主义的衰落。[①] 至于德国，少数学者则把强化法官职权干预下的民事诉讼称为“社会性民事诉讼”，认为这是社会民主主义国家中民事诉讼的应有模式，代表了一种“诉讼的时代潮流和精神”。[②] 应当指出，民事司法理念出现的由当事人控制诉讼到法官控制诉讼的转变并不意味着有关国家民事诉讼模式发生了根本性的转变，而只是指在诉讼模式中法官控制诉讼或主导诉讼的色彩或倾向的明显增加。

对我国而言，认识案件管理制度的合理性并加以借鉴，亦具有重要而现实的意义。虽然学者们普遍认为，我国民事诉讼是职权主义模式，甚至是强职权主义模式，并不存在英美法系国家民事诉讼中当事人主导诉讼进程的现象，但我国近年来的司法实践中，民事案件数量迅猛增加，导致法院积案过多现象日益严重，这同上述各国普遍出现的“民事司法危机”有“异曲同工”之处。因此，增强法官对民事案件的管理权限，以加快推进诉讼程序的进行，防止诉讼拖延，在我国目前及今后很长一段时间内，仍具有极为现实的意义。具体来说，一方面，我们可借鉴英美法系国家所实行的、以促进案件分流为主要内容的案件管理方式，鼓励使用诉讼和解及 ADR 等替代性程序解决民事纠纷，以减少进入诉讼程序的民事案件的数量，减轻人民法院的审判压力；另一方面，我们亦应借鉴大陆法系国家所采行的民事诉讼案件管理方式，强化审前程序的作用，设置审前准备法官，促使案件管理更具有计划性，以控制诉讼的进展速度，使案件尽量在一次集中审理中就能够得到解决。就我国民事诉讼审前程序功能的发挥而言，尚存在诸多不尽人意之处。例如，最高人民法院所颁布的《关于民事诉讼证据的若干规定》虽然对证据交换和证据失权进行了规定，但对审前程序中法官对争点的整理以及对简易程序的选择适用等方面，并没有赋予法官独立行使案件管理的权力。不完善的审前程序无疑不能从根本上简化和加速程序的进行，让法院从繁重的审判负担中得以解脱。因此，尽快对我国审前程序予以完善，并设置审前准备法官，颇为必要。对于促进我国民事案件管理的集中化来说，笔者认为遵循下述思路来完善相应程序制度较为可取：首先，在立法上确定不间断审理原则，即将审前准备程

---

① 张卫平、陈刚编著：《法国民事诉讼法导论》，中国政法大学出版社 1997 年版，第 33 页。

② ［德］鲁道夫·巴萨曼：《社会性民事诉讼》，转引自张卫平、陈刚《法国民事诉讼法导论》，中国政法大学出版社 1997 年版，第 33 页。

序与开庭审理界限分离，确立“审前准备+主要期日开庭审理”的程序结构。其次，在证据制度方面的改进，包括贯彻一次性提出原则和证据限时提出原则，以及贯彻分配举证责任及适度公开心证。前者要求当事人一次性提出诉讼请求，便于法院及时确定审判对象、整理审判范围、确定诉的合并、分离以及追加事项；后者要求法官在明确争点后及时进行阐明以明确当事人的举证责任，讨论、确定证据的关联性并剔除不必要的证据（免证事实），通过初步公开心证，让当事人了解证据调查的结果，指明、确认争点并表明法律见解，以防止当事人遭受来自法官的适用法律上的突袭。最后，强化对拖延诉讼行为的处罚措施。①

案件管理制度的出现显然也给我国的民事司法改革提供了有益的启示：职权主义诉讼模式并非如某些学者所批评的那样一无是处，而当事人主义诉讼模式也不一定就是我国未来民事司法改革的必然走向。也许案件管理制度下的当事人主义才是我国民事司法改革的正确方向。

当前，对司法进行控制已经成为一种全球性的认同。虽然围绕案件管理制度仍存在诸多争论，但是我们“有理由相信，法官可以通过在民事案件中更加积极而带来进展。可以预期，法官们面临他们时间和资源日益增长的需求而会继续努力控制诉讼。美国肯定会朝着这一趋势发展”②。当然，我们也有理由相信，世界大部分国家也肯定会朝着这个趋势继续发展。

美国民事诉讼中的诉讼合并制度评价及对我国的启示

由请求合并和当事人合并（joinder of claims and parties）所构成的诉讼合并制度在美国民事诉讼的历史演变中占有重要地位。诉讼合并制度扩大了在审案件的广度，拓展了诉讼的覆盖面，因为当事人可以通过诉讼合并制度合并各种诉求，并且增加附加的当事人。这种规模庞大的“诉讼捆

① 王福华：《民事案件管理制度评析》，《法学论坛》2008年第2期。

② ［美］阿德里安·A. S. 朱克曼主编：《危机中的民事司法》，傅郁林等译，中国政法大学出版社2005年版，第19、41—42、100页。

绑”的好处是，通过一个单一的案件对一堆复合的诉求和一群复合的当事人作出裁决，并且使得诉讼更能够反映现实生活的复杂性。而诉讼合并制度的不利之处也是伴随着这种方便和自由而产生的，这就是使诉讼变得错综复杂而难以理解。尽管如此，诉讼合并仍是当代美国司法的重要特点之一。基于此，本书将在立足《美国联邦民事诉讼规则》的基础上，对美国民事诉讼中的诉讼合并制度作一较为全面的梳理，进而分析其在今后的发展趋势以及我国可借鉴的有益经验，提出完善我国的诉讼合并制度的建议。

一　请求合并制度（joinder of claims）

（一）原告的请求合并

需要指出的是，《美国联邦民事诉讼规则》对原告请求合并的规定相当宽泛，这在该规则的第 18 条的第（a）项的规定中有非常明显的表现。第 18 条的第（a）项规定：“（a）一般规定。当事人把对救济的请求作为最初请求、反请求、交叉请求或第三当事人请求而提出主张时，若对于对方当事人具有数个请求，可以作为独立的请求或选择性的请求，合并该请求。”从该项规定不难看出，原告可以把对被告的所有请求一起提出，而不问这些请求相互之间有无联系。由于是否合并要等到审理时才能决定，因此在审理前不得提出合并错误的异议。

赋予原告如此宽泛的合并请求的权利，充分反映出《美国联邦民事诉讼规则》的立法者意图通过一次诉讼解决当事人之间诸多纠纷的立法思想。因为一旦两个当事人相互对抗，允许他们解决其间的所有纠纷将是有效率且经济的方法。但是，原告的这种宽泛的选择权并非不受限制，其要受到关于排除、时效以及管辖权的法律的规制。下面分而论之。

首先，一般而言，美国的民事诉讼要求诉讼请求人必须同时提出所有源于相同交易或事件的诉讼请求和救济，否则将被永远禁止在将来再次提起诉讼。一旦一个案件获得了终局判决，并且已经过了所有的上诉期间，那么请求人便不能再就相同的请求针对相同的当事人起诉。根据既判力或排除规则，如果继后的诉讼与获得终局判决的先前诉讼均依据相同的行为、交易或事件而提出，则第二个诉讼与第一个诉讼具有相同的请求。

其次，“时效制定法”对原告起诉的诉讼时效进行了限制。自诉讼事由发生时起算，通常是自当事人受到伤害时起算，法律规定了一个限定的起诉期间。侵权诉讼一般可以自行为发生时起 2—3 年内起诉，合同案件的诉讼时效可以达到 6 年。时效制定法会强制当事人将请求合并或者提起一个单独的诉讼，从而使诉讼在制定法规定的法定期间内提起。

另外，在联邦法院中，还存在主题事物管辖权的问题。因此，如果雇员作为原告，依据联邦歧视法而起诉雇主，则原告可以以存在联邦问题管辖权为由，在联邦法院进行起诉。但若原告想要合并一个与歧视无关的侵权伤害或者一个无关的违约请求，则其将不被允许把这些无关的、基于州法的诉讼请求添加到联邦诉讼请求中去。一般而言，美国联邦法院使用交易标准来审查原告是否能够将基于州法的请求合并至联邦请求中。若基于州法的请求和联邦请求源于相同的交易或事件，则原告将被允许向联邦法院提起州法上的请求。这就是美国民事诉讼中颇为复杂的“补充管辖权”(supplemental jurisdiction)。[①] 囿于本书主题所限，此处对其不予展开论述。

因此，尽管《美国联邦民事诉讼规则》第 18 条允许原告宽泛合并对被告的请求，但仍然必须考虑其他法律对其所施加的限制。除此之外，如果合并的请求性质完全不同，不便于案件的审理，法院则完全可以依职权进行分开审理。在这一点上法院享有很大的自由裁量权。具体可参见《美国联邦民事诉讼规则》第 42 条（b）项的规定，此处不赘。

（二）被告的请求合并

《美国联邦民事诉讼规则》将被告提出的请求区分为向对方提出的“反请求”和向其他被告提出的“交叉请求”两种类型。

1. 反请求

“反请求”又称反诉，是相对于原告所提出的本诉而言的，指的是被告基于原告提出的本诉，在本诉进行过程中对原告提起的诉讼请求。反请求的目的是抵消、吞并、缩减原告的诉讼请求。反请求作为一种诉讼机制，其意义不仅在于对某个特定的民事案件作出全面、准确的处理，还在于反请求可以彻底和全盘化地解决存在于特定当事人之间的所有纠纷。

在普通法时期，由于争点单一化确定机制的作用，不允许被告提出反请求，只能提出相抵抗辩。到法典法时期，反请求制度已经建立，但仅限

---

① 以上主要参见［美］史蒂文·苏本、玛格丽特（绮剑）·伍《美国民事诉讼的真谛——从历史、文化、实务的视角》，蔡彦敏、徐卉译，法律出版社 2002 年版，第 175—178 页。

于与本诉同一案件中派生出来的请求，或者从契约的诉讼原因中派生出来的请求，也就是现在所说的强制性反请求，而不包含任意性反请求。《美国联邦民事诉讼规则》建立了最广泛意义上的反请求制度。根据该规则第13条的规定，反请求包括强制性反请求和任意性反请求。

（1）强制性反请求

强制性反请求（compulsory counterclaim）指的是被告必须在原告的本诉过程中提出的反请求，其与本诉密不可分。根据强制性反请求的规则，如果被告具有的请求与原告提出的本诉产生于同一事项或事件，则被告必须将诉讼请求在本诉进行过程中作为强制性反请求提出，否则将承担不利后果，也就是将永远失去在以后的诉讼中再提出该请求的权利和机会。

一般认为，强制性反请求的构成应当符合下列条件：首先，该反请求是从作为对方的请求标的的交易或事件中产生的；其次，当被告送达反请求诉讼文件时，该反请求权属于已到履行期的债务，并为被告所有；再次，反请求的判决不需要法院对其不能取得管辖权的第三当事人的出庭；最后，该反请求在本诉开始时并不是另一系属中的诉讼的标的。①

在上述几项条件中，第一项条件对于强制性反请求的界定具有特别重要的意义。换句话说，决定反请求是否属于强制性反请求的一般标准在于，该反请求与本诉是否产生于同一交易或事件。其他几项条件则可看作为了用来保护被告免受过重负担而对强制性反请求规则设定的一些例外。② 也就是说，在请求尚未到期时，或者属于另一未决诉讼的标的时，或需要第三人出庭而法院对该第三人无管辖权时，则并不要求被告必须提起反请求。另外，《美国联邦民事诉讼规则》第13条（a）项（2）（B）中亦规定，当“对方当事人通过扣押或其他程序对该请求提出诉讼，而法院不能取得管辖权以对该请求作出对人判决，并且答辩人根据本条规定没有提出任何反请求”时，被告亦不需要提出该反请求。

关于本诉与反请求是否源于同一交易或事件，目前通行的判断标准是，凡是一方当事人对对方的请求与对方的请求之间有逻辑上的联系的，该请求就视为强制性反请求。美国联邦最高法院曾说，“交易”一词具有灵活的意义，可以包括一系列的事件，重要的是这些事件之间的逻辑上的

---

① 参见沈达明编著《比较民事诉讼法初论》，中国法制出版社2002年版，第508页。

② ［美］Mary Kay Kane，*Civil Procedure*，法律出版社2001年影印版，第125页。

联系，而不是其联系的直接性。[①] 同时，很多法律团体也对“同一交易或事件”这一判断强制性反请求的标准理解为：“与其说是要求反请求与本诉的事实背景绝对同一，不如说是要求两个诉讼之间存在合乎逻辑的关联。”[②]

（2）任意性反请求

任意性反请求（permissive counterclaim）指的是被告提出的不是与原告提出的本诉产生于同一事项或事件的反请求。被告是否提出任意性反请求，由被告自行裁量决定。根据任意性反请求规则，如果被告在本诉进行过程中不提出任意性反请求，对其并不会产生任何不利的法律后果，也就是说不影响被告在以后的其他诉讼中提出与该反请求内容相同的诉讼请求。

《美国联邦民事诉讼规则》第13条（b）项对任意性反请求作了颇为简单的规定，其只有短短的一句话：“在诉答文书中可以提出任何对抗对方当事人的非强制性请求，以作为反请求。”但是我们需特别注意的是，虽然立法并未对任意性反请求的构成明确规定其他限制条件，并且从表面上来看，被告似乎可以提起任何的任意性反请求。但是，并非只要被告在本诉中一旦提出反请求，就可使其与本诉一起合并审理，法律对任意性反请求仍然施加了限制。首先，根据《美国联邦民事诉讼规则》的规定，任意性反请求不能适用联邦补充管辖权规则，也就是说，若本诉由联邦法院管辖，则被告提出的任意性反请求必须独自符合联邦事物管辖权的规定，即存在州籍不同案件管辖权或者联邦问题管辖权。如果被告提出的任意性反请求不符合联邦事物管辖权的规定，而属于州法院管辖权的范围，那么联邦法院将驳回被告的任意性反请求。其次，如果任意性反请求的提出与本诉毫无关联，而且合并在一起审理会致使诉讼迟延和复杂，则法院应当另行立案处理，不得合并审理。[③]

认识强制性反请求与任意性反请求之间的区别是非常重要的，因为对于属于强制性反请求的事项，被告如果不提出反请求的话，其结果往往意

---

① 参见沈达明编著《比较民事诉讼法初论》，中国法制出版社2002年版，第509页。

② Marcus，Redish，Sherman，*Civil Procedure：A Modern Approach*，West Publishing Co.，1991，p. 179.

③ 参见汤维建主编《美国民事诉讼规则》，中国检察出版社2003年版，第96页。

味着被告“弃权”，从而禁止被告在另一诉讼中提出该项请求。而对于任意性反请求，即使没有提出，也不会产生放弃主张的效果，被告可以就其另外独立提起诉讼。

2. 交叉请求

交叉请求（cross claim）又可称为交叉诉讼，是指共同诉讼人中的一个当事人对其他共同诉讼人所提出的诉讼请求。根据《美国联邦民事诉讼规则》第13条（g）项的规定，所提出的交叉请求应当是基于作为本诉或反请求的诉讼标的的交易或事件而产生的请求，或者与作为本诉之诉讼标的物的财产有关的请求。这一判断标准与强制性反请求的判断标准是相似的，它赋予法院在交叉请求的诉讼标的与正在审理中的案件之诉讼标的没有足够关联时，有权裁决不许某一共同诉讼人提出交叉请求。但与强制性反请求不同，交叉请求是任意性的，而非强制性的。另外，尽管法律条文没有明确规定，但判例与学理认为交叉请求只适用于共同被告。但是如果对两个原告提出反请求，则共同被告能就反请求的标准提出交叉请求。[①]

一般来说，某一被告对其他共同被告提出交叉请求的权能比之对对方当事人提出反请求的权能要受到更多的限制。通常来说，只有那些与本诉有事务上联系的交叉请求，才被允许依法提起。将当事人提出交叉请求的权利限定在事务上有联系的请求的原理反映了这样一种考虑，即不直接关涉原告的请求之诉讼可能会拖延原告的诉讼，并且，从其会使诉讼复杂化这一点来说，它还可能会对原始之诉造成不利影响。因此，与反请求得到广泛的授权形成对照的是，对交叉请求予以限制则得到了认同。[②]

交叉请求是任意性而非强制性的重要原因在于，《美国联邦民事诉讼规则》的起草者不想强迫那些还没有成为对立当事人的人形成一种对立的状态。在强制反请求的情形中，原告和被告已经处于相互斗争之中了，而此时，共同被告还没有处于相互对立的状态中，至少在一方决定针对他人提起交叉请求之前是这样。而一旦一个共同被告针对其他共同被告主张一个交叉请求，这必将引发强制反请求规则的适用。那么，在这一点上，这

① 参见沈达明编著《比较民事诉讼法初论》，中国法制出版社2002年版，第470页。

② ［美］Mary Kay Kane，*Civil Procedure*，法律出版社2001年影印版，第126页。

些共同被告已经变得相互对立了。[①] 需要补充说明的是，对于交叉请求，可以适用补充管辖权的规定，而不需要独立地符合联邦事务管辖权的要求。

二 当事人合并制度（joinder of parties）

当事人合并指的是在一个诉讼中，把有请求权利的人和与该法律关系有利害关系的人共同作为当事人的行为。当事人的合并可以是原告的合并，也可以是被告的合并，还可以既有原告的合并又有被告的合并。《美国联邦民事诉讼规则》规定了强制性合并和任意性合并两种当事人合并制度。

（一）当事人的强制性合并（compulsory joinder of parties）

所谓当事人的强制性合并，指的是某些案件中的当事人，包括原告和被告，必须一并起诉或者被诉，如果有所欠缺，则法院必须依职权进行追加；如果被追加的当事人不参加诉讼，则法院可能作出驳回诉讼的裁定。

《美国联邦民事诉讼规则》以前将当事人的强制性合并区分为必要的当事人的合并与必不可缺的当事人的合并，但 1966 年对《美国联邦民事诉讼规则》进行修订时取消了这种区分，并且这种情形一直持续到了现在。最新修订的《美国联邦民事诉讼规则》第 19 条（a）项规定，若某人“作为传唤令状受送达的对象，并且其合并不会使法院丧失对该诉讼标的的管辖权时，在下列情况下，应作为该诉讼的当事人合并：（A）在其缺席的情况下，其他已参加诉的当事人之间不能得到完全的救济；（B）其请求与该诉讼标的有利害关系，并且在其缺席的情况下处理该诉讼可能会出现如下情况：（i）实际上会削弱或妨碍其保护自己利益的能力；（ii）将给已参加诉讼的当事人中的任何人留下承担蒙受双重、多重实体风险或者与其所主张的权利的理由不一致的责任的可能性。”还规定，如果该人没有被合并，法院应命令该人作为诉讼当事人。如果该人应作为原告合并但其拒绝作为原告，则可将其作为被告，或者在适当的案件中作为非自愿原告。可以看出，新规定并没有“必要的当事人”“必不可缺的当事人”等字眼，而只是从该当事人的缺席所可能导致的后果入手，

① ［美］史蒂文·苏本、玛格丽特（绮剑）·伍：《美国民事诉讼的真谛——从历史、文化、实务的视角》，蔡彦敏、徐卉译，法律出版社 2002 年版，第 186 页。

规定什么样的人是应被合并的人。对于囿于审判地法律或管辖权而不能合并时，应着重考察《美国联邦民事诉讼规则》第 19 条（b）项所规定的下列因素，以衡平决定是否继续进行诉讼或撤销诉讼：

（1）在该人缺席的情况下作出的判决对该人或已参加诉讼的当事人可能造成的损失的程度；（2）通过下列措施或条款能够减轻或避免损害的程度：（A）判决中的保护性条款；（B）形成适当的救济；或者（C）其他措施。（3）在该人缺席情况下作出的判决是否适当；（4）如果诉讼因该人不合并而被撤销，原告是否能够得到适当的补救。

强制性合并当事人的原则是衡平法所确立的原则，其目的是试图保证所作出的任何判决对所涉及的所有人均能实现正义，因此，任何被认为是必要的或者必不可缺的人，都应当合并参加诉讼。此外，该规则还起着保护现有当事人及缺席者免受零碎的或者有害的诉讼影响的重要作用。

（二）当事人的任意性合并（permissive joinder of parties）

《美国联邦民事诉讼规则》第 20 条允许合并原告当事人或者基于 2/3 的检验而起诉多个被告。为此，要求合并救济的当事人必须主张其权利源于“相同交易、事件、系列交易或事件”，而且，在诉讼中产生对所有这些人相同的法律问题或事实问题。[①] 有意义的是，《美国联邦民事诉讼规则》第 20 条用的是准许而非强制性的语言表述，因为起草者不愿意强迫当事人去对抗其他人，如果他们并不想这样做的话。[②]

《美国联邦民事诉讼规则》第 20 条（a）项作了如下规定，基于同一的交易或事件或者连续的交易或事件所产生的救济的权利提出合并的、单独的或选择性的主张，并且在该诉讼中产生的法律或事实问题对所有人是共同的，此时可将全体合并在同一诉讼中作为共同的原告。此处所谓“连续的交易或事件”，不管其时间跨度如何，只要该时间跨度没有削弱这些事件间的事实关系，则针对被告提出的要求都是符合上述规定的。[③]

虽然在符合有关条件的情况下，原告享有完全的选择权来决定是否运用当事人任意性合并这种诉讼机制，但原告的这种权利并非不受限制。

① ［美］史蒂文·苏本、玛格丽特（绮剑）·伍：《美国民事诉讼的真谛——从历史、文化、实务的视角》，蔡彦敏、徐卉译，法律出版社 2002 年版，第 178 页。

② 同上书，第 179 页。

③ See Kedra V. City of Philadelphia，454F. Supp. 652（E. D. Pa. 1978）. 转引自汤维建主编《美国民事诉讼规则》，中国检察出版社 2003 年版，第 103—104 页。

《美国联邦民事诉讼规则》第20条（b）项和第42条（b）项授予地区法院一定的自主决断权，由它们规范这些独立审判的进行或者使这些规范能够阻止迟延或者偏见。据此使民事诉讼的范围成了地区法院决断事务中的一种重要根据，同时，如果要对于当事人合并问题的决定提起上诉，必须以通过证明地区法院滥用了这种决断力的方式才行。①

《美国联邦民事诉讼规则》规定任意性合并制度的目的很明显，那就是力求促进审判的便捷，加速争端的解决，从而避免复合诉讼的出现。只有出于减少诉讼迟延、费用，以及在不方便的情形下，法院才会考虑将案件分开来，以进行单一诉讼。联邦最高法院就曾在判例中明确指出，在这样的规则下，我们的目标指向是在符合当事人公平的理念下保持诉讼的尽可能的最大范围，经由诉求合并，当事人制度和救济机制被适当地、充分地发展。②

有一点需要明确的是，除了须符合上述基本条件之外，当事人的任意性合并还要求每一个合并作为共同原告参加诉讼的人都必须是自愿的。即使有关人员已经符合前述任意性合并所要求的基本条件，但其若不愿合并作为原告参加诉讼，则不能强迫其参加诉讼。但对于合并共同的被告来说，由于合并被告参加诉讼的选择权完全在于原告而非被告，因此，被合并参加诉讼的被告无所谓自愿与否。③

三 第三人合并制度

《美国联邦民事诉讼规则》所规定的第三人合并制度主要包括引入第三人诉讼制度（impleader）、第三人诉讼参加制度（intervention）以及互争权利的诉讼（interpleader）三种类型。《美国联邦民事诉讼规则》第14条、第24条及第22条分别对此三种类型的第三人合并制度作了详细的规定，下面分而论之。

（一）引入第三人诉讼制度（impleader）

在原、被告之间的诉讼中，被告对于自己应当向原告承担责任并无异议，只是声称对于原告提出的请求应当由案外第三人向自己承担全部或部

① 齐树洁主编：《美国司法制度》，厦门大学出版社2006年版，第400页。

② 同上。

③ 汤维建主编：《美国民事诉讼规则》，中国检察出版社2003年版，第104页。

分的责任，其对第三人提起的请求就会使被告与第三人之间形成一个新的诉讼，这就是引入第三人诉讼制度。在该制度中，该第三人因此成为被告的被告，称为“第三当事人被告”（third-party defendant），而原诉讼中的被告就多了一重身份，即“第三当事人原告”（third-party plaintiff）。本诉被告不能因为有了一个承担责任的第三当事人，就声称自己对本诉原告可以不负任何责任。本诉和引入第三当事人在性质上属于两个不同的诉讼，只是为了诉讼上的方便才合并审理而已。

美国联邦地区法院在 Leaseway Warehouses，Inc. V. Carlton 一案的判词中明确指出，《美国联邦民事诉讼规则》规定该项制度，其立法意图是：避免重复诉讼和多重诉讼，避免出现几个有关的请求在不同的诉讼中分别予以审理的现象，使之能在一个诉讼中处理所有有关的请求，借此以简化诉讼、加快诉讼，消除不必要的花费，节省法院的时间。①

引入第三人诉讼必须具备两个条件：其一，被引入诉讼的人不是本诉的当事人；其二，如果被告被认定对本诉原告负有责任，则被引入诉讼的人对被告负有或可能负有责任。因此，关于引入诉讼的最为普遍的理论是，第三人有义务对被告进行赔偿，或者有义务共同支付对原告的损害赔偿。被引入的当事人直接对原告负有责任时，则不属于引入诉讼，他必须对被告负有法律义务。

关于被告引入第三人的时间，《美国联邦民事诉讼规则》第 14 条（a）项作出了明确规定，即在诉讼开始后的任何时间，若第三人就原告对被告所提出的请求的全部或一部分对被告负有或可能负有责任时，则被告作为第三当事人原告，可以向第三人送达传唤状和起诉状。但需要注意的是，被告在送达本诉答辩状后 10 日内，对第三当事人提出诉状时，该诉状的送达不需要经过法院的许可。否则，在超过 10 日后，被告向第三人提出参加诉讼的申请就要经过法院的许可。

由于引入第三人诉讼制度会对被引入的第三人的切身利益产生重要影响，因此，如何对第三人的利益进行有效保护就成为立法者不得不考虑的问题。根据《美国联邦民事诉讼规则》的规定，第三人在接到传唤状和起诉状之后，可以对被告的诉讼请求提出各种抗辩，也可以依法对被告提出反请求，还可以对其他第三人提出交叉请求。不仅如此，第三人一旦被

---

① 汤维建主编：《美国民事诉讼规则》，中国检察出版社 2003 年版，第 112 页。

引入诉讼之后，还可以就主诉讼提出被告可能忽略的抗辩。允许第三人对主诉讼提出抗辩的一个理由在于，若主诉讼的被告在此方面有所松懈的话，则第三人能够保护自己以免于承担责任。同时，也可以保护第三人免受原告与被告之间潜在的恶意串通。

另外，第三人还可以针对原告提出请求，只要该请求与原告针对被告的诉讼源于同一交易或事件。反之，原告也可以针对第三人提出请求，如果该请求与原告针对被告的请求源于同一交易或事件的话。第三人还可以依照上述规定再引入他人参加诉讼，亦即，若另一非诉讼当事人的人就被告针对第三人所提诉讼的全部或一部分而对该第三人负有或可能负有责任的话，则第三人可以对该人提出诉讼请求。[①]

《美国联邦民事诉讼规则》第 14 条规定，“任何当事人均可以申请取消第三当事人请求，或申请分离请求或分开审理。”该规定意味着，当事人可以在他方请求许可引入诉讼的申请提出时或在诉讼进行中的任何时候反对引入诉讼。若法院已经许可引入诉讼，那么任何当事人均可请求法院或者完全取消该引入诉讼的诉讼请求，或者裁决将其分开审判。一般而言，原告可能会反对引入诉讼，因为引入诉讼可能会使诉讼过于复杂化或者对原告的诉讼请求造成不利影响。《美国联邦民事诉讼规则》没有明确规定应在什么时候申请取消该诉讼请求或申请将其分割，但当事人最好是尽可能早地提出申请以反对引入诉讼的申请。[②]

（二）第三人诉讼参加制度（intervention）

第三人诉讼参加制度，指的是原来并非诉讼中人，为了保护自己的利益，而参加他人之间的诉讼，成为诉讼中的当事人的诉讼行为和诉讼现象。参加诉讼的这种第三人被称为诉讼参加人。根据《美国联邦民事诉讼规则》第 24 条的规定，诉讼参加存在两种形态：一是作为权利的诉讼参加（intervention of right），二是许可的诉讼参加（permissive intervention）。

1. 作为权利的诉讼参加

该种诉讼参加指的是只要诉讼参加人符合法律规定的条件，适时提出申请，其就享有当然的权利参加到已经开始的诉讼中来，而无须经过法院

---

① 刘学在：《美国民事诉讼中的反诉、交叉诉讼与引入诉讼介评》，《华东政法学院学报》2003 年第 6 期。

② 同上。

的批准。根据《美国联邦民事诉讼规则》，作为权利的诉讼参加必须符合以下实质性要件：首先，诉讼参加人对于当事人之间正在争议的财产或者事项主张具有利害关系；其次，如果其不参加现在正在进行的诉讼，该诉讼的处理结果实际上可能损害其保护自己相关利益的能力；最后，正在进行诉讼的当事人不可能充分地代表其诉讼利益。但是，即使诉讼外的人不具备上述三个条件，在美国联邦制定法明确授予其无条件的诉讼参加权的情况下，该人也可以自动参加到诉讼中来。在符合作为权利的诉讼参加的有关要件的情况下，欲参加诉讼的人只要向法院提出参加诉讼的申请，受诉法院即应当允许其参加诉讼，而不能依其自由裁量权作出不准参加诉讼的裁定。

对于作为权利的诉讼参加而言，应特别注意参加诉讼申请的“适时性”。之所以如此，是因为参加诉讼愈迟延，对既有当事人造成损害的可能性就愈大。对于这一“适时性”要求，联邦法院常常予以宽泛的解释，而是否“适时”，亦完全由审理法院自由裁量决定。在许多案件中，即使欲参加诉讼的人在最后的判决已经作出后才提出诉讼参加的申请，在存在保护该诉讼参加人利益的必要性的情况下，法院一般还是会允许这种作为权利的诉讼参加的。

2. 许可的诉讼参加

许可的诉讼参加，指的是申请参加诉讼的人的某种诉讼请求或者抗辩与正在进行的诉讼具有共同的法律上或者事实上的问题，经法院裁量许可，可以参加到已经开始的诉讼中来。《美国联邦民事诉讼规则》第24条（b）项规定，在两种情况下，根据适时的申请，任何人都可以被允许参加诉讼：一是美国制定法给予附条件的诉讼参加权时；二是申请人的请求或抗辩与本诉有共同的法律上的或事实上的问题。在申请人提出的请求与本诉无关，参加诉讼毫无助益或者会延误审理、损害原来当事人的利益时，法官将驳回其参加诉讼的申请。当然，美国联邦法院一般都从宽掌握许可参加的条件，所以往往只要申请就允许其参加诉讼。

许可的诉讼参加将参加诉讼的决定权完全赋予了审理法院，由法院享有自由裁量权。即使诉讼外的第三人满足许可的诉讼参加的条件，该第三人是否能成为诉讼参加人进入诉讼也完全在法院的自由裁量权范围之内。同时，与作为权利的诉讼参加一样，在许可的诉讼参加中亦需强调申请的“适时性”要求，并且此处的要求更为严格。若许可的诉讼参加的申请未在诉讼的早期提出，则在一般情况下，审理法院总是拒绝批准其参加诉讼。

第三人诉讼参加必须符合《美国联邦民事诉讼规则》有关管辖权的规定。对于作为权利的诉讼参加和许可的诉讼参加来说，二者都必须独立符合联邦事务管辖权的规定，而不能适用联邦补充管辖权的规定。另外，批准参加诉讼的裁定不是最终裁决，所以是依法当然不能提起上诉的。但如果法院拒绝参加，则问题将会变得更加复杂。按照传统原则，如果申请主张他有当然参加权，对拒绝批准的裁定可以提起上诉。如果上诉法院认为参加诉讼是依法当然的，就废弃原裁定。如上诉法院认为无参加权，通常做法是以缺乏管辖权为理由，即以裁定非最终裁定为理由而驳回上诉。①

（三）互争权利的诉讼（interpleader）

互争权利的诉讼是指对特定的物或金额有数人主张同一权利，该物或金额的占有人或管理人把所有主张该项权利的人作为共同被告提起诉讼，要求确定在被告之中谁是真正的权利人，从而使占有人或管理人摆脱重复承担责任的可能性。② 互争权利的诉讼是一种典型的义务人向权利人寻求救济的诉讼形态，义务人的诉讼利益在其中得到了充分的体现。

互争权利的诉讼是英美法系特有的一种制度，并且在英美法系国家有着悠久的历史。英国在1831年就制定了《互争权利诉讼法》（*Interpleader Act*），使互争权利诉讼上升到制定法的层面。后来，美国继受了这一诉讼制度。联邦法院和大多数的州法院都允许互争权利诉讼。在联邦民事诉讼中，存在两种形式的互争权利诉讼：一是基于《美国联邦法典》第28章第1335条、第1397条以及第2361条规定的互争权利诉讼，此种互争权利诉讼被称为“制定法上的互争权利诉讼”；另一种是基于《美国联邦民事诉讼规则》第22条规定的互争权利诉讼，其被称为“规则上的互争权利诉讼”。

根据《美国联邦法典》第28章第1335条等的规定，具有某一款项条件的人可以对两个或者两个以上分别对该款项主张权利的人提起互争权利的诉讼。该诉讼由款项的持有人作为“原告”提起，在提起这种诉讼时，

① 沈达明编著：《比较民事诉讼法初论》，中国法制出版社2002年版，第466页。

② 白绿铉：《美国民事诉讼法》，经济日报出版社1996年版，第78页。

该持有人应当将争议的财产或有关款项提交给法院，或者向法院提交保证金。诉讼提起后，法院可以在全国范围内对所有主张权利的人进行送达，不论受送达人在何州居住或者在何州被找到。只要其中两个主张权利的人属于不同州籍，不论款项的持有人的州籍如何，即视为符合州籍不同案件管辖权的要求；只要一个以上的主张权利的人居住的司法地区可以作为审判地，其法院即可对案件行使管辖权。另外，在该诉讼中，争议的标的额只需达到500美元以上即可。

《美国联邦民事诉讼规则》第22条（a）项对“规则上的互争权利诉讼”进行了详细规定。与上述“制定法上的互争权利诉讼”相比，“规则上的互争权利诉讼”具有以下特点：首先，此类诉讼既可以由财产的持有人作为“原告”提起，又可以在主张权利的人对自己提起诉讼后以反请求或交叉请求的形式提起；其次，在送达程序上，要求完全遵循州籍不同案件管辖权中送达的要求，或者只能在法院所在州内送达，或者根据该州的长臂法律送达；再次，要求财产的持有人一方与所有的另一方主张权利的人之间必须是州籍完全不同的；第四，争议的标的额必须符合州籍不同案件争议标的额的要求；最后，财产持有人无须将争议的财产或款项提交给法院。①

虽然互争权利诉讼具有避免多重诉讼、避免有关当事人承担重复责任的重要功能，但这并不是绝对的。正如美国联邦最高法院在对State Farm Fire & Casualty Co. V. Tashire一案的判决中所指出的那样，互争权利诉讼不能解决所有产生于群体侵权的多方当事人诉讼的繁杂问题。② 对这一点应当有清醒的认识。

四　关于美国民事诉讼中诉讼合并制度的评价及对我国的启示

（一）关于美国民事诉讼中诉讼合并制度的评价

正如前文所言，诉讼合并制度通过将众多请求及诉讼参与人合并于同一诉讼程序，一并进行辩论和审理，从而促进了诉讼效率、避免了裁判的冲突及多重诉讼，在美国联邦民事诉讼中产生了重要影响。虽然有使诉讼变得错综复杂而难以理解的批评，但这一瑕疵的存在仍然无法否定其在促

① 上述主要参见汤维建主编《美国民事诉讼规则》，中国检察出版社2003年版，第114页。

② See State Farm Fire & Casualty Co. v. Tashire, 386U. S. 523（1967）.

进诉讼经济、提高诉讼效率等方面所发挥的不可替代的作用。一般认为，诉讼合并制度上述功能的发挥，得益于其所具有的如下特点。

首先，诉讼合并制度致力于运用已经开始的诉讼程序来尽可能多地解决纠纷，并力求避免裁判之间的矛盾。无论是请求的合并抑或当事人、第三人的合并，美国现代民事诉讼程序采取的是比较开放的态度，允许当事人合并各种诉讼请求及追加其他当事人，以便在同一诉讼程序中解决当事人之间的多个请求和纠纷，实现一次性彻底解决有关当事人之间的纷争之理想。

其次，与致力于一次性解决多个当事人之间的多个纠纷的理想相联系，美国民事诉讼中诉讼合并制度的设计，亦有助于避免法院裁判之间出现矛盾，有利于对法院裁判统一性和权威性的维护。

再次，诉讼经济及诉讼效率是诉讼合并制度重要的考量因素。降低诉讼成本、提高诉讼效率是现代各国民事诉讼制度所普遍追求的目标，美国当然也不例外。而诉讼合并制度的设置，则使法院在裁判一个特定的交易或事件时，可以在同一程序内同时裁判当事人所争议的全部纠纷，避免把时间耗费在多次听取同样的证据上，减少因多次听审和裁判所可能花费的额外费用和精力。

最后，美国的民事诉讼合并制度也显示了对当事人意志和处分权的充分尊重。从前文不难看出，虽然在当事人的强制合并以及第三人的许可参加中，法院享有较大的决断权，但不论是反请求、交叉请求抑或引入第三人制度，当事人的自主意志都在其中起着主导作用，法院并不强迫当事人提出该诉讼，也无权强迫当事人提出该诉讼。就反请求来说，任意性反请求对当事人意愿的尊重是显而易见的，即使是强制性反请求，法院也仍需尊重当事人的处分权。需要指出的是，前文所说的强制性反请求，其本意并非指法院要求被告必须提出反请求，如果不提出反请求就对其予以某种制裁，而是指在法定情形下，若被告不以反请求的方式提出其请求，则丧失再提出该请求的机会，也就是说，该不提出反请求的行为将被视为被告的弃权。因此，即使是属于应当提出强制性反请求的情形，是否提出该反请求仍然取决于被告的决定权和选择权，并不存在法院强迫被告提出反请求的情形。就引入第三人诉讼而言，引入第三人的权利，或者说起诉第三人的权利在于被告，法院无权将第三人追加为被告的被告而将其引入到诉讼中来。

正是诉讼合并制度所具有的上述特点，使诉讼合并制度在美国联邦民事诉讼甚至整个美国民事诉讼中都发挥着不可替代的作用。特别是近年来随着复杂诉讼的大量出现，使得对诉讼经济和诉讼效率的要求比以前越发迫切，因此，诉讼合并制度所拥有的在一个诉讼中纳入多个当事人和多个诉讼请求，使其通过一次诉讼而解决众多错综复杂的诉讼纠葛的功能，在当代社会就越发引人关注。为了回应对诉讼效率和诉讼经济的诉求，《美国联邦民事诉讼规则》将继续重视诉讼合并在实现诉讼效率方面所发挥的重要作用，其在未来的修改亦必将朝着这一方向继续努力，对此我们有理由给予期待。

（二）对我国的启示意义

美国民事诉讼中的诉讼合并制度对我国来说有着重要的启示意义。我国现行民诉法对诉讼合并制度的规定体现在第53条（共同诉讼）、第55条（代表人诉讼）、第56条（第三人诉讼）及第126条（诉讼请求合并）上。可以发现，民诉法的前述规定不仅条文数量有限、内容空洞，更严重的是前述规定明显欠缺体系化。这与美国民事诉讼中成体系的制度规定形成了鲜明的对比。有学者指出，我国民诉法在诉讼合并制度的立法方面具体存在下述缺陷和盲点：一是对不同类型的诉的合并的条件基本上没有明确的规定，如民诉法只对单纯之诉的合并、不同当事人之诉的合并有些许规定，但对预备之诉的合并、选择之诉的合并则无任何规定；二是对当事人在同一诉讼程序中提出的若干独立诉讼请求是否当然合并审理未作区分性的规定；三是缺乏诉的合并制度与管辖制度的协调性规定；四是当事人制度与诉的合并制度的规定缺乏融通性。[①] 这一分析准确指出了我国民诉法在诉讼合并制度的规定上所存在的不足。不仅如此，我国学术界对于诉讼合并制度亦缺乏足够的重视，该制度的重要价值尚未引起人们的普遍关注。正如前文所指出的，诉讼合并制度在促进诉讼经济、提高诉讼效率等方面实际上发挥着不可替代的作用。这对于我国当前所进行的以降低诉讼成本、提高诉讼效率为重要目标的司法改革而言，有着更为现实的意义。正是认识到诉讼合并制度所具有的此种重要价值，有学者主张，从精简程

---

① 详细内容可参见张晋红《诉的合并制度的立法缺陷与立法完善之价值分析》，《法学评论》2007年第4期。

序、减轻当事人和法院诉讼负担的角度，应当确立我国的诉讼合并制度。[①] 借鉴前述美国的经验，我们可在如下方面改革与完善我国的诉讼合并制度。

1. 关于请求合并制度

将请求合并区分为原告的请求合并与被告的请求合并两种类型。对于原告的请求合并而言，为了能够通过一次诉讼解决当事人之间的纠纷，可赋予原告宽泛的请求合并的权利，把对被告的所有请求一并提起，而对这些请求之间的相互联系不宜作过于严格的要求。赋予原告方当事人宽泛的请求合并的权利，其目的乃在于追求诉讼的经济与效率。对于被告的请求合并而言，可进一步区分为向对方当事人提出的"反诉请求"和向其他被告提出的"交叉请求"两种类型。对于与本诉产生于同一交易或事件的反诉请求，被告必须在原告的本诉过程中作为强制性反诉请求提出，否则在今后的诉讼中将不再享有提出该请求的权利；对于与本诉产生于不同交易或事件的反诉请求，被告可自行决定是否提出该任意性反诉请求，即使被告在本诉进行过程中不提出任意性反诉请求，也不影响在今后的其他诉讼中提出与该反诉请求相同内容的诉讼请求。赋予共同诉讼中某一被告对其他共同被告提出交叉请求的权利，但为了避免造成共同被告之间的对立状态，应当对交叉请求施加更多的限制。

2. 关于当事人合并制度

将当事人合并区分为当事人的强制性合并与当事人的任意性合并两种类型。为保证法院所作出的判决对所涉及的所有人都能够实现正义，并为了保护现有当事人及未能参加诉讼的人免受诉讼的不利影响，法律应规定任何必要的或者是必不可缺的人都应当合并参加诉讼。而为了促进审判的便捷，加速争端的解决，从而避免复合诉讼的出现，对于基于同一的交易或事件，或者连续的交易或事件所产生的救济的权利，而提出合并的、单独的或选择性的主张，可准许当事人自愿合并在同一诉讼中作为共同的原告。但在出于减少诉讼迟延、费用，以及在不方便的情形下，法院可以考虑将案件分开进行单一诉讼。

3. 关于第三人合并制度

将我国先前把第三人笼统地区分为有独立请求权第三人与无独立请求

① 江伟主编：《民事诉讼法》，高等教育出版社 2004 年版，第 14 页。

权第三人的分类方法加以改变，而把第三人对诉讼的参与细分为引入第三人诉讼制度、第三人诉讼参加制度以及互争权利的诉讼三种类型。为在一次诉讼中解决原告、被告及第三人之间连续追诉的问题，以避免重复诉讼和多重诉讼，可将被告对第三人所提起的要求其承担全部或部分责任的诉讼与原被告之间的本诉加以合并，以形成引入第三人诉讼。引入第三人诉讼制度避免了若干相关的请求在不同的诉讼中分别予以审理现象的出现，简化和加快了诉讼的进展。而在第三人诉讼参加制度中，诉讼外的第三人为了保护自己的利益，可以参加进入他人之间的诉讼而成为诉讼中的当事人。可将第三人诉讼参加分为作为权利的诉讼参加以及经许可的诉讼参加。在作为权利的诉讼参加中，只要该第三人符合法律规定的条件并能够适时提出申请，其就享有当然的权利参加到原被告已经开始的诉讼中来，而无须经过法院的批准。而在经许可的诉讼参加中，若申请参加诉讼的人的某种诉讼请求或抗辩与正在进行的诉讼具有共同的法律上或者事实上的问题，则在经法院裁量许可的情形下，可以参加到已经开始的诉讼中来。但在申请人提出的请求与本诉无关、参加诉讼并无助益或者会延误审理、损害原当事人利益时，应驳回其参加诉讼的申请。在对特定的物或金额有数人主张相同权利时，该物或金额的占有人或管理人可对所有主张该项权利的人作为共同被告提起诉讼，要求确定在被告之中谁是真正的权利人，从而使占有人或管理人摆脱重复承担责任的可能性。此种互争权利的诉讼可避免多重诉讼，进而可以避免有关当事人承担重复责任。

美国联邦上诉程序终局判决规则：内涵、例外与发展

美国联邦地区法院在审理案件的过程中，需对诉讼程序中所出现的实体及程序等问题作出诸多决定，如判决、裁定、裁断等。对于上述决定，当事人有的可以立即上诉，有的须待到诉讼结束时才能上诉，有的则无上诉权。凡此种种，即是联邦诉讼程序中的“可上诉性”（appeal ability）问题。“可上诉性”决定了当事人能否对某一案件提起上诉：具有“可上诉性”的决定，可以上诉；反之则不得诉。而决定的“可上诉性”问题，则由一项古老的原则予以支配，这一原则即为终局判决规则。终局判决规

则（final judgement rule）是美国上诉程序中颇为重要的一项诉讼规则。一般而言，该规则指的是只有在审理法院的诉讼作出终局判决之时，才可以进行上诉。因此，对于终局判决之前作出的裁决，不能在该裁决作出之时提出上诉。相反，只有在后来对终局判决提出上诉时，才可由上诉法院对此类裁决加以审查。[①] 就实质而言，终局判决规则是关于上诉时间的规则。该规则的适用及例外是上诉法院所面临的最重要也是最难以解决的问题。[②]

一 终局判决规则的制定

（一）终局判决规则的制定意图

渊源于英国法的终局判决规则，其在美国最早发端于由国会制定的《1789年司法组织法》（*Judiciary Act of* 1789）。该法对联邦法院体制作出了具体的规定，至此联邦法院体制才初步得以形成。自该法产生以后，联邦上诉法院在原则上就只接受对联邦地区法院的终局裁决的上诉，[③] 此即所谓终局判决规则。联邦最高法院曾在1945年“凯特琳诉美国”[④] 一案中对终局判决规则的内涵作出了界定，即“终局判决系指在实质方面结案的裁决，法院除执行判决外没有其他工作要做”[⑤]。立法者确立此项规范上诉法院管辖权的终局判决规则，主要原因乃出于司法经济价值和司法效益的考虑。[⑥] 在立法者看来，将诉讼中所有的争议问题在一次上诉中予以集中提出并加以解决，相较零散地凡遇到问题就上诉的效率要高。[⑦] 立法者的此种考虑是不无道理的。在联邦上诉程序中，当事人所提起的每一个上诉都要提出一套诉讼资料和案情陈述书，必要时还需进行口头辩论。这样一套程序无疑要耗费诸多时间和费用，由此导致上诉成本的增加。但在

---

① ［美］杰弗里·C. 哈泽德、米歇尔·塔鲁伊：《美国民事诉讼法导论》，张茂译，中国政法大学出版社1999年版，第184页。

② 汤维建：《美国民事司法制度与民事诉讼程序》，中国法制出版社2001年版，第519页。

③ 沈达明：《比较民事诉讼法初论》，中国法制出版社2002年版，第612页。

④ Catlin V. United States，324 U. S. 229（1945）.

⑤ Jack H. Friedenthal，et al.，*Civil Procedure*，West Publishing Co.，1993，p. 583. 另见沈达明编：《比较民事诉讼法初论》，中国法制出版社2002年版，第612页。

⑥ Coopel，“Appeal ability of the Federal Court”，*Havana Law Review*，（75），1961.

⑦ 汤维建：《美国民事司法制度与民事诉讼程序》，中国法制出版社2001年版，第520页。

终局判决作出以后，如果当事人对于某些于其不利的中间判决不再提出上诉，则能在一定程度上促进司法经济的实现。比如，当事人对于法院作出的关于回避申请的决定有异议，但其认为法院的终局判决是公正的，此时当事人就可能不再寻求对法院回避决定的上诉。其次，强制当事人待到诉讼程序终结之后再行上诉，使得上诉法院能够以比较广阔的视野，审查对初审法院的各个裁决的异议，因此能够在一定程度上保证上诉法院审理的客观与科学，从而有助于司法公正的实现。[①] 最后，限制当事人中间上诉的权利，亦有助于加快初审法院的审理速度，避免审判拖延。很明显，如果赋予当事人宽泛的中间上诉的权利，则在当事人就特定的问题提出上诉时，初审法院必须等待上诉法院就上诉问题作出处理决定后才能继续事实审的诉讼程序，这样必然会造成诉讼程序的迟延。在这种情形下，如果一方当事人利用法律所赋予的上诉权对对方当事人进行恶意上诉的话，则很难避免由此所带给对方当事人的实体及程序上的不利益和伤害。

其实，坚持终局判决规则还可以在一定程度上确保初审法院法官的权威。毋庸置疑，如果允许对初审法院的所有裁决提出即时上诉，则很可能会削弱当事人对初审法院裁决的尊重。不仅如此，限制当事人对于初审法院的裁决进行中间上诉，更重要的原因在于中间问题的重要性程度。与终局判决相比，许多中间问题的重要意义并不突出，至少它们对案件的最终处理结果不致产生多大的影响，而且其自身独立的价值也尚未使之成为正当程序的实质部分。[②] 同时，在程序进行中作成的似乎很重要的中间裁定所针对的争端，随着案件的进展会失去其意义。[③]

美国联邦最高法院大法官弗兰克（Franter）曾在1940年于“考柏迪科诉美国”[④] 案中，就终局判决规则的立法的政策取向作出如下解释：“作为上诉复核的条件的‘终局性’，是联邦上诉审程序的一个历史性特征。它率先由《司法组织法》写入法律，只有在恪守这项原则会实际上完全否定上诉权的时候，才可以有所偏离。既然获得一个以上法院的判决是一件任意之事，而不是正义的必要因素，故而议会禁止对实际上是为了

① “Taylor V. Board of Educ. of City School District of City of New Rochelle”, *Federal Second Circuit Court Casebook*, 1961.

② 汤维建：《美国民事司法制度与民事诉讼程序》，中国法制出版社2001年版，第520页。

③ 沈达明：《比较民事诉讼法初论》，中国法制出版社2002年版，第612页。

④ Cobbledick V. United States, 309 U. S. 323 (1940).

单一争议的目的而提出的零星的上诉进行处理，这就从一开始便把自己摆在了反对削弱司法管理的位置。”[①]

（二）州法院的异议及其理由

然而，制定终局判决规则的正当意图并没有获得州法院的广泛认同。在一些持反对意见的州法院看来，应当对是否允许就一审法院的决定立即上诉的问题采取自由、宽缓、随意的态度，而不宜受制于终局判决规则。因此，这些州法院采取了自由的中间上诉制度，如纽约州法院。[②] 这并非因为这些州法院体系在设计司法制度时不顾及司法经济的价值目标，而是因为它们认为许可中间上诉更能促进司法经济的实现。其理由首先在于许可中间上诉有利于司法经济的实现。在初审法院裁判的个别争点对整个案件具有决定性意义时，许可当事人提出中间上诉，并经过上诉法院的审查，可以避免不必要的审判。上诉法院在下级法院的错误发生时，如果能及时纠正其错误，就能够保证初审法院更好、更准确地进行事实审理。这样既能够减少案件的上诉率，同时即使在当事人提出上诉的情况下，初审法院的终局判决被推翻的可能性也大为减少。支持中间上诉的另一个理由是中间上诉有利于法律的统一适用。许可当事人自由提出中间上诉，能够使初审法院的法律解释接受上诉法院全方位的指导。很明显，终局判决规则实际上阻止了初审法院的一些决定受到上诉审法院的复核，因此，对于这些问题而言，初审法院永远不可能获得上诉法院的审判指导，从而形成了各低级法院之间的各行其是。这对上诉法院履行维护法律统一的职责是极为不利的。因此为克服下级法院在适用法律方面的不统一，由上诉法院对下级法院事实审理的各个阶段进行监督，并对下级法院提供及时、系统的指导就显得特别重要。

正是出于上述考虑，大多数州法院允许对于审理过程中所出现的具有战略意义的命令立即进行上诉。如果所涉及的法律争议问题具有普通重要性，也允许进行中间上诉，尤其是对程序性问题，诸如有关证据开示范围之类的问题。尽管目前大多数州法院系统允许自由地进行中间上诉，但是对于联邦法院而言，终局判决规则依然被严格地遵守。在这一方面，联邦

---

① 汤维建：《美国民事司法制度与民事诉讼程序》，中国法制出版社 2001 年版，第 520 页。

② “Korn. Civil Jurisdiction of the New York Court of Appeals and Appellate Divisions”，16 *Buffalo L. Rev.*，307，1967.

诉讼程序较之州法院的诉讼程序，不大适合现代诉讼。[①]

二　对判决“终局性”的界定

在终局判决规则的具体适用方面，最为重要的问题是如何准确界定判决的“终局性”。虽然在前述1945年“凯特琳诉美国”一案中联邦最高法院曾就判决的终局性下了一个定义，但是对于“终局性”的判定并没有一个真正可靠的标准。[②] 在一对一和诉讼请求单一的诉讼中，判断是否符合终局判决规则相对容易、简单。但即使在这样的诉讼中，“终局性”这一概念也是司法混淆的重要内容之一。在对各个法院的决定进行比较时，这种混淆的印象会进一步加深。例如在联邦法院系统中，初审法官作出的驳回属人管辖权异议的裁决是一个中间裁决，因此在最后的实体判决作出之前，当事人不能提出上诉。而在一些州法院中，却允许对这一类的裁决提出即时上诉。

（一）部分的终局判决的“终局性”

在多诉讼请求和多当事人的诉讼中，针对部分的终局判决适用该规则存在更多问题，比如诉讼合并的情形。1938年制定的《美国联邦民事诉讼规则》，以在一个诉讼程序中尽可能多地解决纠纷作为其哲学基础，因此对当事人的主体合并和当事人诉讼请求的合并都采取了宽泛和自由的态度。在这样的诉的合并中，严格执行终局判决规则，意味着当事人只能在事实审法院就其对所有当事人的所有请求，均作出决定以后，才能提出上诉。不难发现，在此种情况下推迟上诉，对那些已经就其诉讼请求获得终局判决的当事人而言，无疑会造成诉讼迟延。某些特别的部分裁决，例如驳回当事人的诉讼请求或者驳回当事人参加诉讼申请的裁决，都是在诉讼的最早阶段作出的，而整个诉讼有可能在若干年后才能全部终结。认识到这一问题，《美国联邦民事诉讼规则》第54条（b）项采取了一个特殊的原则，即在承认诉讼合并的背景下，这些裁决在决定某一当事人的权利或者单个诉讼请求方面具有终局性，因而许可即时上诉。[③] 需要指出的是，

---

① ［美］杰弗里·C. 哈泽德、米歇尔·塔鲁伊：《美国民事诉讼法导论》，张茂译，中国政法大学出版社1999年版，第195页。

② 沈达明：《比较民事诉讼法初论》，中国法制出版社2002年版，第612页。

③ 白绿铉、卞建林译：《美国联邦民事诉讼规则证据规则》，中国法制出版社2000年版，第93页。

《美国联邦民事诉讼规则》第54条（b）项的规定并不是终局判决规则的例外，而是在诉的合并之背景下适用该原则的制定法标准。《美国联邦民事诉讼规则》第54条（b）项规定，审理合并之诉的事实审法院可以基于下列两个条件，把对某一具体当事人的请求登记为终局判决：其一，明确指示该特定的裁决仅仅涉及某一特定当事人或者某一特定的诉讼请求；其二，确认没有正当的理由推迟上诉。在缺乏事实审法院的登记时，当事人就无权提出上诉。只有具备上述条件，上诉审法院才有接受对该部分判决上诉的可能性。之所以说仅有这种可能性，是因为上诉审法院在审查地区法院所认定的"不存在推迟上诉的正当理由"时，可以以初审法院滥用自由裁量权为由，否定即时上诉的必要性。因此，事实审法院的登记并不能保证当事人的即时上诉权。

（二）集团诉讼中判决的"终局性"

在美国民事诉讼中，初审法院有权针对集团诉讼案件做出认证或者拒绝认证将一个特殊的诉讼按照集团诉讼对待的命令，这被称为对集团诉讼的证明程序。如果初审法院通过审查，认为案件不符合集团诉讼的成立要件，将做出否定其为集团诉讼的裁定，并要求当事人另行提起独立的诉讼。因此，在终局判决规则适用中的另外一个必须解决的问题是，法院在集团诉讼中作出的许可认证或者拒绝认证的决定，是否具有终局性？某些联邦法院创造出了一些实用主义的方法，以处理此种决定的终局性和即时上诉的问题。第二巡回上诉法院提出了"死亡之钟理论"（death knell theory）和"逆死亡之钟理论"（inverse death knell theory）。"死亡之钟理论"适用的对象主要是法院作出的拒绝认证的决定；而"逆死亡之钟理论"的适用对象则是法院作出的许可认证的决定。按照"死亡之钟理论"，许可申请人对法院作出的拒绝认证决定提出即时上诉，因为在集团诉讼中，每一集团成员的诉讼请求数额都比较小，其作为一个独立的诉讼，不符合诉讼经济的目标；而作为集团诉讼，所有集团成员的请求额加在一起，却有进行诉讼的必要性。拒绝某一成员的认证申请，无疑杜绝了其提起诉讼的道路。在这种情形下，不允许其提起即时上诉，则对其权利和利益的保护就敲响了"死亡之钟"。基于这一考虑，第二巡回法院在1966年的"艾森诉卡理斯和杰奎林"（Eisen V. Carlisle & Jacquelin）一案中创造性地提出了"死亡之钟理论"，许可申请人对法院的拒绝认定决定提起即时上诉。按照"逆死亡之钟理论"，许可申请人的对方当事人对法院作出的认定决定提出即时上诉。值得注意的是，接受“死亡之钟理论”的法院相对较多，而接受“逆死亡之钟理论”的法院只有第二巡回法院。同时，联邦最高法院也在1978年的“库波斯和理波兰德诉李伟赛”（Coopers & Lybrand V. Livesay）一案中否定了这两个原则。最高法院认为，这一原则违反了终局判决原则，就其以集团诉讼的独特性质为根据而言，是否允许上诉，应当由立法机关决定。

三 终局判决规则之例外——中间上诉

作为上诉制度的基本原则，终局判决规则的重要性毋庸置疑。但在某些场合，对于终局判决规则的坚持过于刚性，难免会对当事人造成不必要和不适当的困难，或者阻碍了对初审法院提供必要的指导。[①] 例如，对该规则毫无例外地坚守有时会使审理法官在诉讼的早期阶段所犯的严重错误得不到及时的纠正，从而使以后的审判带上严重的瑕疵，甚至于前功尽弃，必须因此而推倒重新审理。为了防止这种偏颇的产生，终局判决规则的例外开始出现。近年来美国理论界对于终局判决规则展开了激烈的争论。其中以罗森伯格（Rosenberg）、库伯（Cooper）以及保罗·卡林顿（Paul Canington）三位学者的观点为代表。罗森伯格认为目前的联邦上诉制度由于成文法和判例法的并存而一片混乱，必须采用实用主义的方法来解决，也就是找到一些认定裁定是否可以迅速复查的办法和标准，并且加以确认。库伯则主张扩大联邦地区法院证明中间裁决能上诉的权力，同时授予上诉法院接受或不接受地区法院上诉证明的自由裁量权。在过渡时期内将实施两套中间裁决上诉程序：第一套程序以成文法和法院制定的标准为依据；第二套程序以法院的自由裁量为依据。而保罗·卡林顿则指出，造成上诉程序产生混乱的原因是美国法一方面坚持终局判决规则，另一方面又利用各种例外来突破该规则，因此，从立法的角度出发，制定新的法律规则是避免混乱的唯一途径。[②] 不难看出，三位学者所倡导的改革方式固然各不相同，但在允许当事人提起中间上诉这一问题上却并无分歧。

（一）司法例外

终局判决规则的例外之一是司法例外（judicial exception）。在司法例

① ［美］杰克·H. 弗兰德泰尔等：《民事诉讼法》，夏登峻等译，中国政法大学出版社2004年版，第595页。

② 沈达明：《比较民事诉讼法初论》，中国法制出版社2002年版，第622—626页。

外中，美国的法院体系中经常适用的理论有两个，其一是“并行命令理论”（collateral order doctrine）；其二则为“不可弥补的后果理论”（irremediable consequences doctrine）

1. “并行命令理论”

“并行命令理论”是一个广泛适用的理论，由联邦最高法院在1949年“科恩诉慈善工业贷款公司”（Cohen v. Beneficial Industrial Loan Corporation）一案中提出。其基本含义是：如果法院作出的某项命令完全可以与案件的主要的争点分离，那么即使其对整个案件不是终局判决，仍然可以对其提出上诉。[①] Cohen案是一个股东派生诉讼，在诉讼过程中法院根据州法的规定命令原告提供诉讼费用担保。原告不服申请上诉，上诉法院认为原告上诉违反了终局原则，予以驳回。联邦最高法院则认为原告可以对法院的该项命令提起即时上诉。联邦最高法院认为，允许原告即时上诉，并不违反终局判决规则所包含的基本政策。因为，这些决定对于特定的问题是终局的，事实审法院也不再对其予以变更。同时不允许即时上诉，有可能在实质上损害当事人的上诉权。

根据Cohen案，并行判决理论的适用必须包含两个条件：第一，法院的决定针对的必须是与案件的实体权利并行的事项；第二，该事项具有较大的意义，以至于法院不能否认即时上诉。到1978年，联邦最高法院又通过判决明确了并行裁决上诉的三项条件：第一，终局性地对某一争执中的问题作出了决定；第二，该裁决所解决的重大争执点能与案件中的实质问题完全分开；第三，等到终局判决作出以后，就无从作出有效的复审。[②] 如果法院的某一决定同时满足了以上三个要求，许可上诉就不会损害终局判决规则所追求的价值目标。因此适用这一例外，必须首先审查法院的决定是否真正地属于并行事项、法院的决定对于这些事项是否具有终局性。在集团诉讼中，法院作出的与案件管理有关的、有重大影响的审前决定就具有较大的上诉必要性。例如，在集团诉讼中，事实审法院根据集团诉讼的要求命令发出公告并要求被告承担90%的费用，对于这一命令最高法院已经规定被告不服可以提出即时上诉。事实审法院命令被告承担90%的诉讼费用的基本理由是，在集团诉讼中，集团方当事人胜诉的可能

① Daniel Oran, Oran's Dictionary of the Law, West Publish Co., 1991, p. 83.

② 沈达明：《比较民事诉讼法初论》，中国法制出版社2002年版，第613页。

性较大，而被告败诉的可能性较大。但是被告并非没有胜诉的可能，如果被告在案件的实质争点上胜诉，根据美国的法律，此时被告已经支付的诉讼费用无法从原告处获得补偿。这种状况对被告显然不公。另外，法院就诉讼费用承担的命令也与法院的实体判决相分离，因此联邦最高法院许可被告可以对事实审法院的这一诉讼费用命令提出即时上诉；但联邦最高法院同时明确指出，事实审法院作出的登记或拒绝登记的决定不能适用并行判决理论，因此不能对其提起即时上诉。

实践中已经被认定为并行命令的事项包括：驳回被告的要求对提起诉讼保险的动议的命令；驳回一个要求基于从诉讼中绝对豁免的请求而提出的撤销动议的命令；针对要求披露涉及律师客户特权和工作成果保护的文件的命令而提出的中间审查请求。① 虽然如此，并行命令理论的适用范围仍然十分狭窄，并非所有的且得到最终裁决的命令都可以纳入其中。这种做法不仅实现了终局判决规则的灵活适用，保证了某些必要的即时上诉，也维护了终局判决规则的立法目的。② 近年来的最高法院判例倾向于限制“并行命令理论”的适用。③

2. “不可弥补的后果理论”

终局判决规则的第二个司法例外适用于推迟上诉人的上诉将会给其造成即时损害的案件。也就是只有在法院的决定有可能给当事人造成不可弥补的损失、当事人必须采取诉讼行为的情况下这种例外才有存在的可能。因此有人称这一理论为“不可弥补的后果理论”。该理论由联邦最高法院在 1848 年的 Forgay V. Conrad 一案中提出。一审法院在审理案件的过程中，发现财产已经以欺诈的方法转让，于是法院即命令接受财产的一方当事人将财产返还给破产清算中的受托人。因为破产清算程序仍在进行，所以法院的这一决定仅涉及了案件的部分内容。但联邦最高法院认为该决定具有终局性，因为当事人必须立即向受托人返还财产。推迟上诉并要求当事人必须遵守和执行法院的决定，有可能给当事人造成不可弥补的损害，原因很简单：在清算程序结束之前受托人可能已经处分了该项财产。所以

① ［美］史蒂文·苏本、玛格丽特（绮剑）·伍：《美国民事诉讼的真谛——从历史、文化、实务的视角》，蔡彦敏、徐卉译，法律出版社 2002 年版，第 268 页。

② 齐树杰主编：《美国司法制度》，厦门大学出版社 2006 年版，第 477 页。

③ 沈达明：《比较民事诉讼法初论》，中国法制出版社 2002 年版，第 613 页。

最高法院许可当事人对这一决定提出即时上诉。

实践中“不可弥补的后果理论”适用的范围较小，最高法院在 Forgay 案中对其适用作了严格限制。虽然如此，该理论的确立，在适用终局判决规则可能引起严重后果时，保证了当事人的救济途径。

（二）制定法上的例外

制定法规定的例外又可以称为制定法上的中间上诉（statutory interlocutory appeal），其可以分为三类，即制定法明确列举的可以提起中间上诉的决定、裁量性中间上诉以及非常的中间上诉。

1. 制定法明确列举的可以提起中间上诉的决定

例如在联邦法院系统中，给予、继续给予、修正、拒绝给予、解除禁令的决定或者给予以上答复的决定，可以即时上诉；对于法院作出的任命破产管理人或者解除破产管理人职务的决定，可以即时上诉；在海事案件中法院作出的决定当事人之间权利和义务关系的决定，可以即时上诉；专利案件中，除损失计算之外的具有终局性的判决，可以即时上诉。制定法对于中间上诉的列举也可以在州法院体系中发现。例如多数州法规定，对于法院作出的继续扣押或者取消扣押的决定，对于法院作出的许可重新审理动议的决定，当事人可以提出即时上诉。总体上来说，制定法列举的可以即时上诉的决定反映和体现了立法者在特定问题上的价值倾向。立法者或者认为某些问题需要上诉审法院继续审查，或者认为法院的决定所涉及的问题极其重要，若推迟上诉，可能给当事人造成困难。当然从严格意义上来说，这些都是终局判决规则的例外，但就一般意义上看，它并不是终局规则的例外。例如法院作出的有关禁令的决定，尽管是中间裁决，但其要求当事人必须按照决定实施一定的诉讼行为，因此其对当事人可能具有实质意义和决定意义。

制定法所列举的这些例外多数是清楚的，在解释时不存在问题。但对于法院作出的某些决定是否属于法律规定的这些例外，有时也存在一定的困难。在解决这些困难时法院的一般方法是，严格解释法律规定的例外。例如在联邦法院中，法院作出的临时限制当事人处分的命令不是禁令，因此不属于制定法规定的例外。

2. 裁量性中间上诉

裁量性中间上诉由《美国联邦法典》（*United States Code*）第 1292 条（b）项予以规定，其指的是上诉的权利经许可而产生，而并非源自当事人本来享有的权利，其最终成功需要获得上、下两级法院的“证明”。“证明”是必经程序，少任何一级法院的证明，都不能有效地实现上诉的目的。两个审级的法院均必须认为法院的决定包含以下三个条件：（1）决定涉及支配性法律问题；（2）在该争点上，存在意见分歧的实质性理由；（3）许可即时上诉能够在实质上推进诉讼进行和终结。这一法律规定也被认为是确保某些重要的法律问题能够得到即时上诉审查的安全阀。

在是否给予当事人证明方面，两级法院都有自由裁量权。每一级法院都有机会衡量、比较对于特定的裁决，背离终局判决规则可能出现的负担和背离的必要性之间的对比关系。一审法院可以审查上诉人是提出了一个关键性的、重要的争点，还是在运用这一方法拖延以后的诉讼。二审法院则可评估自己的工作负担以及在不受当事人影响的情况下决定问题的关键性和重要性。但是从《美国联邦法典》第1292条（b）项的规定可以发现，这种例外不是在终局规则之外设定一个自由的领域，法院可以自由地解释该项法律。事实上只有在法律规定的三个标准都具备的情况下，法院才能给予证明，法院的决定也才可以即时上诉，因此只有极少的决定或争点属于该种例外的范围。而且二审法院在对该问题作出决定时也受到一审法院的影响，因为一旦一审法院根据法律拒绝给予证明，二审法院不能采用训令状的方式强制一审法院移送案件。

根据《美国联邦法典》第1292条（b）项决定上诉是否合适时的主要问题出现在第一项和第三项标准，第二项标准相对来说较为简单。例如决定构成支配性法律问题的因素时，不是考虑在事实审法院的决定错误时废弃该决定的必要性，而是即时废弃法院的裁决能否节约诉讼成本和诉讼时间。即使该判决符合了制定法的要求，亦是如此。因此第一项和第三项标准往往纠缠在一起。同时法院在适用第三项标准时，还必须权衡即时上诉的需要与零星上诉所导致的诉讼迟延。也就是说，第三个标准也同时不可能完全摆脱第一个标准。正是由于以上原因，各法院在适用该项例外时存在较大的分歧。

3. 非常的中间上诉

非常的中间上诉指的是申请上诉法院发出训令状或撤销令状，以废弃事实审法院的某些决定。使用这种所谓的极端令状的方法不同于其他上诉方法，因为从形式上看，它不是一个上诉程序，而是获取上诉法院决定的原始程序。正因如此，1947年美国联邦最高法院称之为“上诉代用品”。

一般而言，这种非常的中间上诉包括三种主要的情形，即申请执行命令令状（writ of mandamus）的上诉、申请禁止令状（writ of prohibition）的上诉和要求撤销藐视法庭罪（contempt）判决的上诉。当事人希望通过这一程序，得到上诉法院的指令一审废弃某项决定或者作出某决定的决定。上诉法院通过极端上诉的方法对一审法院的中间裁决进行审查，这可以追溯到古老的英国法。

通过极端令状的方式发动上诉在有些州法院体系中适用得较为自由，而在另外一些州中，适用得却较为严格。在联邦法院系统内，极端令状的适用有严格的限制。传统观点认为，联邦法院的极端令状权力能够帮助上诉法院监督下级法院依法行使其审判权，或者在下级法院怠于履行义务的情况下，强制其履行其义务。[①] 因此可以说，发出令状的根本目的是完成某些明确的法律义务。如果争议的问题涉及一审法官的一般的滥用自由裁量权，或者当事人声称一审的决定存在错误，则上诉法院不能使用极端令状的方法。

令状的适用，一定程度上体现了上诉法院对一审法院的干预；为了保证一审法院的独立，只有极端案件才有可能适用令状。作为一种获得上诉的非常方法，一般法院都认为，只有在使用其他方法不能获得上诉时，才能诉诸令状。令状的基本依据是上诉法院对一审法院的指导，值得注意的是，即使在上诉法院否定当事人令状申请的情况下，一审法院也可以从上级法院获得一定的指导。关于上诉法院决定发出令状时，是否审查案件的基本的实体争点，目前没有具体的统计数字；但可以肯定，即使上诉法院驳回了当事人的申请，一审法院也从上诉法院得到了一定的信息，同时也能在一定程度上满足申请人希望获得上诉审查的愿望。另外在一审法院从上级法院获取一定的指导的情况下，上级法院在以后的上诉审查中作出的裁决与一审法院的判决出现强烈反差的可能性较小，从而有助于上下级法院之间的和谐。[②]

---

① Burger, "The Mandamus Power Of the United States Courts of Appeals: A Complex and Confused Means of Appellate Control", 31 *Buffalo L. Rev.* 37, 41 (1982).

② 以上主要参见赵信会、逯其艳《美国民事上诉制度析论》,《东方论坛》2005 年第 1 期。

四 结语——关于《中间上诉法》的评论①

1958 年美国制定了专门的《中间上诉法》(*Interlocutory Appeals Act*),其对联邦民事案件中间上诉制度作了很大的修改。在该法出台之前有人反对扩大中间复审的范围,亦有人主张给予上诉法院接受中间上诉的自由裁量权;该法则对此采取了折中的办法,即在联邦地区法院法官作出裁决时注明该裁决涉及一项意见分歧很大的主要法律问题,立即上诉将大大有助于讼争的最后结案时,上诉法院可以复审地区法院所作出的任何中间裁决。需要指出的是,《中间上诉法》和前述制定法是并存和补充的关系,它并没有取代以前中间裁决的上诉办法,上述制定法明确列举的关于可以提起中间上诉的决定的规定依然有效。上诉人提出上诉不需要有《中间上诉法》所要求的联邦地区法院的证明。而 1958 年以前被视为"中间裁决"的裁决,如"并行裁决"等,依据该法仍然可以作为终局裁决进行上诉,并且不需要该法所规定的地区法院关于中间上诉的证明。这一情形同样出现在"非常中间上诉"上。

另外,《中间上诉法》亦规定了裁量性中间上诉的条件。若制定法未明文列举可以即时上诉的其他裁决,此时则由地区法院作出是否允许中间上诉的证明,而地区法院决定是否给予证明的标准同该法颁布以前的做法并无不同。上诉法院同意受理地区法院作出即时上诉证明的案件后,便获得了对本案进行全面审查的权利,并不受地区法院证明所涉及范围的限制。可以说,1958 年的《中间上诉法》所规定的中间上诉,基本上是对该法之前的制定法所作规定的系统性整理,二者在内容上并没有多大的变化。

---

① 此处的评论主要参考了沈达明《比较民事诉讼法初论》,中国法制出版社 2002 年版,第 614—615 页;汤维建《美国民事司法制度与民事诉讼程序》,中国法制出版社 2001 年版,第 529—530 页的部分内容。

专题七

其他民事诉讼制度探讨

再审案件审理权的配置
——以民诉法修改为视角的分析

2007年10月28日全国人大常委会通过了《民事诉讼法修正案》，该法于2008年4月1日起生效。新民诉法第178条规定，当事人对已经发生法律效力的判决、裁定，认为有错误的，可以向上一级人民法院申请再审；第181条第2款规定，因当事人申请裁定再审的案件由中级人民法院以上的人民法院审理。与修改之前的民诉法相比，新民诉法明确否定了原审人民法院接受当事人再审申请的权利，亦排除了基层人民法院对当事人申请再审案件进行受理和审理的可能性。虽然这一规定确实有利于消除实践中所存在的因原审法院拒绝受理当事人的再审申请而导致的当事人“申诉难”抑或“再审申请难”的现象，也有利于因再审法院层级的提高而增强当事人对再审裁判的接受度，但立法者并没有充分认识到此种规定所带来的不利后果。换句话说，新民诉法在当事人申请再审案件审理权的重新配置方面，考虑并不周全。同样的问题也存在于因检察院提起抗诉而进行再审的案件当中。因此，如何配置再审案件的审理权，直接关系到民诉法修改目的能否真正实现，对此不能不予以充分重视。

一　我国再审案件审理权的重新配置及其理由

我国再审程序的启动有三种方式，分别是因当事人申请再审所引起的再审，因检察院抗诉所引起的再审以及法院主动提起的再审。针对上述三种因不同主体所引起的再审程序，法律亦规定了不同的审理法院。修改之前的民诉法规定，当事人对于生效裁判不服的，可以向原审人民法院申请再审，也可以向上一级人民法院申请再审。向上一级人民法院申请再审的，上级人民法院经审查认为符合规定条件的，可以指令下级人民法院再审，也可以提审。对于因检察院抗诉所引起的再审，民诉法规定，最高人民检察院可以对包括最高人民法院在内的各级人民法院已经生效的判决、裁定，按照审判监督程序提出抗诉；上级人民检察院对下级人民法院已经生效的判决、裁定，可以按照审判监督程序提出抗诉。而地方各级人民检察院对同级人民法院已经生效的判决、裁定，则应当提请上级人民检察院按照审判监督程序提出抗诉。虽然民诉法及相关司法解释并没有对因检察院抗诉所引起的再审的审理法院作出明确规定，但按照“级别对等”原则，最高人民检察院只能向最高人民法院提出抗诉，而上级人民检察院只能向其同级人民法院提出抗诉。最高人民法院与各上级人民法院对于所接受的检察院抗诉案件，能否指令下级人民法院再审，对此理论界有不同观点，但主流观点认为，最高人民法院及各上级法院不能指令下级法院再审，必须由其自行审理，即检察院的抗诉可直接引起同级法院的再审。[①]而对于法院主动提起的再审程序，民诉法规定，各级人民法院院长对本院已经生效的裁判，发现确有错误需要再审的，应当提交审判委员会讨论决定是否再审；最高人民法院对地方各级人民法院已经生效的裁判，上级人民法院对下级人民法院已经生效的裁判，发现确有错误需要再审的，有权提审或者指令下级人民法院再审。另外，由第二审人民法院裁判的案件，上级人民法院认为需要指令再审的，应当指令第二审人民法院再审。

新民诉法对于上述三种不同主体所引起的再审程序，各自采取了相应的调整措施。如前所述，新民诉法明确否定了原审人民法院接受当事人再审申请的权利，亦排除了基层人民法院对当事人申请再审案件进行受理和审理的可能性。虽然第 181 条第 2 款同时规定，最高人民法院、高级人民法院裁定再审的案件，由本院再审或者交其他人民法院再审，也可以交原审人民法院再审，但从此次修法的基本精神来看，上述所谓“其他人民法

---

① 刘家兴：《民事诉讼法学教程》，北京大学出版社 1994 年版，第 178 页。

院”和“原审人民法院”也不应包括基层法院。[①] 新民诉法第188条规定，“人民检察院提出抗诉的案件，接受抗诉的人民法院应当自收到抗诉书之日起30日内作出再审的裁定，有本法第一百七十九条第一款第（一）项至第（五）项规定情形之一的，可以交下一级人民法院再审”。不难看出，对于因检察院抗诉所引起的再审，原则上仍然由提出抗诉的人民检察院的同级人民法院进行再审，但是同修改之前的民诉法相比，新法对于第179条第1款第（一）项至第（五）项所规定的五种情形，[②] 明确规定可以交由下一级人民法院进行再审。而对于法院主动提起的再审程序，新民诉法则维持以往规定，并没有做任何更改。

我国再审案件审理权的转变，主要是为了应对实践中普遍存在的当事人“申诉难”抑或“申请再审难”的现象，而这也是此次修法的主要出发点之一。前面已经指出，修改之前的民诉法规定当事人申请再审可以向原审人民法院或者上一级人民法院提出。这一具有灵活性的再审申请管辖制度虽然给予了当事人较大的便利，但是十余年的司法实践表明，由于立法上对再审申请管辖权的双重规定，造成了现实中再审申请管辖的混乱局面。这种混乱主要表现在两个方面：一方面，原审人民法院对已经做出生效裁判的案件，主观上往往不愿意再次介入，于是，基于上级人民法院也享有管辖权之规定，原审人民法院经常将当事人推向上级人民法院。上级人民法院则通常认为应首先由原审人民法院自行审查并纠正自身的错误，而不应当将矛盾向上提交，因而习惯将当事人的再审申请转交原审人民法院处理。正是原审人民法院与上级人民法院对当事人再审申请的相互推托，使得当事人的请求难以及时获得处理，也由此引起了当事人的不满。另一方面，在原审人民法院败诉的结果，使败诉方当事人对原审人民法院能否自行纠错产生了合理的怀疑，因此，当事人更愿意向上一级人民法院寻求救济，实践中不少当事人在向原审人民法院提交再审申请书的同时，也向上一级人民法院提交再审申请书，甚至向更高级别的人民法院上访申诉，这样就造成了再审申请的无序状态，形成了多头申诉、反复申诉、重

---

① 以上法律规定主要参见修改之前民诉法的“第十六章审判监督程序”部分，特别是其中的第177、178、185条，以及最高人民法院《关于适用〈中华人民共和国民事诉讼法〉若干问题的意见》第202、205条。

② 这五种情形皆关乎民事诉讼证据。

复立案的现象，极大地浪费了司法资源，影响了社会的安定秩序，同时也给当事人带来了讼累。

正是为了应对实践中所出现的上述现象，新民诉法一方面提高了受理当事人再审申请的法院的级别，以期消除原审法院与上级法院对当事人再审申请相互推诿，以及当事人多头申诉、反复申诉的现象；另一方面提高了当事人申请再审案件审理法院的级别，以期打消当事人对再审审理结果的怀疑。

其实，新民诉法提高了受理及审理当事人申请再审案件的法院的级别，也是与我国民事诉讼法对再审制度功能和目的的定位分不开的。从我国民事诉讼法的规定分析，再审制度的功能和目的在于"纠错"，民事诉讼法典第177条两款中均出现了"确有错误"的表述，将发生法律效力的判决、裁定"确有错误"作为法院直接启动再审的前提，这一规定此次修改没有改动。法典第178条规定当事人申请再审的前提是"认为有错误的"，此次修改也没有改变这一表述。由此可以看出，法典将再审的功能和目的定位于"纠错"了。① 按照这一定位，在当事人申请再审时，应当向原审人民法院的上级法院提起，并由上级法院进行审理，只有这样，才能使再审制度的功能和目的的实现真正得到保障。也许在立法者看来，相较于原审人民法院，其上级人民法院无论在法官素质、审判资源，还是在程序保障方面，都具有优势地位。所以，由上级人民法院对再审案件进行受理和审理，能够更加有利于对案件事实的查明和对法律的正确适用，以纠正原审法院在事实认定和法律适用上的错误，最终实现再审制度的"纠错"功能和目的。

二　再审权配置的转变：不合目的与不合理

（一）再审案件审理权配置转变的不合目的性

不可否认，民诉法在再审案件审理权配置方面的修改无疑是出于良好的目的：消除司法实践中法院对当事人再审申请的推诿现象，消除当事人多头申诉、反复申诉的现象，以保护当事人的再审请求权；增强当事人对法院再审裁判的信赖，重塑再审法院的司法公信力。但在笔者看来，新民

① 陈桂明：《再审事由应当如何确定——兼评2007年民事诉讼法修改之得失》，《法学家》2007年第6期。

诉法对再审案件审理权的重新配置具有明显的“头痛医头，脚痛医脚”的嫌疑，并没有将再审案件审理权的配置与其他制度的衔接纳入此次修法的考虑之中，由此给民事诉讼其他制度造成了也许在实践当中尚未显现出来的不利影响。比如，新民诉法普遍提高了受理及审理当事人申请再审案件的法院的级别，原则上排除了基层人民法院对当事人申请再审案件管辖的权力。虽然此举有利于强化对当事人“申诉权”或“再审申请权”的保护，但我们不应忽视由此所造成的直接后果：当事人申请再审案件将大量涌向中级、高级甚至最高人民法院等高层级法院。正如学者们所普遍担心的，新民诉法实施之后，“上一级人民法院”除了要承担对当事人再审申请的受理、审查和裁定是否再审的工作以外，还要承担大量的再审案件审判工作。这对普遍面临审判人员不足、资源匮乏等问题，同时相对基层人民法院来说数量也少得多的高层级人民法院来说，无疑使其本已艰难的处境变得更为窘迫。[①] 因此，“少数的高层级法院在现有的人力物力等资源格局下作为大量再审申请的审查程序承担者，是否具备可行性可能需要重新考虑”[②]。另外，对于因检察院抗诉所引起的再审，新民诉法规定对于具有第 179 条第 1 款第（一）项至第（五）项所规定的五种情形之一的，可以交下一级人民法院进行再审。也许在立法者看来，将涉及证据事实的案件交由下一级人民法院进行再审，能更加贴近案件事实，从而作出更准确的裁判。立法者的此种观点并无疑问，作为对原则规定的一种例外，由更加接近案件事实的原审法院对案件进行再审，有利于法院彻底查明真相，笔者对此也表示赞同。只是新民诉法的上述规定，却与此次修法所秉持的消除当事人对再审审理结果的怀疑的目的并不一致：当事人并不会因为原审法院更加靠近案件的证据事实而对其作出的再审裁判打消疑虑。因此，新民诉法的此处规定无法消除其所带来的查明案情真相与打消当事人的怀疑之间的矛盾。当然，关于如何消除当事人对原审法院裁判的

---

① 吴泽勇、刘新生：《〈民事诉讼法〉修改与再审程序的变迁》，《河南大学学报》（社会科学版），2008 年第 7 期；赵钢：《仓促的修订局部的完善——对〈关于修改《中华人民共和国民事诉讼法》的决定〉的初步解读》，《法学评论》2008 年第 1 期；王亚新：《民事审判监督制度整体的程序设计——以〈民事诉讼法修正案〉为出发点》，《中国法学》2007 年第 5 期等，上述文章都表达了类似的观点。

② 王亚新：《民事审判监督制度整体的程序设计——以〈民事诉讼法修正案〉为出发点》，《中国法学》2007 年第 5 期。

怀疑，在下文第四部分会有所涉及，此处不赘。还有一点需要指出的是，新民诉法的这一规定也违背了再审程序中抗诉检察院与审理法院“级别对等”的原则，很难想象在实践中提出抗诉的上级人民检察院会参加由下级人民法院主持的再审程序。在极为讲究级别对应的我国，新民诉法的这一规定在实践当中能否真正得以落实，不得不让我们产生疑问。

（二）再审权配置转变的不合理

除了没有考虑到可能给高层级法院所带来的沉重审判负担之外，更重要的是，新民诉法的修订者没有对再审权的重新配置与我国各级法院的职能定位，以及与审级制度之间所可能出现的紧张关系予以观照。我国的法院体系由基层人民法院、中级人民法院、高级人民法院以及最高人民法院构成。在这四级法院中，虽然中级人民法院亦经常作为基层人民法院所审理案件的上诉审法院，但更显著的是同基层人民法院一样，共同作为大量普通民事案件的初审法院，在解决普通民事纠纷中扮演着重要角色。民诉法虽然也同时规定高级人民法院与最高人民法院享有一审案件管辖权，但从数量上来看，这两类法院所审理的初审民事案件与基层人民法院和中级人民法院相比，基本上可以忽略不计。因此，就职能上来看，基层人民法院与中级人民法院应当定位于普通民事案件的初审法院，二者主要应当从事对普通民事案件的事实审理与纠纷解决工作。具体来说，中级人民法院应当作为标的额较大、案情较为复杂的重大民事案件的初审法院；而基层人民法院则应当作为大量的标的额较小、案情较为简单的民事案件的初审法院。高级人民法院则应当将其主要职能定位于就普通类型案件行使上诉审判权，以保证案件质量，提高诉讼实效。亦即高级人民法院不宜再作为普通民事案件的一审法院，而应当主要扮演上诉法院的角色。而对于最高人民法院来说，其同样不应当作为民事案件的初审法院，在学者们看来，居于司法金字塔塔顶的最高人民法院，其司法职能[①]主要在于“集中主要精力及时发现问题，总结审判经验，加强整个法院系统审判工作的宏观指导，并仅通过对那些具有典型意义和重要参考价值的案件进行审理的方式

① 在学者们看来，最高人民法院的功能包括政治功能和司法功能，前者主要表现为权力制约功能和公共政策形成功能；后者则主要表现为纠纷解决功能和法制统一功能。限于论题，笔者此处将只考察最高人民法院的司法功能，而不对其政治功能展开论述。具体可参见左卫民《最高法院若干问题比较研究》，《法学》2003 年第 11 期。

发挥其示范功能"[①]。显然，我国最高人民法院的司法职能的重心并不在于民事纠纷的解决，而在于通过制定司法解释及设定司法解释在整体司法实践中的普遍拘束力的方式，来实现法制的统一。[②] 纵观大陆法系与英美法系诸国的最高法院，虽然在功能定位上，各个国家的规定并不一致，比如，美国最高法院更加关注法律的统一适用、解释、渐进发展及在制度性审查方面发挥特殊功能。最高法院的首席大法官文森就曾宣称，联邦最高法院并不主要关心，而且从来也不关心纠正下级法院决定的错误……[③]美国联邦最高法院的主要职能是根据美国宪法、法律和条约来解决在联邦问题上具有广泛重要意义的意见冲突。德国实行四级三审制，其最高法院在第三审程序中主要承担了统一法律解释、发展和创造的职能。[④] 而作为日本最高法院的最高裁判所，其最为重要的职能，就是在上告案件中对法令的解释进行统一，以及对于可能存在违反日本国宪法的法令做出最终的宪法判断。[⑤] 不难发现，在大陆法系及英美法系的各主要国家，其最高法院都不承担对民事案件的一审工作，而主要扮演终审上诉法院的角色。并且在其对上诉案件进行审理时，亦基本不对案件的事实部分进行审查，而只对案件所涉法律问题进行复审。也就是说，上述各国的最高法院的主要职能在于规则的形成，而不在于纠纷的解决。因此，在这些国家中，由最高法院对案件进行事实和法律上的全面复审是不可想象的。而这也进一步显现了我国再审权配置之规定的不合理。

我国新民诉法将当事人申请再审案件的审理权配置于中级以上人民法院，这一规定无疑意味着今后高级人民法院与最高人民法院将不得不承担起对案件进行事实审理的责任，更多地扮演纠纷解决者的角色，而这显然与上述所论及的高级人民法院与最高人民法院的职能定位是相冲突的，二者之间存在严重的紧张关系。相同的疑问亦同样存在于因检察院抗诉所提

---

① 毕玉谦：《我国各级法院的职能定位与审级制度的重构》，《中国司法》2005年第8期。

② 左卫民：《最高法院若干问题比较研究》，《法学》2003年第11期。

③ Henry J. Abraham, *The Judicial Process*, *An Introductory Analysis of the Court of the United States*, *England and France*，转引自朱苏力《判决书的背后》，《法学研究》2001年第3期。

④ 傅郁林：《审级制度的建构原理——从民事程序视角的比较分析》，《中国社会科学》2002年第4期。

⑤ 种若静：《日本司法体制》，《中国司法》2005年第5期。

起的再审程序以及各级法院主动提起的再审程序中。[①] 虽然修改之前的民诉法也存在同样的问题，并且早已有学者对其提出了批评，但并没有引起人们的充分关注，而此次民诉法修改将再审案件审理法院级别提高，使得这一问题变得更加令人瞩目。在笔者看来，民诉法的修订者在对相关制度进行修订时，并没有对其与其他制度之间所可能产生的不协调予以充分注意，而只是一厢情愿地认为通过对相关制度的简单修改，就能收到预想的成效，此种轻率态度实是在进行法律修订时所不应有的。否则，不但很难收到立法者预定之效果，亦难免授人以柄，招致“顾此失彼”之讥。

三 对域外再审案件审理权配置的相关考察

研讨再审案件审理权的配置，有必要对国外在该问题上的相关规定进行考察。大多数国外立法在各级法院之间分配和界定管辖再审案件的权力时，主要以“有限性”为再审案件审理权配置的原则。亦即再审案件一般专属于特定的法院管辖，通常再审案件只能由某一特定级别的特定法院享有管辖权，因而并不会发生在我国司法实践中常见的上下级法院之间就再审案件进行指令再审或者是提审之情形。对再审案件审理权的这一设计，显然是为了避免再审案件管辖权上的多级化、重复化，与再审程序在主体、理由、时间、范围、效力、结果以及次数等方面的有限性是一致的。为法律所明确规定的享有再审案件专属管辖权的法院，主要包括以下几类。

1. 由做出原生效裁判的法院管辖。既然再审针对的是生效判决，因此，将再审案件交由作出生效裁判的法院管辖，可以尽快地审查再审理由成立与否，以便再审案件能够及时得到裁判。在日本，再审案件原则上属于做出不服对象的确定判决的法院专属管辖。但是对于同一案件的几个不同审级的确定判决提出再审合并请求时，由上级法院合并管辖。[②]

2. 由案件一审或者原审法院管辖。无论原生效裁判是否经过二审，

---

① 在省人民检察院向高级人民法院，以及最高人民检察院向最高人民法院提出抗诉时，高级人民法院及最高人民法院亦不得不对案件的法律以及事实问题进行复审。而在高级人民法院与最高人民法院主动进行再审时，同样须对案件的事实与法律问题进行全面复审。

② 日本新《民事诉讼法》第340条第1款规定：“再审之诉专属于作出声明不服的判决的法院管辖。”第2款规定：“对于不同审级的法院对同一案件作出判决的再审之诉，由上级法院合并管辖。”

甚至三审，再审案件皆有可能由原审法院管辖。这样设计管辖权的目的，显然是考虑到再审案件所具有的“一事二讼”的特性，从某种意义而言，再审便是就某一获得形式上既判效力的案件请求重新审理的行为，既然是重新审理，那么赋予原审法院再审案件的管辖权，并无不妥。德国法上的再审是一种特别程序，使法院能复查已经成为不能上诉的判决，包括取消之诉和恢复原状之诉，都应该向作出原判决的法院提出。① 另外，俄罗斯联邦《民事诉讼法》对于“根据新发现的情况对已经发生法律效力的判决、裁定和决定再审”，同样规定了由做出判决的法院再审（第 331.1 条）。再审之诉之所以由作出判决的法院，亦即原审法院进行管辖，其理由在法国学者让·文森看来，是“由于再审申请是一种（请求原法院）‘撤销原判决的途径’，所以，提出再审的申请将回到做出受到攻击的原判决的法院”②。我国台湾学者陈荣宗、林庆苗亦认为，“再审之诉系对原确定判决声明不服之诉讼，与前诉讼两者相关联，故由原判决法院为专属管辖”③。在笔者看来，上述国家之所以规定再审之诉由原审法院进行审理，也许是考虑到再审是一种特殊的救济手段，它不同于上诉，所以并不具有移审的效力，不能因为当事人提起再审之诉而使案件系属于上一级法院。更重要的是，当事人提起再审之诉后，法院要针对当事人所援引的再审事由进行审查，如果法院认为确实存在再审事由，就要重开诉讼程序，使案件恢复到言词辩论终结前的诉讼状态，由原审法院继续进行审理。正是因为由原审法院再次对案件进行审理，所以将它称为“再审”是十分贴切的，而如果由上一级法院审理，能否称为“再审”则不无疑问，因为就上一级法院而言，它是初次审理这一案件，而不是以前审理过，现在又再次进行审理。④

3. 由原一审法院的上级法院管辖。这与由做出原生效裁判的法院或者上级法院管辖的模式，显然不能加以混同。若是由原生效裁判的法院管

---

① 德国《民事诉讼法》第 584 条第 1 款规定：“再审之诉专属于作出第一审判决的法院管辖”。

② ［法］让·文森、塞尔日·金沙尔：《法国民事诉讼法要义》，罗结珍译，中国法制出版社 2001 年版，第 1301 页。

③ 陈荣宗：《民事诉讼法（下）》，三民书局 2001 年版，第 993 页。

④ 李浩：《民事再审程序的修订：问题与探索——兼评〈修正案（草案）〉对再审程序的修订》，《法律科学》2007 年第 6 期。

辖，那么当案件只经一审裁判生效时，即由一审法院再审；同理，若经二审或三审生效，那么即由二审或三审法院进行再审。而若是由原生效裁判的上级法院管辖，则意味着不能再由原一审、原二审甚至是原三审法院审理，只能由原终审法院的上级法院再审。而由原一审法院的上诉审法院管辖，则不论原案件是否经过二审甚至是三审，皆由原一审法院的上级法院进行再审，因而有可能发生原案件已经二审甚至是三审，又再次发生由原二审法院进行再审的情形。

4. 由就同一事件作出前后生效裁判法院的共同上级法院合并管辖。日本新《民事诉讼法》第340条第2款规定，对于不同审级的法院对同一案件作出判决的再审之诉，由上级法院合并管辖。前已述及，此处不予赘述。

5. 由最高法院专属管辖。此种方式主要为法国最高法院所采用。法国目前的三级审级结构也是由两审终审制演变而成的。“撤销法院”（Courde cassation）最初作为立法机构的分支凌驾于司法机构之上，其职能是监督法官不超越权限而行使造法权。同样，按照“三权分立”的原则，该院也不享有司法裁判权，在撤销错误判决之后，只能将案件交下级法院重新审理或等待立法机构修改法律，而不能直接改判。这种运作方式在日益膨胀的司法实践中无法应付积案、拖延、重复上诉和司法冲突，于是在20世纪中叶，立法授权最高法院在特定情形下可直接根据下级法院认定的事实做出更审判决，即直接以自己的判决取代下级判决。这种传统职能和运作方式的转变赋予了撤销法院以真正的最高司法机构的特征，法国的法院由此转变为三级结构。然而，这种渐进的结构演变没有像美国那样形成两级上诉法院之间的职能分层，最高法院的微观改革不敌“撤销”法院的遗风和传统文化的惯性，继续在保障公民个人的宪法权利与维护公共法律利益的角色定位冲突中苦苦挣扎。而作为正常救济的上诉途径却不够畅通，上诉法院不能充分发挥监督一审审判的作用，成为民事诉讼的“瓶颈”。[①] 为改变这一状况，法国司法改革方案与其他西方国家逆向而行，正考虑允许在中级上诉程序中提交新证据或提出新理由的可能性，以增强上诉法院的监督和纠错职能，从而减少向最高法院的继续上诉和非常

① 张卫平、陈刚：《法国民事诉讼法导论》，中国政法大学出版社1997年版，第277—278页。

上诉；同时强化初审程序诉讼请求的职业化和律师对庭审过程的参与，以减少法律错误，缓解两级法院的上诉案件压力。[①]

四 对我国再审案件审理权配置的反思与重构

基于新民诉法对再审案件审理权的重新配置方面存在前述诸多问题，其科学性与正当性应当引起我们的反思。在笔者看来，应当首先对我国再审制度的功能和目的进行正确定位，在此基础上才能实现对再审案件审理权的合理配置。毋庸置疑，法律赋予裁判既判力和执行力是以裁判的公信力为基础的，如果裁判的公信力受到动摇，就会危害司法权威性，此时裁判的效力就有必要撤销。从客观的角度说，裁判的公信力可能由于其存在某种外在的形式上的瑕疵而受到动摇，此时无论裁判是否正确，都有必要设置一种法律程序对案件进行一次救济性的审理，从而恢复裁判的公信力，这就是再审程序的功能。再审程序在恢复裁判公信力的同时有可能改变原判，如果这种改判算是“纠错”的话，那么此时的“纠错”只能视为再审程序的一个副产品或者叫作附加值。[②] 将再审程序的功能作出上述定位，很大程度上动摇了由上级法院对再审案件进行受理和审理的理论基础：并非只有各方面都处于优势地位的上级法院所做出的再审裁判，才能赋予裁判公信力，由原审法院进行再审，同样可以赋予裁判公信力。

除此之外，正确定位我国各级人民法院的职能，对于实现再审案件审理权的合理配置亦很重要。前已述及，就职能来说，基层人民法院与中级人民法院应当定位于普通民事案件的初审法院。虽然中级人民法院可作为部分简易、小额民事案件的二审法院，但其与基层法院主要应当从事对普通民事案件的事实审理与纠纷解决工作。高级人民法院则应当将其主要职能定位于就普通类型案件行使上诉审判权，亦即高级人民法院不宜再作为普通民事案件的一审法院，而应当主要扮演上诉法院的角色。而对于最高人民法院来说，其司法职能的重心并不在于民事纠纷的解决，而在于通过制定司法解释及设定司法解释在整体司法实践中的普遍拘束力的方式，来

① 傅郁林：《审级制度的建构原理——从民事程序视角的比较分析》，《中国社会科学》2002年第4期。

② 陈桂明：《再审事由应当如何确定——兼评2007年民事诉讼法修改之得失》，《法学家》2007年第6期。

实现法制的统一。

基于对再审制度功能以及我国各级法院职能的上述定位，笔者认为，我们应当将我国再审案件的审理权配置于案件的一审或原审法院，亦即由基层人民法院与中级人民法院享有再审案件的审理权，而高级人民法院与最高人民法院不再对再审案件行使管辖权。同时，对于原审法院所作的是否再审的裁定，当事人不服时可以向上一级人民法院提出上诉。[①] 不难看出，将再审案件的审理权配置于原审人民法院有坚实的合理性。由于裁判由原审法院作出，相关的卷宗材料亦在原审法院，原审法院对案件的情况和审理的过程最为熟悉，因此，由原审法院来审查当事人主张的再审事由是否能够成立是较为便利的。最高人民法院正在制定《关于审理民事、行政申请再审案件若干问题的规定》，其征求意见稿中亦将由原审法院管辖作为一般原则，明确规定“申请再审一般应当向原审法院提出，并由原审法院进行审理”。不可否认，将再审案件的审理权配置于原审法院，无法有效消除当事人对原审法院的不信任感，特别是当再审事由完全是因法院方面的错误而造成的时候，这种不信任感尤为强烈。因此，为了消除当事人对原审法院的怀疑，增强其对原审法院裁判的接受度，对于原审法院所作的是否再审的裁定，在当事人不服的情形下，有必要赋予其上诉的权利。显然，在规定再审之诉原则上由原审法院管辖的同时，同时规定当事人对驳回再审之诉与准允再审的裁定可以提出上诉，不但能够有利于彻底查明案件事实，而且能够为当事人提起再审之诉提供充分的程序保障，在公正与效率之间找到恰当的平衡点。在这一点上，我们可以借鉴前述日本新民诉法的做法。日本新民诉法在决定是否允许再审的程序上规定了三种裁定：(1) 以诉不合法为理由驳回的裁定；(2) 以诉无理由为依据驳回的裁定；(3) 开始再审的裁定。对于这三种裁定，日本新民诉法都赋予了当事人即时抗告的权利。抗告具有移审的效力，会导致将相关问题移交给上一级法院来处理的效果。具有原审法院与上诉法院的双重程序保障，我们有理由相信当事人对再审案件裁判的不信任会逐渐消除。

需要指出的是，本书对再审案件审理权配置的探讨，是在我国目前“两审终审制”的审级制度之下进行的。虽然近年来不少学者对我国目前

---

① 李浩教授在其《构建再审之诉的三个程序设计》一文中亦主张此种再审案件审理权的配置模式。具体参见李浩《构建再审之诉的三个程序设计》，《法商研究》2006 年第 4 期。

所实行的“两审终审制”的审级制度提出了批评，主张借鉴德国等大陆法系国家的做法，将其改造成“三审终审制”的审理模式，① 但笔者认为在我国现有制度条件下迅速实现审级制度的转变并不现实。因此，对我国再审案件审理权的配置不能突破现存的“两审终审制”审级结构。在“两审终审制”的审级结构之下，未来对民诉法进行全面修改之时，在再审案件审理权的配置方面，应当按再审程序的提起主体的不同，分别按照下列步骤进行。

1. 当事人对于基层人民法院和中级人民法院作出的一审生效裁判申请再审时，应向作出裁判的原审法院提出申请，并由原审法院作出是否再审的裁定。同意再审的，由原审法院按照一审程序进行重新审理，对于所作出的裁判，当事人可以上诉。不同意再审的，当事人可以对不予再审的裁定提起上诉。当事人对于中级人民法院和高级人民法院的二审裁判申请再审时，应向该中级人民法院和高级人民法院提出申请，并由其作出是否再审的裁定。同意再审的，将案件发回一审法院进行重新审理；不同意再审的，当事人可以分别向省高级人民法院和最高人民法院提起上诉，由其裁定是否准许再审，同意再审的，裁定发回一审法院进行重新审理。一审法院重新审理后所作出的裁判，当事人可以上诉。

2. 人民检察院对于基层人民法院和中级人民法院的一审生效裁判提起抗诉时，由该基层人民法院和中级人民法院的同级检察院分别向其提起，法院应当进行再审，对于所作出的一审裁判，当事人可以上诉。人民检察院对于中级人民法院和高级人民法院的二审裁判提起抗诉时，由同级检察院向其提起，中级人民法院和高级人民法院应裁定将案件发回一审法院重新审理，对于所作出的裁判，当事人可以上诉。

3. 人民法院对于生效裁判主动进行再审的，由案件的一审法院进行审理，对于所作出的裁判，当事人可以上诉。需要强调的是，为了能够及时而有效率地解决纠纷，防止再审程序被反复提起，应当明确规定再审程序只能进行一次。关于这点，最高人民法院于 2002 年 7 月 31 日公布的《关于人民法院对民事案件发回重审和指令再审有关问题的规定》中亦有

---

① 如廖中洪：《论我国民事诉讼审级制度的修改与完善》，《西南民族大学学报》（人文社科版）2005 年第 7 期；傅郁林：《审级制度的建构原理——从民事程序视角的比较分析》，《中国社会科学》2002 年第 4 期等，上述文章都持此种观点。

充分体现。[①]

民事诉讼证据规则的二重视角

《证据规定》对证据规则作出了较为详细的规定，规范了举证责任分配、举证时限、证据交换、质证的程序和方法等问题，具有较强的可操作性。因此，在《证据规定》实施伊始，就获得了广泛认可，认为这一规定的实施标志着我国的证据理论开始走向成熟。但同时，理论界的质疑与批评也一直没有停止过，如有学者认为《证据规定》的制定违反了我国的立法程序，并且某些内容亦违反基本法。[②] 除此之外，亦有学者认为《证据规定》确立的证据规则加重了审判权的缺位，致使公正等价值目标的失落。[③] 学者们的这些质疑与批评无疑是非常中肯和具有说服力的。但笔者想指出的是，学者们似乎遗漏了对《证据规定》另一重大缺陷的关注，即《证据规定》没有对民事证据规则进行实体和程序上的划分，而将其笼统地规定在了一起。如同实体法与程序法之间存在巨大差异一样，实体性证据规则与程序性证据规则之间也存在不容忽视的区别，对两者不加区别地规定在一部法律规范之中，其本身就有失理性与科学。有鉴于此，本书将试图对二者作出区分，并予以深入探讨。

---

① 依照《关于人民法院对民事案件发回重审和指令再审有关问题的规定》，各级人民法院依院长发现制度决定再审，对同一案件只能再审一次；上级人民法院指令下级人民法院再审，只能指令一次；各级人民法院根据当事人的再审申请，对同一案件只能再审一次。即规定了各级人民法院只能再审一次的原则。由于第一次再审一般是在作出终审裁判的法院进行，难免会受到法院内外方方面面的干扰，法院内部的干扰和阻力更甚于外部；研究有些终审裁判时，院领导已参加过讨论，发表了意见，故应正视原终审裁判法院自己纠错的难度。实际中发现虽已经终审裁判法院再审，但尚有错误的案件仍不乏其例。为此《关于人民法院对民事案件发回重审和指令再审有关问题的规定》还指出，上级人民法院认为下级人民法院作出的发生法律效力的再审判决、裁定需要再次进行再审的，上级人民法院应当依法提审。笔者虽对《关于人民法院对民事案件发回重审和指令再审有关问题的规定》在再审审级方面的规定持不同意见，但对其在再审次数方面的设置是赞同的。

② 徐新铭、厉明：《质疑“民事诉讼证据规定”》，《中国律师》2002 年第 7 期。

③ 肖建华：《回归真实：民事诉讼法的真谛——对关于民事诉讼证据的若干规定的批判》，《河南省政法管理干部学院学报》2006 年第 1 期。

一 民事诉讼证据规则的理论界定

事实是诉讼的核心。我国民诉法第7条规定："人民法院审理案件，必须以事实为依据，以法律为准绳。""以事实为依据"这一我国民事诉讼的基本原则，其立法本意是"使认定的事实完全符合案件的客观真相"①。"司法机关审理一切案件，都只能以客观事实作为唯一根据"，或者说"只能以客观事实作为基础……尊重客观事实，按照客观世界的本来面目认识世界。"② 如此界定和认识的理论基点在于辩证唯物主义认识论和人民国家为人民的政治伦理理念。这里所指的客观事实，实际上就是哲学意义上的客观存在。如果我们办理的每一起案件都能以这样一种客观存在为依据，下一步再正确适用法律，那么我们做出的裁判结果将是最客观、最公正的。然而，"我们的认识可以无限接近客观事实，但永远无法达到与客观事实完全一致"③。所以，依这样的客观存在作为裁判案件的依据只能是一种超越现实的理想主义，而法律是要运用的，不能把它理想化，应强调实用性和可操作性。

证据是诉讼的基础。当一个案件进入诉讼程序后，案件事实的"客观存在"已经成为过去，成为"历史"。法院、法官不可能耳闻目睹这样一个客观存在发生、发展、灭亡的全过程，也就不可能绝对完全掌握这样一种客观存在，要想认识这样一种客观存在，只能是通过证据来再现这一客观存在。而当司法机关以证据反映或证明的"客观存在"来作为裁判案件的依据的时候，这个"客观存在"就已经不是哲学意义上的客观存在，而只是一种以证据证实的"客观存在"。这种"客观存在"只是真正的客观存在、真正的事实通过一定形式在人脑中的反映，它是相对的。当然按照马克思主义唯物论的原理，这种客观存在是可知的，是可以被完全把握的，但需要一个复杂的过程。因此，从某种意义上讲，整个诉讼过程，实际上就是证据的发现、提供、审查、判断和运用的过程。

证据规则是诉讼的灵魂。在诉讼活动中，一方面，对案件的实体处理

① 中国大百科全书编写组：《中国大百科全书·法学（2）》，中国大百科全书出版社1984年版，第697页。

② 王锡三：《资产阶级国家民事诉讼法要论》，西南政法学院印刷厂1986年印制，第15页。

③ 任伊珊、田应朝：《对"以事实为根据"的再认识》，《政法论坛》1999年第1期。

首先取决于能否准确运用证据认定案件事实，另一方面，诉讼程序的演进与程序正义的实现也有赖于证据理念及其应用。正如我国台湾地区的学者李学灯先生所指出的："唯在法治社会之定纷止争，首以证据为正义之基础，既需寻求事实，又需顾及法律上其他政策。认定事实，每为适用法律之前提。因而产生各种证据法则，遂为认事用法之所本。"[①] 事实—证据—证据规则的内在关联，尽在其中，而证据规则的重要性，亦在其中。证据规则的意义绝不限于诉讼过程，它同时决定着实体法的适用，决定着诉讼的结局。诉讼是以适用实体法解决纠纷为指向的，而实体法的适用却直接取决于诉讼程序中根据证据所认定的案件事实。围绕着案件事实这一核心环节，构建如何收集证据、由谁承担举证责任、如何审查证据、判断和运用证据的证据规则，不仅是构成特定诉讼制度的重要标志之一，而且直接决定着实体公正的实现程度。

需要指出的是，学者们对民事诉讼证据规则的研究皆集中于对证据规则基本内容的分析与阐述上，对于民事诉讼证据规则的概念这一最基本的问题，学者却无意识地不予涉及，在他们看来，民事诉讼证据规则的概念似乎是不言自明的，无须对其予以过多关注。学者们的这一看法是有失偏颇的。只有对其概念有了清晰的认识，才能更准确地把握民事诉讼证据规则的范围，也才能更好地对民事诉讼证据规则进行类型化分析。在笔者看来，民事诉讼证据规则应具有以下含义，即所谓民事诉讼证据规则，其实是指反映民事诉讼证据运作规律，调整民事诉讼证据运用过程的法律规范。其并非由某一或某几个法律规范所构成，而是由一系列虽然具有不同的内涵但彼此之间却具有很强的逻辑关联的法律规范所构成的有机的和谐整体。这一整体即主要由下述实体性规则与程序性规则构成。

二　实体性规则与程序性规则：民事证据规则的二重视角

（一）概念与内涵

众所周知，民事诉讼就是法官利用双方当事人提供的证据，查明案件事实并进而作出裁判的过程。由于证据在诉讼中的基础性地位，可以说法官利用双方当事人提供的证据并根据证据规则得出案件结论的过程，实际上就是证据演绎推理的过程。普遍认为，"三段论"的演绎推理是大陆法

① 李学灯：《证据法比较研究》，五南图书出版公司1992年版，第2页。

系民事诉讼的主要推理方式。[①] 而我国作为深受大陆法系传统影响的国家，民事诉讼的运作体现的也是“三段论”的演绎推理方式，更本质地说，是运用证据进行演绎推理的过程。此处拟将证据演绎推理的过程从诉讼程序中独立出来予以考察。在笔者看来，这个过程实际上是由以下几个演绎步骤构成的。

首先，从证据资料到证据。这一过程主要考量证据资料是否具有证据能力，能否从证据资料转化为证据。证据能力规则，抑或证据能力排除规则，应当是这个演绎推理过程的大前提，而当事人所提供的证据资料则是这个演绎过程的小前提。大陆法系国家基于自由心证的原因对证明能力的规定比较少，但证明能力规则还是存在于大陆法系国家的证据规则当中的（最常见的是非法证据排除规则）。英美法系国家的证据规则当中证明能力规则占了相当大的比例。由此可见，证据能力规则当属实体性规则。

其次，从证据到事实。这一过程是通过如下演绎过程来实现的。首先，法官依据证明力规则（抑或经验法则）判断证据与待证事实之间究竟达到了何种程度。在这一过程中，上一阶段的结论“证据”成了小前提。这一阶段演绎的大前提是证明力规则（或经验法则）。而证据与待证事实之间的关联程度则是演绎的结论。作为演绎的大前提，证明力规则无疑亦属实体性规则范畴。在得出证据与待证事实之间的关联达到何种程度的结论之后，这种结论又会成为下一个演绎阶段的小前提。在下一阶段中，需要得出证明的最终结论，即有关证据是否能够证明待证事实的存在。在这个阶段中，演绎的大前提是证明标准，小前提是证据与待证事实之间的关联程度。如果证据与待证事实的关联程度超过了证明标准的要求，则结论为待证事实得到了证明，反之则待证事实无法得到证明。作为最后一个演绎阶段的大前提，证明标准也应当属于实体性规则的范畴。

最后，有关证明责任的分配。证明责任作为一种“风险”，并不会在所有的案件中直接发挥作用。如果通过第一步与第二步的演绎能够得出待证事实存在或者不存在的结论，则运用证明责任规则进行下一步演绎的必要性就不存在了。但如果经过第一步与第二步演绎之后有关重要事实仍然

---

① 江伟、徐继军：《在经验与规则之间——论民事证据立法的几个基本问题》，《政法论坛》2004 年第 5 期。

不能被认定，则需要以证明责任规则为大前提进行第三步演绎。[①] 在这一阶段的演绎过程中，证明责任分配规则是大前提，小前提是处于真伪不明状态的事实的属性，结论则是证明责任应当由某方当事人承担，且该当事人应当承担不利的裁判后果。因此，从理论上来说，作为这一演绎阶段大前提的证明责任分配规则也属于实体性规则的范畴。[②]

综上可知，我们应当将证据演绎过程中若干环节的大前提划归实体性规则的范畴，包括：证据能力规则、证明力规则、证明标准规则与证明责任分配规则。当然，为了与上述内容相配套，我们亦应将证据的种类、证明对象等内容归入实体性规则的范畴。至此，我们可以尝试给民事证据法实体性规则作如下定义：所谓民事证据法实体性规则，指的是在证据演绎推理过程中，作为演绎大前提的，具有实体法属性的一系列证据法律规范。

厘清证据法实体性规则之后，再对程序性规则予以界定就变得相对容易了很多。所谓民事证据法的程序性规则，指的就是反映民事诉讼证据运作规律，调整证据演绎推理过程的一系列程序性法律规范。我们知道，从当事人将案件提交给法院到法官依据证据作出最终裁决，其间要经过证据的收集（取证）、证据的提供（举证）、证据的辨别（质证）和证据的认定（认证）等一系列过程。相应的，作为调整这些过程的民事证据法程序性规则，也就包括了取证过程中的程序性规则、举证过程中的程序性规则、质证过程中的程序性规则以及认证过程中的程序性规则。所有这些过程中的程序性规则，构成了民事证据法程序性规则这一有机整体。

（二）二者的相互关系

正如前述，民事证据法实体性规则与民事证据法程序性规则二者共同调整民事诉讼证据演绎推理的过程，前者为证据演绎推理的大前提，后者为证据演绎推理的程序性安排。也就是说，在证据的演绎推理过程中，实体性规则起着判断准则的作用，而程序性规则则扮演着推动程序发展的操作者的角色。因此，就二者的相互关系而言，虽然它们之间存在较大的差

① ［德］莱奥·罗森贝克：《证明责任论——以德国民法典和民事诉讼法典为基础撰写》，庄敬华译，中国法制出版社2000年版，第11页。

② 江伟、徐继军：《在经验与规则之间——论民事证据立法的几个基本问题》，《政法论坛》2004年第5期。

异，如同实体法与诉讼法之间的巨大差异一样，但我们并不能因此将其截然分开，二者统一于民事诉讼的证据推理过程中。江伟教授的一段话很好地道出了二者之间的内在联系："证据程序规则在诉讼法所营造的司法大空间之内又营造了一个发现真实的小空间，而证据实体规则在这个小空间内指引着法官对证据的判断和当事人对证据的运用。"①

三　对民事诉讼证据规则予以区分的意义

1. 有助于改变我国当前民事证据规则粗疏、抽象和紊乱的现状，使我国的民事证据规则更加细化、具体，从而达到证据规则理论的协调和系统化。我国的民事证据立法一向具有粗疏和抽象的特点，这一点在现行的民事诉讼法以及最高人民法院的相关司法解释中得到了充分的体现，也正因如此，我国的民事证据立法一直广受理论界的批评。虽然《证据规定》的出台使这种状况得到了很大程度的缓解，但并没有从根本上改变我国民事证据立法的这一显著特点，而且《证据规定》也因其自身的缺陷而遭到了学者们的质疑与批评。因此，亟须对我国的民事证据规则作一深入探讨，而将民事证据规则区分为实体性规则与程序性规则无疑是一个很好的切入点。通过对二者概念和内涵的梳理，民事证据规则的内容将会更加具体和细化。而对二者相互关系的准确定位则无疑会促进民事证据规则理论的协调并最终使之达至系统化。实现我国民事证据规则理论的系统化，理当成为我们证据研究的重要目标之一。

2. 有助于增强民事证据规则的可操作性。由于我国民事证据立法粗疏而抽象这一特点，我国的民事证据规则在实践中缺乏可操作性，这一点不仅被理论界认可，亦为实务界所承认。因此，民事证据规则研究的重要任务之一就是增强证据规则在实践中的可操作性。前文已经指出，将民事证据规则区分为实体性规则与程序性规则并对二者予以深入研究有助于实现证据规则的具体和细化。而证据规则的具体和细化正是其具有可操作性的前提要件之一。因为笼统而抽象的证据规定是不可能具有良好的操作性的，所以实现了证据规则特别是程序性证据规则的具体和细化，必然会从根本上改变我国目前证据规定欠缺可操作性的状况。而这对我国司法实务

① 江伟、徐继军：《在经验与规则之间——论民事证据立法的几个基本问题》，《政法论坛》2004年第5期。

部门来说无疑具有特别重要的意义。

3. 将民事证据规则区分为实体性规则与程序性规则，对我国今后民事证据立法体系、刑事证据立法体系以及行政证据立法体系的完善亦具有深刻的启发意义。

从“法官会议制度”看我国法院“去行政化”的困境与破解

关注和熟悉我国司法改革进程的人可以发现，眼下司法改革当中的许多问题，依然还是先前的司法改革所关注的，比如“司法的地方化”“司法的行政化”问题等。① 所不同的是，当初设想和规划的诸多措施到今天终于有望付诸实践了。自 2013 年 11 月底的中央十八届三中全会强调“确保依法独立公正行使审判权检察权”“健全司法权力运行机制”和“完善人权司法保障制度”以来，司法改革的相关措施开始逐步落实起来，其中，“确保依法独立公正行使审判权检察权”着眼于司法管理体制和司法人员管理制度的改革，旨在消除“司法的地方化”弊端；“健全司法权力运行机制”则着眼于优化司法职权配置、改革审判委员会制度和确保司法公开。上述规划在很大程度上涉及司法制度层面的考量。尤其在关于审判委员会制度（以下简称“审委会制度”）的改革方面，《中共中央关于全面深化改革若干重大问题的决定》中提到：“改革审判委员会制度，完善主审法官、合议庭办案责任制，让审理者裁判、由裁判者负责。”它针对的是现行审委会制度最被人诟病的地方——案件讨论制度，因为其往往会造成一种“判而不审”的状况，而这明显违反了司法的认知规律和程序公正的要求。此外，这种委员会制度也是“司法行政化”的一个典型体现。司法过程的行政化，所带来的最直接的后果就是司法裁判方式的异化。当然，除了审委会的“判而不审”之外，法院内部庭长、院长的“审批”等行政干预也会影响审判权的正常运作，因此，要实现审判权运行机制的改革，势必离不开对所谓“司法的去行政化”这一论题的思考，

① 具体内容可参见最高人民法院的第一个（1999—2003 年）、第二个（2004—2008）、第三个（2009—2013）《五年改革纲要》。

而这又不免会涉及对当前法院内部结构的改革。

一　法官会议制度：珠海横琴与重庆两种实践的比较

2013年年底，备受国人关注的“新型法院”——广州珠海横琴新区人民法院正式成立。这样一个基层法院之所以成为人们关注的焦点，就在于它较大的改革力度：取消传统的审判业务庭、立案庭，废除院长、庭长的“案件审批权”，实行“法官员额制”和“法官会议制度”等。这样深层次的举措，在深化法院自身结构的改革方面确实是全国首屈一指的。横琴法院最大的特点在于革除法院的行政化管理模式，消除司法裁判的行政决策因素，突出专业法官在案件裁判中的主体地位，回归“审理者裁判”这一司法规律。当然，由于本书的着眼点在于“法官会议制度”，因此，下文仅对横琴法院的法官会议制度加以观察。“在横琴法院的管理体制内，法官会议是由全体法官组成的法官自我管理、民主决策的组织，负责研究确定法官工作量的分配、法官承办案件的类型、各专业合议庭的设置等重大审判事务。”① 这样的“法官会议制度”，大大区别于当前法院由院长、庭长等行政领导分配法官办案任务和办案类型等审判事务的制度。横琴法院的改革以“审判权的有效运作”为核心，通过改变法院内部结构的方式来消除“行政干预”对法官审判权的不当影响，进而达到“让审理者裁判，由裁判者负责”的效果。可以说，横琴法院的这种做法突出体现了司法的专业性，强调根据法官的专业特点，而不是根据行政领导的“长官意志”来确定审判事务。

由于本次司法改革是中央全面改革当中的一环，并且审判权的运行改革是其中的重要内容，因此，除了珠海横琴法院的实践之外，全国各地的其他法院也都在进行相应的改革实践。其中，重庆市高级人民法院（以下简称“重庆高院”）专门出台了自己的法官会议规则——《重庆市高级人民法院专业法官会议工作规则（试行）》（以下简称《规则》）。② 尽管与珠海横琴法院同称为“法官会议制度”，但是，在查看具体的《规则》条文之后，就会发现重庆高院所确立的“法官会议制度”与前者有很大的不同。重庆高院的“法官会议制度”是在不突破现行法院内部结

① 武欣中：《横琴岛上的“新型法院”》，《中国青年报》2014年4月9日.

② 限于篇幅，在此不将《规则》条文一一列出。

构前提下的一种实践。从法官会议的"专业"划分来看，重庆高院是以"业务庭"为单位的，一个（或几个）业务庭对应一个专业。从人员构成来看，并非所有法官都可以参加法官会议，而仅限于"分管院领导、审判委员会委员和相关业务庭的庭长（副庭长）、处长（副处长）、资深法官"。由此可以看出，参加法官会议的人员，要么需有相应的行政级别，要么具备"资深"的经历。可以说，法官会议是法院里的"重要人士"参加的。从法官会议的功能来看，其主要是研究特殊的审判问题和推介案例。从启动程序来看，根据不同的情况，必须分别由分管院领导或院长决定。

如果说作为新型法院的珠海横琴法院的实践是一种突破常规模式的实践逻辑的话，那么重庆法院系统的前述做法则恰恰代表着另一种实践逻辑。① 在这种情况下，对两种类型的实践所作的比较将具有重要意义：如果横琴的"法官会议制度"展现出了较强的优越性的话，那么就应从实践角度强化法院内部体制改革的正当性和必要性；相应的，重庆法院系统的做法就应当受到审视和反思。反之亦然。当然，两种不同做法的运行效果有待实践的检验。那么，前述两种实践究竟有着什么样的不同呢？

第一，两者最大的区别在于，法官会议制度运作的基础不同。珠海横琴是在现行体制外，即在"取消审判庭建制"基础之上的实践，而重庆是在"现行体制内"的运作——以"业务庭"为单位来划分法官会议。可以说，这也是两种实践在根本性质上的不同。这种性质上的不同在很大程度上决定了其他方面更多的不同。

第二，参加法官会议的人员构成不同。珠海横琴法院的法官会议是由全体法官组成的，重庆法院系统所实施的法官会议，则是由具备相应行政

① 其实这种实践并不是什么新的做法，例如，在 2002 年，成都高新技术产业开发区人民法院就曾实行过"法官会议"制度。"法官会议是一个由该院具有审判职务的法官组成的相对松散性、经常性的学术组织，开展审判经验交流、学术成果研讨以及对准备提交审判委员会讨论决定的案件、该院受理的其他复杂、疑难、重大、新类型案件进行学理上的探讨。"参见欣文《成都高新区法院推行法官会议制度》，《人民法院报》2002 年 8 月 29 日。2006 年 9 月，北京朝阳区法院出台过《朝阳区人民法院法官会议制度规定》。朝阳法院的做法是把法官会议分为法官大会、法官联席会议和庭内法官会议；法官会议的主要职能是研讨审判业务。具体参见吴彬《法官会议制度——北京市朝阳区法院法官培养方式的新探索》，《法庭内外》2007 年第 10 期。尽管具体操作程序不一样，但前述做法都是在不改变法院内部体制之下的实践。

级别或者资深经历的法官参与的（亦即必须要满足一定的资格条件）。

第三，法官会议的功能不同。珠海横琴法院的实践是通过法官会议来分配法官的办案任务与审判案件的类型。一旦确定了具体案件的承办法官，则最终的判决结果都由承办该案件的法官（当然包括独任制和合议制）签发。而在重庆的实践中，法官会议则着眼于“研究涉及裁判尺度的法律适用问题”“研究审判中的重大疑难复杂问题，为案件审理提供咨询意见”、服务于审委会（为其筛选案件并提供参考意见）、“发现、推介参考性案例等典型案例”和“分析研判审判运行态势，对发现的问题及时提出对策建议”等涉及审判事务的问题，[①] 因此，这样的法官会议，其最终的判决结果的签发依旧难免会回到“传统模式”——由院长或副院长签发之上。

第四，法官会议的进行程序不同。由于珠海横琴法院的法官会议是全体法官共同参与的会议，所以它的启动与召集程序，就与重庆的由分管院领导或院长决定启动，并由分管院领导进行召集的程序有所区别。概括而言，同为“法官会议”，但珠海横琴与重庆的实践，二者在法官会议的人员构成、功能和程序上都有明显的不同。而这些显著的不同，实际上都最终来源于一个更为深层次的不同：法院内部结构划分的不同。珠海横琴法院在内部设置方面区别于传统法院，前者更强调机构设置的精简与“去行政化”：法院内设机构只设“三办一局一队”，即审判管理办公室、人事监察办公室、司法政务办公室、执行局和司法警察大队；取消审判庭建制，与审判相关的业务、事务工作由法官会议决定。在这样的内部结构设置之下，法官会议的自主性更强，运作空间也更为广阔。有学者曾指出：“我国法院内部结构是集权的而不是分权的：一个审判庭内的权力集中于庭长或者主管副院长；法院的权力集中于院长。这种权力集中的运作模式制约着所有案件的审判，有时它还制约着司法活动中的理性选择。”[②] 在传统法院的内部结构之下，行政化色彩颇为浓厚，而这会对法官的独立裁判造成诸多不利的影响。为此，需要淡

① 针对专业法官会议的功能，《重庆市高级人民法院专业法官会议工作规则（试行）》提到“为充分发挥专业法官会议的审判服务功能”，因此，重庆法院系统的“专业法官会议制度”最核心的功能是服务于审判工作。

② 张建伟：《刑事司法体制原理》，中国人民公安大学出版社 2002 年版，第 65 页。

化乃至祛除法院内部结构的行政化色彩，而这就必须要涉及对法院内部结构的调整。显然，珠海横琴法院就是按照这样一种思路进行了改革。相较而言，重庆的实践是在法院内部机构设置不变的前提下进行的，因此不难想见，重庆法院系统所实施的法官会议将仍然难以摆脱“司法行政化”的羁绊，其所取得的效果也很有可能会大打折扣。由此可见，在不同的运作逻辑之下，虽然同为“法官会议制度”，但其所产生的结果却有可能大相径庭。或许，通过对前述两种实践的对比之后，可以引发我们对“司法去行政化”的进一步反思。

二 对我国法院去行政化遭遇困境的反思

在当前“审判权运行机制改革”成为新一轮司法改革侧重点的背景之下，无论是珠海横琴法院，还是重庆法院系统，二者所实施的“法官会议制度”似乎有着相同的目的：对现行审判权运行模式加以改革。但是，两种实践采取的是完全不同的方式：前者意在通过改变法院内部结构的方式，以减少行政力量对法官审判的干预，确保审判权的独立运作；而后者则在保持法院内部结构不变的情况下，通过设立专业“议事机构”的方式来改革审判权的运行。在进一步的分析之后不难发现，珠海横琴法院的“法官会议制度”所追求的是法官独立行使审判权，而重庆法院系统的“法官会议制度”则依然会造成一种集体行使审判权的结果。更为确切地说，重庆的“法官会议制度”仍旧是在现行法院内部行政化管理和决策模式之下，法院对审判权运行方式所作的一种“微调”。可以说，珠海横琴法院的“法官会议制度”属于“换药”，而重庆法院系统的“法官会议制度”，则只是“换汤”而已。当然，“法官会议制度”只不过是“审判权运行方式改革”这一宏大主题中的一小部分内容而已。按照司法活动的本质与规律，审判权的运行最终还是要落实到具体的法官身上。作为一种抽象的权力，审判权必然需要借助具体的载体才能存在并发挥作用。显然，法官基于其专业和技能的特殊性，决定了其行使审判权的合理性和正当性。但需要特别注意的是，法官行使审判权的方式是会受到法院体制的影响的。换言之，“审判权运行方式改革”其实只是一种表层现象，在其背后更为深层的东西是法院的内部结构问题。

我国当前法院内部结构的形成，有着特定的政治和历史背景。与国家行政机关一样，法院系统实行的也是一种科层化的管理体制。[①] 这样的管理体制强调的是等级秩序和服从。就我国当前的法院系统而言，无论是法官的等级划分，还是法院内部人员的职级差别，甚至是上下级法院之间的关系，都带有明显的等级秩序烙印。在等级秩序之下，权力的大小往往意味着能力与权威的高低。因此，在法院内部，普通法官需要服从院长、庭长等有行政权力的法官；下级法院要服从上级法院。[②] 其实，早在20世纪末，就已有学者指出："观察我们法院的内部管理，同样可以发现，相关的制度以及这种制度运作所造成的后果使得法院的管理与行政机构之间不存在实质性的区别。这主要体现在两个方面，一是法官选任和管理上的非精英化；二是整个管理体制上的官僚化。"[③] 在中国的政治语境下，无论是"科层化"还是"官僚化"，都与"行政化"具有相同的含义。对于我国法院内部结构的行政化问题，无论是理论界的学者，还是实务界的法官，大体上有着共同的批评：要根据法院的特性采用不同于政府的行政机构那样的组织和管理形式，以确保审判权的正常运作，实现司法公正。[④] 然而，需要我们认识到的是，一旦一种官僚化的体制建立起来之后，要对其进行变革与调整，会面临不少的现实困境。

困境之一：在整个社会的官僚化结构没有改变的情况下，法院难以"独善其身"。从宪法以及相关法律文本来看，法院属于最典型的司法机关，其履行的是司法裁判的职能。基于这样的前提，法院内部结构的设计应该着眼于保障"审判权的正当行使"。如前所述，审判权这一抽象权力的行使必然离不开具体的法官，而审判权的"生命"在于公正裁判。因

① 事实上，不仅是我国，从世界范围法官制度的发展历史来看，法院从其设立之日起便与科层行政官僚制产生了密切联系。比如在欧洲"不论是法官以外的其他人还是法官自己，都认为法官是政府官员，因而在大多数的欧洲国家里，他们分享那些自然增长到政府官员们身上的威信"。由于在教育背景、日常经历、生活方式、社会地位、组织背景以及职业关注点等方面的关联性，法官和政府各部门职业化官员十分相同，他们的世界观也非常相似。参见［美］马丁·夏皮罗《法院：比较法上和政治学上的分析》，中国政法大学出版社2005年版；王申《司法行政化管理与法官独立审判》，《法学》2010年第6期。

② 从宪法以及法律层面来看，上下级法院之间只存在"监督与被监督""指导与被指导"的关系，且这种关系应该更多地体现在"审级制度"上，但司法实践当中早已异化为上下级法院的"服从与被服从"的关系了，比较明显的如下级法院向上级法院的"请示汇报"等。

③ 贺卫方：《中国司法管理制度的两个问题》，《中国社会科学》1997年第6期。

④ 重庆市高级人民法院课题组：《审判管理制度转型研究》，《中国法学》2014年第4期。

此，保障审判权正当行使的问题，就可以转化为确保法官进行公正裁判的问题。在理想状态下，法官作为纠纷双方当事人之间的中立第三方，要严守中立立场，依据法律和自己的理性独立地判断，最终做出裁判。在此，法官公正裁判的核心就在于要做到“不偏不倚”。但是，法官也是一个个活生生的人，也会受到形形色色的现实因素的影响而导致其不能公正裁判。因此，法官也需要受到某种程度的监督，以防止其司法不公。在这一点上，无论是在中国，还是在西方的大陆法系国家、英美法系国家，都是没有争议的。不同国家、不同法系之间最大的差异在于，究竟应赋予司法权怎样的地位，以及法官的角色和职务的保障问题。尽管两大法系国家法官的社会地位和作用存在差异，但是在宪政与法治背景之下，司法权以及法官的独立已经获得了宪法以及政治层面的保障。反观我国，虽然宪法与法律对于司法权以及法官的独立进行了规定，但这些规定远没有落到实处，更不用说所谓的具体构建问题。在这样一种语境之下，法院内部结构的设置就显得简单不少——照葫芦画瓢即可，如此就导致其与行政机构的官僚化（科层化）结构之间并不存在本质区别。在当下，无论是各级法院的规格序列，还是法院内的职务序列和级别序列，都带有明显的官僚化（科层化）色彩。毫无疑问，作为一种高度“格式化”的组织形式，科层化（官僚化）结构具有专业化和高效化的优势。但是，基于司法以及法官角色的特殊性，这样的“命令—服从”模式终究会影响到审判权的正常运作。西方的法治经验揭示出了，只有司法以及法官的独立才能有效地确保审判公正，确保审判权的良性运作。司法以及法官独立的本质在于保障审判权的独立行使，这就不仅需要从宪法以及相关法律层面加以确认，更需要具体的法院内部组织结构来确保。

困境之二：法官主体地位的缺失。法官作为一个特殊的群体，需要具备独特的专业素养与职业伦理。作为法官，应该根据具体案情，运用理性与良知，依法正当行使审判权，并在失职的时候承担相应责任。权力与责任的结合，才使个体的法官具有真正的“主体地位”，从而确保法官的独立与权威。换言之，权力与责任的存在是法官之所以能够践行“司法公正”的前提。然而，在我国，“司法的行政化的根由之一即在于我国不承认个体法官的独立性，仅认可整体上的法院独立。这种司法独立模式在司法权的具体运作之中，强调法院整体的作用、对个体法官不信任并进而偏好于对个体法官进行严密控制的权力运作模式。因此，对个体法官进行行政化管理以及采取行政化的权力运作模式成为一种必然的选择”①。在这种情形下，一方面，个体法官难以获得足够的审判权；另一方面，个体法官往往容易依赖于集体决策，从而避免“失职”的风险，并使集体决策成为其规避责任的“避风港”。权力与责任的“双重失位”将造成法官应有角色的弱化。前述重庆高院所实行的“法官会议制度”，就带有一种明显的“集体化”的色彩。此次司法改革所倡导的“让审理者裁判、由裁判者负责”的司法权行使方式，就是一种强调发挥个体法官作用，突出法官主体地位的改革。法官主体地位的取得，确实须有赖于自身“与众不同”的能力。也许，精英化的理念，使法官的独立在英美国家变得更为容易确立。能成为法官的个体必须足够优秀，而社会又赋予了法官足够的“主体地位”，从而使法官能够认真看待自身的角色，认真履行维护法律与正义的职责。而这一点，恰恰是我国所普遍缺乏的。无论是在法官的选任上，还是在法官的任职保障上，我们还有很长的道路要走。

三 法院“去行政化”的若干设想

要摆脱上述困境，一个小小的“法官会议制度”远远无法承担起这一任务，因为这样的困境已经涉及制度性的变革。尤其在一个行政权力仍旧过于强势的情境之下，司法的去行政化道路依旧坎坷。在法院内部“命令—服从”的控制机制之下，行政权力往往意味着全部。同时，行政权力也深入地渗透进了法院系统的几乎每一个角落，渗透进了司法程序的几乎每一个阶段。在这种形势下，很显然，司法的去行政化将不会是对现行体制的零星修补，而会是一项系统工程。对于这样复杂的变革，是难以通过“列举对策”的方式来加以实现的。然而，在笔者看来，不管去行政化的具体措施如何多样，其关键依然在于如下方面。

第一，司法裁判事务与司法行政事务的分离。简言之，要让审判的归审判，行政的归行政。针对具体案件，审理案件的法官才具有完全的裁判权。一般而言，只有对案件有足够的了解，并对案件进行直接审理之后，才有可能作出更为令人信服的裁判。仅仅通过阅读案件的书面材料难以完整地了解案件情况，进而难以做出恰当的裁判，因此，无论是院长、庭长对案件的审批，还是审委会对案件的讨论，抑或类似于重庆法院系统的

---

① 陈卫东：《司法机关依法独立行使职权研究》，《中国法学》2014 年第 2 期。

“专业法官会议”制度，都存在这样的固有缺陷。法院之所以倾向于采取集体会议议事的方式来处理案件，是因为在他们看来，在疑难案件的处理上，集体的智慧要优于个体。然而笔者认为，这样的思维逻辑是有问题的。案件之所以“疑难”，很多时候是事实认定不清导致的，因法律适用不明而导致案件“疑难”的情形是很少见的。在这种情况下，就需要通过法官对案件的直接审理，以及双方当事人在法庭上的质证和辩论来把案件的事实问题弄清楚，而开会讨论以及举手表决等所谓“集思广益”的办案方式，实际上无助于案件事实的查清。从这个角度来说，审委会制度或重庆法院系统的“法官会议制度”存在的必要性就大大降低了。有学者指出：“目前，……院、庭长的审判管理必然影响法官独立审判，院、庭长行使审判管理权全程留痕制度和完善审判委员会议事规则也并非保障审判独立的彻底改革，依然保留领导影响裁决的可能。”① 换言之，审判权的运作，必须要首先理清司法裁判事务与司法行政事务之间的关系，否则不利于审判改革的真正落实。

第二，要实现司法裁判事务与司法行政事务的分离，一方面，离不开对法官角色的重新定位。如前文所指出的，只有当法官具有主体地位的时候，才能指望其胜任应有的角色。这就需要有法官的任职保障，主要包括法官的待遇与责任问题。在理想的状态下，由于法官职业的特殊性，因此只能有少数人会获得法官资格，此时给予其更高的待遇与地位是整个社会都会认可的。但我国的现实在于，我们还没有真正实现法官的“精英化”，法官群体的职业素养与操守还有待提升，因此法官独立审判与待遇的提高问题显得更为棘手。或许，在保障法官待遇的同时，严格选拔真正合格的法官，不断提升法官群体的整体水平与社会形象，从而实现良性循环才是一个好的选择。关于法官责任问题，原则上法官只应在“枉法裁判”或违反职业伦理和操守时才需要承担责任。法官的责任应当是一种法律责任、职业伦理责任，而不能因为裁判没有满足政治效果和社会效果就承担责任，这对法官是不公平的。因此，有必要改变乃至逐步废除当下法官考核机制中的某些考核指标。另一方面，应严格限定法院内部行政权力的界限。孟德斯鸠曾经感叹：“有权力的人们使用权力一直到遇有界限的

① 徐昕：《中国司法改革年度报告（2013）》，《政法论坛》2014 年第 2 期。

地方才休止。”[①] 对于法院内部掌握行政权力的人员，应严格限定其行使权力的范围和边界——行政权力的行使只能针对司法行政事务，而不能针对司法裁判事务。在我国法院内部，“法院院长一般同时担任院党组书记，可谓党政集于一身，定案实行‘层层把关、逐级审批’后，法院审判权的行使呈‘金字塔’状，院长更是居于顶端，是名副其实的‘一把手’，实际权力很大。由于权力过分集中，审判权行使的行政化几乎是必然的”[②]。司法实践中，法院院长同时也属于法官序列，但其更多的是在履行行政职责，因此，当其没有以法官身份参与审判时，就无权干预审判；即便其以法官身份参与审判，也应与其他法官一样依法审判，而不可滥用其“行政身份”。有学者指出：“实证考察发现，当代中国法院院长的多元角色中，管理家角色扮演最为充分、重要，政治家角色次之，而法律家角色则强调不多。”[③] 在这样的背景之下，关于院长以及其他享有行政权力的人员的角色定位与权力边界的确定是颇为重要的。实际上，权力的明确界定，对于相关人员也是有益的，因为责任与权力是相匹配的：有权有责，无权无责，这样的状态才能形成一种良性的运转。

综上所述，我们期待一个公正、廉洁而有尊严的司法。这样的司法，必然离不开一群有职业素养、有法治信仰、有职业荣誉感的法官群体。美国著名的政治哲学家德沃金在其《法律的帝国》一书中提到：“一位法官的点头对人们带来的得失往往要比国会或议会的任何一般性法案带来的得失更大。”[④] 在法治社会，法官的社会角色是非常重要的。法官必须是因为其足够优异才可以成为法官，必须因为其是法官才可享有完全的审判权与独立地位，享有任职保障——这才是一种良性的循环。毫无疑问，这种状态的达至需要一个长期而艰苦的过程，而当下的改革，可能会是一个新的起点，这需要每一个法律人乃至整个社会的共同努力。如果能够把握住这个机会，那么对于中国的司法、法治和社会治理的优化而言，对于普通公民而言，都将是非常有益的。功利主义哲学鼻祖边沁认为：“人类身心的天然素质，决定人们在一生的绝大多数场合一般都信奉这个原理（指功

① ［法］孟德斯鸠：《论法的精神》（上），张雁深译，商务印书馆1961年版，第154页。

② 李传松：《法院审判活动行政化之克服》，《法学》2010年第8期。

③ 左卫民：《中国法院院长角色的实证研究》，《中国法学》2014年第1期。

④ ［美］德沃金：《法律帝国》，李常青译，中国大百科全书出版社1996年版，前言第2页。

利原理[①]——引者注）而无此意识。这即使不是为了规范他们自己的行动，也是为了评判他们自己的以及别人的行动。”[②] 尽管对功利主义哲学会存在不少误解和批评，但是在评判一项措施时，功利的考量是必不可少的。并且，只有在这样的情势之下的改革，才更具有动力。

“法庭之友”制度及其借鉴

发端于古罗马法的“法庭之友”制度被引进到普通法系尤其是美国法中之后，得到了前所未有的发展。该制度对司法审判的积极意义已经得到显现，并逐渐得到了其他国家和国际组织的认可。在我国，最近几年随着学术界及实务界对我国司法实践中所出现的“专家法律意见书”的持续热烈争议，“法庭之友”制度亦不断在争议中被提及。“法庭之友”制度究竟是怎样的一种制度？它与我国出现的“专家法律意见书”这一现象究竟存在怎样的联系？而我们从该制度中又能获取何种借鉴呢？

一　何为“法庭之友”

“法庭之友”（amicus curiae）发端于古罗马法，发展于英国普通法，而后被移植到美国法中并得以繁荣，形成美国的一项重要司法制度。该制度的核心内容是指法院在审理案件的过程中，允许当事人以外的个人或组织利用自己的专门知识，就与案件有关的事实或法律问题进行论证并作出书面论证意见书，即“法庭之友陈述”（amicus curiae brief）向法官提供尚未知悉的证据事实及与法律问题有关的信息，以帮助法院作出公正的裁决。

众所周知，普通法国家的诉讼程序采取对抗制的诉讼模式，当事人于诉讼中有权排除来自外界的干涉。然而，“自 17 世纪英国司法程序引进‘法庭之友’制度至今，该制度在英美等国的司法实践中已逐渐占据了一

① 在边沁看来，“功利原理是这样的原理：它按照看来势必增大或减少利益有关者之幸福的倾向，亦即促进或妨碍此种幸福的倾向，来赞成或非难任何一项行动”。参见［英］边沁《道德与立法原理导论》，时殷弘译，商务印书馆 2000 年版，第 58 页。

② ［英］边沁：《道德与立法原理导论》，时殷弘译，商务印书馆 2000 年版，第 58 页。

席之地，其最根本的原因，也在于对抗制的诉讼模式”[①]。因为在此种模式下，当事人将焦点都集中在了自己身上，由此可能导致当事人之外的权利主体利益的受损，而“法庭之友”提交书状则能起到提醒法院注意的作用。另外，由于普通法国家奉行遵守先例原则，法官不可能对历史上所有的判例都熟悉，允许案外人向法院提供相应的判例信息则弥补了这方面的不足。正是意识到“法庭之友”制度所可能带来的有益帮助，普通法国家开始承认这一制度并为其发展提供了空间。

（一）美国“法庭之友”制度的建立

“法庭之友”制度并非发端于美国，美国司法史上第一例引入“法庭之友”制度的案件是发生于1823年的Green V. Biddle一案[②]，而自1854年Florida V. Georgia一案后，美国政府开始作为“法庭之友”出现在诉讼中。[③] 由政府担任“法庭之友”的角色是该制度最常见的表现形式，通常是由联邦的司法部副部长、各州的检察总长代表政府参与诉讼，其主要目的是维护社会公众的利益。此后，由个人、社会组织或者利益集团以“法庭之友”的身份进入诉讼的做法也逐渐受到司法实践的认同。需要指出的是，在20世纪初期以前，“法庭之友”介入美国联邦上诉法院审理的案件比较少见，在美国联邦最高法院审理的案件中，只有10%左右的案件有“法庭之友陈述”。[④] 20世纪中后期以来，在美国的审判实践中，绝大多数案件中有“法庭之友”介入，仅在1998—1999年一年间，在美国联邦最高法院受理的案件中，收到“法庭之友陈述”的案件比例就高达95%，[⑤] 由此可见公众对该项制度运用之频繁。在美国，“法庭之友”制度并非议

① 张小燕、齐树洁：《程序输入的新渠道》，《厦门大学法律评论》（第11辑），厦门大学出版社2006年版。

② Karen O. Connor & Lee Epstein, “Court Rules and Workload: A Case Study of Rules Governing Amicus Curiae participation”, Justice System Journal, Vol. 8, 1983.

③ MichaelRustad & ThomasKoenig, “The Supreme Court and Junk Social Science: Selective Distortion in Amicus Briefs”, *North Carolina Law Review*, Vol. 72, November, 1993.

④ 张泽涛：《美国“法院之友”制度研究》，《中国法学》2004年第1期。

⑤ Jared B. Cawley, “Friend of the Court: How the WTO Justifies the Acceptance of the Amicus Curiae Brief from Non-Governmental Organizations”, *Penn State international Law Review*, Vol. 123, 2004.

会立法所确立，而是借由联邦最高法院颁布规则后才得以形成的。[①]

（二）“法庭之友”制度的主要内容

1. 充当“法庭之友”的主体

正如前述，在美国联邦上诉法院和最高法院中，作为“法庭之友”介入诉讼的主体一类是联邦或州政府，另一类是个人、社会组织或者利益集团。在美国目前的审判实践中，“法庭之友”主要是由各种利益集团充当。利益集团作为“法庭之友”主要有两种情形：一是中立的“法庭之友”。中立的“法庭之友”与案件的处理结果没有任何利益关系，其参与诉讼的目的是从公众利益出发，提供不为法院知晓的案件事实或者专门性知识，以帮助法院作出公正的裁决。一般而言，中立的“法庭之友”通常是从事法律事务的专业人士，但也并不以此为限，一些致力于某项科学研究的个人或组织，如果法院审理的案件与他们所关注的社会公共问题有关，往往也会以“法庭之友”的名义介入诉讼，在陈述中提出对该社会问题的意见。比如美国心理学会对于涉及公共利益的案件，常常会以“法庭之友”的身份向法院提交“法庭之友陈述”，站在中立的、客观的立场向法庭陈述与法律问题有关的心理科学研究结果。二是就是与案件有利益关系的“法庭之友”。这些利益集团作为“法庭之友”的最终目的是提供有关信息帮助法院正确裁判案件，但其表现出来的立场常为支持一方当事人的主张。虽然这些利益集团并不受法院判决的直接影响，但其介入诉讼还是受一定的利益驱使的，以“法庭之友”名义介入诉讼即便不能为集团或组织带来直接的经济利益，法院的裁决也往往会对其产生一些经济上的以及声誉上的间接利益。因此，这些集团或组织往往是不会放过介入诉讼的机会的。

“法庭之友”制度设立的初衷是通过“法庭之友”所提供的信息以有助于法庭作出公正的裁决，为达此目的，早期的司法实践对“法庭之友”提出了中立性的要求。原因很明显，只有保持中立，“法庭之友”才能毫无偏颇地作出判断，也才能更加有效地保证法庭所作裁决的公正性。然而在众多利益集团纷纷以“法庭之友”的面目出现在法庭上的时候，再以严格的中立性去要求他们已经变得不太现实。人们不得不无奈地承认，很

---

① 美国联邦最高法院于1939年首次颁布了“法庭之友”书状的提交规则，并先后进行了3次修订。

多作为“法庭之友”的利益集团已经从“法院的朋友”转变为了“当事人的朋友”，他们在为法庭提供帮助的同时也充当着当事人诉求的呐喊者。而在其他一些情况下，当利益集团向法院提交陈述书状时，“法庭之友”的身份对其而言，只是一种游说的工具，用以实现他们自己所渴望的目的。因此，有学者一针见血地指出，“法庭之友”已经实现从法庭的“朋友”到当事人的“朋友”再到游说工具的转变了。①

2. “法庭之友陈述”的提交程序和规则

“法庭之友”提交陈述书状必须遵守美国最高法院以及联邦上诉法院有关“法庭之友陈述”的诸多规定。1939 年颁行的《联邦最高法院法》第 27 条第 9 项规定，如果利益集团的代表希望以“法庭之友”身份参与诉讼而被当事人一方或双方拒绝的，他们可以向法院提出申请，由法院决定是否允许他们参与诉讼。联邦最高法院同时承认政府在保障公共利益方面的独特地位，允许联邦政府或州政府可不征得任何当事方的同意而提交“法庭之友陈述”。“法庭之友陈述”本身要符合内容和形式的要求，而且应在规定的时间内提交。法院接受“法庭之友陈述”则要兼顾司法公开原则和司法效益原则。

第二次世界大战以后的几十年间，美国的“法庭之友陈述”书状增加了 800%。② 鉴于“法庭之友陈述”数量的快速增长，过多地提交“法庭之友陈述”有可能增加法院的负的影响法院审理案件的效率，于是美国最高法院于 1990 年再度修正了关于“法庭之友陈述”书状的规则，反对提交重复的和与案件无关的“法庭之友陈述”。1997 年，美国最高法院对“法庭之友陈述”书状做出了新的修正。在确认“法庭之友陈述”书状已经走向了司法游说的现实基础上，新规则第 37 条第 6 项规定，在提交的“法庭之友陈述”书状中，必须揭示作为“法庭之友”的个人或组织与案件当事人之间的关系。尤其应当注意的是，修正后的规则明确要求每一份“法庭之友陈述”书状都必须在正文第一页的第一个注释中标明：“本书状的全部或者部分是否为当事人的律师所撰写”，同时，还必须写明：

---

① Jared B. Cawley, “Friend of the Court: How the WTO Justifies the Acceptance of the Amicus Curiae Brief from Non-Governmental Organizations”, *Penn State international Law Review*, Vol. 123, 2004.

② 陈立虎：《法庭之友陈述在 WTO 争端解决机制中的可接受性》，http://www.civillaw.com.cn/weizhang/?id=19218。

"不是'法庭之友'本人，而是由某人或集团提供经费准备诉讼或者提交辩护状"。[①] 值得指出的是，在该规则颁布之后的今天，大多数"法庭之友陈述"对法院的裁决所产生的影响已经远不如以前。

3. 提交"法庭之友陈述"的途径

一般认为，"法庭之友陈述"书状的提交主要有三种途径。

第一种途径为应法院的要求而提交。法院在审理案件的时候，可能会要求政府（如司法部）或有关专业团体就案件中所遇到的专业或法律问题提出自己的观点。如在著名的美国诉微软公司案的一审中，法官要求哈佛大学法学院的 Lawrence Lessig 教授提供"法庭之友陈述"，说明反垄断法如何适用于软件产品。[②]

第二种途径为一些非营利性组织、大公司、法学院教授等对正在诉讼中的案件感兴趣，主动要求法院允许其提交陈述。如在上述美国诉微软公司一案的上诉审中，有很多团体和个人向法院提交动议，要求作为"法庭之友"提交意见，其中 Lee A. Hollaar 是犹他大学的计算机教授，他声明其"法庭之友"意见不支持任何一方，其"法庭之友"意见没有受到当事人或任何人或组织的资助，他提交"法庭之友"意见的出发点是他相信法院的判决不仅应当在法律上是适当的，在技术上也应当是适当的。[③]

第三种途径也是较常出现的途径，是当事人主动联系相关机构，请求他们向法院提交"法庭之友"意见，以支持自己的立场。比如若当事人在诉讼中辩论说有众多被雇佣者将受到本案的影响，但此话由当事人说出来显然不具有足够的说服力，而由工会出面予以说明则效果将显著不同。此时当事人就可能会联系工会，请求他们支持自己的立场，向法院提交"法庭之友"意见。

（三）关于"法庭之友"制度的评论

正如学者们所指出的那样，"'法庭之友'制度对美国司法实践的影响是有目共睹的，特别是在法院决定是否要签发诉讼文件移送命令，对案

---

① 张泽涛、陈斌：《法学家论证意见书及其规范——美国"法庭之友"制度的启示》，《法商研究》2004 年第 4 期。

② See *Brief of Professor Lawrence Lessig as Amicus Curiae*, http: //cyber. law. harward. edu/works/lessig/ab. pdf。

③ See *Brief of Professor Lee A Hollaar as Amicus Curiae in Support of Neither Side*, http: //digital-law-online. info/papers/ lah/ms-amicus. pdf。

件进行再审时，其地位更是举足轻重。因为‘法庭之友’的介入在一定程度上说明了案件波及范围的大小和案件的重要程度，这些都可能是导致再审启动的因素”[①]。尤其值得一提的是，“法庭之友”的存在促成了美国许多有影响的判例的形成，如在著名的 Mapp V. Ohio一案中，联邦最高法院宣告州法院不得接受警察非法收集到的证据，最终在美国联邦和各州全面确立了非法证据排除规则，对美国刑法理论产生了重大影响。[②]

虽然如此，美国法律界对“法庭之友”制度的批评之声仍然不绝于耳。有学者指出，“法庭之友”对案件最后结果的形成并无多大影响，他们很少提供有见解的书状，而且这些书状也往往没有被采纳，更多时候，他们只是进行投票而非说明理由。[③] 还有学者认为，“法庭之友陈述”并不能为法院提供新的证据事实或法律意见，他们所做的仅仅是对当事人陈述的重复。[④] 这种情况的出现，与当事人的求胜心理密不可分。一些当事人为了获得胜诉，企图借助“法庭之友”营造有利于自己的声势，希望借此影响法院的判决。但此种做法不仅徒劳无功，而且给诉讼带来了负面影响，使法庭的朋友变成了法庭的负担，事实上是对“法庭之友”制度的滥用。当然，亦有很多人对该制度持积极乐观的态度。如一份针对70位曾任最高法院书记官的人士进行的采访表明，“法庭之友陈述”基本上都会被阅读，而且法庭在判决书中引用书状内容的趋势一直在增加。[⑤] 另有学者根据调查指出，在1986—1995年的10年间，大约有15%的案件引用了至少一位“法庭之友”的意见，37%的案件参考了至少一位“法庭

---

① 张小燕、齐树洁：《程序输入的新渠道》，《厦门大学法律评论》（第11辑），2006年版，第52、58—77页。

② 在该案中，美国民权联盟（ACLU）作为“法庭之友”在其提交的书状中指出，第四修正案保护公民不受非正当的搜查和没收的权利，而且该修正案也应用于州法院。在该案被告律师提交的辩护状没有提及该意见的前提下，法官仍然采纳了“法庭之友”的意见，做出了有利于被告的判决。

③ Philip B. Kurland & Dennis J. Hutchinson, “With Friends Like These”, *American Bar Association Journal*, August, 1984.

④ Ryan v. Commodity Futures Trading comm'n, 125 F. 3d 1062, 1063 (7 th. Cir. 1997).

⑤ Kelly J. Lynch, “Best Friends Supreme Court Law Clerks on Effective Amicus Curiae Briefs”, *Journal of Law & Politics*, Vol. 20, 2004.

之友”的书状。[①] 这些都表明了“法庭之友”对案件审理的积极意义。

从“法庭之友”制度的确立直至今天，美国在审判实践中不断对其进行修正，赋予法官自由裁量权以决定是否接受“法庭之友”的意见。有学者指出，在现有的时代背景下，该制度的积极意义是显而易见的，它不仅能够提供不被法院知悉的证据事实和法律意见，为法院做出公正判决提供帮助，而且还将民主精神贯彻到法院的审判活动中来，避免司法权运作的绝对非民主化。[②] 虽然对“法庭之友”中立性的要求已不复存在，但不可否认，该制度的存在仍然有助于实现其设计的初衷——为法庭带来忠告者。[③] 现在不仅是普通法系国家，大陆法系的许多国家也已经意识到“法庭之友”制度积极的一面，法国已经确立了这一制度。美国不遗余力地在全球范围内的推广，使“法庭之友”制度在 WTO 争端解决机制中也占据了一席之地。

二　我国司法过程中的“专家法律意见书”及其评价

近年来，在我国各级法院审理案件的过程中，一方邀请或双方当事人分别邀请法律专家举行“专家论证会”，或向法院提交“专家法律意见书”的现象逐渐增多，司法实践中“专家法律意见书”也往往会通过多种渠道对法官产生影响。一份来自浙江省高级人民法院的问卷调查统计结果表明，当前司法实践中，“专家法律意见书”对审判工作存在一定的影响，且负面因素多一些，原因既有专家方面的，也有法官专业素质和意志的问题，还有体制和社会的因素。[④] 对于“专家法律意见书”的利弊，学者们亦是见仁见智，莫衷一是。在笔者看来，“专家法律意见书”的存在无疑具有其正面的价值。正如有些学者所指出的，法律专家参与诉讼可以在一定程度上降低法官作出错误判决的概率，同时亦可以提高法官的素质。不可否认，法律专家参与诉讼确实可以发挥积极的作用，其在司法实

---

① Jose PhD. Kearney & Thomas W. Merrill, “The influence of Amicus Curiae Briefs on the Supreme Court”, *University of Pennsylvania Law Review*, Vol. 148, 2000.

② 张泽涛：《美国“法院之友”制度研究》，《中国法学》2004 年第 1 期。

③ Nancy Bage Sorenson, “Comment: The Ethical Implications of Amicus Briefs: A Proposal for Reforming Rule 11 of The Texas Rules of Appellate Procedure”, *St. Mary's Law Journal*, 30, 1999.

④ 浙江省高级人民法院研究室：《“专家法律意见书”对审判工作的影响》，《法律适用》2003 年第 10 期。

践中所扮演的角色亦不可替代。但这些正面价值的存在并不能掩盖其所产生的负面作用。因此，笔者在下文将着重探讨“专家法律意见书”的性质、特点及其所产生的作用，并试图在此基础上导出对“专家法律意见书”的合理评价。

（一）“专家法律意见书”的性质

首先要指出的是，“专家法律意见书”既不是大陆法系上的鉴定结论，也不是英美法系上所说的专家证人意见陈述。上述两者是鉴定人或专家证人分别以自己的专门知识与特别经验为基础，对案件某一方面的事实，发表自己的意见与看法，即意见证据。《牛津法律大辞典》将专家证据定义为“具有专门技能的以及在某些职业或技术领域里有经验的人向法院所提供的证据，他根据自己的知识所得出的结论是来自向他通报的或者是他通过检验、测量等类似手段所发现的事实，这种证据的提供者通常是医生、精神病学者、药剂师、设计师、指纹专家等”[①]。而鉴定结论则是指“鉴定人根据公安司法机关的指派或者邀请，运用自己的专门知识和技能对案件中需要解决的专门性问题进行鉴定后所作出的结论性的判断”[②]。很明显，“专家法律意见书”并不属于这里所说的鉴定结论或专家证据。

其次，“专家法律意见书”不同于证人证言。对案件事实有亲身感受是证人作证的前提，否则其不能成为证人。参与论证的专家对案件事实不具亲历性，因而并不具备证人资格，其提供的论证意见自然不是证人证言。

最后“专家法律意见书”更不同于物证、书证、被害人陈述、犯罪嫌疑人、被告人供述和辩解、视听资料，所以“专家法律意见书”不具有诉讼证据能力，因而不是证据。专家法律意见，应是指法学专家从学理角度对某些案件如何适用法律问题，甚至对某些司法机关在具体适用法律方面的正确与否所提出的看法，是无权解释。同时这种意见是中立的，也不会对司法机关产生强制力。从专家意见书的实质来看，它应当属于社会舆论，本质和新闻报道、评案说法等一样。[③]

---

① ［英］戴维·M. 沃克：《牛津法律大辞典》，邓正来等译，光明日报出版社 1988 年版，第 322 页。

② 樊崇义：《证据法学》，法律出版社 2004 年版，第 156、198 页。

③ 王学堂：《对“法律专家意见书”的法律意义分析》，http：//www. dffy. com/ sifashijian/ sw/ 200312/ 20031217215418 htm。

（二）"专家法律意见书"的特点及其问题

我国的"专家法律意见书"具有以下几个显著的特点。

1. 有偿性

专家论证不是义务劳动，而是有偿服务，所以参加案件论证的专家或多或少都接受了委托方的报酬，从千元乃至万元不等。如《亚洲华尔街报》就报道说中国某大学组织6人专家组接受美籍华人 Jude Shao 的委托，为其伪造增值税发票一案提供专家论证意见时，收取了约1万美元报酬。[①]就专家个人来说，参加案件论证会通常不会明码标价，但把提供专家论证作为其业务范围的团体、网站便更直接一些。如中法网在其"咨询产品价格体系"中，对专家论证的规定是："由各学科专家对单位或个人遇到的疑难复杂案件集体会诊，形成专家意见提出解决方案。价格：50000元为议价起点。根据难度、专家、地点、标的、性质具体协商。"[②]

2. 单方性

实践中，人民法院收到的"专家法律意见书"都是当事人一方聘请法律专家作出后向法院提交的，没有一份在提交之前征得对方当事人的同意，或者同时向法院提交足够的副本以便提供给对方当事人。实际上，对方当事人是看不到这份意见书的，它不仅不送达给对方当事人，也很少在法庭上公开出示，所以，对方当事人几乎没有机会对对方提交的专家意见书以及对专家意见的内容发表意见。

3. 随意性

"专家法律意见书"完全由当事人自己提交，至于何种案件可以有"专家法律意见书"，其内容可以涉及哪些方面，并没有明确的标准，这就不可避免地导致实践中法律意见书的随意性。这种随意性反映出我国对"专家法律意见书"规范的缺失，而正是规范的缺失导致了现实中法律意见书的混乱。

从笔者所列举出的"专家法律意见书"的上述几个特点不难看出，其存在已经从实质上违背了程序正义的要求，严重影响了司法公正。首先，"专家法律意见书"的有偿性使得出具该意见书的专家的地位不具

---

① Karby Leggett, "Legal Reviews Gain Prominence in China's Courts: Seeking Experts opinions, Once 'Unthinkable', Lends Impartial Voice to System", *The Asian Wall Street*, May 29 2003.

② 参见 http://www.1488.com/china/consultation/help/service price.asp。

有中立性。拿了钱的专家与提供法律服务的律师一样，是为一方当事人服务的，而且当事人付酬当然希望专家所出具的意见书对自己有利。因此，在此种情形下如果再奢谈专家的中立与公正则不免使人产生深刻的怀疑。其次，“专家法律意见书”由一方当事人独立完成，不在法庭上出示，亦不向对方当事人公开，使得该对方当事人无法对该意见书的见解进行质辩，失去了平等行使诉讼权利的机会，严重违背了程序公正。最后，专家法律意见的形成以及对案件材料的审阅，通常都是在当事人或其委托律师的组织、引导下完成的，因此意见书的观点的正确性无法得到保障。另外，当事人向法院提供由著名法学专家所出具的法律意见书，使人不免产生该当事人有挟专家之“名”对法官施加影响进而求得有利于己的裁判的联想，而这无疑会对法官的公正形象造成负面影响，破坏了司法的公信力。

据此可以看出，我国目前司法实践中所出现的“专家法律意见书”，有违程序正义理念。当然，我们并不一概反对法律专家通过合理的方式参与诉讼。只要途径和方式合理，法律专家参与诉讼应当获得充分的肯定，而上述美国“法庭之友”制度无疑给我们提供了一个良好的范例。另外，日本于 2003 年的民事诉讼法修改中，为应对近年来不断出现的医疗纠纷诉讼、知识产权诉讼等专门诉讼，引入了专门委员制度。专门委员是向裁判所提供必要的专门知识及意见的辅助机关，其任务是针对不具备专门知识就难以理解的概念、事实、现象及其他情况，提供客观专门的说明，以便于裁判所更好地理解及掌握案件事实。各裁判所提前备好各专门领域的专门委员候补名册，在必要时，从中指定专门委员参与案件审理。需要指出的是，裁判所邀请专门委员参与审理，仅限于对争议点及证据进行整理、收集证据、尝试进行调解三种情况。

三　建立专家咨询制度——对“法庭之友”制度的借鉴

正如前述，作为司法民主的重要表现，法律专家参加诉讼并非不具有其合理性。然而我们要强调的是，法律专家的这种对司法的参与必须通过适当的形式，否则其参与只会有弊无利。借鉴前述“法庭之友”制度及专门委员制度的合理内核，笔者主张在我国正式确立专家咨询制度，以建立理论与实务之间顺畅的沟通渠道。

首先，法律本身的不确定性，为法律专家进行法律解释留出了空间。

在社会变革的剧烈冲击下，我国现行的法律体系表现出相当程度的不确定性。而法律专家对法的确定性进行分析和解释，是法学理论研究的重要目标，也是主要功能之一。这种学理解释不具有当然的法律效力从而无损司法的独立；而又因其可为司法工作者正确适用法律提供理论参考，因此也恰恰为专家咨询制度提供了法理支持。

其次，法律专家所提供的综合法律意见，亦有助于法院更好地平衡各方利益，调和社会矛盾。法院审理案件的过程，首先是一个将某种法律关系还原到其应然状态的过程。在此过程中，法律专家凭借其对法律规范和法学理论的深刻理解可以为法院提供必要的智力支持。同时，案件的审理也是一项社会性很强的工作，它要求审理案件的法官不仅具有精深的专业素养，还要求其对与案件有关的关联学科有所掌握并具有丰富的社会经验。但囿于法官的知识结构，要求其完美地处理任何案件是不现实的。而法律专家由于长期从事某方面法学理论的研究，他们在把握法律问题的全面性，研究问题的深度和广度以及信息的占有量等方面比职业法官更具优势。因此，法律专家参与诉讼会更加有助于纠纷的解决。专家咨询制度在一些法院已经建立，并且在实际运作中也收到了良好的效果。这是一个双赢的选择，对法官而言，通过与专家们的充分沟通，可以大大减轻来自社会不同方面的压力；对法律专家而言，也可以避免为一方当事人出具法律意见书这种有违司法公正现象的出现。另外，专家咨询制度在提高审判效率、节省诉讼资源以及推动法官素质提高等方面亦可发挥重要作用。在具体设置上，专家咨询可以有固定的组织，如“专家咨询委员会”，也可以为了特定的案件和法律问题而临时组织。就适用范围而言，专家咨询制度应主要适用于存在法律疑问的复杂案件。当案件出现法律适用上的疑问时，承审法官可以向专家征求法律适用方面的意见和建议，专家亦可主动向法官提交自己对本案适用法律方面的意见和建议。就专家所提交的意见内容而言，应当仅限于案件的法律适用方面，对于案件的事实及证据的认定，专家不能发表意见，否则难脱侵犯法官审判权之嫌。同时，为了体现司法活动的透明度和裁判的说理性，专家咨询意见最好在法庭上公开宣读，若当事人任何一方对咨询意见有异议，还可提出辩论意见，以明辨是非。

人民陪审员审判参与度构建的民主逻辑

党的十八届四中全会以“审判为中心”推进诉讼制度改革,[①] 而人民陪审员制度则是我国诉讼制度贯彻“群众路线”和“人民司法”等政治民主思想的重要体现。中央深改组通过的《人民陪审员制度改革试点方案》和最高人民法院制定的《人民陪审员制度改革试点工作实施办法》,均凸显了本次人民陪审员制度改革的特定逻辑:我国改革开放30多年经济的良好发展,带动了当今政治、文化以及社会的其他方面民主思想和实践的快速和全方面的深度变化,而作为重要司法制度的人民陪审员制度,只有准确而全面地反映其本身最核心的民主价值并及时因应和适应这种变化,才能实现当下的公正,并达到提升司法公信力的目的。当前,社会分工的高度精细化导致传统精英化的人民陪审员不具有代表性和大众化,偏离了应有的民主价值;而人民陪审员的非职业化则导致其不足以对案件的所有问题尤其是法律适用问题作出正确判断,有违司法公正。有鉴于此,笔者从人民陪审员制度的基本价值即民主出发,通过对历史与当前、我国与国外陪审制度发展逻辑的梳理,阐述人民陪审员民事审判参与度的现实构建。值得说明的是,笔者所称的“人民陪审员民事审判参与度”,指的是人民陪审员在参与案件审理的过程中,对案件的哪些问题享有发表意见的自由或表决权,对哪些问题仅享有民主参与与监督的权利。

一 围绕审判参与度的人民陪审员制度改革:民主价值重塑

人民陪审员制度的主要组成部分大致包括如下内容,即人民陪审员的来源及其选任程序;人民陪审员参审案件的范围;人民陪审员审判参与度问题;陪审员的待遇及责任承担,等等。事实上,我国当前推行的人民陪审员制度的改革,均是以人民陪审员审判参与度为中心进行的。

关于人民陪审员的来源问题,本次改革对人民陪审员的候选人员,强化了在经验、社会诚信方面的价值需求,而淡化了对知识与专业技能方面的追求;强调了人民陪审员选任的广泛性、随机性、代表性和流动性,以

① 《中共中央关于全面推进依法治国若干重大问题的决定》。

便确保人民陪审员队伍有序更替，抑制人民陪审员选任中存在的程式固定、来源固定、人员固定以及代表性欠缺的问题；明确了人民陪审员员额与当地法院法官员额的比例，强调具体参审陪审员选取的随机性，防止法院在审理具体案件选择人民陪审员时的固定化和倾向性，提高选任工作的民主性、透明度和公信度。

本次改革对人民陪审员参与审理的案件范围进行了明确和扩大。人民陪审员参与审判的案件类型、审级管辖没有变化，但明确了实行人民陪审制审理的案件范围，即原则上除独任审理或法律特别规定的案件以外，均适用陪审制。此外，强调了与人民群众利益关联较直接、影响较大或受关注度较大的，以及关系公共利益，判决结果可能涉及严重限制公民自由的刑事案件等，应当适用陪审制。同时，对案件中非代表国家或政府的一方当事人开通了一个自主决定的通道，即这些当事人可以申请适用陪审制，但是否适用由法院依法决定。

要特别提及的是，本次改革的重点和亮点为人民陪审员审判参与度问题的改革，其方向和目标是实现“人民陪审员不再审理法律适用问题，只参与审理事实认定问题”，但改革试点的具体措施是一个过渡性的方案，其既不同于之前规范性文件所规定的“全程参与并与审判员享有除不能担任审判长之外的其他相同权利”的规定，也不同于实践中“只参不审”“只审不决”无权无责的现实状态；既不同于英美法系国家只参与事实认定不参与法律适用的陪审制，也不同于大陆法系国家全程参与与表决的参审制，而是部分类似于陪审制（事实审）和部分类似于参审制（法律审）。这种变化表现在，在原来的人民陪审员制度中，人民陪审员对参审案件的事实认定、法律适用均有意见表达自由和最后表决权，但改革方案则规定，人民陪审员对案件的事实认定应当表达意见或看法，并最后和法官一样实行“一人一票”的表决制。例外则是，合议庭法官基于证据规定和避免错误适用法律或造成错案的目的，对人民陪审员多数意见享有一定的监督权，即提交院长决定是否由审判委员会讨论；但是对于法律适用问题，人民陪审员还继续参与评议，但只有意见表达的自由而没有表决的权利。

通观本次人民陪审员制度改革相关规范性问题的内容，其最突出的特征，是人民陪审员候选人员的“人民性”、人民陪审员参审案件的多元化、关联性，以及案件评议的生活化、经验化和民主化。弱化评议的精英化和专业化色彩所要彰显的，就是审判事务专业化和职业化下的司法活动民主化的再建塑。

二 陪审制度的历史逻辑：源于民主并相伴于民主

（一）陪审制度的历史源头：限制王权和人民主权的需要

陪审制度是一种非职业人士参与案件审判事务的制度，起源于古希腊和古罗马，① 而作为一项法律制度的现代陪审制则发端于公元 8 世纪的英国，此后，英国在世界各地的诸多殖民地国家沿袭、继承了陪审团制度，其中美国陪审团制度是目前运转最好的。大陆法系部分国家则对英国陪审团制度进行了改造，建立了参审制度。②

英国的大陪审团制度起到了有效抵制英王滥用权力和任意侵犯贵族权利的作用，因而获得了“防止公民免受任意指控的保护伞”的美誉。③ 在美国，大陪审团制度发端于殖民时期对当地人民权利的保护，以及限制宗主国英国适用苛刻法案的需求。美国建国后的大陪审团制度被写入权利法案。这些都源于当地人民对民主权利的争取和与王权滥用的抗争，陪审制度一开始就被定性为反抗政府暴政的民主产物，宪法明确“陪审团有权防止被告免受政府的压迫”。④ 入选陪审员就像选举权和被选举权一样，是公民的一项基本民主权利。

在大陆法系的法国，基于“人民主权”的思想，根据自己国情和法律体系的自洽性，借鉴并改造了英国的陪审团制度，规定陪审团对事实问题做出评议后，对法律适用问题与法官共同议决。德国借鉴了法国的参审制。⑤

（二）陪审制度发展的历史动力：自由与民主的诉求

民主的根本基础是对个人权利和自由的尊重和保护，现代民主理念就

① 宋宗宇：《陪审制度的历史起源比较研究》，《甘肃政法学院学报》2005 年第 5 期。

② 王敏远：《刑事诉讼法学》（上），知识产权出版社 2013 年版，第 624—626 页。

③ 高一飞：《陪审制度背后的政治伦理——中美陪审制的比较》，《民主与科学》2005 年第 4 期。

④ 潘侠：《美国大陪审团功能问题再思索》，《河南社会科学》2014 年第 11 期。

⑤ 陈敏：《公民参与司法研究——以刑事司法为视角》，西北工业大学出版社 2012 年版，第 47—48 页。

是：人民主权思想与个人权利被有效融合而受到法律的保护。[①] 人类社会文明发展的历史表明，当人类发展到一定程度，商品交易形成市场经济后，为了实现经济自由、交易公平，现代意义上的民主制度将随之产生。

人类文明发展到一定历史阶段，小农经济逐步取代了自然经济，与之对应的专制政治也随之产生。专制政治具有私人性、自主性、垄断性和世袭性，其政治本质是专制。[②] 这与小农经济的特征直接关联：生产工具相对简单；生产者体力与经验是改造物质形成财富的主要手段；经济活动以个体手工劳动为主；生产环境相对固定、生产活动周而复始。[③] 小农经济以家庭为基础的自产自用的封闭经济运行，规定了统治权的血缘世袭，也规定了政治的专制性，民主无从产生。

技术革新导致了市场经济的产生与发展，社会分工和商品交易逐步扩大而使人们形成了对市场一定程度的依赖。市场交易的依赖性与公民通过交易获得利益最大化的欲望相矛盾，成为引发市场经济纠纷的源头。[④] 这种矛盾的解决需要建立交易公平与公正的规则。而三大交易主体通过内部整合和外部委托第三方来建立公平交易的市场规范。[⑤] 市场经济促进了民主的产生，市场经济越成熟、越完善，民主形式越健全、民主内容越丰富。民主并非源于文化、宗教或其他，市场经济是它唯一的母体。[⑥] 陪审制度作为司法民主形式，其产生与发展同样与市场经济的形成与发展直接关联。早期实施陪审团制度或参审制度，是具有独立经济地位的贵族或公民寻求司法民主和公正的制度设计，[⑦] 具有免费传授治国艺术和培养守法

---

① [日] 猪口孝、[英] 爱德华·纽曼、[美] 约翰·基恩：《变动中的民主》，林猛等译，吉林人民出版社 2011 年版，第 260 页。

② [美] 阿诺德·汤因比：《历史研究》，刘北成、郭小凌译，上海人民出版社 2000 年版，第 75 页。

③ [美] 斯塔夫里阿诺斯：《全球通史：从史前史到 21 世纪》（第 7 版）（上），吴象婴等译，北京大学出版社 2012 年版，第 35 页。

④ 张泽一：《马克思的产权理论与国企改革》，冶金工业出版社 2008 年版，第 33 页。

⑤ 梁木生：《我国经济法治软弱的产权探源》，民主法制出版社 2007 年版，第 113 页。

⑥ 梁木生：《民主演进的西方与非西方分野——由选举为视角的分析》，载高鸿钧、何增科主编《清华法治论衡》（第 11 辑），清华大学出版社 2009 年版，第 23—24 页。

⑦ 钟莉：《价值·规则·实践——人民陪审员制度研究》，上海人民出版社 2011 年版，第 59 页。

精神的民主政治价值。[①] 经济的发展导致更多普通民众获得经济独立，世界性的政治平民化大发展引发民主的享有主体扩大到了各个阶层。陪审制后来在大陆法系国家的实施体现了孟德斯鸠“天赋人权”的人民民主思想，是将人民主权学说运用到司法活动中的直接结果，甚至有人将陪审权和普选权作为多数人统治的两大相等的力量，认为参与陪审是每个公民获得参与民主以便治理国家的机会。[②]

虽然陪审制度的终极目标与市场经济、民主政治和现代法治具有同向性和同质性，然而陪审制度毕竟植根于司法活动，而司法活动是对社会生活的抽象规范和逻辑推演，因此，陪审制度也随着市场经济和民主政治的发展变化而遇到冲击。尤其是工业革命和信息革命带来的社会巨变，如社会分工的高度精细化，交易深度、广度与频度的无限扩大，个体因技术革新和经济独立对个人自由追求的膨胀等，人们对民主的追求也不再仅限于形式，对民主和正义的实质追求也更强烈，但是，司法的规范性、严谨性和终局性，法官职业的高度专业化，司法纠纷的高度生活化和类型化，使现代司法活动渐趋封闭，因此，大陆法系国家 200 多年以来所培育的陪审制，其作用并不积极；[③] 英国大陪审团制度于 1948 年被终结，小陪审团的适用也并不乐观：20 世纪 80 年代中期的英格兰和威尔士，与全部可以使用陪审团进行审理的案件相比，实际适用陪审制的仅为 5%，其中刑事案件占 4%。[④]

然而具有讽刺意味的是，与此同时，民众对陪审制度的认同感却非常强。20 世纪 70 年代美国的民意测验显示，在所有被采访者中，只有 13% 的赞成由法官单独组成审判组织进行审理；与之相较，则有 78% 的绝大多数人赞成陪审团参与具体案件的审理。[⑤] 这正反映了民众对继续适用陪审制度的强烈愿望，也是民众追求现代社会环境下的民主以及借助民主来实现现代司法公正目的的表述。基于这一现实，不少国家不但没有废除陪审

① 何家弘：《中国的陪审制度向何处去：以世界陪审制度的历史发展为背景》，中国政法大学出版社 2006 年版，第 165 页。

② 王敏远：《刑事诉讼法学》（上），知识产权出版社 2013 年版，第 642 页。

③ 陈敏：《公民参与司法研究——以刑事司法为视角》，西北工业大学出版社 2012 年版，第 47—48 页。

④ 王敏远：《刑事诉讼法学》（上），知识产权出版社 2013 年版，第 627 页。

⑤ 同上。

制度，反而启动了引入或改革陪审制度方案，以适应现时代社会生活的新变化。

三　人民陪审员民事审判参与度改革的现代民主回归

（一）我国人民陪审员审判参与度的历史：民主的政治性突出

我国的人民陪审员制度有其独特和独立的发展轨迹。红色政权的人民陪审员制度的直接渊源是苏联的人民陪审员制度，“既要解决事实问题，又要解决法律问题”[①]，其审判参与度非常广泛和深入。此时的人民陪审员制度的政治目的更为直接和明显，就是废除国民党的“旧司法作风”、体现红色政权的“群众路线”，彰显人民司法乃至人民政权的正当性和权威性。[②] 此时的人民陪审员审判参与度打破了民主源于市场经济的定律，而是强制移植的结果，民主价值非常弱。其实际上是借助传统的行政与司法合一的纠纷解决模式，吸纳人民群众参与纠纷的解决过程，既能争取人民群众的支持，也能更快捷地化解纠纷，以便团结群众更好地投入生产与革命之中。

20世纪50年代末之后长达20年的时间内，尤其是“文化大革命”期间，计划经济和政治冒进产生了群众运动式的“民主”，这离现代意义上的规范化民主更为遥远，人民陪审员制度也荡然无存。

20世纪70年代末80年代初，邓小平将“搞现代化建设”作为“我们当前最大的政治”。[③] 因此，当时的经济复苏需要逐步放弃计划经济模式，市场经济也就不断被肯定。经济发展使人民群众对政治民主与社会生活民主化需求高涨，人民陪审员制度也慢慢复苏，“法院人、财、物的建设”终于被迫上路了。人民陪审员制度在这一时期有力地“维护了法律的尊严，生动地进行了法制宣传和教育”[④]。

然而，自改革开放以来到20世纪末，沿袭传统的人民陪审员制度在很多方面，特别是审判参与度方面的发展呈现出日趋式微之势，人们对人民陪审员制度的实践工作越来越不满意。对此进行量化考核的指标即一审

---

① 王志华：《转型时期俄罗斯的陪审制度》，《环球法律评论》2007年第2期。

② 彭小龙：《非职业法官研究理论、制度与实践》，北京大学出版社2011年版，第207页。

③ 彭美：《法院工作报告制度研究——以最高人民法院工作报告为样本》，中国检察出版社2011年版，第55—56页。

④ 同上书，第57页。

案件陪审率，其对重现人民陪审员制度的政治优势效果并不好。[①]

（二）人民陪审员审判参与度改革的现实依赖：不平衡的民主

民主是现代文明社会的基石之一，不论是经济、政治还是社会生活，民主是常态，而非民主则是例外并且受到严格而明确的限制。社会交易的持续健康发展需要通过民主的方式寻求公正的交易规则。民主首先在经济生活中得以实现，而经济民主的发展必然会促进政治、社会民主的产生与发展。民主与法治的目的都是实现自由与权利的公正保护。陪审制度旨在连接司法与社会，以民主的形式制衡权力、防止专断，保障公民合法的自由与权利不会通过司法程序被无端剥夺，以促进司法公正、提高司法权威。[②]

首先，人民陪审员制度的政治民主基础已经产生，该制度的存在与发展也就顺理成章。通常认为，通过我国30多年以来的改革开放，市场经济已经被培育和发展起来，尽管远没有成熟和完善，并且地域发展、行业发展、城乡发展、劳动力发展等多方面都很不平衡，但市场经济的形成则意味着现代意义上的民主也随之产生。诚如上文所论证，陪审制度作为一种政治民主在司法制度中的体现，也源于市场经济而产生。那么作为我国的司法民主制度之一，人民陪审员制度同样应当孕育于当前我国市场经济和民主政治之中。

其次，人民陪审员制度受制于我国当前市场经济和民主发展的不平衡，具体实施还需要循序渐进。其一，我国的市场经济刚刚成型，还谈不上成熟与完善，由此而形成的民主制度也同样不健全、不完善。人民群众对自己权利与自由如何进行合理、合法、有序的保护还欠缺法治或规则的意识，对如何寻求司法救济方式的认识也不到位，所以，人民陪审员参与度的具体实施还需要分步分阶段进行。其二，地域经济发展的严重不平衡，东中西部的民主发展水平呈现出非常明显的差距，不同地域人民群众的自由、权利和民主意识也大不相同。因此，人民陪审员审判参与度的设计在不同地域也应当体现出不同。其三，城乡经济水平不同以及所受到的传统意识的影响，人民陪审员审判参与度的设计也应当考虑这一因素。总

① 王晨：《审判管理体制机制创新研究》，知识产权出版社2013年版，第7页。

② 廖永安、［美］安德森：《对话与交融——中美陪审制度论坛》，湘潭大学出版社2012年版，第180页。

之，我国现阶段的人民陪审员审判参与度的构建，必须符合当前我国的市场经济发展现状所表现出来的民主发展状况与水平，并符合对未来市场经济与民主政治发展进行的合理预测，以便使该制度具有一定的前瞻性。

四　基于民主层次性和差别性的人民陪审员审判参与度构建

（一）司法高度职业化之下的民主参与制度设计原则

司法的目的有多种，但通常认为就其终极目标而言，从规范的角度来说是为了实现社会公正，而从人伦道德的角度来说是为了实现对公民的权利和自由的保护，或者说是为了实现对人性的尊重和人格发展的保障。[①] 而民主同样是为了实现这些目的。[②] 这意味着司法活动与民主参与的终极目标是一致的。但是司法是一种较为严格的逻辑推演过程，法官用哲学方法重塑法律时，满足于由此达到了法律形式和实质的对称。[③] 同时，法律又是经验的规则，是对社会生活的抽象，司法需要通过规则与经验来还原案件的事实。而民主参与更多地则在于公民的积极、直接、充分地参与。[④] 因此，司法活动与民主参与的目的或价值并没有太大的差异，人民陪审员审判参与度的设计重在如何实现规则与经验的结合和民主参与对司法逻辑推演的辅助作用。在这种情况下，人民陪审员更多地将精力放在其擅长的案件事实判断上，尤其是证据之间存在明显的矛盾，或者说案件欠缺更为直接的确定性的证据，而需要通过言词证据予以证明时，或者说案件的事实认定必须借助于生活经验、习惯或惯例来判断时，人民陪审员的作用就会更好地体现；至于法律专业知识和司法技能的应用，则交由职业法官更为合适，尤其是经过法律职业专门训练并熟练掌握了法律适用方法和司法程序运行规则的资深法官，这会更为合理与理性。换言之，人民陪审员应更多地参与案件的事实审，尤其是需要利用经验来判断案件的事实到底是什么的时候；而法律审包括程序性的法律问题则应交由职业法官来

① 王泽鉴：《人格权法：法释义学、比较法、案例研究》，北京大学出版社 2013 年版，第 4 页。

② 苏瑞林：《民主在欧洲的旅程——从雅典城邦到欧洲联盟》，陕西人民出版社 2008 年版，第 317 页。

③ ［美］卡多佐：《司法过程的性质及法律的成长》，张维译，北京出版社 2012 年版，第 16—17 页。

④ 侯保龙：《公民参与公共危机治理研究》，合肥工业大学出版社 2013 年版，第 57—58 页。

完成。另外，由于事实审更多地利用人民陪审员的社会生活经验，因此由多个人民陪审员同时参与同一个案件的审理，可更好地利用程序的民主性来还原案件事实，使对案件事实的认定更具有可靠性和可信度。当然，人民陪审员的民主参与性则意味着，人民陪审员还肩负着民主监督司法活动的责任，因此，人民陪审员有义务参与到案件各个关键节点的活动中去，例如庭审或其他审讯活动的全程参与，合议庭合议案件的参与，裁判文书制作前的审阅与修改，判决后案件事实方面的答疑以及对案件审判关键环节合法性的解释等。如果案件需要提请审委会审议，人民陪审员有义务到会接受审委会的询问。由于有人民陪审员参与审理案件，则案件合议同样是一种民主的形式，该类案件的合议过程、不同成员的不同意见以及合议最终的意见应当允许适度公开，这样才能凸显司法民主的特性。当然基于现实，合议庭成员只能公开自己的意见，而不能直接点名公开其他成员的意见，以便适度保护人民陪审员的权益。

（二）人民陪审员审判参与度构建的民主层级性和地域性

我国当前现代化的建设多属于自上而下的制度移植，人民陪审员制度也不例外。对于外来移植制度的认同程度，也基本遵循自上而下、从发达地区到欠发达地区、从高文化水平到低文化水平、从社交频繁到社交较少等依次降低。因此，当前过渡期的人民陪审员审判参与度的构建应当考虑这些因素。

笔者所指的层级性是按法院的不同审级来构建人民陪审员审判参与度。根据我国一审民事案件的审级管辖规定，一般性民事案件主要在基层人民法院进行审理，提升到中级人民法院或高级人民法院进行审理的一审案件，通常对案件的复杂程度、难易程度以及社会影响力、对当事人权利的影响等方面有较高的要求。如果一审案件由中高级人民法院管辖审理，则案件当事人的视野一般要开阔一些，可以获得的资源也更充分，即便自己的自由与权利意识、法律与法治意识欠缺，其仍旧可以通过委托等合法途径获得专业性的帮助。而对于基层人民法院而言，其受理的案件通常与人民群众的普通生活息息相关，案件当事人可能在文化、意识、诉讼能力等方面都有较大不同，因此，基层人民法院如何厘清一审民事案件所呈现的事实，哪些与法律事实或客观真实相关，法律事实与客观真实的差距，尤其如何认定言词证据与案件事实的关系，更多地要依赖日常生活经验、习惯或惯例。根据审级管辖所面对的现实，可以分别设计人民陪审员审判参与度的方案，例如，中高级人民法院审理的一审案件，人民陪审员可以不对法律审发表意见，更不需要表决，甚至仅对与生活经验相关的事实认定发表参考性意见，其他需要根据证据规则进行的事实审和法律审，则完全交由职业法官来决定；但是对于基层人民法院审理的一审案件，除了事实审，人民陪审员还可以对法律适用问题发表意见，如果愿意承担法律责任，则人民陪审员还可以参与表决。

人民陪审员审判参与度构建的地域性是指根据不同地区的经济发展水平以及文化发展水平，区别设计人民陪审员审判参与度，以便适应相关地域的现实；此外，地域性还包括城乡差别性。在设计人民陪审员制度时，可以根据地域性来合理设计人民陪审员审判参与度的问题，尤其对欠发达地区或广大中西部农村的一审民事案件，在适用人民陪审员制度时，可以适度扩大人民陪审员的职权范围。

参 考 文 献

一 中文著作

1. 王泽鉴：《人格权法：法释义学、比较法、案例研究》，北京大学出版社 2013 年版。

2. 杨锦炎：《武器平等原则在民事证据法的展开》，中国政法大学出版社 2013 年版。

3. 侯保龙：《公民参与公共危机治理研究》，合肥工业大学出版社 2013 年版。

4. 王晨：《审判管理体制机制创新研究》，知识产权出版社 2013 年版。

5. 陈敏：《公民参与司法研究——以刑事司法为视角》，西北工业大学出版社 2012 年版。

6. 廖永安、［美］安德森主编：《对话与交融——中美陪审制度论坛》，湘潭大学出版社 2012 年版。

7. 钟莉：《价值·规则·实践——人民陪审员制度研究》，上海人民出版社 2011 年版。

8. 彭小龙：《非职业法官研究理论、制度与实践》，北京大学出版社 2011 年版。

9. 彭美：《法院工作报告制度研究——以最高人民法院工作报告为样本》，中国检察出版社 2011 年版。

10. 黄国昌：《民事诉讼理论之新开展》，北京大学出版社 2008 年版。

11. 俞静尧：《检察权的利益分析》，中国人民公安大学出版社 2007 年版。

12. 齐树洁：《民事司法改革研究》，厦门大学出版社 2006 年版。

13. 齐树洁：《民事上诉制度研究》，法律出版社 2006 年版。

14. 齐树洁主编：《美国司法制度》，厦门大学出版社 2006 年版。

15. 何家弘：《中国的陪审制度向何处去：以世界陪审制度的历史发展为背景》，中国政法大学出版社 2006 年版。

16. 韩波：《民事证据开示制度研究》，中国人民大学出版社 2005 年版。

17. 江伟主编：《民事诉讼法》，高等教育出版社 2004 年版。

18. 樊崇义：《证据法学》，法律出版社 2004 年版。

19. 张卫平：《外国民事证据制度研究》，清华大学出版社 2003 年版。

20. 汤维建主编：《美国民事诉讼规则》，中国检察出版社 2003 年版。

21. 田平安：《民事诉讼法学》，中国检察出版社 2002 年版。

22. 王福华：《民事诉讼基本结构》，中国检察出版社 2002 年版。

23. 张建伟：《刑事司法体制原理》，中国人民公安大学出版社 2002 年版。

24. 王亚新：《对抗与判定——日本民事诉讼的基本结构》，清华大学出版社 2002 年版。

25. 常怡：《比较民事诉讼法》，中国政法大学出版社 2002 年版。

26. 龙宗智：《检察制度教程》，法律出版社 2002 年版。

27. 沈达明：《比较民事诉讼法初论》，中国法制出版社 2002 年版。

28. 汤维建：《美国民事司法制度与民事诉讼程序》，中国法制出版社 2001 年版。

29. 李祖军：《民事诉讼目的论》，法律出版社 2001 年版。

30. 江伟：《民事诉讼法》，高等教育出版社 2001 年版。

31. 谢怀栻译：《德意志联邦共和国民事诉讼法》，中国法制出版社 2001 年版。

32. 白绿铉、卞建林译：《美国联邦民事诉讼规则证据规则》，中国法制出版社 2000 年版。

33. 苏力：《送法下乡——中国基层司法制度研究》，中国政法大学出版社 2000 年版。

34. 张卫平：《诉讼构架与程式》，清华大学出版社 2000 年版。

35. 白绿铉：《日本新民事诉讼法》，中国法制出版社 2000 年版。

36. 肖建国：《民事诉讼程序价值论》，中国人民大学出版社 2000 年版。

37. 范愉：《非诉讼纠纷解决机制研究》，中国人民大学出版社 2000 年版。

38. 刘荣军：《程序保障的理论视角》，法律出版社 1999 年版。

39. 江伟：《中国民事诉讼法专论》，中国政法大学出版社 1998 年版。

40. 张卫平、陈刚：《法国民事诉讼法导论》，中国政法大学出版社 1997 年版。

41. 陈瑞华：《刑事审判原理论》，北京大学出版社 1997 年版。

42. 王锡三：《民事诉讼法研究》，重庆大学出版社 1996 年版。

43. 白绿铉：《美国民事诉讼法》，经济日报出版社 1996 年版。

44. 罗结珍译：《法国刑法典》，中国人民公安大学出版社 1995 年版。

45. 刘家兴：《民事诉讼法学教程》，北京大学出版社 1994 年版。

46. 张卫平：《程序公正实现中的冲突与衡平》，四川人民出版社 1993 年版。

47. 中国社会科学院语言研究所词典编辑室编：《现代汉语词典》，商务印书馆 1992 年版。

48. 《辞海》编辑委员会编：《辞海》，上海辞书出版社 1990 年版。

49. 沈达明：《比较法总论》，北京大学出版社 1987 年版。

50. 王锡三：《资产阶级国家民事诉讼法要论》，西南政法学院印刷厂 1986 年印制。

51. 中国大百科全书编写组：《中国大百科全书·法学》（2），中国大百科全书出版社 1984 年版。

52. 巫宇甦：《证据学》，群众出版社 1983 年版。

53. 许士宦：《证据收集与纷争解决》，新学林出版股份有限公司 2005 年版。

54. 邱联恭：《程序利益保护论》，三民书局 2005 年版。

55. 陈计男：《民事诉讼法论》（上），三民书局 2004 年版。

56. 王甲乙、杨建华、郑建才：《民事诉讼法新论》，三民书局 2004 年版。

57. 邱联恭：《口述民事诉讼法讲义》（三），邱联恭 2003 年自版。

58. 陈荣宗：《民事诉讼法》（下），三民书局 2001 年版。

59. 邱联恭：《程序选择权论》，三民书局 2000 年版。

60. 林钰雄：《检察官论》，学林文化事业有限公司 2000 年版。

61. 王甲乙、杨建华、郑健才：《民事诉讼法新论》，台湾三民书局 1998 年版。

62. 邱联恭：《民事诉讼法之研讨》（三），三民书局 1995 年版。

63. 骆永家：《既判力之研究》，三民书局 1994 年版。

64. 李学灯：《证据法比较研究》，五南图书出版公司 1992 年版。

二 中文译著

1. ［日］新堂幸司：《新民事诉讼法》，林剑锋译，法律出版社 2008 年版。

2. ［日］棚濑孝雄：《纠纷的解决与审判制度》，王亚新译，中国政法大学出版社 2004 年版。

3. ［日］高桥宏志：《民事诉讼法——制度与理论的深层分析》，林剑锋译，法律出版社 2003 年版。

4. ［日］小岛武司：《诉讼制度改革的法理与实证》，陈刚、郭美松译，法律出版社 2001 年版。

5. ［日］小岛武司等：《司法制度的历史与未来》，汪祖兴译，法律出版社 2000 年版。

6. ［日］兼子一、竹下守夫：《日本民事诉讼法》，白绿铉译，法律出版社 1995 年版。

7. ［美］卡多佐：《司法过程的性质及法律的成长》，北京出版社 2012 年版。

8. ［美］米尔吉安·R. 达玛斯卡：《司法和国家权力的多种面孔》，郑戈译，中国政法大学出版社 2007 年版。

9. ［美］阿德里安·A. S. 朱克曼：《危机中的民事司法》，傅郁林等译，中国政法大学出版社 2005 年版。

10. ［美］马丁·夏皮罗：《法院：比较法上和政治学上的分析》，中国政法大学出版社 2005 年版。

11. ［美］史蒂文·N. 苏本等：《民事诉讼法》，傅郁林等译，中国政法大学出版社 2004 年版。

12. ［美］格兰农：《民事诉讼法》（注译本），孙邦清等注，中国方正出版社 2004 年版。

13. ［美］杰克·H. 弗兰德泰尔等：《民事诉讼法》，夏登峻等译，中国政法大学出版社 2004 年版。

14. ［美］史蒂文·苏本、玛格丽特（绮剑）·伍：《美国民事诉讼的真谛——从历史、文化、实务的视角》，蔡彦敏、徐卉译，法律出版社 2002 年版。

15. ［美］吉尔摩·巴龙·西蒙：《美国大众传播法：判例评析》（上册），梁宁等译，清华大学出版社 2002 年版。

16. ［美］罗伯特·达尔：《民主理论的前言》，生活·读书·新知三联书店 1999 年版。

17. ［美］杰弗里·C. 哈泽德、米歇尔·菩鲁伊：《美国民事诉讼导论》，张茂译，中国政法大学出版社 1999 年版。

18. ［美］T. 巴顿·卡特等：《大众传播法概要》，黄列译，中国社会科学出版社 1997 年版。

19. ［德］罗森贝克、施瓦布、戈特瓦尔德：《德国民事诉讼法》，李大雪译，中国法制出版社 2007 年版。

20. ［德］米夏埃尔·施蒂尔纳编：《德国民事诉讼法学文萃》，赵秀举译，中国政法大学出版社 2005 年版。

21. ［德］汉斯-约阿希姆·穆泽拉克：《德国民事诉讼法基础教程》，周翠译，中国政法大学出版社 2005 年版。

22. ［德］莱奥·罗森贝克：《证明责任论——以德国民法典和民事诉讼法典为基础撰写》，庄敬华译，中国法制出版社 2000 年版。

23. ［英］丹宁勋爵：《法律的正当程序》，刘庸安等译，法律出版社 1999 年版。

24. ［英］边沁：《道德与立法原理导论》，时殷弘译，商务印书馆 2005 年版。

25. ［英］戴维·M. 沃克：《牛津法律大辞典》，邓正来等译，光明日报出版社 1988 年版。

26. ［法］让·文森、塞尔日·金沙尔：《法国民事诉讼法要义》，罗结珍译，中国法制出版社 2001 年版。

27. ［法］孟德斯鸠：《论法的精神》（上），张雁深译，商务印书馆 1959 年版。

28. ［意］莫诺·卡佩莱蒂：《当事人基本程序保障权与未来的民事诉讼》，徐昕译，法律出版社 2000 年版。

三 论文类

1. 吴伟华：《文书提出命令制度司法适用研究——以 2015 年关于适用〈中华人民共和国民事诉讼法〉解释和台湾地区立法为中心》，《河北学刊》2015 年第 6 期。

2. 重庆市高级人民法院课题组：《审判管理制度转型研究》，《中国法学》2014 年第 4 期。

3. 陈卫东：《司法机关依法独立行使职权研究》，《中国法学》2014 年第 2 期。

4. 徐昕：《中国司法改革年度报告（2013）》，《政法论坛》2014 年第 2 期。

5. 左卫民：《中国法院院长角色的实证研究》，《中国法学》2014 年第 1 期。

6. 吴如巧：《论协同主义民事诉讼模式下的证据收集》，《海南大学学报》（人文社会科学版）2012 年第 2 期。

7. 许志鹏：《论民诉法修改后检察机关面临的机遇、挑战及对策》，《海峡法学》2012 年第 4 期。

8. 安斌：《检察监督：一个游离于民事法律边缘的话题——对民事检察监督权若干问题的思考》，《河南社会科学》2012 年第 10 期。

9. 吴如巧、谢锦添：《论中国法律监督的主体混同与独立》，《重庆大学学报》（社会科学版）2012 年第 2 期。

10. 吴如巧：《试论我国民事诉讼证据收集制度的模式选择》，《河北法学》2011 年第 5 期。

11. 汤维建：《挑战与应对：民行检察监督制度的新发展》，《法学家》2010 年第 3 期。

12. 李挚萍：《中国环境公益诉讼原告主体的优劣分析和顺序选择》，《河北法学》2010 年第 1 期。

13. 陈桂明、吴如巧：《美国民事诉讼中的诉讼合并制度评介及对我国的启示》，《政治与法律》2010 年第 5 期。

14. 王申：《司法行政化管理与法官独立审判》，《法学》2010 年第

6 期。

15. 李传松：《法院审判活动行政化之克服》，《法学》2010 年第 8 期。

16. 陈桂明、吴如巧：《美国民事诉讼中的案件管理制度及对我国的启示》，《政治与法律》2009 年第 7 期。

17. 李昕：《德、日两国民事证据收集制度及其对我国的启示》，《昆明理工大学学报》（社会科学版）2009 年第 1 期。

18. 蔡守秋：《论环境公益诉讼的几个问题》，《昆明理工大学学报》（社会科学版）2009 年第 9 期。

19. 陈桂明、吴如巧：《再审案件审理权的配置》，《甘肃政法学院学报》2009 年第 4 期。

20. 相庆梅：《交错语境中的成长——我国民事诉讼制度改革的路径选择》，《理论探索》2009 年第 5 期。

21. 占善刚：《证据协力义务之比较法分析》，《法学研究》2008 年第 5 期。

22. 占善刚：《第三人之文书提出义务初探》，《华中科技大学学报》（社会科学版）2008 年第 3 期。

23. 《成都市离婚调查》课题组：《成都市离婚调查》，《四川省情》2008 年第 4 期。

24. 杜晓宁：《私人侦探社的生存发展以及若干法律问题探究》，《上海公安高等专科学校学报》2008 年第 4 期。

25. 陶婷：《文书提出命令的适用范围探讨》，《西南政法大学学报》2008 年第 2 期。

26. 王福华：《民事案件管理制度评析》，《法学论坛》2008 年第 2 期。

27. 吴泽勇、刘新生：《〈民事诉讼法〉修改与再审程序的变迁》，《河南大学学报》（社会科学版）2008 年第 7 期。

28. 赵钢：《仓促的修订局部的完善——〈对关于修改《中华人民共和国民事诉讼法》的决定〉的初步解读》，《法学评论》2008 年第 1 期。

29. 唐力：《日本民事诉讼证据收集制度及其法理》，《环球法律评论》2007 年第 2 期。

30. 邱联恭：《民事诉讼法修正之法曹伦理重建机能》，《月旦法学》2007 年第 5 期。

31. 王梦飞：《论我国民事诉讼书证收集制度的缺陷与重塑》，《江淮论坛》2007 年第 4 期。

32. 李浩：《民事再审程序的修订：问题与探索——兼评〈修正案（草案）〉对再审程序的修订》，《法律科学》2007 年第 6 期。

33. 王亚新：《民事审判监督制度整体的程序设计——以〈民事诉讼法修正案〉为出发点》，《中国法学》2007 年第 5 期。

34. 徐安琪：《离婚与女性地位及权益之探讨》，《浙江学刊》2007 年第 1 期。

35. 唐力：《日本民事诉讼证据收集制度及其法理》，《环球法律评论》2007 年第 2 期。

36. 李挚萍：《欧洲环保团体公益诉讼及其对中国的启示》，《中州学刊》2007 年第 4 期。

37. 张晋红：《诉的合并制度的立法缺陷与立法完善之价值分析》，《法学评论》2007 年第 4 期。

38. 刘晓红：《构建中国本土化 ADR 制度的思考》，《河北法学》2007 年第 2 期。

39. 王亚新：《民事审判监督制度整体的程序设计——以〈民事诉讼法修正案〉为出发点》，《中国法学》2007 年第 5 期。

40. 张晋红：《诉的合并制度的立法缺陷与立法完善之价值分析》，《法学评论》2007 年第 4 期。

41. 李浩：《民事再审程序的修订：问题与探索——兼评〈修正案（草案）〉对再审程序的修订》，《法律科学》2007 年第 6 期。

42. 陈桂明：《再审事由应当如何确定——兼评 2007 年民事诉讼法修改之得失》，《法学家》2007 年第 6 期。

43. 吴彬：《法官会议制度——北京市朝阳区法院法官培养方式的新探索》，《法庭内外》2007 年第 10 期。

44. 熊跃敏：《法官职权调查证据的比较研究》，《比较法研究》2006 年第 6 期。

45. 李挚萍：《美国环境法上的公民原告资格》，《环球法律评论》2006 年第 1 期。

46. 宜章良、胡薇薇：《检察权配置的博弈分析》，《华东政法学院学报》2006 年第 6 期。

47. 李浩：《构建再审之诉的三个程序设计》，《法商研究》2006 年第 4 期。

48. 肖建华：《回归真实：民事诉讼法的真谛——对关于民事诉讼证据的若干规定的批判》，《河南省政法管理干部学院学报》2006 年第 1 期。

49. 张小燕、齐树洁：《程序输入的新渠道——“法庭之友”制度及其借鉴意义》，《厦门大学法律评论》2006 年第 1 期。

50. 傅郁林：《论民事上诉程序的功能与结构》，《法学评论》2005 年第 5 期。

51. 唐力：《辩论主义的嬗变与协同主义的兴起》，《现代法学》2005 年第 6 期。

52. 张月满：《离婚过错赔偿的举证责任问题探析》，《中华女子学院山东分院学报》2005 年第 3 期。

53. 李蕤：《私人侦探及其调查行为的合法性》，《江苏警官学院学报》2005 年第 7 期。

54. 唐力：《有序与效率——日本民事诉讼“计划审理制度”介评》，《法学评论》2005 年第 5 期。

55. 宋宗宇：《陪审制度的历史起源比较研究》，《甘肃政法学院学报》2005 年第 5 期。

56. 高一飞：《陪审制度背后的政治伦理——中美陪审制的比较》，《民主与科学》2005 年第 4 期。

57. 赵信会、逯其艳：《美国民事上诉制度析论》，《东方论坛》2005 年第 1 期。

58. 种若静：《日本司法体制》，《中国司法》2005 年第 5 期。

59. 毕玉谦：《我国各级法院的职能定位与审级制度的重构》，《中国司法》2005 年第 8 期。

60. 廖中洪：《论我国民事诉讼审级制度的修改与完善》，《西南民族大学学报》（人文社科版）2005 年第 7 期。

61. 姜世明：《论民事程序中之摸索证明》，《成大法学》2004 年第 8 期。

62. 张泽涛:《美国"法院之友"制度研究》,《中国法学》2004年第1期。

63. 汪进元、张艳:《论社会制约权力——权力制约的再思考》,《法商研究》2004年第4期。

64. 刘田玉:《民事检察监督与审判独立之关系的合理建构》,《国家检察官学院学报》2004年第1期。

65. 江伟、徐继军:《在经验与规则之间——论民事证据立法的几个基本问题》,《政法论坛》2004年第5期。

66. 张泽涛、陈斌:《法学家论证意见书及其规范——美国"法庭之友"制度的启示》,《法商研究》2004年第4期。

67. 田平安、刘春梅:《试论协同型民事诉讼构造的建立》,《现代法学》2003年第1期。

68. 江伟、吴泽勇:《现代诉讼理念与中国民事诉讼制度的重塑》,《中国法学》2003年第1期。

69. 浙江省高级人民法院研究室:《"专家法律意见书"对审判工作的影响》,《法律适用》2003年第10期。

70. 齐树洁、黄斌:《德国民事上诉制度的改革》,《河南省政法管理干部学院学报》2003年第2期。

71. 张智辉:《法律监督三辨析》,《中国法学》2003年第5期。

72. 蔡从燕:《美国民事司法改革架构中的ADR》,《福建政法管理干部学院学报》2003年第3期。

73. 刘学在:《美国民事诉讼中的反诉、交叉诉讼与引入诉讼介评》,《华东政法学院学报》2003年第6期。

74. 左卫民:《最高法院若干问题比较研究》,《法学》2003年第11期。

75. 黄明耀:《民事诉讼证据的合法性》,《现代法学》2002年第3期。

76. 陈卫东:《我国检察权的反思与重构——以公诉权为核心的分析》,《法学研究》2002年第2期。

77. 傅郁林:《审级制度的建构原理——从民事程序视角的比较分析》,《中国社会科学》2002年第4期。

78. 徐新铭、厉明:《质疑"民事诉讼证据规定"》,《中国律师》

2002 第 7 期。

79. 刘敏：《论我国民事诉讼二审程序的完善》，《法商研究》2001 年第 6 期。

80. 朱苏力：《判决书的背后》，《法学研究》2001 年第 3 期。

81. 刘蕾：《从女性的角度分析离婚率升高的原因和对策》，《北京社会科学》2001 年第 4 期。

82. 何家弘：《论司法证明的目的和标准——兼论司法证明的基本概念和范畴》，《法学研究》2001 年第 6 期。

83. 高一飞：《法律真实说与客观真实说：误解中的对立》，《法学》2001 年第 11 期。

84. 卞建林、郭志媛：《论诉讼证明的相对性》，《中国法学》2001 年第 2 期。

85. 张家慧：《改革与完善我国现代民事上诉制度探析》，《现代法学》2000 年第 1 期。

86. 沈冠伶：《论民事诉讼程序中当事人之不知陈述——兼评析民事诉讼法中当事人的陈述义务与诉讼促进义务》，《政大法学评论》2000 年第 63 期。

87. 沈冠伶：《论民事诉讼法修正条文中法官之阐明义务与当事人之事案解明义务》，《万国法律》2000 年第 6 期。

88. 陈瑞华：《司法权的性质——以刑事司法为范例的分析》，《法学研究》2000 年第 5 期。

89. 彭世忠：《民事诉讼构造的理性认识》，《现代法学》1999 年第 3 期。

90. 白绿铉：《我国民诉制度改革与比较民诉法研究——谈比较民诉法的研究体会》，《法学评论》1999 年第 5 期。

91. 杨浙京、程新生：《新闻自由与司法公正三题》，《人民司法》1999 年第 8 期。

92. 梁木生：《经济监督软弱的产权探源》，《理论与改革》1999 年第 6 期。

93. 任伊珊、田应朝：《对“以事实为根据”的再认识》，《政法论坛》1999 年第 1 期。

94. 万志红：《离婚率上升原因及对策探讨》，《云南法学》1998 年第

2 期。

95. 贺卫方：《传媒与司法三题》，《法学研究》1998 年第 6 期。

96. 李秀平：《离婚率：持续上扬》，《法律与生活》1997 年第 8 期。

97. 龙宗智：《检察官该不该起立》，《法学》1997 年第 3 期。

98. 贺卫方：《异哉所谓检察官起立问题者》，《法学》1997 年第 5 期。

99. 贺卫方：《中国司法管理制度的两个问题》，《中国社会科学》1997 年第 6 期。

100. 田平安：《我国民事诉讼模式构筑探析》，《中外法学》1994 年第 5 期。

101. 贺卫方：《会通：法制现代化的一种理想境界》，《南京社会科学》1993 年第 1 期。

102. 欣文：《成都高新区法院推行法官会议制度》，《人民法院报》2002 年 8 月 29 日。

103. 张迺良：《民事诉讼之言词辩论：阐明权》，载杨建华主编《民事诉讼法论文选辑》（上），五南图书出版公司 1974 年版。

104. ［日］谷口安平：《日本民事诉讼法修改之动向》，载陈荣宗《民事程序法论文集》（第四册），三民书局 1994 年版。

105. 熊跃敏：《日本民事诉讼的文书提出命令制度及其对我国的启示》，载陈光中、江伟主编《诉讼法论丛》（第 7 卷），法律出版社 2002 年版。

106. 廖中洪：《日本与美国民事证据开示制度的比较研究》，载田平安《比较民事诉讼论丛》，法律出版社 2005 年版。

107. 张卫平、李旺：《日本司法改革审议会意见书》，载张卫平主编《司法改革评论》（第三辑），中国法制出版社 2002 年版。

108. ［日］高桥宏志：《日本 2003 年民事诉讼法之修改》，许可译，载张卫平主编《司法改革论评》，中国法制出版社 2007 年版。

109. 何文燕：《论民事诉讼模式选择与审判方式改革》，载陈光中主编《诉讼法理论与实践》，中国法制出版社 1996 年版。

110. 郝银钟：《中国检察权研究》，载陈兴良主编《刑事法评论》（第 5 卷），中国政法大学出版社 2000 年版。

111. 公丕祥：《论司法公正的价值内涵及制度保障》，载信春鹰、李林主编《依法治国与司法改革》，中国法制出版社 1999 年版。

112. ［德］罗尔夫·施蒂尔纳：《民事诉讼中案件事实阐明时的当事人义务——兼论证明妨碍理论》，载米夏埃尔·施蒂尔纳编《德国民事诉讼法学文萃》，赵秀举译，中国政法大学出版社 2005 年版。

113. ［德］鲁道夫·瓦塞尔曼：《从辩论主义到合作主义》，载米夏埃尔·施蒂尔纳编《德国民事诉讼法学文萃》，赵秀举译，中国政法大学出版社 2005 年版。

114. 陈斯喜、刘松山：《冲突与平衡媒体监督与司法独立》，载信春鹰主编《公法》（第三卷），法律出版社 2002 年版。

115. 梁木生：《民主演进的西方与非西方分野——由选举为视角的分析》，载高鸿钧、何增科主编《清华法治论衡》（第 11 辑），清华大学出版社 2009 年版。

116. Burkhard Hess：《德国民事诉讼法的改革——回顾与展望》，转引自傅郁林《论民事上诉程序的功能与结构》，《法学评论》2005 年第 5 期。

117. Peter Gottwald：《德国民事诉讼法中的法律救济》，转引自傅郁林《论民事上诉程序的功能与结构》，《法学评论》2005 年第 5 期。

118. 刘玉中：《民事诉讼上证据收集之研究》，博士学位论文，台北大学，2005 年。

四　外文类

1. Landsman Stephan, *Readings on Adversarial Justice the American Approach to Adjudication*, Minnesota: West Pub., 1988.

2.S.Daniels and J.Martin, *Civil Juries and the Politics of Reform*, Illinois: Northwestern University Press, 1995.

3.D. L. Rhode, *A Bad Press on Bad Lawyers: The Media Sees Research, Research Sees the Media, in Social Science, Social Policy, and the Law*, Russell Sage Foundation, 1999.

4.Jack H.Friedenthal, *Civil Procedure*, West Publishing, 1993.

5.William L.Reynolds, *Judicial Process*, Beijing: Law Press China, 2004.

6.Mary Kay Kane, *Civil Procedure*, Beijing: Law Press China, 2001.

7.Karby Leggett, *Legal Reviews Gain Prominence in China's Courts: Seeking Experts opinions, Once "Unthinkable", Lends Impartial Voice to System*, The Asian Wall Street, 2003.

8. Henry J. Abraham, *The Judicial Process, An Introductory Analysis of the Court of the United States, England and France*, Oxford University Press, 1993.

9. Marcus, Redish and Sherman, *Civil Procedure: A Modern Approach*, West Publishing, 1991.

10. Jack H. Friedenthal, et al., *Civil Procedure*, West Publishing, 1993.

11. Lemonde M. *Justice and the Media*, European Criminal Procedures, 2002.

12. Roxin C., *Strafrechtliche und Strafprozessuale Probleme der Vorverurteilung*, Neue Zeitschrift fur Strafrecht, 1991.

13. Grimm D., *The Protective Function of the State*, European and US Constitutionalism, 2005.

14. A. Tversky and D. Kahneman, *Availability: A Heuristic for Judging Frequency and Probability in Judgment under Uncertainty: Heuristics and Biases*, Cambridge University Press, 1982.

15. Daniel Oran, *Oran's Dictionary of the Law*, West Publishing, 1991.

16. L. Wilkins and P. Patterson, "Risk Analysis and the Construction of News", *Journal of Communication*, Vol.37, 1987.

17. D. S. Bailis and R. J. MacCoun, "Estimating Liability Risks with the Media as Your Guide: A Content Analysis of Media Coverage of Tort litigation", *Law and Human Behavior*, Vol.20, 1996.

18. O. G. Chase, "Helping Jurors Determine Pain and Suffering Awards", *Hofstra Law Review*, Vol.23, 1995.

19. S. Daniels and J. Martin, "Punitive Damages, Change, and the Politics of Ideas: Defining Public Policy Problems", *Wisconsin Law Review*, Vol. 77, 1998.

20. F. L. Cook, "Media and Agenda Setting: Effects on the Public, Interest Group Leaders, Policy Makers, and Policy", *Public Opinion Quarterly*, Vol. 47, 1983.

21. M. J. Saks, "Public Opinion about the Civil Jury—Can Reality Be Found in the Illusions?" *DePaul Law Review*, Vol.48, 1998.

22. E. Greene, J. Goodman and E. F. Loftus, "Jurors'Attitudes about Civil Litigation and the Size of Damage Awards", *American University Law Review*,

Vol.40, 1991.

23.J.K.Robbennolt, "Punitive Damages Decision Making: The Decisions of Citizens and Trial Court Judges", *Law and Human Behavior*, Vol.26, 2002.

24.D.R.Songer, "Tort Reform in South Carolina: The Effect of Empirical Research on Elite Perceptions Concerning Jury Verdicts", *South Carolina Law Review*, Vol.39, 1988.

25.R.L.Wissler, A.J.Hart and M.J.Saks, "Decisionmaking about General Damages: A Comparison of Jurors, Judges, and Lawyers", *Michigan Law Review*, Vol.98, 1999.

26.J.V.Roberts and A.N.Doob, "News Media Influences on Public Views of Sentencing", *Law and Human Behavior*, Vol.14, 1990.

27.W. K. Viscusi, "The Challenge of Punitive Damages Mathematics", *Journal of Legal Studies*, Vol.30, 2001.

28.G.Moran, B.L.Cutler and A.De Lisa, "Attitudes toward Tort Reform, Scientific Jury Selection, and Juror Bias: Verdict Inclination in Criminal and Civil Trials", *Law and Psychology Review*, Vol.18, 1994.

29.N.R.Feigenson and D.S.Bailis, "Air Bag Safety-Media Coverage, Popular Conceptions, and Public Policy", *Psychology, Public Policy, and Law*, Vol.7, 2001.

30.F.G.Kline and P.H.Jess, "Prejudicial Publicity: Its Effects on Law School Mock Juries", *Journalism Quarterly*, Vol.43, 1966.

31.S.Landsman and R.F.Rakos, "A Preliminary Inquiry into the Effects of Potentially Biasing Information on Judges and Jurors in Civil Litigation", *Behavioral Science and the Law*, Vol.12, 1994.

32.H.M.Kritzer, "Contingent-Fee Lawyers and Their Clients: Settlement Expectations, Settlement Realities, and Issues of Control in the Lawyer Client Relationship", *Law and Social Inquiry*, Vol.23, 1998.

33.M.J.Saks, "Do We Really Know Anything about the Behavior of the Tort Litigation System-And Why Not?" *University of Pennsylvania Law Review*, Vol.140, 1992.

34.C.Guthrie, "Framing Frivolous Litigation: A Psychological Theory", *University of Chicago Law Review*, Vol.67, 2000.

35.E.A.Lind, J.Greenberg, K.S.Scott and T.D.Welchans, "The Winding Road from Employee to Complainant: Situational and Psychological Determinants of Wrongful-Termination Claims", *Administrative Science Quarterly*, Vol.45, 2000.

36.S.Garber, "Product Liability, Punitive Damages, Business Decisions, and Economic Outcomes", *Wisconsin Law Review*, Vol.245, 1998.

37.Gavin Phillipson, "Trial by media: The betrayal of the First Amendment's purpose", *Law & Contemp*, Vol.15, 2008.

38.Trevor R. S. Allan, "Common law constitutionalism and freedom of speech", *Freedom of Expression and Freedom of Information*, Vol.17, 2000.

39.Linda Silberman, "The Vicissitudes of the American Class Action—With a Comparative Eye", *Tulane Journal of International and Comparative Law*, Vol.201, 1999.

40.Marc Galanter, "The Hundred-year Decline of Trials and The Thirty Years War", *Stanford Law Review*, Vol.4, 2005.

41.Coopel, "Appealability of the Federal Court", *Havana Law Review*, Vol.75, 1961.

42.Taylor V, "Board of Educ.of City School District of City of New Rochelle", *Federal Second Circuit Court Casebook*, Vol.288, 1961.

43. Korn, "Civil Jurisdiction of the New York Court of Appeals and Appellate Divisions", *Buffalo L.Rev.*, Vol.307, 1967.

44.Burger, "The Mandamus Power Of the United States Courts of Appeals: A Complex and Confused Means of Appellate Control", *Buffalo L. Rev.*, Vol. 41, 1982.

45.Padideh Ala, "Judicial Lobbying at the WTO", *Fordham International Law Journal*, Vol.24, 2000.

46.Karen O.Connor and Lee Epstein, "Court Rules and Workload: A Case Study of Rules Governing Amicus Curiae participation", *Justice System Journal*, Vol.8, 1983.

47. Michael Rustad and ThomasKoenig, "Zhe Supreme Court and Junk Social Science: Sel ective Distortion in Amicus Briefs", *North Carolina Law Review*, Vol.72, 1993.

48.Jared B.Cawley, "Friend of the Court: How the WTO Justifies the Acceptance of the Amicus Curiae Brief from Non-governmental Organizations”, *Penn State international Law Review*, Vol.23, 2004.

49.Kelly J.Lynch, “Best Friends: Supreme Court Law Clerks on Effective Amicus Curiae Briefs”, *Journal of Law & Politics*, Vol.20, 2004.

后　　记

作为一名热爱法律，并专职从事法学研究的高校教师，我对民事诉讼法学一直情有独钟。自2004年师从西南政法大学李祖军教授攻读民事诉讼法学硕士学位，到2007年师从中国人民大学法学院陈桂明教授攻读民事诉讼法学博士学位，再到2010年任教于重庆大学法学院以来，我潜心从事民事诉讼法学研究工作已有十余载。在这十余年里，我从未放弃对民事诉讼法学理论的探索与追求，并努力尝试将自己对民事诉讼法学的研究心得付诸文字，本书即是基于这些年我对民事诉讼法学的研究成果而形成的一本著作。其中所纳入的每篇文章都是当时当下民事诉讼法学前进过程中的问题存在与热点聚焦，虽然在学术观点上可能会与其他学者存在分歧甚至冲突之处，但这些文字体现了我对相关问题的真实观点和看法。

无论是本书中自己反复修正的每一篇文章，还是每次站在讲台上与学生进行理论上的沟通交流，我都未曾敢有一丝的马虎或懈怠。在我看来，法律特别是民事诉讼法的学习是一件需要一丝不苟投入的事情，但也并非高高在上、枯燥无味。方法与兴趣是学好民事诉讼法学的两个重要条件，学习与生活一样，兴趣始终是块很好的敲门砖。功利宜在功利外，功利自在过程中。民事诉讼法学的学习，应注重将法理、法律规定运用到实际案例中，以提高自己发现问题、分析问题和解决问题的能力。在学术研究这条道路上，无论回头有多少硕果，我们仍然需要抖抖行囊继续前行。就像余秋雨先生的那句自我点评：区区如我，毕生能做的，至多也是一枚带有某种文明光泽的碎片罢了。

本书的完成，离不开众多师友亲人的鼓励和帮助，我希望能在此表达对这些师友亲人的由衷感激之情。

首先要感谢的是我的恩师陈桂明教授和李祖军教授。作为我的博士导师，陈桂明教授为我打开了通往民事诉讼法学研究的大门，在读博期间陈老师对我的教诲和指导，使我坚定了今后从事民事诉讼法学研究的信念。恩师虽已故去，但他对我的教导是我一直以来不懈奋斗的动力。本书的某些文章凝聚了恩师的智慧和心血，从选题、构思到修改等都离不开他的指点。恩师的作品也一直是我揣摩效仿的范本，在曾有的交谈中我得到了如何思考、如何写作的真知灼见，这些在我的不少文章中都有所体现。对恩师的太多感激无以言表，唯有铭记于心。硕士导师李祖军教授是引领我走向民事诉讼法学研究之路的引路人，在硕士三年的学习生活中，李老师所给予我的诸多关怀和帮助，至今想来仍然令人感动。来渝工作之后，空间距离的拉近使我得以经常当面聆听李老师的教诲，这些教诲对我做一名合格的大学老师大有裨益。李老师的为人、学问与口才，一直都是我效仿的榜样。

在重庆大学法学院这个人才济济、充满学术氛围的集体中，我有幸得到了众多领导和老师的帮助和热心的指导，黄锡生院长、刘西蓉书记、秦鹏副院长、张舫副院长、宋宗宇教授、程燎原教授、陈忠林教授、杨春平教授、蔡维力副教授、牛建平副教授等领导与老师在生活、科研、教学等方面给予了我诸多关怀与指导，让我感受到了法学院这个大家庭的温暖，这里一并向他们表示深深的感谢。我的学生陈宏洁、郭成、姚柯纯为本书的出版贡献了智慧、付出了心血，这里我也要向他们说声感谢！

最后，我要向一直默默给予我爱和支持的亲人们说声谢谢！妻子谢锦添女士任职于西南政法大学，平时行政工作繁忙，下班后还要操持家务、照顾孩子，正是她的付出让我得以心无旁骛，专心科研和教学工作。年迈的父母始终毫无保留地支持我在学业和工作上的发展，这么多年来，他们不辞辛苦、任劳任怨，我在学业和工作上所取得的每一点进步他们都会由衷地感到欣慰和高兴，我为有这样伟大的父母而自豪，他们永远是我拼搏前进的动力。本书的出版，是对自己努力付出的肯定，也是对亲人们的回报，感谢他们！

由于水平所限，本书尚存在不少需要完善的地方，不当之处，恳请读者不吝指正。